D0870931

La détresse et l'enchantement

GABRIELLE ROY

La détresse et l'enchantement

Boréal Express

Photographie de la couverture : Gabrielle Roy, à vingt-deux ans, dans le jardin de
Rue Deschambault.

Photocomposition : Les Ateliers Chiora Inc.

Diffusion pour le Québec :
Dimédia : 539, boul. Lebeau
Saint-Laurent (Québec) H4N 1S2

© Fonds Gabrielle Roy, 1984
Publié par les Éditions du Boréal Express
5450, ch. de la Côte-des-Neiges,
bureau 212, Montréal, H3T 1Y6

ISBN 2-89052-108-7

Dépôt légal : 4ᵉ trimestre 1984
Bibliothèque nationale du Québec

Avertissement de l'éditeur

Demeuré inédit jusqu'à ce jour, sauf pour les premières pages déjà publiées dans la revue Liberté *(n° 150, décembre 1983), cet ouvrage réunit les deux volets de l'autobiographie que Gabrielle Roy commença d'écrire vers 1976 et qui l'occupa pratiquement jusqu'à sa mort à l'été de 1983. Il s'agit donc de sa toute dernière oeuvre, qu'elle a léguée, ainsi que l'ensemble de sa succession littéraire, au Fonds Gabrielle Roy, société sans but lucratif chargée d'administrer ladite succession et d'en distribuer le revenu à diverses oeuvres de bienfaisance.*

Des trois ou quatre volets que prévoyait le projet initial de La détresse et l'enchantement, *les deux premiers seulement ont pu être terminés avant que la maladie n'oblige l'auteur à interrompre son travail. Intitulés respectivement «Le bal chez le gouverneur» et «Un oiseau tombé sur le seuil», ces deux volets retracent tout ce qu'on pourrait appeler les années de formation de Gabrielle Roy, depuis son enfance franco-manitobaine jusqu'à son retour d'Europe à la veille de la Deuxième Guerre mondiale, trois ou quatre ans avant qu'elle entreprenne d'écrire son premier roman,* Bonheur d'occasion. *C'est donc l'histoire de sa jeunesse obscure, de la découverte de son identité et de sa venue progressive à l'écriture qu'évoque ici la romancière, en entremêlant le récit de sa propre vie* jusqu'à l'âge d'environ trente ans, à l'évocation de sa famille (d'où se détache particulièrement la figure de sa mère), du milieu où elle a grandi, pris conscience d'elle-même, pratiqué le théâtre et l'enseignement, puis de l'Europe de la fin des années 1930 où elle a passé deux années qui pour elle ont été décisives.

L'ouvrage qu'on va lire, Gabrielle Roy tenait à ce qu'il ne fût pas présenté comme des «mémoires», mais bien comme une autobiographie. Ce dernier terme, en effet, lui semblait correspondre plus fidèlement à la véritable nature de son entreprise, qui ne vise pas tant à la reconstitution historique d'une époque disparue, que, par le souvenir et l'imagination, et surtout par une écriture fortement imprégnée de subjectivité et d'émotion, à la re-création, à la ré-assumation, dans le présent, d'un passé qui ne cesse jamais de prendre forme et de vivre à mesure qu'il est évoqué.

Le texte de l'autobiographie a été établi d'après le manuscrit dactylographié dont l'écrivain a laissé deux exemplaires revus et corrigés de sa main, l'un nous ayant été confié quelque temps avant sa mort, l'autre se trouvant parmi ses papiers. Ainsi les titres, les italiques, de même que les divisions en chapitres et en paragraphes, sont de Gabrielle Roy elle-même, les seules corrections que nous nous soyons permises étant d'ordre orthographique et grammatical.

François Ricard

Première partie

LE BAL CHEZ
LE GOUVERNEUR

I

Quand donc ai-je pris conscience pour la première fois que j'étais, dans mon pays, d'une espèce destinée à être traitée en inférieure? Ce ne fut peut-être pas, malgré tout, au cours du trajet que nous avons tant de fois accompli, maman et moi, alors que nous nous engagions sur le pont Provencher au-dessus de la Rouge, laissant derrière nous notre petite ville française pour entrer dans Winnipeg, la capitale, qui jamais ne nous reçut tout à fait autrement qu'en étrangères. Cette sensation de dépaysement, de pénétrer, à deux pas seulement de chez nous, dans le lointain, m'était plutôt agréable, quand j'étais enfant. Je crois qu'elle m'ouvrait les yeux, stimulait mon imagination, m'entraînait à observer.

Nous partions habituellement de bonne heure, maman et moi, et à pied quand c'était l'été. Ce n'était pas seulement pour économiser mais parce que nous étions tous naturellement marcheurs chez nous, aimant nous en aller au pas, le regard ici et là, l'esprit où il voulait, la pensée libre, et tels nous sommes encore, ceux d'entre nous qui restent en ce monde.

Nous partions presque toujours animées par un espoir et d'humeur gaie. Maman avait lu dans le journal, ou appris d'une voisine, qu'il y avait solde, chez Eaton, de dentelle de rideaux, d'indienne propre à confectionner tabliers et robes d'intérieur, ou encore de chaussures d'enfants. Toujours, au-devant de nous, luisait, au départ de ces courses dans les magasins, l'espoir si doux au cœur des pauvres gens d'acquérir à bon marché quelque chose de tentant. Il me revient maintenant que nous ne nous sommes guère aventurées dans la riche ville voisine que pour acheter. C'était là qu'aboutissait une bonne part de notre argent si péniblement gagné — et c'était le chiche argent de gens comme nous qui faisait de la grande ville une arrogante nous intimidant. Plus tard, je fréquentai Winnipeg pour bien d'autres raisons, mais dans mon enfance il me semble que ce fut presque exclusivement pour courir les aubaines.

En partant, maman était le plus souvent rieuse, portée à l'optimisme et même au rêve, comme si de laisser derrière elle la maison, notre ville, le réseau habituel de ses contraintes et obligations, la libérait, et dès lors elle atteignait l'aptitude au bonheur qui échoit à l'âme voyageuse. Au fond, maman n'eut jamais qu'à mettre le pied hors de la routine familière pour être aussitôt en voyage, disponible au monde entier.

En cours de route, elle m'entretenait des achats auxquels elle se déciderait peut-être si les rabais étaient considérables. Mais toujours elle se laissait aller à imaginer beaucoup plus que ne le permettaient nos moyens. Elle pensait à un tapis pour le salon, à un nouveau service de vaisselle. N'ayant pas encore entamé la petite somme dont elle disposait pour aujourd'hui, celle-ci paraissait devoir suffire à combler des désirs qui attendaient depuis longtemps, d'autres qui poussaient à l'instant même. Maman était de ces pauvres qui rêvent, en sorte qu'elle eut la possession du beau bien plus que des gens qui l'ont à demeure et ne le voient guère. C'était donc en riches, toutes les possibilités d'achat intactes encore dans nos têtes, que nous traversions le pont.

Mais aussitôt après, s'opérait en nous je ne sais quelle transformation qui nous faisait nous rapprocher l'une de l'autre comme pour mieux affronter ensemble une sorte d'ombre jetée sur nous. Ce n'était pas seulement parce que nous venions de mettre le pied dans le quartier sans doute le plus affligeant de Winnipeg, cette sinistre rue Water voisinant la cour de triage des chemins de fer, toute pleine d'ivrognes, de pleurs d'enfants et d'échappements de vapeur, cet aspect hideux d'elle-même que l'orgueilleuse ville ne pouvait dissimuler à deux pas de ses larges avenues aérées. Le malaise nous venait aussi de nous-mêmes. Tout à coup, nous étions moins sûres de nos moyens, notre argent avait diminué, nos désirs prenaient peur. Nous atteignions l'avenue Portage, si démesurément déployée qu'elle avalait des milliers de personnes sans que cela y parût. Nous continuions à parler français, bien entendu, mais peut-être à voix moins haute déjà, surtout après que deux ou trois passants se furent retournés sur nous avec une expression de curiosité. Cette humiliation de voir quelqu'un se retourner sur moi qui parlais français dans une rue de Winnipeg, je l'ai tant de fois éprouvée au cours de mon enfance que je ne savais plus que c'était de l'humiliation. Au reste, je m'étais moi-même retournée fréquemment sur quelque immigrant au doux parler slave ou à l'accent nordique. Si bien que j'avais fini par trouver naturel, je suppose, que tous, plus ou moins, nous nous sentions étrangers les uns chez les autres, avant d'en venir à me dire que, si tous nous l'étions, personne ne l'était donc plus.

C'était à notre arrivée chez Eaton seulement que se décidait si nous allions oui ou non passer à la lutte ouverte. Tout dépendait de l'humeur de maman. Quelquefois elle réclamait un commis parlant notre langue pour nous servir. Dans nos moments patriotiques, à Saint-Boniface, on prétendait que c'était notre droit, et même de notre devoir de le faire valoir, qu'à cette condition nous obligerions l'industrie et les grands magasins à embaucher de nos gens.

Si maman était dans ses bonnes journées, le moral haut, la parole affilée, elle passait à l'attaque. Elle exigeait une de nos compatriotes pour nous venir en aide. Autant maman était énergique, autant, je l'avais déjà remarqué, le chef de rayon était obligeant. Il envoyait vite quérir une dame ou une demoiselle une telle, qui se trouvait souvent être de nos connaissances, parfois même une voisine. Alors s'engageait, en plein milieu des allées et venues d'inconnus, la plus aimable et paisible des conversations.

— Ah! madame Phaneuf! s'écriait maman. Comment allez-vous? Et votre père? Vit-il toujours à la campagne?

— Madame Roy! s'exclamait la vendeuse. Vous allez bien? Qu'est-ce que je peux pour vous? J'aime toujours vous rendre service.

Nous avions le don, il me semble, pauvres gens, lorsque rendus les uns aux autres, de retrouver le ton du village, de je ne sais quelle société amène d'autrefois.

Ces jours-là, nous achetions peut-être plus que nous aurions dû, si réconfortées d'acheter dans notre langue que l'argent nous filait des mains encore plus vite que d'habitude.

Mais il arrivait à maman de se sentir vaincue d'avance, lasse de cette lutte toujours à reprendre, jamais gagnée une fois pour toutes, et de trouver plus simple, moins fatigant de «sortir», comme elle disait, son anglais.

Nous allions de comptoir en comptoir. Maman ne se débrouillait pas trop mal, gestes et mimiques aidant. Parfois survenait une vraie difficulté comme ce jour où elle demanda «a yard or two of chinese skin to put under the coat..», maman ayant en tête d'acheter une mesure de peau de chamois pour en faire une doublure de manteau.

Quand un commis ne la comprenait pas, il en appelait un autre à son aide, et celui-là un autre encore, parfois. Des «customers» s'arrêtaient pour aider aussi, car cette ville, qui nous traitait en étrangers, était des plus promptes à voler à notre secours dès que nous nous étions reconnus dans le pétrin. Ces conciliabules autour de nous pour nous tirer d'affaire nous mettaient à la torture. Il nous est arrivé de nous esquiver. Le fou rire nous gagnait ensuite à la pensée de ces gens de bonne volonté qui allaient continuer à chercher à nous secourir alors que déjà nous serions loin.

Une fois, plus énervée encore que de coutume par cette aide surgie de partout, maman, en fuyant, ouvrit son parapluie au milieu du magasin que nous avons parcouru au trot, comme sous la pluie, les épaules secouées de rire. A la sortie seulement, puisqu'il faisait grand soleil, maman s'avisa de fermer son parapluie, ce qui donna à l'innocente aventure une allure de provocation. Ces fous rires qu'elle me communiquait malgré moi, aujourd'hui je sais qu'ils étaient un bienfait, nous repêchant de la tristesse, mais alors j'en avais un peu honte.

Après le coup du parapluie, un bon moment plus tard, voici que je me suis fâchée contre maman, et lui ai dit qu'elle nous faisait mal voir à la fin, et que, si toutes deux riions, nous faisions aussi rire de nous.

A quoi maman, un peu piquée, rétorqua que ce n'était pas à moi, qui avais toutes les chances de m'instruire, de lui faire la leçon à elle qui avait tout juste pu terminer sa sixième année dans la petite école de rang à Saint-Alphonse-de-Rodriguez, où la maîtresse elle-même n'en savait guère plus que les enfants, et comment l'aurait-elle pu, cette pauvre fille qui touchait comme salaire quatre cents dollars par année. Ce serait à moi, l'esprit agile, la tête pas encore toute cassée par de constants calculs, de me mettre à apprendre l'anglais, afin de nous venger tous. (Plus tard, quand je viendrais à Montréal et constaterais que les choses ne se passaient guère autrement dans les grands magasins de l'ouest de la ville, j'en aurais les bras fauchés, et le sentiment que le malheur d'être Canadien français était irrémédiable.)

Jamais maman ne m'en avait dit si long sur ce chapitre. J'en étais surprise. Je crois avoir entrevu pour la première fois qu'elle avait cruellement souffert de sa condition et ne s'était consolée qu'en imaginant ses enfants parvenus là où elle aurait voulu se hausser.

De nos expéditions à Winnipeg, nous revenions éreintées et, au fond, presque toujours attristées. Ou bien nous avions été sages, prudentes, n'ayant acheté que l'essentiel, et qui donc a jamais tiré du bonheur de se limiter au strict nécessaire! Ou bien nous avions commis quelque folie, par exemple acheté le chapeau qui m'allait si bien mais à un prix fou, et nous en avions du remords, il faudrait se rattraper ailleurs, disait maman, et ne pas avouer le prix au père, me laissait-elle entendre à demi-mot. Ainsi notre gêne d'argent nous jetait-elle tôt ou tard dans l'extravagance qui nous ramenait à une plus sévère gêne encore.

De toute façon, le pont que nous avions traversé en riches, la tête pleine de projets, nous ne l'avons jamais retraversé qu'en pauvres, les trois quarts de notre argent envolés, et bien souvent sans que l'on puisse dire où.

— Comme ça part, l'argent! disait maman. Evidemment c'est fait pour partir, mais ton père dira encore que j'ai l'art de le faire partir plus vite que personne.

Bientôt, au-delà du pont, nous devenaient visibles les clochers de la cathédrale, puis le dôme du collège des jésuites, puis des flèches, d'autres clochers. Inscrite sur l'ardent ciel manitobain, la ligne familière de notre petite ville, bien plus adonnée à la prière et à l'éducation qu'aux affaires, nous consolait. Elle nous rappelait que nous étions faits pour l'éternité et que nous serions consolés d'avoir eu tant de misère à joindre les deux bouts.

Quelques pas encore, et nous étions chez nous. Nous n'étions pas nombreux dans la petite ville pieuse et studieuse, mais du moins avions-nous alors le sentiment d'y être d'un même cœur. Déjà maman et moi parlions dans notre langue le plus naturellement du monde, ni plus bas, ni trop haut comme à Winnipeg où nous étions commandées par la gêne ou la honte de la gêne. D'autres voix s'élevaient en français autour de nous, nous accompagnant. Dans notre soulagement de retrouver notre milieu naturel, nous nous prenions à saluer presque tous ceux que nous croisions, mais il est vrai, entre nous, dans la ville, nous nous connaissions à peu près tous, au moins de nom. Plus nous allions et plus maman se reconnaissait de gens amis et saluait et prenait des nouvelles des uns et des autres.

De retour dans notre ville, il lui arrivait de lever le regard sur le haut ciel clair pour le contempler avec une sorte de ravissement. Et souvent, la fatigue disparue de son visage comme par enchantement, elle me prenait à témoin : «On est bien chez nous.»

Nous arrivions à notre maison, rue Deschambault. La retrouver intacte, gardienne de notre vie à la française au sein du pêle-mêle et du disparate de l'Ouest canadien, devait nous apparaître chaque fois une sorte de miracle, car à la dernière minute, nous nous hâtions vers elle. C'était comme si nous avions toujours eu un peu peur qu'elle nous fût un jour ravie. Elle était avenante et simple, avec ses lucarnes au grenier, de grandes et nombreuses fenêtres à l'étage et, entourant la façade et le côté sud, une large galerie à enfilade de colonnes blanches.

Toujours nous revenions vers elle comme d'un voyage qui nous aurait secouées. Pourtant ce ne sont pas ces voyages de Saint-Boniface à Winnipeg, si éclairants fussent-ils, qui m'ouvrirent enfin pleinement les yeux sur notre condition, à nous Canadiens français du Manitoba. Cela s'est fait en une autre occasion, beaucoup plus dure.

II

J'avais été malade de sérieuses indigestions l'une sur l'autre et il me restait une sensibilité au ventre. Maman, le jour où je commençai à aller un peu mieux, comme c'est sans doute le cas chez bien des gens de notre genre, se décida à m'emmener voir le médecin. Après les questions et l'examen, qui consistait surtout en ce temps-là en palpations, nous attendions, maman et moi, un peu effarouchées du verdict que le médecin mettait beaucoup de temps à prononcer. Enfin il regarda maman et lui décocha un peu comme un reproche :

— Madame, il va falloir opérer cette enfant. Au plus tôt. Sans plus attendre.

Je tournai un peu la tête vers maman et la vis tressaillir comme sous le coup d'un blâme, en effet. Elle avait pâli, puis il m'avait semblé la voir rougir, et tout ce temps elle avait l'air de chercher des mots qui ne venaient pas. Enfin elle trouva celui-là qui nous était le plus coutumier, le plus habituel, je pense bien, et je l'entends encore, je l'entendrai toujours le prononcer d'une voix blanche :

— Combien ? Ce sera combien, docteur ?

J'eus l'impression que nous étions chez l'épicier ou le boucher, et que pourtant maman s'armait pour une lutte bien plus serrée qu'avec ces gens-là sur qui elle avait assez facilement le dessus.

Le docteur déplaçait des papiers, sa plume, son buvard, et paraissait ausi mal à l'aise que maman.

— Ecoutez, madame. Dans le courant ordinaire des choses, pour une opération de ce genre, c'est cent cinquante dollars.

Il saisit sans doute l'expression de consternation qui se peignit sur le visage de maman, car il se hâta de lever les mains en disant :

— Mais!... mais!...

L'ayant un peu calmée par son geste, il poursuivit :

— Pour vous dont je connais les difficultés, ce sera cent dollars.

Je vis que cela n'aidait pas beaucoup ma mère à respirer. Elle gémit comme pour elle-même, sans s'en plaindre à lui : «Cent dollars! Cent dollars!»

Le médecin haussa les épaules, d'impuissance. Alors je compris qu'elle allait raconter l'«histoire» de notre vie, qu'elle sortait en public lorsqu'elle n'avait vraiment plus d'autre recours, et qui me remplissait chaque fois d'une confusion et d'une détresse qui ne semblaient pouvoir se dissoudre ni en larmes ni en paroles. J'aurais voulu retenir maman, l'empêcher de parler, mais déjà il n'était plus temps. Assise au bord de sa chaise, les mains nouées sur sa jupe, le regard fixé sur le plancher, d'une voix monotone, sans jamais lever les yeux vers le médecin afin de n'être distraite en aucune façon de ce qu'elle devait dire, elle racontait :

— Mon mari, fonctionnaire du gouvernement fédéral, pour n'avoir pas caché sa loyauté politique, s'est trouvé en butte à une sournoise persécution et, pour finir, s'est vu mis à la porte, congédié six mois seulement avant l'âge de la retraite dont il a été frustré. Ainsi, dans notre âge avancé, disait maman, nous nous sommes trouvés démunis, monsieur le docteur, sans revenus assurés. Il nous a fallu vivre du vieux gagné vite dépensé, comme vous pouvez le penser, auquel se sont ajoutés l'aide de mes grands enfants et ce que j'ai pu gagner moi-même ici et là pour des travaux de couture...

L'histoire défilait, le médecin écoutait, peut-être dans l'ennui, car ses yeux erraient parfois au plafond, venaient se poser un instant sur moi, sans sourire, repartaient. Au début seulement de la consultation, il m'avait adressé la parole : « Quel âge as-tu, petite ? Douze ans... On ne le dirait pas... On t'en donnerait plutôt dix. » Et il avait parlé à maman sur un ton sévère : « Vous auriez dû m'amener cette enfant il y a au moins six mois. »

Maintenant il me regardait, on aurait dit, sans amitié. Cette idée de maman aussi de me faire voir par le médecin le plus cher de la ville !

Elle en était aux détails les plus affligeants, que je ne pouvais entendre sans vouloir me cacher le visage dans les mains : les raccommodages qu'elle attaquait le soir, sa journée faite, et qui étaient d'un bon rapport, dit-elle avec une curieuse insistance, comme si le docteur eût pu avoir des reprisages à lui commander en retour de ses services.

Je ne comprenais vraiment rien à maman, à certaines heures. La femme la plus fière, qui passait des nuits à coudre pour ses filles des robes aussi belles que celles des filles des notables les plus riches de la ville, qui trouvait Dieu sait où l'argent de nos leçons de piano, la femme la plus stoïque aussi que jamais je n'ai entendu avouer une douleur physique, ni même, plus tard, le terrible mal de la solitude, dès qu'étaient mis en cause la santé, le bien-être, l'avenir de ses enfants, elle aurait pu se faire mendiante aux coins des rues.

Excédé à la fin par cette histoire qui, pour lui, ressemblait peut-être à bien d'autres entendues ici même, le docteur leva les mains pour faire taire maman.

— Madame !... madame !... Si vous ne pouvez régler mes honoraires en une fois, faites-le petit à petit, comme vous pourrez.

Alors maman respira.

Du moment qu'une dette, une obligation, aussi énorme fût-elle, pouvait être fractionnée, réglée à petits coups, étirée, elle pensait arriver à en avoir raison, après tout elle avait fait cela depuis des années, elle y était entraînée : tant ce mois-ci pour la machine à coudre (encore que dans le découragement maman avouât parfois que la machine serait sans doute usée avant d'être à nous); tant pour le service d'argenterie (il me semble que ce n'était que cinquante cents par quinzaine, mais nous ne les avions tout de même presque jamais quand passait le représentant); tant pour la glacière. Maman, ayant saisi que mon opération pouvait entrer dans cette catégorie, en fut aussitôt réconfortée et m'adressa un regard qui semblait entendre: «Tu verras, on se sortira de cela aussi.» De soulagement, elle eut même une espèce de sourire tendre qui nous enveloppa tous deux, moi et le docteur, et qui lui donna un air presque heureux, au milieu de sa peine. Elle était comme une belle, grande rivière, semée, tout au long de son cours, d'obstacles: rochers, écueils, récifs, et elle en venait à bout, soit en les contournant, en s'en éloignant par le rêve, soit en les franchissant au bond. Alors, pour un court moment, entre les mille embûches, avant qu'elle ne fût reprise dans les remous, on entendait son chant d'eau apaisée.

— Eh bien, si c'est ainsi, docteur, soyez assuré que je parviendrai à m'acquitter envers vous...

Le docteur coupa court aux promesses de maman. Il se leva. Nous nous sommes levées aussi. Maman songea alors à s'informer:

— Ce sera pour quand, l'opération? Dans quelques semaines?

— Y pensez-vous, madame! Je téléphone à l'hôpital immédiatement. Je tiens à ce que votre petite fille y entre ce soir même, demain au plus tard.

— Oh! demain! supplia maman.

Le côté affaire réglé — ou relégué — elle pouvait enfin être à son souci pour moi, à son angoisse. Elle se mit à plaider pour un peu plus de temps. Il lui en fallait pour me coudre des vêtements propres pour l'hôpital. Pour préparer mon père à l'idée de l'opération. Et qui sait, peut-être pour voir se détourner le cours des choses, s'il lui en était accordé suffisamment.

— Nous avons déjà beaucoup trop tardé, trancha le docteur. Nous sommes à la merci d'une crise grave qui peut amener la rupture de l'appendice. J'opérerai votre enfant après-demain au plus tard.

Nous sommes sorties. Dans quelle petite rue ombragée d'arbres étions-nous, je n'en sais plus trop rien. Par ailleurs, je me souviendrai toujours que c'était par une des journées les plus tendres que puisse nous offrir l'été, toute pleine d'un vent doux qui caresse le visage. Cela nous a fait un drôle d'effet de nous retrouver au milieu d'une pareille journée avec nos calculs, notre peur de l'hôpital et l'angoisse de ce que papa allait dire. Il nous sembla que nous aurions plutôt dû être dans une belle campagne, assises dans l'herbe, au pied d'un arbre, à manger notre pique-nique, ou à rêver face au ciel, le corps parfaitement sain.

Maman prit ma main et me demanda si je n'étais pas trop fatiguée. «Parce que, me dit-elle, si tu t'en sens la force, j'aimerais faire un bout à pied.» (Nous étions dans de petites rues d'où pour trouver un tramway il eût fallu marcher plus loin que jusqu'à chez nous. Maman devait être bien troublée pour ne pas y avoir réfléchi.) «J'aimerais me donner le temps, dit-elle, de préparer en pensée comment je vais parler à ton père.»

Je tâchai de la retenir. Je lui dis que j'étais mieux, que je n'avais plus de mal nulle part. Et c'était vrai. L'émotion m'avait galvanisée, prêté pour l'instant des forces venues de je ne sais où. D'ailleurs ce n'était pas nouveau, chez moi, une telle réaction. Il suffisait qu'on m'emmène chez le dentiste pour que disparût subitement un mal de dents qui m'avait tenue éveillée toute la nuit. Maman ne prêtait donc pas attention à ce que je disais. Elle poursuivait son idée.

— Ton père, les dettes l'ont toujours terrifié, même quand il gagnait de quoi assurer notre vie. Alors, maintenant, tu peux imaginer comme elles l'effraient! Pourtant, quand on peut les répartir au mois, il me semble que les dettes ce n'est pas la fin du monde.

Je devais ressembler à mon père sur ce point car les dettes me terrifiaient aussi.

— Je ne veux pas être opérée, ai-je décidé. On n'a pas les moyens. Et papa va être contre.

Elle s'arrêta de marcher et me secoua un peu.

— Ne dis plus jamais pareille chose. Ton père ne sera pas contre. Il s'agit seulement de l'amener à voir que cette dette n'est pas pire qu'une autre. Ne m'enlève pas le courage, me pria-t-elle, au moment où j'en ai le plus besoin pour nous sortir du trou.

— On y est pourtant toujours dans le trou, lui fis-je remarquer.

A ma surprise, elle se prit à rire un peu, comme de loin, à tant de prouesses accomplies.

— N'empêche qu'on en est sorti mille fois, du trou.

— Ce n'était peut-être pas le même, dis-je, souriant malgré moi, de connivence avec elle.

Nous avions atteint le coin d'une petite rue tranquille et nous en enfilions une autre également bordée d'arbres dont on entendait les feuilles bruire doucement en plein milieu de nos calculs. Il y eut ceci d'aimable dans notre vie : presque jamais la nature ne s'abstint de nous marquer une sorte de bienveillance à travers nos épreuves. Ou était-ce parce que nous cherchions sans cesse consolation en elle qu'elle nous l'accordait ?

Soudain, cependant, maman m'étonna beaucoup en s'avouant abattue. Elle disait comme pour elle-même :

— C'est vrai que le malheur nous poursuit depuis longtemps. Il faudrait sans doute remonter bien loin pour en connaître la cause. C'est une longue histoire.

Tellement les histoires m'étaient alors amies, même au plus creux de la désolation, je la priai :

— Raconte.

Elle me fit un sourire navré qui sous-entendait : C'est bien le temps, va !

Malgré tout, cependant, commencèrent à lui échapper des bribes d'un récit de malheurs anciens que la scène chez le médecin avait sans doute réveillés — du moins c'est ce que j'ai cru comprendre.

Car, soudain, nous étions rejointes dans la rue paisible par une quantité de nos gens aux peines depuis longtemps mortes et qui pourtant revivaient en nous. En écoutant maman, j'eus la curieuse impression que notre détresse avait rappelé à nous des centaines d'êtres et qu'à présent, dans la rue déserte, nous allions ensemble, eux peut-être consolés de nous trouver attentives encore à leurs vies écoulées, et nous, de ne pas nous retrouver toutes seules.

— Tout vient, disait maman, de ce vol de nos terres là-bas, dans notre premier pays, quand nous en avions un, que les Anglais nous ont pris lorsqu'ils l'ont découvert si avantageux. Au pays d'Évangéline. Pour avoir ces terres riches, ils nous ont rassemblés, trompés, embarqués sur de mauvais navires et débarqués au loin sur des rivages étrangers.

— Nous étions des Acadiens?

Peut-être maman me l'avait-elle déjà dit et je n'en avais pas gardé la mémoire. Ou bien je n'avais pas eu avant ce jour le cœur prêt à accueillir cette tragédie, et n'en avais pas fait grand cas.

— Ainsi a commencé notre infortune, il y a bien longtemps, dit maman. Je ne sais pas tout de l'histoire. Des bouts seulement, transmis de génération en génération.

— Où ont-ils été laissés, maman?

— Oh, un peu partout en Amérique, à se débrouiller comme ils pouvaient, ne connaissant même pas la langue du pays où ils avaient échoué. Une partie d'entre eux, de peine et de misère, réussirent à se rassembler au Connecticut. Ils travaillaient aux usines, aux chantiers forestiers, au chemin de fer, là où il y avait de rudes besognes à accomplir à vil prix. Ils voisinaient beaucoup entre eux, se réconfortaient dans leur ennui de la patrie.

C'est à cet endroit du récit de maman que j'ai commencé à me tracasser au sujet de la notion de patrie, de ce qu'elle signifiait au juste. En tout cas, je l'ai beaucoup étonnée en lui demandant à brûle-pourpoint si nous autres en avions une patrie.

— Bien sûr, a-t-elle répondu, puis aussitôt elle n'a pas eu l'air si certaine d'elle-même et m'a touché le front en disant : Tu n'as pas de fièvre au moins?

J'ai protesté que non et insisté pour connaître le sort de nos gens au Connecticut.

— Ce n'est pas le moment de me faire raconter cette vieille histoire triste, m'a-t-elle reproché. Je suis déjà assez accaparée. Il faut que je prépare ta valise pour l'hôpital… L'hôpital, gémit-elle, puis elle m'assura que j'y serais bien… et, malgré tout, elle était de retour avec nos gens du Connecticut! Dans ce temps-là, fit-elle, des prêtres, que l'on nommait colonisateurs, vécurent, on aurait dit, pour retrouver les troupeaux perdus et en ramener le plus possible. L'un d'eux vint jusqu'à nous au Connecticut.

Elle avait commencé de dire «nous» à propos de nos lointains ancêtres, et cela me consola bizarrement.

— Dans notre petite église de là-bas, où on nous faisait le prêche en français, il nous annonça que le Québec nous attendait bras ouverts, que des terres nous seraient distribuées dans un canton fertile, non loin de Joliette, si nous voulions revenir au pays.

— Alors c'est le Québec, notre patrie?

— Oui et non, dit maman. C'est embêtant à préciser. Puis elle poursuivit : Il y eut discussion entre nous. Les uns disaient : «On se fera ici. Nous sommes déjà à moitié Américains. Nos enfants parleront anglais. C'est la sagesse. A rouler toute notre vie, nous n'arriverons à rien.» Mais d'autres tenaient pour tenter l'aventure au Québec : «Ce sont là-bas nos frères. Nous parlons la même langue. Nous avons la même foi. Allons nous mettre entre leurs mains.»

— Qu'est-ce qu'ils ont décidé?

— Comme cette histoire t'intéresse tout à coup! dit maman, et elle m'apprit : Eh bien! les uns sont restés, en sorte que nous devons avoir de lointains cousins au Connecticut, d'autres sont venus s'établir dans la belle et fertile paroisse de Saint-Jacques-l'Achigan.

Nous avons alors aperçu un banc au coin d'une rue, sous un arbre qui murmurait, et maman a dit : «Asseyons-nous un peu pour que tu te reposes.» Et le clair bruit du feuillage doucement agité nous parla de répit et d'un moment de bonheur dans la vie des exilés.

— Tu n'as toujours pas de mal? demanda maman.

Je fis signe que non, et c'est vrai, je n'en ressentais pas, seulement celui dont j'étais issue.

— Est-ce qu'ils ont été heureux, nos gens, à Saint-Jacques-l'Achigan?

— Oui et non. Ils avaient beaucoup d'enfants. Tous les nôtres élevèrent des familles nombreuses. Nos prêtres disaient qu'à ce prix nous reconquerrions notre place au soleil. A Saint-Jacques-l'Achigan, ils furent bientôt à l'étroit. Un peu au nord s'élevait une sévère chaîne de collines. La terre y était pauvre, semée de cailloux, hérissée d'épinettes sombres. C'est pourtant là que montèrent s'installer ton grand-père Elie et ta grand-mère Emilie. Personne ne travailla jamais sur terre autant que ces deux-là, raconta maman, les yeux au loin et comme navrée encore de leur long effort laborieux. Ils défrichèrent, ils arrachèrent au sol des milliers de pierres, ils en érigèrent des monticules, des murets, ils se firent quelques champs d'avoine, de blé noir. Leur première cabane fut bientôt remplacée par la maison où je suis née, celle que tu as vue dans l'album. Ton grand-père était habile : notre maison avait belle allure. Nous y avons mangé plus souvent de la galette de sarrasin que du pain blanc, mais je pense y avoir été une petite fille heureuse.

Je fus si contente que maman, avant sa vie de tracas, ait été une petite fille heureuse que je poussai un soupir d'aise. Je voulus savoir comment elle s'y était prise pour être heureuse, et maman répondit qu'elle ne s'en souvenait pas, qu'à son idée les enfants étaient généralement heureux, se faisant du bonheur avec peu. Puis elle prit pitié de moi qui la regardais avec l'envie de pleurer — mais elle se méprit et ne sut jamais que c'était sur elle que j'avais envie de pleurer. Elle me passa la main sur le front en m'assurant que j'allais revenir à la santé et retrouver mes jeux avec joie.

— Pourquoi, si vous étiez heureux à Saint-Alphonse-de-Rodriguez, êtes-vous encore partis? ai-je demandé.

— On a peut-être du sang d'errants dans les veines à force d'errer, dit maman. Pourtant, maintenant, personne plus que moi n'aimerait être fixé une fois pour toutes. Ton grand-père Elie était porté à l'aventure. Il se sentait à l'étroit dans les collines pauvres pour y établir ses fils autour de lui. Puis est venu vers nous un autre de ces prêtres-colonisateurs, celui-là pour nous vanter le Manitoba et l'accueil qu'on nous y ferait. Il parlait de belles terres riches, de tout cet Ouest canadien où nous devrions nous hâter de prendre notre place avant les Ecossais et les Anglais qui arrivaient à grand flot. Il disait que tout le pays, d'un océan à l'autre, nous revenait, à nous, de sang français, à cause des explorateurs de France qui l'avaient les premiers parcouru. Nos droits à notre langue, à notre culte seraient respectés. A chaque chef de famille, à chacun de ses enfants mâles ayant atteint dix-huit ans, le gouvernement de la nouvelle province concéderait un quart de section. C'était tentant pour des gens comme nous. Ton grand-père prit feu. Tu tiens de lui, ce don de partir en imagination, fit-elle en passant sa main sur ma joue. Ta grand-mère était la seule à s'opposer au projet. A la fin elle céda, et nous voilà en route encore une fois. Le reste de l'histoire, tu le connais, je te l'ai raconté cent fois. Ils eurent une concession dans la Montagne Pembina.

— Et enfin ils se reposèrent?

— Ah, mon Dieu, de loin encore ils n'eurent de repos. Tout était à refaire. Ton grand-père construisit la maison neuve exactement comme celle de Saint-Alphonse, ta grand-mère refit les meubles, les armoires, le pétrin...

— Et le banc-lit, je me le rappelle.

— Quand tu étais toute petite et que nous allions là-bas, tu pleurais si on te refusait de passer la nuit dans le banc-lit... Je me suis toujours demandé pourquoi tu aimais tellement coucher dans cette espèce de cercueil.

Je crus me souvenir que j'y éprouvais le sentiment d'une sécurité totale, comme si les mains qui avaient façonné ce vieux meuble rustique détenaient le pouvoir d'éloigner de moi toute menace.

— Après quelques années, tout aurait pu être si beau à Saint-Léon, dit maman, car la terre était à nous. En comptant celle des garçons, elle faisait un mille carré en tout! Grand-mère semait dans son jardin les mêmes fleurs qu'au Québec, on n'entendait parler autour de nous que notre langue familière, c'était presque la prospérité enfin, et voici que le gouvernement du Manitoba se tourna contre nous. Il passa cette loi inique qui interdisait l'enseignement de la langue française dans nos écoles. Nous étions pris au piège, loin de notre deuxième patrie, sans argent pour nous en aller, et d'ailleurs où aurions-nous été?

— Encore sans patrie?

— Nous avions toujours nos terres, nos coutumes, nos maisons... et notre langue que nous n'étions pas prêts à nous laisser arracher. Mais aussi c'est ce qui nous ruina : cette longue lutte, toutes ces dépenses pour préserver nos écoles. Es-tu assez reposée? me demanda-t-elle. Il faudrait repartir. Ton père doit être inquiet de ne pas nous voir revenir plus vite.

Le feuillage, en s'écartant, nous exposa un pan du haut ciel clair que nous avons fixé ensemble en souriant malgré nous. Et maman a raconté :

— Ton père, lui, c'est la profonde misère des siens, du côté de Beaumont, qui l'a chassé. Il a dû commencer à travailler tout enfant, puis de bonne heure émigra aux Etats-Unis comme tant des nôtres que le Québec ne pouvait faire vivre. Il a fait tous les métiers, mais tout le temps il lisait, s'instruisait, se préparait à jouer un rôle important quand il rentrerait dans son pays. C'est au Manitoba qu'il aboutit. Quand je l'ai rencontré, à Saint-Léon, il croyait, comme le prêtre-colonisateur jadis, que tout l'Ouest, jalonné de petites colonies, serait au moins à moitié français d'un océan à l'autre. Puis il connut Laurier, qui allait devenir bientôt le Premier ministre, et qui lui demanda s'il ne travaillerait pas à son élection. Dès cet instant, ton père donna sa vie à cet homme tant il avait foi et confiance en lui. Lorsque Laurier, devenu Premier ministre, refusa de prendre parti dans la question du français au Manitoba, puisque cela relevait du domaine provincial, ton père ne lui retira pas son appui. Il disait : «Il a ses raisons.» Ce qui lui fut intolérable, d'esprit religieux comme il était, ce fut d'entendre, du haut de la chaire, tomber l'anathème contre les partisans de Laurier que l'on déclara traître à la cause du français. Enfin sa loyauté politique, on la lui fit payer de son poste d'agent colonisateur, alors qu'il atteignait la vieillesse. C'était notre ruine, et j'ai des raisons de soupçonner les nôtres, nos propres gens, d'y avoir travaillé. Car le plus triste de notre histoire, c'est peut-être que tant de malheurs ne nous aient pas encore unis.

Elle pencha la tête, regardant le sol à ses pieds, et me demanda :

— Comprends-tu un peu peut-être pourquoi j'ai parlé de cela au médecin... Ce n'est pas de gaieté de cœur, je t'assure.

J'eus tant de peine pour elle, pour mon père, pour tous ces gens dont nous avions parlé, que je n'aurais pu répondre. Lorsqu'elle m'eut redemandé si nous allions nous remettre en route et que je me levai pour la suivre, il me sembla que nous prenions place dans l'interminable exode. Jusqu'où irions-nous donc à la fin des fins?

— Ton père, quand je l'ai rencontré, me dit-elle tout à coup sans aucun à-propos, n'était plus jeune, mais énergique, plein d'idéal, un homme très beau et gai à ses heures.

Alors je me rappelai qu'au cabinet de consultation le médecin avait demandé à maman: «Quel âge aviez-vous, madame, quand vous avez donné naissance?...» Maman avait paru gênée. Elle avait répondu, comme si elle n'en était pas sûre: «Quarante... quarante-deux, ou trois...»

— Et votre mari, lui?

— Cinquante-neuf ans, docteur.

Comme si elle répondait à ma question silencieuse, elle m'assura:

— Ton père a été heureux et fier quand tu es venue au monde... On dit, poursuivit-elle, que les enfants de parents âgés sont fragiles et délicats, mais aussi, paraît-il, ce sont les plus doués.

Nous ne devions pas être loin de la cathédrale, car maman a suggéré:

— Veux-tu que nous entrions en passant, prier pour que tout se passe bien.

La haute nef nous parut sombre après le grand jour. Elle ne semblait éclairée que par les lampions nombreux sur leur support, qui se consumaient, à l'avant de l'église.

Maman m'entraîna presque aux premiers bancs, tout près du chœur. C'est là que nous allions prier quand nous avions désespérément besoin d'aide, comme si nous avions ici plus de chance d'être vues et entendues. Nous nous sommes mises à genoux. J'ai prié, je suppose, mais surtout, je pense, j'ai regardé maman prier. Depuis, j'ai vu quelques êtres, très peu, prier comme elle ce jour-là, mais alors c'était la première fois, et le spectacle me chavira le cœur. Elle ne bougeait en rien, elle était tout immobile, et cependant tout en elle était tendu, le visage, les yeux, les lèvres, même les mains qu'elle avait portées au-devant d'elle et gardait dans une attitude de suppliante. Et c'est alors, il me semble bien me rappeler, que j'ai formé au fond de mon âme la résolution de la venger. Ou plutôt elle dut naître de l'excès de mon impuissance et de ma faiblesse.

A la sortie, la vive clarté du jour nous a comme blessé les yeux et l'âme. Maman a ralenti le pas, qu'elle avait alors si vif, pour se mettre au mien qui devenait traînant. Elle se faisait des reproches de m'avoir tellement parlé, de m'avoir fait marcher quelques pas de plus pour atteindre l'église. A bout de forces, je n'en poursuivais pas moins ma petite idée qu'un jour je la vengerais. Je vengerais aussi mon père et ceux de Beaumont, et ceux de Saint-Jacques-l'Achigan et, avant, ceux du Connecticut. Je m'en allais loin dans le passé chercher la misère dont j'étais issue, et je m'en faisais une volonté qui parvenait à me faire avancer.

Mais à l'hôpital, à l'abri d'un paravent qu'une sœur était venue dresser, lorsque le vieux prêtre, assis près de moi, commença à me parler de la vie, de la mort et de l'éternité, je changeai d'idée : je pensai que mieux valait mourir et délivrer les miens de toute dépense plutôt que de vivre pour les venger peut-être un jour, ce qui maintenant me paraissait bien difficile.

Le vieux missionnaire, passant par la ville, venu peut-être du Nord — quelquefois j'imagine que le sort s'est mêlé de me l'envoyer — me parlait bas en m'enveloppant d'un bon regard paisible que je voyais briller, à la lueur de la veilleuse, au fond d'un visage barbu. Il m'entretenait de la mort, sans la dépouiller, parce que j'étais une enfant, de gravité et de sérieux, et c'est peut-être pour avoir entendu ce vieil homme, au début de ma vie, m'en parler avec noblesse et candeur que la mort a perdu sur moi beaucoup de son pouvoir d'effroi. Il me disait que j'allais presque certainement guérir, mais que tout s'accomplirait selon la volonté de Dieu. Demain, quand on m'endormirait, je serais comme un petit oiseau que le

Seigneur tiendrait dans sa main. Ou il me relâcherait pour revenir avec les autres enfants, jouer, rire, s'ébattre, ou il me garderait dans son mystérieux séjour.

C'était ce que je voulais, et je demandai au vieux prêtre de m'expliquer le mystérieux séjour. Encore aujourd'hui je bénis le ciel d'avoir placé près de moi à ce moment une âme qui ne prétendait pas saisir l'inexplicable, seulement en rêver.

— Ah! mon petit enfant, me dit-il, si seulement on le savait, hein, mais alors il n'y aurait pas beaucoup de mérite à parcourir la longue route. Et pas beaucoup d'intérêt non plus, ne trouves-tu pas? Tout ce que je crois pressentir ou deviner, c'est que notre vie débouche sur l'infini, et tous, je pense bien, nous avons envie de l'infini.

Ah! qu'à l'entendre en parler j'en avais moi-même envie! Je lui demandai si dans l'infini on était encore responsable de ses dettes.

Il me demanda : quelle sorte de dettes? Déshonorantes, que l'on fait avec malice, en sachant bien que jamais on ne pourra s'en acquitter? Ou des dettes de pauvres, qu'ils ont sur le dos parce qu'ils ne peuvent vraiment faire autrement?

J'étais en peine de répondre. Il me semblait que nos dettes n'étaient franchement ni d'une catégorie ni de l'autre, mais que peut-être elles participaient de l'une et de l'autre à la fois.

Il passa sa main sur mon front et m'engagea doucement à ne plus me tracasser. Il me dit de me reposer dans le Seigneur, de lui mettre tous mes problèmes dans les mains. Je pense avoir toujours su qu'il n'y avait que lui en fin de compte pour nous aider. Mais, en même temps, il m'avait semblé qu'il ne le faisait pas. Pourquoi? Parce qu'on était trop éloigné, nous de lui, ou lui de nous? Alors j'ai rêvé qu'en arrivant chez lui, le Très-Haut, comme on l'appelait, je lui raconterais toute notre histoire dans l'oreille. Il verrait bien alors qu'on ne pouvait prendre maman au mot. Comment pourrait-elle s'acquitter de mon opération à raison de cinq dollars par mois, quand déjà il y en avait trois à verser pour la machine à coudre, quatre pour mes leçons de piano, qu'elle refusait absolument de faire cesser, en plus des arrérages chez l'épicier, le marchand de charbon, presque tous les fournisseurs. De plus, elle venait de me promettre comme récompense pour ma guérison un manteau neuf — coupé il est vrai dans du vieux mais qu'elle comptait garnir d'un col d'astrakan acheté chez un bon fourreur de la ville. Ce manteau, et la curiosité de voir comment maman allait s'y prendre pour me l'obtenir, me retenaient quelque peu à la vie que, d'autre part, je souhaitais quitter pour cesser justement d'être à la charge de maman.

Ainsi en alla-t-il de ce que je croyais être ma dernière prière, et qui était bien, je pense, l'expression d'un désir d'évasion. Car l'idée de ma mort — étrangement mais peut-être, au contraire, très logiquement — m'avait fait entrevoir ce que pourrait être ma vie, et j'en avais pris peur. Pour venger ma mère, il m'était apparu que je devrais, de retour à l'école, travailler doublement, être la première toujours, en français, en anglais, dans toutes les matières, gagner les médailles, les prix, ne cesser de lui apporter des trophées. Ensuite, mes études terminées, je n'apercevais plus rien de précis et de clair, seulement, devant moi, une route montante, comme solitaire, s'en allant dans je ne sais quel abandon sous un ciel nuageux, et le cœur me manquait.

J'avais toujours pourtant passionnément aimé les routes de la plaine, mais, se déroulant dans le plat, elles permettent de voir loin devant soi et de toutes parts. Tandis que la route de mon avenir me parut, ce soir-là, en montées et sinuosités qui ne me livraient jamais à l'avance de perspective, toutes se perdant dans du noir. Une fois, plus tard, je devais, d'une légère élévation dans la plaine, contempler une petite route de terre, inondée de soleil, qui m'apparaîtrait mystérieusement reliée à ma vie et me soulèverait d'exaltation. Mais pour l'heure, à l'hôpital, la route de ma vie — ou peut-être de toute vie — me semblait un chemin toujours à l'écart, et j'en gardai longtemps de l'effroi.

Une religieuse passa, me donna un calmant. Bientôt je me sentis presque heureuse, dans un état d'attente qui ne torturait plus les nerfs. Ainsi je n'aurais pas à suivre cette route solitaire et triste de la vie. Je m'endormirais pour me réveiller dans ce que le vieux prêtre appelait le merveilleux séjour. Le lendemain, j'étais dans les mêmes dispositions tranquilles quand on me roula sur le brancard à la salle d'opération. Je me demandais seulement si Dieu venait un peu au-devant de ceux qui mouraient, ou s'il les attendait sans bouger de son seuil. Rien qu'un pas vers eux, et déjà pourtant ils en auraient été réconfortés. Maman, quand elle attendait une visite très chère, guettait à la fenêtre du salon, parfois même sur la galerie, et, nos gens apparaissant au bout de la rue, elle se précipitait sur les marches du perron et souvent même jusqu'à la barrière.

On était serré contre une poitrine. On entendait battre, dans la joie, contre le sien, un autre cœur. On était arrivé enfin. Avais-je donc déjà connu ce bonheur? Ou l'avais-je seulement imaginé?

— Respire à fond, petite, me disait une voix inconnue, et je me sentis me dissoudre.

Je ne puis nier que ce fut une déception, tout d'abord, en ouvrant les yeux, de me retrouver toujours de ce monde. Et combien il se révéla immédiatement le monde que je connaissais déjà trop bien. Près de moi se tenait une silhouette d'homme en blanc que je distinguais mal à cause des effets prolongés de la narcose. Il me parlait et sa voix me semblait me parvenir d'une grande distance :

— C'est moi qui t'ai endormie, petite. Quand ta mère viendra, veux-tu lui remettre ce papier? C'est mon compte. L'anesthésie, c'est à part.

Comment se fait-il que l'anesthésie soit à part? On ne nous l'a pas dit, ai-je cru un moment avoir protesté à voix haute. Mais je n'avais pas eu la force d'amener les mots à mes lèvres, ils me restaient sur le cœur.

Je m'aperçus alors qu'il m'avait glissé un papier entre les doigts.

— N'oublie pas, petite. L'anesthésie, c'est à part, et d'habitude c'est ce qu'on paie en premier.

Je fis signe que oui et tentai de me réfugier quelque part, mais où trouver refuge quand le Seigneur lui-même, à deux doigts de son seuil, nous a retournés à la Terre. Quelqu'un est passé qui m'a donné un glaçon à sucer, puis maman est arrivée, et j'ai su que malgré tout j'étais heureuse d'être encore de ce monde. A l'instant où nos regards se retrouvèrent, tout fut emporté de nos soucis, de nos peines, dans le déferlant bonheur d'être rendues l'une à l'autre. Mais alors que le visage de maman, penchée sur moi, se trouva tout proche du mien, je pus y voir, comme à la loupe, la fatigue de sa vie, la marque des calculs, le griffonnage laissé par les veillées de raccommodages, et ce fut plus que je n'en pouvais supporter. Je fermai les yeux, essayai de regagner la région où ne m'avaient pas poursuivie les dépenses, les frais, les honoraires. Hélas, je me rappelai le papier laissé par l'anesthésiste et le tendis à maman.

Elle le déplia, disant : « Il aurait pu attendre un peu, tout de même, celui-là... » puis devint silencieuse, le front barré d'un pli que je connaissais bien.

— C'est cher ? lui demandai-je, effrayée.

Elle fit mine de sourire.

— Non, ce n'est pas grand-chose, et elle fit disparaître la note d'honoraires dans son sac à main.

Assise près de moi, elle commença aussitôt d'une voix encourageante à me rapporter les bonnes nouvelles :

— Figure-toi qu'hier, en sortant de l'hôpital, qui est-ce que je rencontre ? Madame Bérubé qui marie sa fille le mois prochain. Il lui faut une robe pour l'occasion. A sa belle-sœur aussi. Me voilà avec deux belles commandes rien que parce que, sous l'inspiration de Dieu sans doute, je suis sortie par une porte plutôt qu'une autre. Il s'en mêle parfois, tu sais.

Je n'en étais pas si sûre depuis qu'il m'avait repoussée de son paradis. Il me semblait aussi que si maman avait obtenu les commandes, c'était plutôt parce qu'elle allait les exécuter à prix réduit. Mais aujourd'hui je n'avais pas la force de lui tenir tête.

— Ce compte de l'anesthésiste va rogner un peu sur ma commande avant même qu'elle soit en marche, dit-elle, puis elle eut l'air de trouver drôle malgré tout que notre argent fût toujours dépensé avant d'être gagné.

Elle sortit d'un sac d'épicerie trois oranges qu'elle avait dû longuement choisir à l'étalage car il me sembla n'en avoir jamais vu de plus rondes, parfaites et si pareilles les unes aux autres.

— Tu les as prises chez monsieur Trossi, ai-je tout de suite compris, et j'ai souri en pensée, dans mon affection pour cet immigrant pauvre qui m'avait toujours traitée comme une princesse quand maman m'envoyait acheter chez lui... «à la graine», comme on disait.

A regret, elle m'avoua alors qu'elle n'en avait acheté que deux, monsieur Trossi ayant ajouté la troisième, de sa part, en cadeau pour «la petite fille malade qui devait guérir aussitôt si elle voulait faire plaisir à son ami italien». Je dus manifester plus de joie du cadeau de l'Italien que de celui de maman car elle parut un peu jalouse et dit que c'était curieux, ce penchant que j'avais pour un homme que l'on connaissait si peu au fond.

Mais aujourd'hui elle n'avait de temps à s'accorder ni pour la joie ni pour le dépit. A peine était-elle arrivée, me sembla-t-il, que déjà elle m'annonçait qu'il lui fallait me quitter pour se mettre à sa couture au plus tôt si elle voulait avoir terminé sa commande à temps et toucher l'argent dont nous avions tant besoin. Malgré tout, elle s'attarda un moment à arranger mes oreillers et à m'encourager : le médecin avait dit que je serais vite sur pied et que tout irait bien. Plusieurs fois elle me demanda si je souffrais et je fis signe que non, et c'était toujours en partie vrai ; au long de cette maladie qui a laissé sur ma vie une marque ineffaçable, j'ai beau chercher parmi mes souvenirs, je n'en trouve guère de la douleur physique, peut-être parce que celle-là on l'oublie facilement. Mais j'ai le souvenir, par ailleurs, d'avoir vécu comme des années entières pendant ces quelques jours.

Enfin maman s'enfuit pour ainsi dire. Etait-ce parce que je ne l'avais pas vue de dos depuis longtemps, était-ce parce que la maladie me donnait des yeux pour voir, mais, comme elle s'éloignait, sa silhouette me parut vieillie, toute différente de celle que je croyais connaître, presque celle de grand-mère déjà vers la fin de sa vie. Je ne pus le supporter et trouvai de la voix pour la rappeler. Elle s'arrêta à mon faible cri, hésita, le temps, je pense bien, de se refaire un visage, puis se retourna et s'en revint vers moi en me demandant :

— Tu veux quelque chose ?

Je ne sais ce que j'avais d'abord eu en tête de lui dire, mais à surprendre sur son visage la trace d'une désolation qu'elle n'avait pas eu tout à fait le temps de faire disparaître, je songeai à m'engager envers elle par la seule promesse dont j'étais sûre qu'elle lui redonnerait courage. Alors je lui annonçai qu'à l'école, dès lors, je serais toujours la première de ma classe... loin encore de penser que cette promesse, j'allais la tenir.

Maman se pencha sur moi, lissa mes cheveux, et son visage qui, un instant plus tôt, m'avait paru défait, était à présent rayonnant. La fierté que j'aimais tellement y voir brillait dans ses yeux bruns.

— Si tu es la première, s'engagea-t-elle à son tour, à l'automne ce n'est pas seulement un manteau neuf que tu auras, mais je te ferai aussi une jolie petite jupe... à la mode que tu aimes... virevoltante...

Alors je vis onduler à mes yeux la jupe légère, je la vis voler autour de moi comme je pivotais sur un talon. Mes yeux s'emplirent de la gracieuse image. Je tentai de me soulever sur l'oreiller pour mieux voir venir vers moi le bonheur. Et les autres enfants dans cette chambre, bornés ou envieux, regardaient, sans comprendre, ces riches que nous étions, maman et moi, au milieu de la pauvreté maussade.

III

Vers la fin du jour, à l'heure qui lui était consolante, quand la lumière faiblissait, que le contour des choses se défaisait, flottait peut-être quelque peu comme dans les rêves, et que la vie paraissait moins dure, mon père se montra.

Il hésita sur le seuil, porta le regard vers l'une et l'autre des petites filles aux quatre coins de la chambre d'hôpital, puis lentement s'avança vers moi. Il se tint près de mon lit en silence et immobile un bon moment, l'air triste et perdu.

Pourtant, il ne pouvait savoir que l'avant-veille, dissimulée au dehors, tout près de la porte de la cuisine d'été — sorte de petite maison adossée à la grande, où mon père aimait veiller seul par les nuits chaudes — maman l'y ayant rejoint, je les avais entendus parler de moi. Sous les branches basses du groseillier, je retenais ma respiration pour mieux entendre leurs paroles. Mon père avait demandé :

— Qu'est-ce qu'il a dit ?

— C'est l'opération, Léon, avait répondu maman.

J'avais déjà remarqué que, dans l'angoisse, ils se redonnaient volontiers leur prénom à chacun, comme si la noblesse de ces instants leur restituait leur pleine identité.

J'avais perdu quelques-uns des mots murmurés, mais je saisis la question à laquelle je m'attendais, si familière, et qui pourtant ne manquait jamais de me porter un coup.

— C'est combien, Mélina? Qu'est-ce qu'il demande?

Au timbre de sa voix, j'avais reconnu que maman prenait sur elle, s'efforçait d'amener mon père à l'optimisme.

— Il a dit, Léon, qu'il nous ferait du bon.

— Du bon! Du bon! Qu'est-ce qu'il entend par du bon?

Il avait bien fallu à la fin que maman énonçât le chiffre. Après j'avais recueilli comme un court gémissement venant de mon père.

Je n'avais pas besoin d'être sur place pour le voir, assis dans la lueur du vieux petit poêle que maman gardait là pour y faire la cuisine par les jours torrides, préservant ainsi la fraîcheur de la grande maison. Depuis assez longtemps elle ne s'en servait plus guère, disant qu'il lui manquait toujours quelque chose ici pour préparer les repas et que finalement les inconvénients d'y faire la cuisine dépassaient les avantages qu'elle en pouvait tirer. Mon père, toutefois, était resté étrangement attaché à cette pièce où il était presque le seul à venir encore. Souvent, le soir, après l'avoir cherché partout, on finissait par l'y découvrir, veillant en silence dans l'obscurité, la porte ouverte sur la cour arrière, au doux bruissement de la nuit. Communiquant avec la grande maison, cette petite maison basse en était tout le contraire, rustique, une sorte de cabane, au fond, qui donnait une impression de campagne, et même de campement avec ses armoires grossières et son plafond à poutres apparentes. Est-ce qu'elle restituait à mon père le sentiment qu'il avait éprouvé pour les abris du temps de ses rudes voyages en pays de colonisation? Il pouvait en tout cas y rester des heures assis sur une petite chaise basse près du poêle dont il entretenait tout juste le feu.

Maman en l'y retrouvant s'était bien gardée de faire de la lumière. C'était donc sans se voir vraiment l'un l'autre qu'ils continuaient à se parler à voix basse.

— Cent dollars, Mélina! Comment est-ce qu'on va faire?

Maman, la voix rassurante, avait affirmé :

— On le trouvera, Léon. L'argent, ça se trouve, malgré tout. Je dis pas d'un coup, mais petit à petit.

Alors mon père sembla prendre un peu de courage à celui de maman et proposa :

— A moins, Mélina, que je me décide à vendre aux voisins les légumes de notre jardin, plutôt que de les donner, ce que tu m'as toujours conseillé, à quoi je ne pouvais me résoudre...

Il semble qu'ils étaient tombés d'accord enfin pour vendre à prix raisonnable le fruit du long travail d'été de papa, ces beaux légumes qu'il avait été heureux de distribuer jusqu'ici en cadeaux à presque tous autour de nous.

Et maintenant, l'air soucieux, il se tenait près de moi, ne sachant peut-être plus parler aux enfants, et moi je le trouvais si vieux qu'il me paraissait impossible de trouver des mots qui eussent pu l'atteindre. Pourtant, jeune enfant, j'avais aimé inventer des jeux avec des vieillards.

Je lui jetai un regard perplexe. Quel âge avait-il donc alors? Soixante et onze... soixante-douze ans? Quand il m'avait engendrée, il était déjà âgé. Y songeait-il quelquefois avec une sorte de remords, et était-ce cela, une certaine gêne, qui l'empêchait de me parler à cœur ouvert? Je ne l'ai jamais su. Nous ne nous sommes jamais avoué l'un à l'autre les mouvements profonds de l'âme — de même, j'imagine, que la plupart des humains qui vivent côte à côte.

Pourtant, à l'époque où je vins au monde, il était, d'après ce qu'on m'a raconté, sinon robuste de santé, du moins encore fort énergique, et confiant dans l'utilité de sa vie et de sa tâche. On m'avait souvent relaté qu'alors il poursuivait l'idée que les Canadiens français devraient venir en grand nombre dans l'Ouest, en dépit de toutes les difficultés, prolongeant le Québec jusqu'à l'autre bout du pays, en sorte qu'y serait réalisé cet heureux équilibre entre le français et l'anglais que l'on s'attache tellement aujourd'hui à obtenir. Il venait tout juste de fonder l'une de ses plus belles colonies, Dollard, en Saskatchewan, composée presque uniquement de compatriotes qu'il avait fait venir du comté de Dorchester où il était né, au Québec, ou rapatriés des Etats-Unis. Moi seule de ses enfants n'avais pas connu l'homme des grands projets, des belles réalisations, du rêve profond animant ses clairs yeux bleus. Ou du moins j'étais si jeune, quand il fut encore ainsi quelque temps après ma naissance, que je ne pouvais en avoir de souvenirs que ténus à l'extrême, vraiment insaisissables.

Sous l'effet du calmant, pendant qu'il se tenait près de moi, je sommeillai peut-être un moment, ou bien je rêvai, à moitié endormie. Je crus retrouver un temps où l'air de malheur qui s'attachait à mon père ne me plongeait pas encore dans l'effroi. J'étais toute petite encore. J'allais alors volontiers vers lui, non pas pour me faire prendre et cajoler comme l'aiment les tout petits enfants, mais pour me tenir simplement près de lui dans une gravité étrange. Je crois qu'il en était heureux. Dans la soixantaine, il aurait ressenti comme une gêne, je suppose, à me faire de ces caresses qu'un père prodigue à ses très jeunes enfants. Cependant il me semble me rappeler qu'il prenait volontiers dans ses bras ses petits-fils, les enfants de ma sœur Anna, dont l'aîné était du même âge que moi, alors qu'il se contentait de placer sa main sur ma tête et de lisser mes cheveux. Pourtant dans cette sorte de rêve où je flottais, je me souvins que, ce jour-là, l'ayant rejoint au jardin où il travaillait, il avait posé la bêche, m'avait installée dans la brouette et promenée plusieurs fois autour de la maison avec mon gros chat gris que je serrais sur ma poitrine. Cette étrange promenade lente m'avait révélé des aspects tout neufs du paysage pour moi le plus familier du monde. Si bien que j'avais demandé : «Encore...» après le troisième tour, et nous étions repartis, mon vieux père soufflant un peu plus fort. Ce souvenir se réveillant en moi dut me causer plus de peine peut-être que de joie, trop seul de son espèce parmi les jours sombres où il avait fleuri, car je ne pus réprimer un gémissement.

Le visage bouleversé, mon père me demanda aussitôt si je souffrais donc tant. Je lui dis que non, que je ressentais seulement une légère brûlure là où l'on m'avait ouvert le ventre.

Alors il m'enjoignit de bien manger dès que je le pourrais, afin de vite reprendre des forces, et me rappela qu'il me faudrait pendant quelque temps éviter des jeux trop violents. Et il osa, lui, me rapporter un peu de ce que le médecin avait dit, que je resterais assez longtemps ébranlée, qu'il me faudrait ménager ma santé qui serait toujours fragile.

Un peu mieux réveillée, je tournai la tête vers lui pour essayer de lui faire un sourire rassurant. Je vis alors qu'il avait dans les mains trois roses. De celles que nous appelions les roses de cimetière, parce que, tout d'abord, mon père en avait acheté quelques pieds pour fleurir les tombes des deux petites Agnès dans notre enclos de famille. Elles y avaient si bien fructifié qu'au bout de deux ou trois ans, mon père en avait rapporté quelques boutures pour les repiquer autour de la maison. Maman ne les aimait guère, moi non plus. En fait personne à la maison ne les aimait, sauf mon père. Que leur reprochions-nous donc au juste ? Sans doute d'être venues du cimetière, mais pas uniquement. Ce n'étaient pas en réalité de très belles roses. Elles étaient touffues, leurs pétales enroulés trop étroitement les uns sur les autres ; aussitôt nées aussitôt fanées, elles se tachaient à un rien, une goutte de pluie, une brise un peu tenace. Elles n'avaient vraiment pour elles que leur parfum, et encore celui-ci, douceâtre, nous faisait penser aux offrandes funéraires.

Celles que mon père tenait à la main me parurent pourtant belles. Les avait-il choisies avec autant de soin que maman ses oranges ? Ou bien est-ce qu'enfin je savais mieux voir ? J'éprouvai du regret de n'avoir jamais aidé mon père à les soigner, me rappelant qu'il n'en demandait pas beaucoup, seulement, après nous être lavé les mains, de déverser notre eau savonneuse sur les rosiers, le savon agissant comme insecticide. Je songeai que je n'avais presque jamais obéi à la consigne, par tendance à l'oublier ou parce que je ne voulais pas me donner de la peine pour des fleurs qui ne me paraissaient pas la mériter. Mais émue en ce moment par leur empressement à vivre malgré tant d'indifférence de notre part, je promis à papa que désormais je m'efforcerais de recueillir de l'eau savonneuse à leur intention.

— Ce n'est pas un si gros effort, répondit-il, et cela fait servir deux fois le savon qui est cher.

Il me vint alors à l'esprit que de jour en jour je l'avais vu attentif à ne pas gaspiller, quoique jamais mesquin, appliqué aussi à devenir habile en des tâches qui ne lui étaient pas tout à fait naturelles, comme en horticulture, par exemple. Je fus effleurée par la pensée que maintenant, peut-être encore plus qu'au temps où il était admiré, mon père montrait de la grandeur. Tombé de haut, abandonné de l'espoir, il s'était livré chaque jour au modeste effort qui pouvait encore être utile. La fièvre décuplait-elle donc aujourd'hui la perception que j'avais des êtres et de la vie? Ou bien était-ce plutôt le calmant qui, en apaisant l'angoisse naturelle du cœur, me permettait de voir mieux que d'habitude? Mon père aux mains calleuses, au visage creusé, au dos voûté, me parut animé d'un courage tel qu'hier encore j'avais été incapable de l'entrevoir. J'aurais voulu le lui dire et ne savais comment. Après avoir posé les trois roses, têtes déjà un peu penchées, dans mon verre à eau, il s'en allait à pas lents, et il me sembla qu'il avait un peu l'allure des roses fatiguées. J'enfouis mon visage dans l'oreiller comme pour me cacher de la douleur afin que jamais plus elle ne me trouve.

IV

Comment, si souvent malheureux, pouvions-nous aussi être tellement heureux? C'est cela encore aujourd'hui qui m'étonne le plus. De même que la visite de la joie me cause plus de surprise au fond que celle du malheur, non parce que plus étrangère à ce monde, mais peut-être parce que encore moins déchiffrable.

Le bonheur nous venait comme un vent, de rien et de tout. En soi, déjà, l'été nous était une fête. Je n'ai connu personne, lorsque j'étais enfant, qui soignât autant que nous l'été. Quelques tracas qu'eût maman, quelques chagrins, dès que le temps était venu, elle laissait tout en plan pour remettre en terre autour de la maison les géraniums et les fuchsias qui avaient hiverné au bord des fenêtres. Pâles, étiolés, on les voyait bientôt redevenir pleins de santé. Papa ensemençait un grand champ libre non loin de chez nous, ayant obtenu du conseil municipal l'autorisation de le cultiver tant qu'il ne serait pas acheté, et cela dut tarder car il me semble me rappeler que nous eûmes toujours à notre disposition ce beau et vaste potager. Et l'été nous récompensait. Nos arbres fruitiers donnaient leurs fleurs embaumées, ensuite d'acides pommettes dont maman faisait une exquise gelée, des cerises aussi et de petites prunes bleues. A l'arrière, notre cour, entourée d'une palissade de bois, était toujours remplie de merles et de pinsons dont le chant était si fort et si joyeux qu'il nous fallait bien l'entendre jusqu'au milieu des malheurs. Cette cour, qui n'était pas tellement grande, donnait sur une ruelle qui, elle, donnait sur un champ non loti, en sorte que tout l'espace libre en arrière de chez nous, se joignant, pouvait nous donner l'illusion d'une échappée de plaine verte. Mon père, assis dans la pénombre de la petite cuisine d'été, porte ouverte, la contemplait sans fin. Parfois prolongée mystérieusement par un rougeoiement du ciel que l'on captait, à l'ouverture, entre deux coins de rue plus loin, la faible trouée, en pleine ville, entre les maisons, atteignait à une sorte d'espace sans limites. Si nous allions parler à papa assis, à cette heure-là, à son poste de vigie, sa voix nous étonnait par l'étrange apaisement qui s'en dégageait. C'était comme si nous l'avions tiré d'infiniment loin, peut-être des randonnées de sa jeunesse dans les étendues sauvages.

Mais c'est au temps des vacances que nous resaisissait surtout la fièvre du bonheur. Nous partions, maman et les enfants, plus tard moi seule avec elle, pour la Montagne Pembina. Papa restait pour garder la maison, assez content, je pense, de l'avoir à lui seul pour y promener à l'aise d'une pièce à l'autre ses rêveries que la solitude parfois favorisait. Alors, sans doute, les espoirs qui osaient encore se lever dans son cœur lui paraissaient moins sûrement voués à mourir.

Je crois voir maintenant ce qu'il en était de nous et qui nous a rendu la vie en un sens si difficile. De même que nous étions des pauvres riches, de même nous étions des malheureux doués pour le bonheur.

C'était chez l'oncle Excide, le plus jeune fils des grands-parents Landry, que nous nous rendions au temps dont je garde le plus de souvenirs.

Nous prenions le train à la gare du CN, surmontée d'un dôme, et que nous appelions, je ne sais pourquoi, le dépôt. En peu de temps notre train s'engageait dans le plat pays tout autour de Winnipeg et déjà, sous le ciel géant, devait faire penser à quelque chenille noire rampant dans l'infini. J'aimais la plaine rase, elle m'a toujours ravie. Finalement, dans sa grande retenue, elle m'en a toujours dit plus long que tout autre paysage. Mais dans ces voyages où nous allions vers la

Montagne, c'est elle qui polarisait toutes nos pensées. Au bout d'une heure environ commençait à se dessiner sur le ciel bleu pâle l'ombre des collines. Un peu plus tard, le train y entrait si progressivement que l'on ne s'en apercevait pas. Ce n'est qu'au milieu du petit massif que tout à coup on se reconnaissait en pays accidenté et même — pour nous habitués au plat — montagneux. Il y avait là un lieu-dit insignifiant : Babcock. Le train y arrêtait une minute ou deux, et je me demande encore pourquoi, car il n'y avait rien là, selon mon souvenir, qu'une cabane et une carrière abandonnée, mais aussi : la Montagne. Ou plutôt un mont isolé, tassé auprès du chemin de fer parmi des escarpements rocheux. Pour en apercevoir le faîte, maman et moi nous nous mettions presque genou en terre, le regard à ras le plus bas de la vitre. Ainsi nous obtenions une vue du mont entier. Elle nous coupait le souffle. Pareille hauteur ! Pareil élan ! A l'aller, nous ne faisions qu'en parler, maman et moi, guettant son apparition dès le départ. Ensuite, il tenait en notre tête une place à en chasser tout autre souvenir. Il y a quelques années, de passage au Manitoba, j'éprouvai un intense désir de revoir le mont qui m'avait dispensé plus d'émotions, je pense bien, que, plus tard, la chaîne des Rocheuses et même, sans doute, les Alpes. Je me trouvai dans un tout petit coin de pays sans horizon, bouché par des amas de pierres extraites et laissées là en vrac. Mais de montagne, aucune ! A la fin, je distinguai tout de même, entre les monceaux de pierre, une butte quelque peu sauvage. Mais je ne sais toujours pas pour autant qui a vu le plus juste, l'enfant exaltée, les yeux collés à la vitre, ou la voyageuse aguerrie à qui il fallait une vraie montagne pour y croire.

Après Babcock nous débouchions presque aussitôt des petites collines. Un autre genre de plaine s'offrait à notre vue, roulant à l'infini en larges et souples ondulations. Nous arrivions au village de Somerset. C'est là que j'ai entendu, venu du seuil de l'hôtel voisin de la gare, le drelin d'une cloche à main agitée pour signaler qu'allait être servi le repas de midi, détail dont je me suis servi dans *Cet été qui chantait*, et ma mémoire ne conserverait-elle que ce souvenir que ce serait assez pour garder de l'affection à ce village que j'ai par ailleurs presque oublié.

Faisant les cent pas sur la plate-forme de bois, nerveux comme il a toujours été, mon oncle Excide, aux fortes moustaches noires, nous attendait, venu nous prendre dans la haute petite Ford à portières de toile munies de plaques de mica. Nous partions pour la ferme à un peu plus de deux milles du village. Mais, en vérité, nous allions, le cœur allégé, infiniment plus loin, nous remontions le temps, les générations, nous retournions presque aux sources de notre famille dont nous trouvions, avec l'air plus vif des plateaux, quelque chose de vivant encore dans cette troisième petite patrie que se construisirent les nôtres depuis le commencement de leurs errances.

Cette troisième petite patrie, à vrai dire, c'était près du village de Saint-Léon, six ou sept milles plus loin, qu'elle avait pris naissance. C'est là que grand-père avait obtenu sa concession et y avait édifié une maison à deux corps de logis, haut et bas-côtés, comme sa maison de Saint-Alphonse-de-Rodriguez. Ces gens-là étaient étonnants, il faut le dire : ils laissaient tout derrière eux, pour recommencer à refaire tout pareillement à l'autre bout du monde. Cela m'a toujours émue. Je pense aux oiseaux qui, où qu'ils aillent dans l'immensité ouverte à leur choix, y construisent toujours le même nid.

Grand-mère, aussi habile à travailler le bois que la pâte ou ses laines, eut vite fait de tourner armoires, huches, pétrin, selon le modèle qu'elle avait gardé en tête de ses meubles de naguère. Leurs voisins, des compatriotes presque tous du Québec, ne parlaient que le français — je doute que grand-mère au cours de sa vie au Manitoba ait appris plus d'une dizaine de mots en anglais, et c'était pour s'en faire des mots à elle, comme ouagine, mitaine (pour *meeting*...), bécosse... Il se nommaient Lafrenière, Labossière, Rondeau, Major, Généreux, Lussier. Curieusement, ils eurent pour curé un prêtre de France, Théobald Bitsche, né à Neider-Burnhaupt, diocèse de Strasbourg, et, plus tard, pour éduquer leurs filles, une communauté française, les Chanoinesses Régulières. En rase campagne, comme pendant à la petite école de rang du

Québec, ils eurent l'école Théobald que fréquenta, toute petite enfant, ma sœur aînée Anna avant que mes parents viennent s'installer avec leur famille à Saint-Boniface.

A l'époque où je conçus une telle affection pour cette troisième patrie des Landry, c'était longtemps après ses débuts. J'avais alors quatorze ou quinze ans. Grand-père était mort depuis une dizaine d'années. En un peu plus d'une génération, il avait réussi, aidé de ses fils, à mettre en culture une section entière, c'est-à-dire un mille carré de terre admirablement noire, la terre à blé de l'Ouest, qui rendait à merveille. Il avait créé un beau domaine, maison, grange, jolies dépendances, puits à margelle, silos, et il avait dû mourir heureux, assuré d'avoir laissé à sa descendance une patrie définitive. Grand-mère était alors venue vivre au village de Somerset dans une petite maison que lui construisirent ses fils, selon ses goûts. Cette petite maison, je l'ai connue. C'est elle que j'avais plus ou moins en tête en écrivant *Ma grand-mère toute-puissante*. Elle était aussi de style canadien, perpétuant toujours le souvenir de la chère maison de Saint-Alphonse abandonnée par grand-mère avec tant de regret, mais, en fait, jamais abandonnée puisqu'elle renaquit deux fois en terre lointaine. Telle que je me la rappelle, elle était coiffée d'un toit à mansarde et possédait un bas-côté. De sa cheminée aux plantes qui l'entouraient, elle proclamait très haut le Québec dans le Somerset d'alors, pour au moins à moitié anglais. C'était le chemin de fer, passant par ici plutôt que par Saint-Léon, qui avait déterminé la croissance de Somerset au détriment du petit village canadien-français qui, à partir de ce temps, commença à décliner.

Ma grand-mère habita seule sa petite maison québécoise de Somerset jusqu'à son très vieil âge. Après sa mort, un acheteur se présenta aussitôt qui avait longtemps eu l'œil sur cette maison, sans pour autant souhaiter, je l'espère, la disparition de grand-mère, mais surveillant tout de même de près les événements. C'était un vieil Anglais retiré à qui la maison de grand-mère rappelait très fort, à ce qu'il semble, sa chère vieille Angleterre quittée depuis lontemps. Il l'entoura de chèvrefeuille, mit du romarin à la place de l'aneth de grand-mère, et, sans autre modification, y vécut heureux, la maison qui avait consolé l'exil de grand-mère prenant aussi le sien en pitié. Tout cela me porta à désirer me rendre acquéreur à mon tour d'une maison si protectrice. La dernière fois que j'allai au Manitoba, j'appris qu'était enfin mort le successeur de grand-mère, mort que, sans la souhaiter précisément, j'avais à mon tour attendue avec une certaine impatience, le vieil Anglais ayant vécu vieux.

J'arrivai à Somerset. Je réussis à retrouver seule la maison. Elle n'était vraiment plus qu'une ruine. Pourtant, si triste et à l'abandon qu'elle fût entre les hautes herbes jaunies de l'automne et le chèvrefeuille depuis longtemps échevelé, elle me parut mystérieusement de connivence avec des rêves que je ne m'étais guère avoués. Je fus près de l'acheter. Mon cousin me fit justement observer que la maison était à jeter par terre, et qu'il me faudrait reconstruire à neuf si je tenais vraiment à m'installer à Somerset.

— Et que ferais-tu d'une maison par ici, toi qui habites le Québec?

Je dus me rendre à l'évidence. La maison à l'abandon ne m'en fit pas moins longtemps reproche de l'avoir abandonnée. Mais peut-être plus que cette maison croulante, ce que j'aurais voulu acheter, parce qu'il m'avait atteinte jusqu'au fond de mes souvenirs les plus chers, c'était le son du vent le jour où je passai par là, un doux vent mélancolique de septembre qui tirait des vestiges du jardin de grand-mère l'expression, on aurait pu croire, d'un regret infini pour la patrie tant de fois cherchée, tant de fois perdue.

Il m'apparaît parfois que l'épisode de nos vies au Manitoba n'avait pas plus de consistance que dans les rêves emportés par le vent et que, s'il en subsiste quelque chose, c'est bien seulement par la vertu du songe.

Mais à l'époque dont j'ai moi-même tant de souvenirs, nous retrouvions chez l'oncle Excide, encore presque intacte, l'influence profonde des grands-parents bâtisseurs. Mon oncle s'était pourtant défait de la chère maison paternelle pour s'en construire une à son goût, sur une terre neuve, à quelques milles seulement de Somerset. Ainsi avions-nous tout de même commencé à osciller entre Somerset pour les affaires, qui se traitaient plutôt en anglais, et Saint-Léon pour l'âme. De temps en temps on allait de ce côté, de temps en temps de l'autre, puis on finit par favoriser presque entièrement Somerset qui était plus proche et vraiment plus commode.

Mon oncle, devenu veuf très jeune, était content de voir arriver maman. Elle prenait aussitôt en main la direction de la maison, soulageant de beaucoup ma petite cousine Léa qui s'était trouvée, à quatorze ans, chargée de cette lourde responsabilité. La maison était spacieuse, agréable et très confortable, pour l'époque, avec une pompe à main qui amenait l'eau à l'intérieur à partir d'un puits creusé sous la cuisine d'été, avec le chauffage central aussi. Elle était située au milieu d'un petit bois que mon oncle avait longuement cherché, dans son ennui de ne pas être à couvert sous les arbres comme à Saint-Alphonse dont il était pourtant parti tout jeune enfant, âgé seulement de cinq ans. Cependant, il nourrissait apparemment depuis ce temps-là la nostalgie d'avoir autour de lui tout au moins un boqueteau.

En vérité, ce bois autour de la maison de mon oncle joua dans ma vie à peu près le rôle du mont de Babcock. Sans doute assez grêle, composé surtout de trembles et de petits chênes, il fut longtemps pour moi la forêt avec ce qu'elle pouvait comporter à mes yeux de magique, de ténébreux. Je l'aimais, mais je pense que j'aimais surtout qu'elle renouvelât constamment, par contraste, le sentiment du large que l'on recevait, au débouché, de la plaine ouverte. Au sortir de ce petit bois, au bout du chemin de la ferme, on était en effet tout aussitôt comme projeté dans l'infini. La plaine s'étendait dès lors à nos yeux aussi loin que pouvait porter le regard. Une immense plaine onduleuse, elle se déroulait en longues vagues souples qui n'en finissaient pas de rouler vers l'horizon. Je n'en ai vu de plus harmonieuses nulle part ailleurs, sinon peut-être dans les downs du Dorset où elles déferlent vers la mer.

Il y avait dans cette immobilité toujours en mouvement, dans cette grandeur, à la fois calme et appelant à partir, une beauté qui, alors que j'étais encore très jeune, agissait sur mon cœur tel un aimant. Je partais sans cesse vers ce paysage comme s'il eût pu m'échapper si je lui avais retiré trop longtemps mon attention. J'arrivais au bout du chemin de la ferme, j'atteignais le point où, les arbres s'écartant, m'apparaissait la vaste étendue attirante, et chaque fois ce m'était le monde redonné à neuf. Mais bien plus, au fond, je le sais maintenant, que le monde.

Puis je finis par découvrir une autre route pour aller vers cette inexplicable émotion. Délimitant la ferme de mon oncle, un petit chemin de section montait quelque peu pour aboutir à une légère élévation. De là-haut, la vue sur la plaine environnante était encore plus saisissante. Je ne parlais à personne de ma découverte. Je faisais mine d'aller par là pour cueillir des noisettes ou des cerises sauvages. Le bonheur vers lequel je marchais était si mystérieux qu'il me semblait que je m'exposerais à le perdre si j'en parlais à qui que ce soit et même si je me l'avouais à moi-même.

Je m'engageais dans ce petit chemin creux bordé de buissons. Rien n'était plus banal. Ce n'étaient que deux raies de terre battue au milieu desquelles poussaient des herbes folles. Il n'y avait pas d'horizon, rien qu'une sorte d'ennui que psalmodiait le vent captif entre les bosquets resserrés. Puis tout à coup, l'ouverture, l'ampleur soudaine, le déferlement sans limites des terres nues! Ce petit chemin sans but abordait l'éternité. Je recevais une onde de bonheur inexplicable. D'où il venait, pourquoi il m'était donné, de quoi il était fait, je n'en savais rien, je ne l'ai jamais su.

Longtemps j'ai cru que ce qui était promis là, à mes seize ans, au bout du petit chemin de terre battue, c'était une félicité terrestre, à saisir de mon vivant. Maintenant je ne sais plus. Ce genre de félicité nous attend peut-être ailleurs.

Sur ces hautes terres proches du ciel, nous avions encore le sentiment d'être chez nous, mais, sans qu'on y prît trop garde, peu à peu s'effritait, diminuait ce chez-nous. Allions-nous à Somerset, nous saisissions la défection des nôtres qui n'affichaient qu'en anglais et prenaient l'initiative de s'adresser d'abord dans cette langue à presque tous. Les jeunes gens gagnaient Winnipeg, Chicago, Vancouver. Presque tous les fils de mes oncles y sont définitivement installés. Les pôles d'attraction étaient l'Ouest et les U.S.A.. Nous revenions à la ferme, désenchantés et appauvris. L'immensité douce, comme habitée de rêve, nous reprenait en main et nous déversait une sorte de confiance — ou d'oubli — au son d'un vent légèrement plaintif. J'entends encore dans mon souvenir ce vent des hauts plateaux qui semblait inlassablement bercer la peine de grands efforts échoués.

Mais souvent, c'était du côté des grands-parents disparus, vers le passé que j'allais, seule. J'avais appris à monter une petite jument rousse que j'avais moi-même dressée. Je partais au grand galop, traversant un ancien lac desséché au bas de la terre de mon oncle, puis longeais d'autres petits lacs au fond à peine mouillé, entourés de vieux roseaux dépenaillés — un paysage insolite au milieu des riches terres à blé — et j'arrivais en peu de temps au village de Saint-Léon à six ou sept milles de distance. J'entrais dans un village à l'air si endormi et désert qu'on aurait pu le croire frappé d'une sorte d'enchantement morose. Je ne l'ai vu s'en réveiller et s'animer vraiment qu'au sortir de la grand-messe, le dimanche. Pourtant, à l'arrivée des colons, au temps de mes grands-parents, il avait dû être bruissant de vie. Puis le progrès avait passé à côté pour installer ses banques, son commerce, le chemin de fer à Somerset. Il ne restait même plus d'hôtel ici, ni non plus de magasin important. Par ailleurs, si prédominants qu'on ne voyait à la fin que leur trio, s'élevaient : le presbytère, plutôt à la mesure d'une ville que de cette campagne isolée, le couvent, l'église. A la fin de la grand-rue, l'unique rue du village, j'aboutissais à une maison de dimensions assez importantes, mais inachevée, enveloppée de son papier noir isolant, et telle elle resta tout le temps que je la connus. A elle seule, elle révélait peut-être mieux que tout ce que j'en ai vu le découragement qui devait hanter ce pauvre village abandonné de ses espérances, car il avait été un peu le Ville-Marie du Manitoba, sous la conduite de prêtres austères qui rêvèrent, je crois bien, de communautés humaines rigoureusement pures.

La maison recouverte de papier noir m'était malgré tout amicale. C'était ici chez les Major, parents de la défunte femme de mon oncle Excide, que nous avions tant aimée, cette douce et si tendre Luzina dont je donnai le nom, par affection, à un des personnages les plus aimables de mes livres. Luzina partie jeune, sa vieille mère vivait encore, que l'on appelait sans cérémonie : mémère. Je la trouvais presque invariablement à faire du boudin ou du savon dans une énorme marmite noire, au-dessus d'un feu de broussailles. Tout était noir par ici sur le fond si bleu du ciel manitobain : la marmite, les volutes de fumée qui s'en échappaient, la maison, la vieille femme dans sa longue jupe. Toujours elle me parut avoir un côté tzigane, mais ce devait être la vie au grand air qu'elle affectionnait qui le lui avait donné, et peut-être un instinct de nomade, rare pourtant chez nos vieilles gens d'alors, que les épreuves du début de leur vie avaient vite rendus enclins à rechercher tout le confort possible. Elle seule semblait encore prendre plaisir à vivre comme avait sans doute vécu ma grand-mère, pendant quelques mois du moins, en arrivant à Saint-Léon, avec une partie de sa batterie de cuisine pendue aux murs extérieurs de la maison pour l'avoir sous la main quand la fantaisie la prenait, l'été, de tricoter dehors ; avec son baquet à lessive accroché aussi hors de la maison, et, autour d'elle, toutes sortes d'objets et ustensiles éparpillés comme dans un campement.

Mémère, aux yeux rougis par la fumée, me dévisageait et demandait :

— Qui c'est qui arrive monté comme saint Michel à la fin des temps pour le Jugement Dernier ?

Rien que cette manière de railler m'indiquait qu'elle m'avait reconnue. Je ne disais mot. Elle finissait par me saluer à sa façon :

— Damnation noire! Si c'est pas la fille à Mélina à Emilie Jeansonne, mariée à Elie Landry! Et d'où c'est que t'arrives dans un galop d'enfer sur ta grande bête noire?

Elle savait que ma petite jument, pas plus que la damnation, n'était noire, et je ne prenais pas la peine de la contredire, ravie que j'étais par son langage imagé et une sorte de riche terreur d'âme qu'il révélait. D'ailleurs, je venais pour bien autre chose. Descendue de ma petite Nell, je cajolais la vieille femme:

— Lisez mon avenir dans les cartes, dites-moi ce qui va m'arriver, mémère Major.

— Ce qui va t'arriver, ma petite ensorceleuse des chemins, je peux te le dire sans cartes: tu vas vivre, vieillir, mourir.

Cela me jetait un froid terrible.

J'insistais:

— Non, non, l'avenir, mémère!

Elle partait à rire, d'un rire qui évoquait le caquet d'une poule.

— Qu'est-ce que vous avez, les jeunes, à vouloir connaître l'avenir, vous qui l'aurez, car il viendra, il viendra, et puis vous vous retournerez, et ce sera le passé. Bien fait pour vous autres!

Parfois elle consentait à pencher vers ma paume tendue son vieux visage craquelé comme la terre gumbo en période de sécheresse. Je surprenais l'éclat encore aigu des yeux usés.

— Oui, je vois, disait-elle, me mettant l'eau à la bouche, puis elle continuait: Tu voyageras... tu feras ami avec des jeunes... des blonds... des bruns...

Je me demande ce qui me poussait tellement à vouloir me faire prédire l'avenir par cette aïeule proche de la mort et qui ne fit jamais que se moquer de moi à ce sujet, à moins que ce ne fût la rumeur persistante qu'elle était capable de tout voir de ce qui allait arriver... parfois... si elle le voulait bien...

Finalement, j'étais peut-être plus attirée vers elle à cause du passé que de l'avenir. Mémère Major, si différente de ma grand-mère ordonnée, à peine plus âgée qu'elle, en avait été l'amie et se souvenait de mille détails de sa vie, bien avant que je l'eusse connue, et je me les faisais inlassablement raconter. Bouche cousue comme elle l'était au sujet de mon avenir, mémère Major ne se faisait plus prier pour décrire ce qui m'avait précédée. Elle racontait le voyage en chariot à bœuf à partir de Saint-Norbert, les nuages de moustiques autour de la tente que l'on venait de dresser, la sombre plaine trouée alors du seul feu de camp des voyageurs, le premier hiver à Saint-Léon passé à six familles ensemble sous un même toit, les chamailles, l'entraide, le secours de Dieu, les tours du diable...

De ceux que décrivait mémère Major, ils n'étaient pas si nombreux à survivre, quelques frêles vieillards seulement. Ils me faisaient penser à des rescapés d'un long naufrage. Je les aimais, ces pauvres vieilles gens du Québec, retirés ici au bout du monde, qui ne parlaient encore entre eux que leur langue, mais qui avaient vu nombre de leurs enfants adopter à jamais l'anglais, et leurs enfants à eux devenus incapables de s'entretenir avec la vieille grand-mère ou le vieux grand-père. Ils me paraissaient isolés comme plus tard me le parurent les anachorètes de Patmos. Leur fragilité extrême me les rendait chers. Ils étaient comme des feuilles à peine retenues à la branche et que la première secousse va emporter. Je sais maintenant que c'était leur passé à la veille de s'effacer qui me faisait accourir vers eux. Leur douceur, leur résignation me sont restées aussi durablement dans l'âme que le bleu intense du ciel au-dessus de leurs visages pensifs et la plainte du vent autour d'eux, qui semblait raconter des vies manquées. Tant de fois on les avait fait venir au bout du monde, pour y disparaître sans bruit et presque sans laisser de trace.

De ces trottes du côté de Saint-Léon, je revenais songeuse, rapportant des messages d'amitié comme d'un lointain pays très cher. Nous étions trop rapprochés pour nous écrire, trop éloignés pour nous voir souvent. Mon oncle était content des nouvelles fraîches que je lui rapportais. Bientôt toutefois, en m'observant, il fronçait les sourcils. L'idée d'une fille à cheval, en culotte, traversant le village pieux, le scandalisait. Il en faisait la remarque à maman. Elle, que j'avais eu toutes les peines du monde à gagner à mes vues, les défendait maintenant auprès de son frère : « Voyons, Excide, ne sois pas si vieux jeu. Si elle doit aller à cheval, mieux vaut en culotte que dans une jupe qui vole au vent. »

Quand je lui en avais parlé pour la première fois, elle avait pourtant été contre, puis s'était un jour ravisée : « Allons toujours voir comment c'est fait, ça ne nous engage à rien. » Et nous voilà dans une boutique des plus huppées, fréquentée par un bien petit nombre, car peu de gens à l'époque à Winnipeg pratiquaient l'équitation. Nous avons détonné dans cette boutique comme cela ne nous était encore jamais arrivé. Maman, en regardant autour d'elle, n'eut pas moins très vite repéré le costume le plus beau de tous et sans doute le plus coûteux. Elle demanda à me le faire essayer. La vendeuse y consentit de mauvaise grâce. Elle nous avait démasquées au premier coup d'œil, peut-être à ce que nous parlions français, quoique tout bas entre nous, mais peut-être plutôt parce que maman ne demandait même pas les prix, tellement assurée qu'elle ne serait pas tentée d'acheter ici. J'aurais voulu rentrer sous terre, mais je tenais tellement à une culotte de cheval que je finis par enfiler celle-ci et m'en vins parader au grand jour d'une baie vitrée donnant sur la rue, sous le regard soudain émerveillé de maman et l'air dédaigneux de la vendeuse aux lèvres pincées. Pour préparer sa retraite, maman se prit alors à trouver des défauts à la culotte. « Elle plissait ici, elle bouffait par là... »

Mais à peine étions-nous sorties, elle m'assura que la culotte m'allait à merveille, qu'elle avait eu le temps de bien en étudier la coupe, pensait l'avoir retenue et être capable de m'en copier une en tout point pareille dans un vieux pantalon couleur mastic de mon frère Rodolphe qui était encore en très bon état. Elle y était d'ailleurs si bien parvenue que personne au monde ne reconnut jamais dans ma culotte de cheval l'ancien pantalon de Rodolphe. Je la portais avec un chemisier pâle, ouvert au cou, et un petit foulard noué à la cow-boy dont les bouts flottaient au vent. Ainsi je me sentais comme équipée pour faire face à la vie, me mesurer avec elle, et j'en avais acquis de l'aplomb. Maman, à voir l'effet qu'avait sur moi le costume, me faisant me tenir plus droite, le regard plus haut, en était venue à le prendre elle aussi en affection. Les remontrances de mon oncle ne nous atteignaient donc pas beaucoup l'une et l'autre. Nous le savions grognon sur le chapitre des fréquentations, des convenances et de la jeunesse en général, qu'il trouvait émancipée, quoique, dans le fond, il fût loin de lui être hostile.

Il y avait du jansénisme chez lui, combattu cependant par un naturel gai, l'amour de la vie et un appétit sexuel assez vif.

Comment mon oncle parvenait à concilier en lui ses tendances qui se faisaient la guerre était assez curieux. Par exemple, soucieux de ne pas désobéir au curé du village qui interdisait aux parents de laisser danser les jeunes sous leur toit, mon oncle, après en avoir fait à ses enfants la défense absolue, s'en allait, lui, prendre part aux quadrilles chez des voisins moins scrupuleux et, dans les figures tourbillonnantes, s'en donnait à cœur joie à empoigner et serrer sa partenaire qu'il écrasait à demi sur sa poitrine.

Son veuvage lui pesait certainement, et plus d'une fois il fut sur le point de se remarier, mais se l'interdit par fidélité à sa douce Luzina dont il porta l'image idéale dans son cœur toute sa vie, par crainte aussi de donner à ses enfants une belle-mère qu'ils pourraient ne pas aimer. Après les prières à n'en plus finir, le soir, en famille, s'il n'y avait pas de danse aux environs, mon oncle attrapait son violon et, d'oreille, pendant des heures, cherchait à rendre des airs gais comme *Turkey in the Straw*, qui aboutissaient, sous son archet, à quelque dolente musique sans presque aucune mélodie. Même au temps des grands travaux épuisants de fin d'été, rares étaient les soirées où il manqua à cette recherche sur son violon d'airs joyeux, tournant hélas si diaboliquement à la plainte.

C'était un bel homme, grand, bien bâti, de teint très foncé, les cheveux d'un noir lustré, partagés au milieu par une raie, avec de superbes moustaches, noires également ; et de même ses yeux étaient de vraies billes de verre sombre, qu'il roulait au reste inlassablement, comme à la trace d'une pensée, courant dans un sens puis dans l'autre. A la fin, le voir ainsi chasser ses pensées, courir après à droite et à gauche, devenait obsédant. Il pouvait cependant être très gai, faire de bonnes blagues aux enfants, puis virer à une «jonglerie» mélancolique au cours de laquelle on ne pouvait lui sortir un mot; et soudain, de nouveau, ses yeux se mettaient, en roulant, à émettre des lueurs, et mon oncle sortait de ses moments dépressifs aussi brusquement qu'il y était entré.

Tel quel, je l'aimais beaucoup, et dès que j'eus lu les auteurs russes, le trouvai à l'image de tant de leurs personnages, excessif dans ses dévotions, puis dans ses défoulements, avec des accès de gaieté folle et un côté mystique le jetant dans des silences accablants.

Plus tard, je me suis demandé ce qu'il voyait au loin de ses contemplations moroses, si c'était l'avenir des siens, de sa famille. Ses enfants, presque tous, parlaient pour ainsi dire mieux l'anglais que le français, lui n'en possédant que quelques mots tout au plus. Dernier fils des Landry rapatriés au Manitoba, il se mit, vers la fin de sa vie, à évoquer les pâles souvenirs qu'il avait de Saint-Alphonse-de-Rodriguez. Plus il vieillissait, plus il lui en revenait. Il fut pris du désir de retourner au village de ses ancêtres avant de mourir. Il en parlait souvent, mais comme d'un bonheur trop grand pour être atteint en ce monde. Il mourut à quatre-vingt-quatre ans, dans le pays où il avait passé toute sa vie, sauf les années de sa toute petite enfance, mais l'âme tournée, on aurait dit, vers sa source presque oubliée.

Il y a quelques années, de passage au Manitoba, pour m'occuper de ma sœur Clémence qui vit en Foyer, je pris le temps d'une course à Somerset. La fascination qu'ont exercée, qu'exercent encore sur moi ce village et ses alentours, l'emporte toujours sur les désillusions qu'ils ne manquèrent pas de m'apporter. Les quelques parents que j'ai encore par là se plaignent que, si je trouve un peu de temps pour me rendre sur place, c'est d'abord pour revoir les lieux avant les gens. Ce fut vrai cette fois encore. Ma première visite fut pour la ferme de mon oncle Excide, on ne peut dire abandonnée, mais tout au moins laissée seule. Le plus jeune fils de mon oncle, qui habite au village, à deux milles et demi, y vient l'été, chaque jour, à heure fixe, de même qu'un fonctionnaire à son bureau, labourer, herser, ensemencer les terres et, en temps et lieu, faucher, moissonner, tout cela, bien entendu, à la machine, lui tout seul, sauf en de rares cas, y suffisant, en sorte que ces travaux qui, naguère, requéraient une armée d'ouvriers agricoles, s'accomplissent à présent dans une solitude étonnante, sans autre bruit que celui de moteur et dans une atmosphère presque étrangère à notre terre, tant il paraît stupéfiant de voir un homme simplement assis aux commandes du tracteur — son unique compagnon — tourner, virer, aller et venir dans l'immensité, sans rien manifester pour ainsi dire d'humain. Presque aussi ponctuellement qu'il en part le matin, mon cousin doit rentrer chez lui, sa journée faite.

Autour de la maison de ferme muette, tout était propre, rangé, la cour dans un ordre parfait, les bâtiments bien clos sur leurs machines, en cette journée d'automne assez avancé. Je rôdai autour de la maison. Sur un de ses côtés avait été aménagée une haute porte coulissante. Je parvins en me haussant sur une pièce de bois à regarder à l'intérieur par une fenêtre. Ce que je découvris me stupéfia. Le plafond enlevé, les cloisons démolies, l'intérieur de la maison n'était plus qu'un immense hangar qu'occupait presque en entier le tracteur Massey-Harris. Le spectacle m'aurait peut-être moins affligée si n'était venu se superposer à lui un souvenir particulièrement charmant de cette maison dans les temps heureux. J'y étais arrivée alors qu'on ne m'attendait sans doute pas, un soir de l'année où je fus institutrice au village voisin, Cardinal. Le temps était doux. Il neigeait abondamment, une de ces neiges calmes, silencieuses, tombant en pans que n'infléchissait aucun vent, et inlassablement comme pour ensevelir toute trace de souillure. Il devait y avoir à la maison quelque joyeuse réunion, car elle resplendissait de toutes ses lampes allumées et, par la même fenêtre où je me tenais maintenant, j'avais vu passer des ombres qui se hâtaient joyeusement. Le plus attirant du tableau, toutefois, était au dehors, cinq ou six équipages se trouvant rangés près du perron, dans la délicate lumière rosée qui tombait sur eux des fenêtres brillantes. Comme il n'y avait aucun froid dans l'air, on n'avait pas pris la peine de conduire les chevaux à l'écurie. Simplement on leur avait jeté sur le dos une couverture, protégeant également de la neige au moyen d'une autre couverture le banc des traîneaux auxquels ils étaient restés attelés. La neige, tendrement, s'amoncelait comme une couverture de plus, chaude et moelleuse, sur les sièges recouverts, sur les bêtes, tête penchée, qu'on aurait pu croire en train de dormir debout, si on n'avait saisi de temps à autre le mouvement de leurs paupières. Comme il m'avait paru certain, au bout du petit chemin de terre accédant à l'immensité ouverte, que je trouverais un jour le bonheur, la vision de ce soir-là m'avait inondé l'âme du désir de quelque chose de plus merveilleux encore à atteindre, qui était la paix du cœur. Et maintenant, montée sur une bûche, les mains au bord des yeux pour voir à travers la fenêtre, je découvrais, n'en pouvant croire ce qu'ils voyaient, l'inattendue destination dernière d'une des maisons les plus aimées de ma vie.

Je m'arrêtai au village chez mon cousin. Il y habite une agréable maison très moderne, style ranch. (L'Ouest en est inondé.) Je lui fis amicalement grief d'avoir transformé la maison associée à nos rêves de jeunesse en un hangar à tracteur.

— Le bois en est tout pourri. Autant qu'elle serve au moins à cela, se défendit-il en riant.

Il n'y avait rien à faire. Comme il aurait pu, avec raison peut-être, me reprocher de n'avoir pas le sens pratique, j'aurais pu lui faire un tort de n'avoir que celui-là.

Je le quittai bientôt pour aller un peu au hasard à la recherche d'endroits dont le souvenir me revenait tout à coup à l'esprit. Je cherchai ainsi longuement une boulangerie faisant un coin de rue où ma grand-mère, quand j'étais toute petite, m'avait envoyée un jour chercher un pain. Je la décrivis, telle que je me la rappelais, à des passants qui auraient voulu m'aider, mais ne se souvenaient d'aucune boulangerie correspondant à ma description. Peut-être, avec le temps, l'avais-je façonnée tout autre qu'elle fut en réalité. Ou bien depuis longtemps elle avait cessé d'être. Je ne sais quel chagrin, disproportionné à la cause, je ressentis de ne pouvoir retrouver cette boulangerie. Sous le haut ciel pur, le vent faisait du moins poudrer la terre des bords de la route tout comme au temps de mon enfance — sauf qu'alors la route elle-même était aussi de terre. On aurait dit de la poussière soulevée sous les pas de quelque invisible marcheur parcourant sans trêve la route déserte.

J'atteignis le cimetière. Il est, à faible distance du village, sur une butte solitaire, exposé à tous les vents, et gardé par quelques épinettes, dont ce n'est pas le pays et qu'on avait dû chercher bien loin d'ici, pour les transplanter, compagnons dans la mort, enfin, de gens comme grand-mère Landry qui s'était languie toute sa vie des arbres austères de son enfance sur les coteaux de Saint-Alphonse-de-Rodriguez. Du moins, ils étaient enfin réunis, les arbres sombres et ma grand-mère peu démonstrative, peu expansive, mais combien fidèle à ses attachements.

Je retrouvai sans peine sa tombe et celle de grand-père Landry. Je ne leur avais pourtant pas rendu visite depuis le jour lointain où maman m'avait emmenée, petite fille, me recueillir sur ces tombes. Je me surpris à lire à voix haute, un peu comme l'histoire d'une vie en résumé, qu'Emilie Jeansonne, née à Saint-Jacques-l'Achigan en 1831, était décédée à Saint-Boniface le 7 mars 1917 ; que son époux bien-aimé, Elie Landry, né à Saint-Jacques-l'Achigan en 1835, était décédé à Somerset le 6 août 1912. Je portai attention enfin à ce fait que, plus jeune qu'Emilie de quatre ans, mon grand-père était mort cinq ans avant elle. Et pourtant que de tâches il avait su mener à bien en si peu de temps! De surcroît, parti presque sans ressources de Saint-Alphonse-de-Rodriguez, il avait réussi à mettre de côté pour la léguer à ses enfants une petite somme, à l'époque, assez respectable.

Je m'apaisais. Si ténu et fragile qu'il fût, un lien nous tenait encore quelque peu ensemble, les errants à travers les siècles. Je parvins à évoquer quelque peu les deux vieux visages, mais sans doute aidée du souvenir que j'avais de leurs photographies.

Je m'avançai de quelques pas, restant à l'intérieur de cette partie du cimetière réservée à la famille Landry. Un peu plus loin s'élevaient deux lourds monuments funéraires, certainement récents, à la mode d'aujourd'hui, plus hauts, plus flamboyants aussi : sans doute ceux de Luzina et de mon oncle Excide. Je fis un pas encore, et, sous le choc que j'éprouvai, pensai que je devais être la proie d'une hallucination. Deux hautes pierres analogues me faisaient face, debout, l'une à côté de l'autre, portant en caractères qui me sautèrent aux yeux, l'une *Father*, l'autre *Mother*. J'essayai de retrouver au fond de mes souvenirs le doux visage anguleux de ma tante Luzina, déjà creusé par la maladie au temps de mon enfance, mais éclairé par une bonté que l'inexorable marche de la tuberculose n'avait jamais éteinte. Je revis mon oncle aux yeux roulant toujours quelque pensée, tantôt joviale, tantôt d'un regret inconsolable. Ainsi donc, eux qui n'avaient été *Father* et *Mother* pour personne au cours de leur vie, le seraient à jamais sous le ciel pur, dans ce petit cimetière du bout du monde. Ils m'étaient ravis aujourd'hui plus complètement qu'ils ne l'avaient été le jour de leur mort.

Je sortis du cimetière. Haut dans les épinettes étrangères, le vent reprit. Son lent récitatif, murmuré à voix lointaine, poignait le cœur. On l'eût dit occupé à retracer la pauvre histoire tout embrouillée de vies humaines égarées dans l'histoire et dans l'espace.

Autant je m'étais laissée aller pendant les vacances à des chevauchées sans fin dans la plaine et aux constructions rêveuses auxquelles elles me portaient, autant, dès la rentrée, je me jetai dans l'étude sans restriction. Ayant tout l'été vagabondé à mon goût, je demeurais maintenant, soir après soir, rivée à mon petit pupitre dans ma chambre isolée, à me faire entrer dans la tête le plus de textes possible. J'apprenais par cœur avec une facilité inouïe. Il me suffisait bien souvent de lire un paragraphe un peu attentivement pour m'apercevoir que je l'avais retenu mot à mot. Cependant j'oubliais assez vite des textes appris sans grand effort.

Mais ce ne fut pas au cours de l'année qui suivit mon appendicectomie que je m'appliquai si totalement à l'étude, obtenant dès lors la première place toujours, selon la promesse faite à ma mère et dans le but, comme il m'avait paru, de la venger de tant de sacrifices consentis à mon avancement. Avant d'y venir, il m'avait fallu du temps encore, même une autre maladie qui me retint, celle-là, plusieurs mois à la maison, me faisant perdre une année scolaire, en sorte que je me trouvai en arrière de mes anciennes compagnes de classe et toute secouée de ce fait; il me fallut aussi voir mon père, très malade maintenant, s'inquiéter sans cesse au sujet de mon avenir, s'ouvrant à maman de sa crainte qu'ils ne puissent parvenir à me mener au terme de mes études; et surtout, je pense bien, il me fallut m'apercevoir enfin qu'elle, ma mère, s'usait impitoyablement à la tâche de faire marcher la maison.

Comment y arrivait-elle? Principalement, je pense, en prenant des locataires et quelquefois des pensionnaires. Il me semble que nous avions toujours quelques étrangers vivant avec nous. Parfois, ils étaient bien élevés, agréables de manières; nous les accueillions comme des gens de la famille. Nous nous sommes fait des amis de quelques-uns, que nous avons regrettés longtemps après leur départ. D'autres nous étaient antipathiques. Nous les trouvions vulgaires ou bruyants. Nous avions toutes les peines du monde à les endurer sous notre toit. De toute façon, indépendants comme nous étions de nature, je me demande comment nous avons pu supporter de n'avoir pas notre maison à nous seuls pendant des années. Mais l'argent ainsi obtenu était presque notre unique ressource, ajouté à l'aide qui venait à maman de la part de Rodolphe et d'Adèle. Aussi bien, nous rappelait-elle souvent, elle pour qui c'était justement le plus dur, nous fallait-il rengainer notre orgueil et apprendre que chez nous nous n'étions pas entièrement chez nous. Mais elle promettait qu'un jour pourtant, tous les étrangers partis, nous le serions. Et quand cela a été, c'était que la maison avait été vendue et que nous-mêmes étions comme les étrangers que nous avions si longtemps hébergés, sans véritable chez-eux, et alors enfin, nous les avons compris et pris en grande pitié.

De Rodolphe, en ce temps-là, maman recevait parfois de vraies largesses, des sommes si considérables qu'elle en devenait pâle et s'écriait presque douloureusement : «Mais comment a-t-il pu deviner qu'aujourd'hui même il fallait acheter le charbon pour l'hiver?» ou encore : «Que c'est la date limite pour régler les taxes?».

Mais hélas, le temps allait venir où, les largesses de la veille, Rodolphe, tout penaud, le lendemain, après une partie de poker avec des amis et mille folies, les redemanderait à maman, et elle, le visage atterré, rendrait l'argent en excusant son fils : «Il n'est pas tenu de faire vivre la famille. Il n'est pas tenu.»

Si ce n'avait été des chimères, si douces à l'âme fatiguée, comment aurions-nous donc pu tenir si longtemps avec si peu ? Mais à notre horizon il y eut presque toujours quelque bienfaisant mirage qui parvenait à secourir notre espoir défaillant. Quand, plus tard, je lus *Le Notaire du Havre*, comme je nous ai bien reconnus tous dans ces Pasquier soutenus par leur illusion. Pour nous, ce fut *la terre* en Saskatchewan. Mon père en avait fait l'acquisition au temps où il fonda sa colonie de Dollard, de même que d'autres terres qu'il avait dû laisser aller, au fur et à mesure que se faisait trop durement sentir notre besoin d'argent. Mais celle-là, *la terre*, il y restait attaché avec un entêtement que rien ne pouvait ébranler. Les choses allant au plus mal, lui qui n'était pourtant pas optimiste de nature, il se faisait encourageant :

— En tout cas, Mélina, nous avons toujours notre terre en Saskatchewan. Si on peut tenir assez longtemps, elle nous sauvera en fin de compte, tu verras.

A quoi maman, enhardie par cette confiance, répondait :

— Oui, Dieu merci, il nous reste la terre en Saskatchewan. Quand il le faudra absolument, nous la vendrons, mais ce n'est pas encore pour maintenant, ce n'est pas encore pour aujourd'hui.

Elle resta longtemps, cette terre lointaine, embellie par

nos songes, chaque jour rendue à la vie par le pouvoir de l'imagination, notre recours invincible contre le découragement total.

Parfois, quand le soleil se couchait au fond de la ruelle et sur notre arrière-cour, nous croyions le voir allongeant aussi sa lumière dorée parmi les hauts blés frémissants de notre terre en Saskatchewan.

Le plus curieux de toute cette histoire est que, lorsque je la vis enfin de mes yeux, longtemps au reste après qu'elle eut cessé de nous appartenir, elle m'apparut conforme à la vision que nous en avions eue dans nos rêves les plus exaltés. C'était vraiment une échappée de ciel ardent, de moisson blonde et d'espace à consoler le cœur.

V

Ce dut être vers l'âge de quatorze ans que j'entrai en étude comme on entre au cloître. J'avais tergiversé, je m'étais dit maintes et maintes fois que je m'y mettrais pour de bon le mois suivant. Puis vint un jour où je crus m'apercevoir que ma mère perdait pied, que bientôt elle n'en pourrait plus si elle n'était pas épaulée par quelque encouragement. Les examens de fin d'année approchaient. Je me pris à revoir sérieusement mes matières. Je me levais le matin bien avant la maisonnée pour étudier dans la solitude et le silence de la grande cuisine que j'avais à moi seule pour une heure ou deux. Maman, quand elle y entrait pour mettre le gruau du matin sur le feu, me trouvait à la grande table, mes livres épars autour de moi. Pour ne pas me distraire, elle m'adressait simplement, un peu comme à un de nos pensionnaires, un petit signe de tête qui approuvait et félicitait, puis se mettait à sa tâche en faisant le moins de bruit possible. Cette année-là, j'arrivai à la tête de ma classe à la fin d'année pour la première fois de ma vie. Je récoltai même une médaille pour je ne sais trop quelle matière. Mais ce que je n'oublierai jamais, c'est le visage de maman quand je lui revins avec cette récompense. Aussitôt ce fut comme si lui était enlevé le poids des années passées, l'angoisse des années à venir. Elle rayonna, sans toutefois me faire à moi de grands compliments. Mais, à son insu, je l'entendis deux ou trois fois me vanter à des voisins, habile à loger dans la conversation, au détour convenable, le petite phrase : « Ma fille a eu la médaille de Monseigneur cette année. » Je me trouvai à surgir une fois juste au moment où elle parlait de cette médaille de rien du tout et fus frappée de l'expression de ses yeux. Ils brillaient comme rarement je les avais vus, deux grands puits de lumière tendre d'où semblait avoir été retirée toute l'eau mauvaise des jours durs.

Dès lors, comment n'aurais-je pas voulu continuer à la soutenir à ma manière, elle qui me soutenait de toutes ses forces ? C'était enivrant de me voir à si peu de frais lui alléger ainsi la vie. Et c'était également enivrant d'être la première. Je me demande même si je n'acquis pas là une habitude en partie mauvaise, car, ayant dû plus tard passer une fois en deuxième place, je le supportai très mal et découvris la faiblesse d'avoir besoin d'être la première, contre laquelle j'ai dû par la suite apprendre à lutter.

De toute façon, ce n'était pas autant que cela pouvait en avoir l'air une prouesse. A quoi aurais-je pu me livrer avec passion à quinze, seize ans, en ce temps-là, sinon à l'étude ? On n'y pratiquait presque pas de sport. J'eus bien alors, en cadeau de mon frère Rodolphe, une paire de patins, et j'appris à glisser plus ou moins en mesure au beau *Danube bleu* que déversait le haut-parleur des patinoires publiques. Mais c'est tout. Je dus attendre mon propre argent gagné pour m'acheter une raquette de tennis et, plus tard, une bicyclette légère qui fit mon bonheur, et puis, enfin, des skis d'occasion, bien trop longs pour moi, lesquels, faute de pentes dans nos parages, firent de moi, longtemps avant que ne s'en implante la mode, une très solitaire devancière du ski de fond.

Mais cela devait attendre ma jeunesse déjà entamée, mes vingt ans, un peu plus tard même. Je suis arrivée à ma jeunesse tard, comme on y arrivait en ce temps-là. A quinze ans, j'étais une petite vieille toujours fourrée dans mes livres, la nuque déjà faible et le regard envahi par un fatras d'inutiles connaissances.

Même maman en vint à trouver que j'en faisais trop. Pour m'obliger à quitter mes livres et à me mettre au lit à une heure raisonnable, elle me coupait parfois le courant en enlevant le fusible qui le commandait dans ma chambre. Ainsi elle pouvait se retirer tranquille, assurée que je ne rallumerais pas cette nuit-là.

Mais enfin, je tenais ma parole donnée à ma mère quelques années avant, à l'hôpital, et lui rapportais, année après année, la médaille accordée pour les meilleures notes en français par l'Association des Canadiens français du Manitoba. Puis j'obtins la plus convoitée de toutes, octroyée celle-là par l'Instruction publique du Québec à l'élève terminant la première en français pour tout le Manitoba. Elle portait en effigie la tête un peu romaine, à ce que je crois me rappeler, de Cyrille Delage. Mon lot de médailles, maintenant imposant, remplissait presque un tiroir. Maman les conservait à l'abri de la poussière, précieusement. Elle qui n'avait fréquenté qu'une pauvre école de village et n'avait jamais reçu en récompense scolaire qu'un petit livre de cinquante cents qu'elle chérissait encore, elle était éblouie par mon tiroir plein de grosses médailles, et je la soupçonne de l'avoir souvent ouvert quand elle était seule pour les admirer à son aise. Plus tard, je devais lui faire bien de la peine au sujet de ces médailles, une histoire que je raconterai peut-être, si j'en ai le temps. Maintenant que j'ai commencé à dévider mes souvenirs, ils viennent, se tenant si bien, comme une interminable laine, que la peur me prend : «Cela ne cessera pas. Je ne saisirai pas la millième partie de ce déroulement.» Est-il donc possible qu'on ait en soi de quoi remplir des tonnes de papier si seulement on arrive à saisir le bon bout de l'écheveau?

En onzième et douzième années, les prix décernés par l'Association des Canadiens français du Manitoba étaient de cinquante et cent dollars respectivement. C'était une belle somme à l'époque, presque comparable aux bourses distribuées aujourd'hui par le Conseil des arts et les Affaires culturelles, et, ce qui était bien agréable, on n'avait pas à la solliciter. Je les gagnai tous les deux, ce qui défraya le coût de mon inscription à l'Ecole normale des institutrices et l'achat des manuels nécessaires, en sorte que je ne coûtai presque rien à mes parents à la fin de mes études, et il le fallait, car ils étaient au bout de nos pauvres ressources.

L'exploit, plus encore que d'être parvenue à la fin de mes études, c'était, dans un milieu aussi loin que le nôtre du Québec, d'y être parvenue en français, de même qu'en anglais.

Donc, en dépit de la loi qui n'accordait qu'une heure par jour d'enseignement de français dans les écoles publiques en milieu majoritairement de langue française, voici que nous le parlions tout aussi bien, il me semble, qu'au Québec, à la même époque, selon les classes sociales.

A qui, à quoi donc attribuer ce résultat quasi miraculeux? Certes à la ferveur collective, à la présence aussi parmi nous de quelques immigrés français de marque qui imprégnèrent notre milieu de distinction, et surtout sans doute au zèle, à la ténacité de nos maîtresses religieuses, et parfois laïques, qui donnèrent gratuitement des heures supplémentaires à l'enseignement du français, malgré un horaire terriblement chargé. Quelques-unes ne se gênaient pas pour prendre des libertés avec la loi; passionnées et défiantes, elles devaient parfois être retenues par la Commission scolaire; elles auraient pu nous faire plus de mal que de bien.

Quand la provocation n'était pas trop visible, le Department of Education fermait les yeux. Pourvu que les élèves fussent capables de montrer des connaissances de l'anglais, à la visite de l'inspecteur, tout allait plus ou moins. Nous étions toujours, évidemment, exposés à un regain d'hostilité de la part de petits groupes de fanatiques qui tenaient pour la stricte application de la loi. Pendant quelque temps courait la rumeur qu'un enquêteur était sur le sentier de guerre. La consigne était alors, ce personnage ou quelqu'un du School Board surgirait-il à l'improviste, de faire vivement disparaître nos manuels en langue française, d'effacer au tableau ce qui pouvait rester de leçons en français et d'étaler nos livres anglais. Cela se produisait sans doute dans certaines écoles et même probablement dans la mienne avant mon temps, mais pour ma part je n'eus connaissance d'aucune visite aussi dramatique. Toutefois le danger était bien réel et il exaltait nos âmes. Nous le sentions rôder autour de nous;

peut-être nos maîtresses en entretenaient-elles quelque peu le sentiment. Puis il s'éloignait, et alors reprenait notre sourde guérilla usant peut-être mieux notre adversaire qu'une révolte ouverte. Parfois je me demande si cette opposition à laquelle nous étions en butte ne nous servit pas autant qu'elle nous desservit. Livrés à nous-mêmes, si peu nombreux, il me semble que c'est la facilité qui nous eût le plus vite perdus. Mais elle nous fut certainement épargnée. Car le français, tout beau, tout bien, nous étions parvenus à l'apprendre, à le préserver, mais, en fait, c'était pour la gloire, la dignité ; ce ne pouvait être une arme pour la vie quotidienne.

De toute façon, pour passer nos examens et obtenir nos diplômes ou brevets, il nous fallait nous conformer au programme établi par le Department of Education et par conséquent apprendre en anglais la plupart des matières : chimie, physique, mathématiques, et l'histoire en général. Nous étions en quelque sorte anglaises dans l'algèbre, la géométrie, les sciences, dans l'histoire du Canada, mais françaises en histoire du Québec, en littérature de France et, encore plus, en histoire sainte. Cela nous faisait un curieux esprit, constamment occupé à rajuster notre vision. Nous étions un peu comme le jongleur avec toutes ses assiettes sur les bras.

Parfois c'était tout de même bienfait. Je me souviens du vif intérêt que je pris à la littérature anglaise aussitôt que j'y eus accès. Et pour cause : de la littérature française, nos manuels ne nous faisaient connaître à peu près que Louis Veuillot et Montalembert — des pages et des pages de ces deux-là, mais rien pour ainsi dire de Zola, Flaubert, Maupassant, Balzac même. Quelle idée pouvions-nous avoir de la poésie française ramenée presque entièrement à François Coppée, à Sully Prudhomme et au *Lac* de Lamartine, si longtemps rabâché qu'aujourd'hui par un curieux phénomène — de rejet peut-être — je n'en saurais retrouver un seul vers. Pourtant je me rappelle avoir obtenu 99 % dans ma rédaction sur ce poème au concours proposé par l'Association des Canadiens français du Manitoba.

La littérature anglaise, portes grandes ouvertes, nous livrait alors accès à ses plus hauts génies. J'avais lu Thomas

Hardy, George Eliot, les sœurs Brontë, Jane Austen. Je connaissais Keats, Shelley, Byron, les poètes lakistes que j'aimais infiniment. Heureusement pour les lettres françaises qu'il y eut tout de même à notre programme d'études le pétillant Alphonse Daudet. Je m'étais jetée à quinze ans sur les *Lettres de mon moulin* que j'appris par cœur d'un bout à l'autre. Parfois je me demande si mon amour excessif de la Provence qui m'a poussée tant de fois à la parcourir de part en part, ne me vient pas en partie de cet emballement de mes quinze ans pour la première gracieuse prose française que j'eus sous la main. Autrement, elle m'eût paru bien terne à côté de l'anglaise. Qu'en aurait-il été de moi si, à cet âge, j'avais eu accès à Rimbaud, Verlaine, Baudelaire, Radiguet ?

C'est Shakespeare que je rencontrai tout d'abord. Il rebutait profondément mes compagnes de classe et n'emballait guère non plus, je pense bien, notre maîtresse de littérature. Pour ma part, encore que m'échappât beaucoup de cette grande voix, je fus prise par sa sauvagerie passionnée, alliée parfois à tant de douceur qu'elle ferait fondre le cœur, à ce flot d'âme qui nous arrive tout plein de sa tendresse et de son tumulte.

J'avais eu la bonne fortune, il faut le dire, d'assister à une représentation du *Marchand de Venise,* donnée par une troupe de Londres en tournée à travers le Canada. C'est au théâtre Walter de Winnipeg — déjà me disposant au sortilège de la scène avec ses rangs sur rangs de balcons ornés, ses immenses lustres, ses lourds rideaux en velours cramoisi — que commença pour moi l'enchantement. Il ne s'agissait plus enfin de français, d'anglais, de langue proscrite, de langue imposée. Il s'agissait d'une langue au-delà des langues, comme celle de la musique, par exemple. Du balcon le plus élevé, penchée par-dessus la rampe vers les acteurs qui, de cette hauteur, paraissaient tout petits, je saisissais à peine les paroles déjà en elles-mêmes pour moi presque obscures, et pourtant j'étais dans le ravissement. Au fond, cette première soirée de Shakespeare dans ma vie, je ne m'en suis jamais expliqué la fascination. Elle demeure toujours aussi mystérieuse à mes yeux.

A partir de ce temps-là, notre maîtresse de littérature qui avait peine à déchiffrer le grand William se prit à faire appel à mes lumières qui pourtant n'étaient pas grandes, mais auxquelles suppléait l'enthousiasme. Elle prétendait qu'avec l'enthousiasme — ou un air d'enthousiasme — on pouvait faire avaler ce que l'on voulait à l'inspecteur. Or cela consistait à apprendre par cœur. Nous en étions alors à *Macbeth.* Elle nous suppliait, faute de nous faire comprendre la pièce :

— Apprenez-en des bouts par cœur. L'inspecteur en oubliera de vous questionner.

Un soir, je tombai sur un «bout» à peu près incompréhensible mais qui me séduisait quand même par je ne sais quelle sombre couleur de nuit que je croyais y percevoir. Le lendemain, tout feu tout flamme, je récitai en entier le grand monologue de Macbeth :

— *Is this a dagger which I see before mine eyes…*

La sœur n'en revenait pas, quelque peu indignée, en un sens, de me voir prise d'une telle folie de passion pour ce lointain poète du temps d'Elizabeth la Première, par ailleurs prompte à percevoir le parti qu'elle allait pouvoir tirer de mes dons. Ensuite, en effet, allions-nous recevoir la visite d'une de nos Mères visiteuses assez portées sur l'anglais, ou de quelque important monsieur du Department of Education, qu'elle me prévenait :

— Sauve la classe, Gabrielle. Lève-toi et saute dans *Is this a dagger…*

Je sauvais déjà la classe en français, au concours de fin d'année organisé par l'Association des Canadiens français du Manitoba. Je trouvais que c'était beaucoup de la sauver aussi en anglais. Mais j'avais, je pense bien, un petit côté cabotin, peut-être en partie entretenu par notre sentiment collectif d'infériorité, et qui me faisait rechercher l'approbation de tous côtés.

L'inspecteur nous arriva.

— How are you getting along with Shakespeare, sister ? *Macbeth*! Oh fine! Fine! Does anyone remember by which names the witches on the heath salute Macbeth?

Je me démenais, la main levée, seule à me proposer. La veille, en feuilletant mon livre, j'étais tombée comme par un fait exprès sur ces salutations d'une si belle sonorité.

L'inspecteur me regardait en souriant. Qui d'autre aurait-il regardé ? Toutes, sauf moi, lui tournaient quasiment le dos. La sœur me désigna. Je sautai sur mes pieds et enfilai : *The Thane of Glamis! The Thane of Cawdor!*

Que je connusse ces salutations bizarres eut l'air de rendre l'inspecteur si heureux que c'était à n'y rien comprendre. Apparemment il se sentait chez nous en territoire ennemi et peut-être avait-il aussi peur de nos réactions que nous des siennes. Il me demanda si je connaissais quelque passage de la pièce. Je ne perdis pas une minute, imprimai sur mon visage le masque de la tragédie et me lançai à fond de train : *Is this a dagger*...

Le plus curieux est que, bien des années plus tard, quand j'assistai, à Londres, à ma première représentation de *Macbeth*, je découvris n'avoir pas été trop mauvaise moi-même, naguère, en Macbeth, par le ton, l'allure, bref par tout sauf par l'accent qui était celui de la rue Deschambault et devait y être d'un effet éminemment comique.

Notre inspecteur ne riait pourtant pas. Il paraissait ému. Comprenait-il quelque chose à cette scène aussi étrange pour le moins que celle des sorcières sur la lande ? Avait-il quelque sentiment de ce que c'était que d'être une petite Canadienne française en ce temps-là au Manitoba, et éprouva-t-il, à cette heure, de la compassion pour nous et même peut-être une secrète admiration ?

— Why do you love Shakespeare so, young lady ? me demanda-t-il.

La *young lady,* ainsi dénommée pour la première fois de sa vie, en éprouva un éblouissement. Elle répondit à tout hasard, ayant dû entendre cela quelque part :

— Because he is the greatest.

— And why is he the greatest ?

Là je fus un peu embêtée et cherchai avant de risquer :

— Because he knows all about the human soul.

Cette réponse parut lui faire mille fois plus plaisir encore que ma bonne réponse à propos des sorcières. Il me considéra avec une amitié touchante. C'était la première fois que je décrouvrais à quel point nos adversaires anglophones peuvent nous chérir, quand nous jouons le jeu et nous montrons de bons enfants dociles.

— Are there any other English poets that you favour ? me demanda-t-il.

Je connaissais par cœur *The Ancient Mariner* qu'une vieille sœur tout enamourée de belles allitérations m'avait fait aimer l'année précédente, en nous citant, la voix et le regard empreints de rêve :

— *We were the first that ever burst into that silent sea...*

Je lui récitai la vieille ballade comme il ne l'avait sûrement jamais entendue auparavant et ne l'entendait jamais plus, en me balançant au rythme des vers, rêvant au voilier perdu dans la mer des Sargasses.

L'inspecteur avait apparemment perdu de vue que nous étions trente-cinq élèves dans cette classe, dont trente-quatre muettes comme des carpes.

Quand il prit congé de la classe, accompagné par notre maîtresse à qui il donnait des «Madame..., dear Madame...» tout en la félicitant chaleureusement, je me disais : «Tantôt j'aurai ma petite part de compliments... La sœur doit être contente.»

A la porte, l'inspecteur redoubla de politesses. Notre maîtresse rayonnait. Je crus saisir quelques mots qui pouvaient me concerner : ... «brilliant young lady... will go far...»

Ah, pour aller loin, j'y étais bien décidée. Mais où était le loin ?

Enfin notre maîtresse vint reprendre sa place derrière son pupitre en haut de l'estrade surélevée de deux marches contre lesquelles, au cours de mes années scolaires, j'ai tant de fois buté. Son visage gardait une trace de triomphe. Parce que nous avions bien eu l'inspecteur ? Ou forte de l'illusion qu'elle était devenue une excellente maîtresse de littérature anglaise ? Qui aurait pu le savoir ? Je m'approchai, un peu trop avide de connaître les paroles qui avaient été échangées à la porte à mon sujet.

— Ma sœur, l'inspecteur a été content de moi ?

Elle me dévisagea, soudain toute désapprobation. Le monstre orgueil était bien ce que nos maîtresses traquaient le plus en nous, alors cependant qu'elles nous rappelaient sans cesse d'avoir, comme Canadiennes françaises, à relever la tête, à la tenir haute — quand donc alors fallait-il l'abaisser?

Elle se radoucit cependant, fière malgré tout de moi, le mal étant de le laisser paraître. Elle me jeta simplement, en guise de reproche presque affectueux — et ainsi fut la première à reconnaître ma destination future, quoique sans y croire encore plus que moi-même:

— Romancière, va!

Cela se passa au cours de ma dernière année à l'Académie Saint-Joseph, ma douzième année, que j'avais bien failli ne pas entreprendre. Ma onzième terminée, j'avais saisi quelques mots échangés à mon sujet entre mon père et ma mère. Une fois encore leurs voix me parvenaient de la petite cuisine d'été, porte ouverte, par une douce soirée de fin juin ou début juillet. La surprise de les entendre parler de moi en toute liberté, se croyant bien seuls, m'a toujours causé un profond désarroi. Je fus sur le point de m'éloigner mais la curiosité, une curiosité où il entrait beaucoup de tristesse, celle de connaître le pire, me retint, tremblante, à quelques pas du seuil.

Mon père avouait être à bout de ressources et de santé, disant à maman d'une voix fatiguée: «Si je dois vivre pour la voir en état de gagner sa vie, institutrice comme tu l'as toujours désiré, il faut que cela se fasse vite, Mélina. Je ne pourrai attendre bien longtemps encore.»

Je pense qu'il avait dès lors cédé la terre en Saskatchewan à ma sœur Adèle, en remboursement des sommes qu'elle lui avait avancées. Il ne nous restait même plus l'illusion. Papa conseillait donc que j'entre dès l'automne suivant à l'Ecole normale.

Mais maman se montrait rétive.

— Alors qu'elle réussit si bien à l'école, qu'elle obtient les meilleures notes, la retirer maintenant, quelle injustice! Et puis, as-tu réfléchi que, sans sa douzième année, elle n'aura droit qu'au brevet de deuxième catégorie, ce qui lui créera des difficultés plus tard pour enseigner en ville près de nous.

— Tu parles comme si j'avais le choix de vivre longtemps, reprocha mon père.

Je brûlai alors de m'élancer vers eux pour leur annoncer mon intention de chercher un emploi, n'importe lequel, pour les délivrer enfin de toutes ces dépenses à mon endroit. Je pense que je ne pouvais supporter l'idée de les savoir, à cause de moi, cette fois encore réunis, pareils à des réfugiés de leur belle grande maison, dans cette sorte de cabane qui les rassurait peut-être, leur donnant l'impression d'être davantage à leur image. Qu'est-ce qui me retint? La peur sans doute. La peur de la vie, qui souvent m'a paru invitante, grisante, mais tant de fois aussi devant moi comme un noir paysage tourmenté. Et puis le sentiment me vint que pour dédommager maman des sacrifices sans fin qu'elle s'était imposés pour moi, il ne fallait pas moins qu'une éclatante réussite de ma part.

Mon père poussa un soupir de longue fatigue:

— Comme tu voudras, maman. (Il l'appela ainsi, tout comme nous, les enfants, dans les dernières années de sa vie.) J'aurais voulu, avant de partir, la voir voler de ses propres ailes.

En dépit de tant d'obstacles, je fis donc ma douzième année — une dépense folle, un luxe inouï pour des gens réduits comme nous l'étions à une détresse pécuniaire presque sans issue. Heureusement, j'obtins la bourse de cent dollars décernée par l'Association des Canadiens français du

Manitoba. J'avais été première en français cinq années successives. Notre sœur directrice eut l'idée de faire vérifier mes notes d'examens de fins d'année proposés par le Department of Education et le résultat corrobora ce qu'elle pensait : j'étais première en anglais aussi pour ces cinq dernières années. Grande joie à l'école et chez les sœurs! Mais, de ma part, plutôt, il me semble, une sorte d'indifférence. Je devais commencer à comprendre que d'être la première ne signifiait pas grand-chose. Evidemment, l'honneur me valut un autre trophée qui alla grossir la collection de mon tiroir à médailles.

Puis arriva enfin le jour si longtemps attendu de ce que nous appelions la «graduation». Nous étions douze à quinze, je pense, à terminer la dernière année, un groupe assez important en ce temps-là où peu de jeunes filles de notre milieu, faute de goût mais surtout de moyens, se rendaient même jusque-là. La directrice, portée à donner des fêtes et des réceptions à tout propos, décida qu'elle ne pouvait laisser passer l'occasion sans l'entourer d'un faste qui «en laisserait à jamais le souvenir dans les annales de l'école».

Un grand nombre de dignitaires, de langue française et de langue anglaise, seraient invités. La collation des diplômes aurait lieu dans notre auditorium, parents et invités prenant place dans la salle, nous les «graduées», rangées, assises ou debout, sur la haute estrade, bien en vue du public, toutes les fougères du couvent disposées en arrière et autour de nous, de sorte que nous aurions l'air d'être quelque peu en forêt. Je crois me rappeler que la grande toile de fond de scène sur laquelle nous nous détacherions en était d'ailleurs justement une de grands arbres enchevêtrés. Nous serions tout de blanc vêtues, y compris les souliers. Nous aurions sur le bras gauche, près du cœur, une gerbe de fleurs identique, des roses rouges achetées en bloc, à petit rabais, nous revenant à cinq dollars chacune. Pour finir, nous serions photographiées là-haut, dans notre gloire, les fleurs entre les bras, et ce serait si beau que déjà quelques-unes de nos maîtresses en pleuraient presque d'émotion, tout en nous faisant pratiquer le salut solennel, «ployées à partir de la taille, mais sans jamais abaisser le regard…»

Ainsi, ce jour qui aurait dû en être un de pur délice pour maman l'obligea comme jamais à tirer des plans. Comment s'y prit-elle, j'aime autant ne pas le savoir, mais j'eus mes deux dollars pour le photographe. «Souriez, les jolies 'tites demoiselles», insista beaucoup l'Arménien, car il y en avait toujours une de nous partie à rêver un peu tristement au moment du déclic. Finalement, il ne put nous faire sourire toutes ensemble «à cette belle vie, voyons donc, les 'tites demoiselles, qui s'ouvre devant vous, pareille à une matinée de juin». J'eus mes souliers blancs. J'eus ma gerbe de roses, les premières fleurs achetées de ma vie, et c'est peut-être à cause d'elles encore qu'aujourd'hui une livraison de fleuriste provoque d'abord en moi un serrement de cœur.

Quant à la robe! Où donc maman avait-elle la tête quand elle s'y mit? Je crois me le rappeler : papa avait empiré vers ce temps-là, sans que je m'en fusse moi-même vraiment aperçu, tourmentée que j'étais d'être la première pour lui faire plaisir. De plus en plus tout devait reposer sur les seules épaules de maman.

Du haut de l'estrade, je la cherchai longuement des yeux parmi la foule. Enfin je la trouvai au bout de mon regard et telle que je la vis alors elle est demeurée photographiée dans ma mémoire. Levé et tout aimanté vers moi, le pauvre visage gris de fatigue — peut-être n'avait-elle terminé ma robe que tard la veille — me souriait à travers toute cette distance. Les paupières battues, les joues tirées, il brillait néanmoins d'une fierté qui me fit plus de mal que tout ce que j'avais encore vu, tellement il paraissait dur d'en être arrivé là. Une vague de cruelle vérité me roula, m'enleva tout bonheur, m'étreignit d'angoisse, puis se retira, me laissant à mon âge insouciant, sur l'estrade glorieuse.

Tout le reste de cette scène me semble aujourd'hui oublié. Pour le retrouver, il me faut regarder la photo. Elle exprime assez bien ce qui en était. Ma robe ne fait pas très mode. L'ourlet du bas ondule quelque peu. L'encolure est un peu gauche aussi, comme si maman avait donné un coup de ciseau maladroit, qu'il avait été impossible de reprendre. Pourtant la jeune fille ne semble pas se douter qu'elle est mise pauvrement. Les grands yeux troublés regardent très loin au-devant d'elle dans cet immense inconnu de la vie, et la confiance l'emporte, au fond, sur une sorte d'ombre, venue comme un nuage, de l'avenir, assombrir le grand jour de sa vie.

Je peux parler d'elle sans gêne. Cette enfant que je fus m'est aussi étrangère que j'aurais pu l'être à ses yeux, si seulement ce soir-là, à l'orée de la vie comme on dit, elle avait pu m'apercevoir telle que je suis aujourd'hui. De la naissance à la mort, de la mort à la naissance, nous ne cessons, par le souvenir, par le rêve, d'aller comme l'un vers l'autre, à notre propre rencontre, alors que croît entre nous la distance.

VI

J'entrai à l'Ecole normale de Winnipeg à l'automne de la même année. C'était une grande bâtisse, style caserne ou poste d'incendie, située, si je me rappelle bien, rue Logan. Nous avions eu à Saint-Boniface, pendant quelque temps, une Ecole normale, dispensant les cours en français, apte à former un personnel qui saurait à son tour transmettre l'enseignement dans notre langue. Mes sœurs aînées, Anna et Adèle, l'avaient fréquentée. Maintenant tout cela était du passé. De notre école, dirigée par des religieuses de langue française, où malgré tous les obstacles semés sur notre route nous finissions par vivre un peu comme chez nous, voici que nous passions dans un établissement strictement de langue anglaise. Non, pourtant, nous avions un professeur de langue française. Elle vint à quelques reprises nous débiter de peine et de misère trois ou quatre phrases dans le genre de celles de *la Cantatrice chauve*, puisées probablement dans le même manuel qui inspira sa plaisante mécanique à Ionesco. Après s'être adressée par erreur à l'une ou l'autre de notre petit groupe parlant français et avoir obtenu une vraie réponse en vrai français, elle cessa à tout jamais de nous interroger, et les leçons continuèrent comme par-devant entre gens qui conversaient à contresens sans rien comprendre à ce qu'ils disaient.

Mais nous ne passions pas que d'une langue à l'autre — nous passions surtout d'un climat à un autre. De notre petit monde où les sœurs nous avaient peut-être surprotégées, tenues trop souvent à l'abri de la réalité, nous entrions, autant dire, dans la gueule du loup.

Là, nous avaient laissé entendre nos maîtresses les plus nerveuses, notre foi et notre fidélité à notre passé allaient être mises à rude épreuve. Nous aurions à faire montre d'une inébranlable volonté. Plus encore, en plein chez l'ennemi, nous aurions le devoir par nos qualités profondes, notre conduite exemplaire, notre excellence en toutes choses, de témoigner en faveur de notre collectivité. Et même, si l'affrontement avec l'adversaire se révélait inévitable, il nous faudrait y faire face courageusement.

C'est dans ces folles dispositions d'esprit que je pris le tram, un beau matin, pour me rendre au bout d'un long trajet, coupé d'une ennuyeuse correspondance, à la morne bâtisse, rue Logan, dont je n'ai pour ainsi dire aujourd'hui aucun souvenir précis, moi à qui elle fit si peur.

Quelquefois, quand elle ne serait pas trop «hard-up», disait maman — et cela est significatif que, connaissant à peine l'anglais, elle ait appris ce mot-là — elle me donnerait vingt-cinq cents pour mon lunch pris à la cantine de l'école; autrement, elle me préparait un sandwich accompagné d'un bout de fromage et d'une pomme.

Dans ma classe d'environ soixante-quinze élèves, nous n'étions que cinq ou six de langue française, dont deux jeunes filles de la campagne, si timides qu'un regard de la part de n'importe lequel des professeurs les faisait déjà rentrer sous terre. Qu'espérer de pareilles recrues? Je vis dès l'abord que si jamais j'étais contrainte à livrer bataille ici, ce serait avec une bien petite armée. Car pour quelque temps l'école m'apparut un champ de bataille à venir, et pas autre chose. Jusqu'ici la tactique à employer contre l'adversaire anglais avait été le tact, la diplomatie, la stratégie fine, la désobéissance polie. Maintenant j'imaginai le temps venu de croiser le fer.

L'occasion m'en fut bientôt offerte. Une semaine peut-être après la rentrée, le directeur de l'école, le vieux docteur Mackintyre que j'allais, par la suite, tellement aimer, s'en vint, en qualité de directeur, nous souhaiter la bienvenue, et, comme professeur de psychologie, débiter, à bâtons rompus, pendant une longue heure, ce qui me parut d'aimables radotages.

Bien avant que le mot épanouissement ne devienne à la mode et ne sorte de toutes les bouches, lui, en ce temps lointain, ne parlait déjà que de cela : «the opening, the blossoming of self».

Il avait un fort accent écossais, une belle tête blanche, et, je devais l'apprendre avant longtemps, était doué d'une grande bonté de cœur.

Lancé sur sa marotte que l'enfant n'était pas fait pour convenir à l'école, mais que l'école devait convenir à l'enfant, «and that those dear young creatures before everything else should be happy in school», il pouvait monologuer pendant des heures.

J'attendais une brèche dans son discours à travers laquelle m'élancer.

Tout à coup elle se produisit. La main levée, je demandai la parole.

Agréablement surpris de cet intérêt au milieu de la somnolence générale, le vieil homme ajusta ses lunettes et se prit à consulter la maquette des places où apparaissaient, chacun dans une case, les noms des élèves.

— Miss Roy (prononcé alors dans ce milieu : *Roïe*), vous avez une question à poser ?

Je me levai. Mes genoux tremblaient et avaient peine à me soutenir. Mais il n'y avait pas à reculer. Ce serait maintenant ou jamais que je ferais profession de foi. Ma voix s'éleva toute faible comme dans un grand vide sonore, d'où elle me revenait de très loin, rendue étrange et toute méconnaissable.

— Je suis bien d'accord, Monsieur, disais-je, que l'éducation d'un enfant doive d'abord tenir compte de sa personnalité propre.

— Eh bien, fit-il, tout sourire, je vois que vous avez parfaitement suivi le cours. Avez-vous quelque chose à ajouter ?

— Oui, ceci : que je vois entre la théorie et la pratique une effroyable contradiction. Prenez le cas, par exemple, d'un petit enfant de langue française qui arrive pour la première fois de sa vie à l'école, et c'en est une de langue anglaise. De force, dès l'entrée, on va le mettre dans le moule à fabriquer des petits Canadiens anglais. Quelle chance a-t-il jamais d'atteindre l'épanouissement de sa personnalité ?

Un silence de mort m'entourait. J'avais touché le sujet maudit. Malheur à celui par qui le scandale arrive. J'avais l'impression que toute la classe se détournait de moi. Le docteur Mackintyre m'enveloppait d'un regard surpris mais où il n'y avait ni animosité ni désapprobation.

— Quite so ! Quite so ! disait-il.

Puis il m'amena à considérer que le sujet se prêtait mal à une discussion en pleine classe et finit par m'inviter à passer à son bureau après quatre heures ; nous en reparlerions.

Je me rassis, et, subissant à contrecoup le choc de mon audace, je me vis perdue. Je serais congédiée de l'école, ruinant les espoirs de maman, donnant raison, en fin de compte, aux sombres pressentiments de mon père. Ah, j'avais été bien inspirée de rechercher le martyre. Dans mon désarroi, je commençai même à ramasser mes livres, mes cahiers, en prévision du renvoi inévitable.

A quatre heures, je me présentai chez le directeur. Le vieil homme aux épaules arrondies, aux cheveux blancs, me fit un sourire un peu las, tout en me désignant le fauteuil qui lui faisait face, de l'autre côté de l'immense bureau.

— Brave girl ! marmonna-t-il, et dans ma surprise je ne compris pas tout de suite qu'il parlait de moi.

Puis il me confia avoir connu, jeune homme en Ecosse, presque les mêmes injustices raciales et linguistiques que celles qui accablaient le groupe francophone du Manitoba. Avoir souvent même prêté à rire à cause de son «burr». Il me dit :

— Language which is the road to communicate has created more misunderstanding in the world than any other cause, except perhaps faith.

Il me fit ensuite remarquer que, puisque notre groupe français n'était pas nombreux, mieux valait sans doute ne pas alerter le monstre du fanatisme qui sommeille d'un côté comme de l'autre. Qu'il ne voyait qu'un chemin à suivre pour nous : être excellents en toutes choses, toujours être meilleurs que les autres.

— Travaillez votre français. Soyez-lui toujours fidèle. Enseignez-le quand l'heure viendra, autant que vous le pourrez... sans vous faire prendre. Mais n'oubliez pas que vous devez être excellente en anglais aussi. Les minorités ont ceci de tragique, elles doivent être supérieures... ou disparaître... Voyez-vous vous-même, chère enfant, me demanda-t-il, une autre issue à votre sort ?

Je fis signe que non.

Adroitement, il se prit à me questionner sur ma famille, l'emploi qu'avait tenu mon père, mes études chez les religieuses, jusqu'à nos moyens de subsistance, je pense bien, car il semblait parvenir mieux que moi-même à mettre ensemble ma pauvre histoire.

— Poor girl ! disait-il maintenant. Poor young girl !

Il me serra la main très fort. Comme j'étais déjà dans le passage, il me rappela, la voix surélevée :

— Never give up !

Je partis, toute songeuse. Je n'avais pas été sans m'apercevoir que les extrémistes de notre côté, poussant à l'enseignement exclusif du français et au refus d'apprendre l'anglais, nous acculaient à un isolement tragique ou, tôt ou tard, à nous expatrier de nouveau. S'il nous venait encore des recrues du Québec, bien plus souvent c'étaient nos jeunes, élevés à la française, qui gagnaient la province-mère. Moi-même en rêvais. Il me sembla donc que le vieux docteur Mackintyre m'avait fait entendre le langage de l'amitié qui correspondait d'ailleurs au conseil que nous avaient donné nos maîtresses parmi les plus perspicaces.

Dès lors, je ne cherchai plus à provoquer nos professeurs, encore que l'un d'eux, on eût dit, cherchât à m'y pousser. Ses cours d'histoire semblaient dirigés contre moi depuis le jour malheureux où, forte des enseignements puisés chez les sœurs, j'avais maintenu qu'il ne pouvait y avoir eu de mauvais papes. Depuis lors, il m'en sortait à chaque occasion, les schismatiques, les empoisonneurs, les belliqueux, les fornicateurs, les incestueux. Pas du tout papiste, j'aurais pu le devenir sous la provocation de cet anti-papiste forcené. Mais je rentrais mon indignation. J'étais déterminée à prendre ici ce qu'il y avait à prendre et à laisser de côté le reste. J'avais découvert avec tristesse que je pourrais être aimée — et même jugée charmante et adorable, en autant que je resterais à ma place, qui était la seconde, et en marquerais du contentement. Je ne m'occupais plus que d'obtenir de bonnes notes. Le chemin difficile et solitaire que j'avais aperçu dès mon enfance serait bien le mien, il n'y avait pas à y échapper.

Mon père, de jour en jour, déclinait. Mais cela durait depuis si longtemps que je ne voyais pas encore bien à quel point son état se détériorait maintenant très vite. Son visage creusé à l'extrême, ses yeux profondément enfoncés, au regard qui n'était plus que douleur, me suivaient tout au long du trajet en tram où je tentais parfois d'ouvrir mes livres pour revoir mes leçons ; ils me hantaient encore à l'école, à travers les cours, et il me fallait toute ma volonté pour parvenir à fixer mon esprit sur les matières qui alors me paraissaient importantes et pressantes. Je travaillais surtout mon accent anglais, ayant, à quelques reprises, fait rire la classe à mes dépens. J'en venais à perdre de vue l'image de mon père souffrant et à me donner entièrement au travail. Ainsi en a-t-il été trop souvent dans ma vie. Dans ma hâte d'apporter aux miens un secours, un soulagement ou un motif de fierté, je n'ai pas assez pris garde qu'eux n'allaient pas pouvoir attendre.

Au cours du deuxième semestre, nous étions expédiées çà et là dans les écoles de la Commission scolaire de Winnipeg pour y prendre, chacune de nous, charge d'une classe sous l'œil de la maîtresse en titre qui jugerait de notre aptitude à l'enseignement et à maintenir la discipline. Les notes qu'elle nous décernait comptaient pour beaucoup dans l'ensemble octroyé en fin d'année. La plupart d'entre nous craignions fort cette épreuve qui pouvait être désastreuse si nous tombions sur une coriace. C'est ce qui m'arriva.

A peine, en effet, avais-je ouvert la bouche pour me présenter qu'elle me demanda de quelle nationalité j'étais, à cause, dit-elle, de mon accent si particulier; ensuite, de lui épeler mon nom, qui lui tira le commentaire suivant: «French, eh!» Puis, sans plus, elle me dit de continuer la leçon, là où elle l'avait laissée, qui avait trait à je ne sais plus quel sujet, peut-être la géographie. Tout ce que j'ai retenu de cette classe, c'est un sentiment d'horreur. Les élèves étaient d'un quartier réputé dur. Ils étaient assez âgés, de douze à quatorze ans, moitié garçons et filles. Ils eurent vite saisi que j'étais timide et effrayée et se déchaînèrent. Jamais dans une salle de classe je n'ai vu pareil chahut. Ils claquaient à la volée la tablette de leur pupitre, en frappaient les bords de leur règle, bourdonnaient à l'unisson, ou sifflaient. La maîtresse ne tentait rien pour me venir en aide. Un peu à l'écart, les bras croisés, un soupçon de dur sourire sur les lèvres, elle semblait prendre plaisir à me voir m'enfoncer irrémédiablement. Au-delà de mon désespoir immédiat s'en dressait un autre encore plus écrasant. Car si c'était cela être institutrice, me disais-je, jamais je n'y arriverais, j'en serais toujours incapable. Je voyais se fermer devant moi la seule voie pour laquelle j'avais été préparée. En vérité, tout m'échappait: la classe qui se moquait de moi, mon avenir qui se dérobait, ma confiance en mes aptitudes, même l'espoir de passer mes examens de fin d'année. Pour achever de m'abattre, sans cesse me revenait l'image de mon père dont l'état avait subitement empiré. Atteint d'hydropisie, il avait dû être hospitalisé pendant quelques jours. On lui avait proposé l'opération qu'il avait refusée vu son âge. Après des traitements qui n'étaient que de nature à le soulager, on lui avait permis de rentrer à la maison. Il en avait eu l'air si heureux que, pour ma part, dans l'inconscience de mon âge, je l'avais cru rétabli. Ce mieux avait duré quelques jours, puis l'avant-veille, mon père avait cessé d'arpenter le couloir en bas et était venu vers l'aube au pied de l'escalier, appeler maman au secours. Elle était venue et avait aussitôt fait descendre un petit lit de l'étage pour installer mon père à portée des soins qu'elle pourrait lui donner à travers ses occupations. Qu'il prenne enfin le lit, lui qui avait résisté si longtemps debout à la maladie, m'avait fortement impressionnée, mais je ne pouvais croire que ce ne serait pas tout au moins pour des mois. Ce matin, avant de quitter la maison, j'avais été le regarder dormir, encore sous l'effet du stupéfiant administré tard la veille. J'avais été frappée par l'altération de son visage et avais demandé à maman si je ne ferais pas mieux de rester à la maison aujourd'hui. Elle, sachant quelle dure journée m'attendait, qui, remise à plus tard, m'userait les nerfs dans l'attente, avait pris sur elle de me rassurer, ne croyant peut-être pas elle-même mon père si proche de sa fin.

— Va et fais de ton mieux, m'avait-elle dit. Cette journée derrière toi, tu seras soulagée et plus en état de me seconder.

Ces images, ces paroles de douleur hantaient mon esprit cependant que, face à cette troupe d'enfants rebelles, je tentais une fois encore de capter leur attention, mais bien inutilement ; ma voix, affaiblie par la crainte et l'émotion, ne leur parvenait même pas. Je me demande si les mots que j'essayais de former franchissaient seulement mes lèvres. Peut-être, car il me semble me rappeler avoir entendu un garçon rire tout fort en se moquant de moi.

Or, au moment où, n'en pouvant plus, j'allais peut-être rendre les armes, tout abandonner, m'enfuir, la porte fut entrouverte. Le directeur de l'école, du seuil, adressa un signe à l'institutrice qui alla le rejoindre. Elle revint, le visage tout changé. Elle me considérait avec une expression où, dans l'étonnement, puis la frayeur, je crus voir monter de la sympathie pour moi. Elle se pencha et me murmura à l'oreille :

— Partez. Allez vite. On vient de téléphoner que votre père... est... très mal...

VII

Je pris le tramway. Ce devait être par pur réflexe d'économie, car je crois me rappeler que le directeur — ou même peut-être la maîtresse-dragon — m'avait offert de me prêter l'argent de la course en taxi.

Je revenais lentement, les arrêts à presque chaque coin de rue me mettant hors de moi. Je fus à deux ou trois reprises tentée de descendre pour continuer à pied, tellement il me paraissait que j'arriverais plus vite ainsi.

A la correspondance pour Saint-Boniface, peu avant le pont Provencher, j'aperçus mon jeune neveu Fernand, le fils aîné de ma sœur Anna, tout juste devenu commis de bureau, monter dans le tram où je me trouvais — ou est-ce moi qui montai dans le sien? A travers la foule, nos regards s'accrochèrent. Nous avions compris que nous étions rappelés à la maison pour la même raison. Nous nous sommes frayé un chemin pour nous retrouver ensemble. Un sentiment de gêne nous avait tenus quelque peu éloignés l'un de l'autre à cause du peu de différence d'âge entre nous, trois mois seulement, ce qui nous attirait des taquineries. Il n'aimait pas se faire appeler neveu plus que moi, tante. Mais voici que, sans nous adresser la parole, sans même nous regarder, nous avons joint nos petits doigts entre nous sur la banquette et avons continué ainsi le trajet sans les dénouer.

La pièce, attenante au salon et à la salle à manger, où agonisait mon père, était celle qui lui avait naguère servi de bureau et que l'on continuait à appeler l'office. Qui l'avait d'abord ainsi désignée, mon père lui-même peut-être, habitué pour tout ce qui avait trait à son travail de bureau à Winnipeg et à la maison à faire appel à l'anglais, la seule langue de travail qui lui était permise ; ou maman, par une sorte de naïf respect envers le genre d'activité auquel s'y livrait mon père, si loin des occupations domestiques. Qui donc pourrait me le dire aujourd'hui que je songe enfin à m'en étonner ! Jadis meublée de son gros pupitre à cylindre et de son coffre-fort, tapissée de cartes murales très détaillées de la Saskatchewan et de l'Alberta, et de cartes des « townships » où des points encerclés marquaient ses colonies, mon père avait travaillé dans cette pièce souvent jusque tard dans la nuit, à rédiger ses rapports au gouvernement ou sa liste d'approvisionnements de toutes sortes que nécessiterait le prochain envoi de colons qui se mettraient en route, sous sa garde, vers les terres neuves. Sans doute maman y avait-elle installé mon père par commodité, pour le soigner sans avoir à monter sans cesse l'escalier, mais peut-être aussi avait-elle pensé qu'il était convenable que sa vie s'achevât ici, où il avait connu ses heures les plus espérantes.

Quand nous sommes entrés, Fernand et moi, nous tenant toujours par le petit doigt, la maison était pleine de gens. J'aurais été en peine de dire qui était là. Je n'avais d'yeux que pour la tête sur l'oreiller. Jamais je n'avais vu sur un visage humain un tel aveu de la douleur. Non pas la douleur physique ; de celle-là au moins, mon père était délivré sous l'effet d'un calmant puissant, qui atteignait aussi sans doute les régions pensantes de l'être, car il paraissait inconscient, quoique, de temps en temps, il poussât encore un faible gémissement, mais plutôt comme au souvenir d'une souffrance que sous son effet actuel. Ce que ses traits, toute défense tombée, racontaient, c'était l'incroyable somme de douleurs qu'une vie à elle seule peut avoir assumée. J'étais fascinée par ce visage à découvert, me laissant entendre pour la première fois de ma vie le long cri silencieux de l'âme. Ainsi donc était la vie, me disais-je, cette effroyable torture que le visage à la fin ne peut plus masquer. Et je pense que c'est cette terrible, cette inhumaine franchise qui, finalement, rendrait la mort auguste et belle à mes yeux.

Un petit chat dont mon père s'était fait aimer à la folie — et qui comprendra jamais pourquoi les chats se lient d'instinct aux êtres mélancoliques! — remontait sans cesse sur l'oreiller, malgré les efforts de maman pour le chasser. Penché de très près sur le visage du mourant, il le scrutait avec une attention avide. Maman ayant dû s'absenter une minute, le petit chat tigré, peut-être en souvenir des caresses que lui avait prodiguées mon père, avança la langue et se prit à lécher doucement les fins cheveux blancs au bord des tempes. Je le laissai faire. Il me semblait que notre petit Méphisto témoignait à notre place d'une douce familiarité dont l'approche de la mort nous avait rendus incapables, que lui seul, dans son innocence, traitait encore mon père en ami et ne l'avait pas, comme nous tous déjà, quelque peu abandonné.

Non loin du lit, des voisins agenouillés priaient à voix haute. Je voyais le petit chat fidèle allonger une patte douce sur le front de mon père, essayant peut-être à sa manière de ramener ce mourant à s'occuper de lui, et j'entendais des voix tendres en appeler à Dieu pour accueillir l'âme de mon père. Alors maman revint et, scandalisée de voir Méphisto occuper une telle place dans une scène aussi tragique, le prit dans ses bras et alla l'enfermer quelque part. Au milieu des prières nous avons entendu longtemps ses miaulements désespérés.

Je finis par me mettre à genoux avec les autres, non pas tellement pour prier, je pense, que pour être plus près de cette fin de vie qui me passionnait si profondément. C'était la première mort à laquelle j'assistais, et je crois bien que, comme pour tous, ce qu'elle éveillait en moi c'était d'abord une ardente, infinie et si terrible curiosité qu'elle me distrayait pour l'instant jusque du chagrin. En pleine insignifiante bataille de ce qu'on appelle vivre : passer ses examens, préparer son avenir... j'étais prise par la nuque et livrée au mystère entier de l'existence, qui n'en disait pas plus long aujourd'hui qu'à la première mort qui surprit les hommes.

A travers ces pensées poignantes, il m'en venait de tout usuelles, presque banales. Plus près du visage de mon père, je remarquai encore une fois qu'il ressemblait à Tolstoï que j'avais vu en photographie alors qu'il atteignait la fin de sa vie : même haut front dégarni, mêmes joues creusées, même yeux profondément enfoncés dans leurs orbites — et, avant ces derniers jours, chez mon père aussi ce regard perçant qui semblait aller plus loin dans l'âme qu'aucun regard que j'ai connu. Je me plus à rapprocher aussi naïvement leur grand amour à tous deux pour les Doukhobors, pour l'établissement desquels, en terre canadienne, Tolstoï avait versé les droits d'auteur d'un de ses grands romans, mon père, lui, en dépit de leurs frasques, ayant toujours pris la défense de ces illuminés dont il s'était longtemps occupé après les avoir menés vers les terres vierges. Je pensai qu'ils portaient aussi tous deux le même prénom : Léon.

Soudain l'agonie de mon père se précipita. Sa poitrine se creusait. La bouche grande ouverte cherchait l'air. Les yeux, cependant, d'épuisement, s'étaient fermés. Pendant quelques instants le corps reposait inerte, puis reprenait sa lutte effroyable en un râle plus long encore. Il faisait penser à un être qui aurait cherché désespérément à s'arracher à la vie, et la vie, vue à travers ces efforts pour s'en libérer, me parut avoir dû être à mon père infiniment cruelle. A la fin, il eut un geste las des bras comme pour tout repousser. Il ouvrit les yeux, ne voyant personne autour de lui, je pense. Ses yeux voilés semblèrent suivre une lueur à travers la pièce. Un soupir moins profond, venu de moins loin, aboutit à ses lèvres comme vient s'éteindre une dernière petite vague épuisée sur le sable. Sa tête s'inclina. Il n'y eut plus ni bruit, ni lutte. Le silence enfin ! Alors maman s'avança. Elle considéra le visage de son vieux compagnon de vie avec une étrange ferveur que je ne lui avais jamais vue et qui découvrait en ce mort bien au-delà de ce que nous connaissions tous de sa vie. Doucement elle abaissa ses paupières entrouvertes. Alors au milieu du recueillement jaillit une haute plainte dont je ne sus pas d'abord qu'elle venait de moi. Maman, étonnée par mon cri, laissa tout pour accourir me consoler. Elle se mit à genoux à côté de moi, m'entoura les épaules d'un bras et m'entraîna dans un doux bercement du corps comme pour engourdir notre peine. Je ne comprenais pas encore moi-même la violence de mon chagrin. Je n'avais pas cru aimer si profondément mon père. A mon tour, la mort m'apprenait à voir, et je n'en pouvais plus de ce qu'elle m'apprenait d'essentiel en si peu de temps. Suffirait-il donc qu'un homme meure pour qu'aussitôt sa vie prenne un relief insoupçonné il y a à peine un instant ? Et que soi-même, par rapport à cette vie terminée, on soit mis à nu, exposé à jamais ? Je découvrais dans l'instant mille occasions perdues de témoigner à mon père cette affection que je sentais maintenant sourdre de moi-même comme un torrent long-temps gardé captif. Encore la semaine dernière, lorsqu'il était à l'hôpital, il avait demandé à maman pourquoi je ne venais pas lui faire une petite visite. Elle, pour m'excuser, avait expliqué que je me faisais beaucoup de souci au sujet de ce cours à donner dans une école de la ville, que je m'y préparais soir après soir, en élaborant, au hasard, toutes sortes de tactiques, ne sachant trop ce qu'on allait exiger de moi ; que d'ailleurs il serait bientôt de retour à la maison. Il y avait du vrai dans tout cela, mais il était trop vrai aussi que j'avais été empêchée de venir par la gêne de savoir comment me comporter seule avec mon père malade, que lui dire. Nous n'avions jamais appris à nous parler, chacun espérant de l'autre qu'il commencerait, ouvrirait la voie. Maintenant seulement, je savais qu'il avait été un homme avide d'affec-tion, la désirant au point de ne pas la solliciter, par peur de se la voir refuser, que son air sévère venait de cette peur. Et je le savais car telle je me découvrais moi-même avoir été. La vérité était que nous avions vécu dans l'appréhension de voir notre pauvre amour tremblant, si pareil l'un à l'autre, incompris.

Je me mis à pleurer à gros sanglots, si grande était ma détresse devant tout ce malentendu que me paraissait être la vie. Maman, pensant peut-être que je souffrais de ne m'être pas sentie aimée de mon père, se prit à me fournir des preuves du contraire. Toujours à genoux à côté de moi, m'entraînant dans ce si triste balancement du torse, elle me chuchotait que l'avant-veille, alors qu'il avait commencé à tant souffrir, il lui avait dit de se reposer sur moi, qu'au fond j'étais une enfant courageuse et travailleuse ; qu'un jour, il y avait de cela deux ou trois semaines, alors que, en dépit d'un peu de fièvre, j'étais partie comme d'habitude à l'école, il en avait été bouleversé, me plaignant : «Elle aura la vie dure, je le crains, pauvre enfant à qui j'ai légué une santé trop délicate.» Maman continuait ainsi, sans se douter qu'elle me perçait le cœur.

Car la peine que j'éprouvais provenait surtout de ce que je n'apercevais nulle part de réparation possible. Telle que la mort nous séparait, je resterais envers mon père. Il n'y aurait jamais rien à ajouter, à retrancher, à corriger, à effacer.

Et j'aurais tellement voulu ajouter au moins une visite à l'hôpital. «Une petite visite», me disais-je en supplication, comme s'il était encore possible qu'elle eût lieu, comme si je pouvais en faire surgir le miracle de l'occasion manquée.

Ou bien je reprochais à mon père de ne pas m'avoir attendue, de ne pas m'avoir accordé un peu de temps encore, pour lui arriver avec mon brevet d'institutrice. Et je rêvais en pleurant à ce bonheur que nous aurions pu avoir du diplôme obtenu.

A la fin, je ne trouvai pour m'apaiser que le souvenir de cette promenade en brouette, mon vieux père tenant haut les brancards et moi, du fond de la caisse, levant vers lui un visage qui, je le crois bien, devait lui sourire.

Mon père fut exposé, à la maison, dans un cercueil ouvert, comme c'était alors la coutume. Il y avait eu deux des nôtres déjà ainsi exposés dans notre maison de la rue Deschambault : ma chère grand-mère Landry qui était venue mourir chez nous à l'âge de quatre-vingt-quatre ans, alors que j'en avais moi-même huit, et de qui je me souvenais bien ; puis la petite Marie-Agnès, morte des suites de brûlures à l'âge de quatre ans, quand j'étais bébé. C'était donc une maison qui connaissait les apprêts à la fois majestueux et familiers dont on entourait alors la mort.

Maman avait dépouillé le salon de tout ce qui pouvait être enlevé, et le reste, le piano seul, je crois bien, avait été drapé de noir, ainsi que la grande fenêtre donnant sur la rue. Au centre reposait le cercueil entouré de cierges dont la flamme vacillante ne cessait de jouer sur le visage de pierre, lui prêtant à certains moments de fugitives expressions de vie. Mon père avait grand air dans son meilleur costume, bleu marine, si peu porté dans les dernières années qu'il paraissait tout neuf, quoique devenu flottant autour des épaules amenuisées. Un col dur, à pointes tournées, bien que ce ne fût plus la mode, maintenait son cou bien droit et l'apparentait à une image que j'avais gardée de lui, alors que j'étais toute petite et que je l'avais vu prêt pour quelque soirée — rare événement dans notre vie — et portant un col semblable. Ou est-ce que je ne confondais pas ce que je croyais être un souvenir et le récit que maman dix fois nous avait fait de l'invitation à un bal chez le lieutenant-gouverneur adressée à elle et à mon père, et de l'extraordinaire aventure à laquelle elle avait donné lieu. Eh oui, il devait y avoir une vingtaine d'années, un peu plus peut-être, mon père alors déjà âgé et maman jeune encore mais ayant mis au monde presque tous ses enfants, avaient, pour la première et unique fois de leur vie, reçu une invitation à un bal. J'aimais cette histoire que maman racontait comme si elle avait été drôle, portant à rire, alors qu'à moi elle avait toujours paru poignante. Qu'est-ce qui me la remettait en mémoire dans ces instants, à l'heure des repas, ou très tôt avant le flot des visiteurs, alors que, ayant à moi seule mon père mort, je restais immobile auprès du cercueil à le contempler? C'est-à-dire seule avec le petit chat tigré. Car, très fin, il avait vite appris à profiter, pour ses visites à son maître mort, des instants où maman était trop occupée pour le voir passer et où il n'y avait dans le salon que moi qui ne l'aurais jamais chassé, il le savait bien. Il sautait sur le bord du cercueil et, s'y tenant comme accroupi, les quatre pattes rapprochées et serrées sur le bois, il ne bougeait plus, ses grands yeux à demi phosphorescents à la lueur des cierges fixés sur le visage de mon père. Il ne le touchait plus, il ne faisait que le regarder intensément. Lui d'un côté, moi de l'autre, je pense bien que nous étions comme également absorbés dans le spectacle de la mort.

Mais qu'est-ce qui m'avait fait penser au bal? Peut-être cette grande photographie dans son cadre doré de mon père jeune, que maman avait fait suspendre au mur du salon. Elle devait dater de l'époque où ils s'étaient rencontrés, peut-être même de plus tôt, car mon père paraisssait tout juste avoir atteint la trentaine. Tel quel, il représentait un parfait étranger pour moi, un beau jeune homme aux cheveux ondulés, aux yeux légèrement souriants, dont la physionomie franche, ouverte, était empreinte d'un grand désir d'idéal. Il s'agissait apparemment d'un être qui connaissait la gaieté, l'espoir, la confiance et, jusqu'à un certain point, l'ambition, toutes les forces vives de l'âme. On m'aurait bien étonnée si on m'avait dit que, par les yeux surtout, je ressemblais étonnamment au jeune homme dans son lourd encadrement, doré à la feuille. Mais sur le même mur, maman avait fait suspendre deux autres portraits, celui de mon grand-père Charles Roy et de sa femme Marcelline au douloureux visage. Les deux portraits, chaque fois que je les avais regardés, m'avaient plongée dans l'angoisse et j'en voulais à maman de les avoir remis à l'honneur.

Nous n'avions jamais connu ces deux êtres que par leur portrait terrible et quelques confidences échappées à mon père. Je ressentais à leur endroit un tel éloignement que je refusais de me reconnaître en eux. Je m'imaginais issue des Landry seulement, cette race plus légère, rieuse, rêveuse, comme un peu aérienne, aimante, tendre et passionnée.

Mais voici que, levant les yeux sur ma grand-mère inconnue, je fus tout à coup saisie jusqu'au fond de l'âme par le pauvre visage aux lèvres serrées comme sur une peine trop grande pour les mots, jamais avouée ailleurs peut-être que dans le silence de cette photographie. Son mari, à côté de Marcelline, mon grand-père Charles Roy, montrait un visage d'une intransigeance, d'une sévérité implacables. Pourtant, si durs qu'ils fussent, les yeux semblaient laisser sourdre comme une tristesse lointaine de n'avoir jamais su ni inspirer ni éprouver l'amour. Il était pareil à un justicier, seul au monde. Le peu que je savais de lui, échappé à mon père en des moments de détresse, était qu'il se montrait ennemi de tout ce qui était joyeux, expansif et, par-dessus tout, des livres qu'il considérait comme la chose du monde la plus maléfique. Un jour, il s'était passé une scène bien étrange entre mon père et moi. Je lisais, réfugiée en quelque coin de la maison, l'air heureuse, je suppose, comme toujours lorsqu'on est emporté par la magie d'une histoire bien racontée ou la simple ivresse de se reconnaître à travers des mots plus habiles que les siens. Mon père s'était arrêté devant moi. Il m'avait demandé d'une voix un peu sourde, chargée de mélancolie : «Connais-tu au moins ton bonheur ?»

J'avais levé sur lui un regard étonné. Alors était sorti de lui cet aveu incroyable : «A peu près vers l'âge que tu as maintenant, un soir que je lisais comme toi, dans un petit coin, mais à la lueur d'une bougie, heureux pour un moment, mon père survint brusquement. — Encore à t'emplir la tête de mensonges et mauvais conseils au lieu de besogner honnêtement ! m'avait-il violemment reproché. Donne-moi ce livre de malheur. Tout ce qui est écrit est fausseté. — Il me l'avait arraché des mains. Il avait soulevé un rond du poêle. La flamme était haute, car c'était une nuit froide et on avait bien activé le feu. Mon père y jeta mon livre, mon unique livre. Je le vois encore brûler, je l'ai vu brûler toute ma vie.»

Cet aveu, arraché à mon père il y avait des années, voici que j'en saisissais toute l'âpreté auprès de sa dépouille dans le salon désert. Je me pris à pleurer doucement, non plus sur moi et mes omissions et mes regrets, mais sur le chagrin d'un enfant de treize ans, porté toute une vie sans être vraiment consolé, et à présent à jamais inconsolable.

C'était peu après cette scène, selon maman, que le jeune Léon avait quitté la maison paternelle et serait venu à Québec s'engager comme petit commis dans un magasin de la ville. Il y était si mal rémunéré que, ne pouvant s'offrir une chambre en ville, il couchait sous le comptoir où, de jour, il étalait la marchandise à vendre, une paillasse y ayant été aménagée pour lui. Cette histoire, sûrement elle me fut racontée, mais le doute s'est introduit dans mon esprit habitué à prolonger les faits et récits, et il m'arrive de me dire qu'elle n'est tout de même pas possible ; or je n'ai plus personne pour me tirer d'embarras et corroborer le récit tel qu'il me semble l'avoir entendu.

Ensuite, mon père avait été recueilli par un prêtre au cœur compatissant qui avait défrayé le coût de deux années d'études offertes dans un collège, je ne sais si c'était à Québec ou ailleurs. Puis mon père avait gagné les Etats-Unis, et, comme disait maman, qui aurait pu suivre à la trace pendant les quelques prochaines années cet être toujours en route!

Mes yeux revenaient malgré moi à l'auteur de ces malheurs, au Savonarole, le brûleur de livres, et je commençais à comprendre que c'était de lui que mon père tenait le côté morose de sa nature, s'étant manifesté de plus en plus avec l'âge, sa crainte aussi d'être incompris qui le rendait ombrageux. Mais mon grand-père Savonarole, lui, de qui tenait-il son âme si tourmentée qu'elle n'avait répandu que tourment autour d'elle? Je pressentais qu'il aurait fallu remonter indéfiniment, toujours plus loin dans le passé, pour connaître, chez les êtres, la source du mal comme du bien.

Mon attention revenait se fixer au portrait de mon père jeune que je comparais à son visage dans la mort, et cette histoire du bal, malgré moi, remontait à ma mémoire.

Donc le carton d'invitation était arrivé à la maison. Mes parents devaient habiter alors celle qu'ils louèrent lorsqu'ils vinrent s'installer à Saint-Boniface, avant la construction de notre maison de la rue Deschambault. Je l'imagine pleine de jeunes enfants, de pleurs, de rires, de tapage, et je crois apercevoir maman, un peu énervée, peut-être en train de laver du linge, s'essuyant vite les mains à son tablier avant d'ouvrir la grande enveloppe à l'emblème de la couronne dorée. Et puis l'éblouissement! *Mr and Mrs Léon Roy are requested to attend a ball at...*

Envisagea-t-elle aussitôt la robe qu'elle porterait, comment elle la ferait, de quel tissu? Ce qui est sûr, car elle nous l'a cent fois redit, c'est que sa résolution avait été prise sur-le-champ: rien au monde ne l'empêcherait d'assister à ce bal. Mon père était alors en visite dans ses colonies, absent pour une semaine ou deux. Il reviendrait peut-être brisé de fatigue comme cela arrivait souvent, pas enclin à se mettre en frais pour une pareille sortie qui l'intimiderait sûrement, peu habitué qu'il était aux mondanités. Maman se faisait forte de l'amener à accepter et elle y parvint. Comment? Avait-elle déjà assemblé sa robe de satin pêche? Parut-elle ainsi mise, ses beaux cheveux noirs relevés en une épaisse torsade? Lui-même, à la vue de cette jeune femme qui n'avait jamais connu de sa vie une seule heure de triomphe mondain, eut-il le cœur attendri? J'avais une grande envie de relancer maman à la cuisine où, ravalant son chagrin, elle devait préparer à manger pour les parents de la campagne qui viendraient aux funérailles et qu'il faudrait bien garder pour un repas ou deux. J'imaginais quel regard elle me lancerait si, au milieu de ses préoccupations et de sa peine, je lui arrivais avec des questions comme par exemple : «Maman, le soir du bal chez le gouverneur, comment étais-tu coiffée? Avais-tu au moins un petit bijou?»

Pourtant il me paraissait important d'assembler tous les éléments de cette histoire comme si c'était sa dernière chance, tel un feu qui va mourir, de jeter une petite flambée encore dans nos cœurs.

En tout cas, elle s'était instruite auprès de quelques épouses de fonctionnaires, plus versées qu'elle dans les usages mondains, de ceux qu'il importait d'observer à l'arrivée et au cours de la soirée chez le gouverneur. Elle s'était façonné ce qu'elle appelait «une sortie de bal», sans doute une grande cape enveloppante à jeter par-desssus sa robe. Elle avait dû aller s'inspirer dans les magasins chics de la ville, aux rayons de grand soir, peut-être même essayer quelques robes, et pourquoi pas les plus coûteuses pendant qu'elle y était, comme elle avait fait pour moi quand elle m'avait confectionné ma culotte de cheval. Mais pour une fois dans sa vie, c'était elle qui était à l'honneur!

Enfin, c'était le soir du bal. Maman devait être rayonnante, les yeux pleins d'éclat, comme aujourd'hui encore quand une surprise heureuse pouvait lui advenir. Papa devait porter son plus beau costume, bleu foncé, tout uni, comme celui dont il était revêtu pour descendre en terre — je ne me rappelais pas lui en avoir vu porter d'une autre couleur. Sa cravate noire devait être piquée, comme à l'heure actuelle, de son épingle à fine tête faite d'une opale — cadeau d'un groupe de ses colons reconnaissants, qu'il avait chéri comme aucun autre de sa vie — et que maman, après-demain, avant la fermeture du cercueil, lui enlèverait pour la garder en souvenir.

Donc ils étaient partis au bras l'un de l'autre, peut-être rajeunis, allégés tous deux comme du poids d'une vie tout en devoir, en soucis, en économie. Au coin de la rue, ils avaient pris le tram. Maman n'avait pas ressenti l'incongruité de se voir, en grande robe du soir, parmi les ouvriers à l'air fatigué, à moitié somnolents, dans le brinquebalant petit tram mal éclairé. Il les avait déposés assez loin de la résidence du gouverneur. Ils avaient continué à pied. Ce n'est qu'à l'entrée du parc, au fond duquel la résidence brillait de toutes ses fenêtres, qu'il s'étaient sentis intimidés. A droite, à gauche d'eux, roulaient les fiacres, les éclaboussant au passage. Ils continuèrent jusqu'au grand perron d'honneur où un aide-de-camp ouvrait la portière aux couples. Ceux-ci n'avaient qu'un pas à faire, l'homme soulevant le coude de la femme, pour se trouver, joyeux et resplendissants, sous le couvert de la marquise, au son de la musique qui s'échappait par grandes bouffées chaque fois que la porte s'ouvrait sur l'intérieur étincelant. Papa, le premier, avait voulu rebrousser chemin : «Allons-nous-en, Mélina ; ce n'est pas ici notre place.» Elle n'avait pas voulu en convenir encore. Le rêve, dans sa tête, bruissait toujours malgré tout. Elle avait entraîné mon père récalcitrant presque au pied du grand perron. Seul avait pu avoir raison de son rêve le regard dédaigneux jeté de haut sur elle par l'huissier en grand uniforme. Elle avait constaté alors que sa robe portait des traces d'éclaboussures, que ses souliers étaient crottés. Elle avait chuchoté à mon père : «Léon, faisons semblant de rien. Continuons comme si nous étions simplement venus nous promener ici en curieux. Après tout, c'est la résidence du représentant du peuple, tous peuvent y venir. Nous ferons le tour et ressortirons.»

Contournée la façade, elle avait avisé une fenêtre peu haute, donnant sur le grand salon de réception.

Elle avait trouvé moyen, en se haussant sur une pierre, d'obtenir une bonne vue de l'intérieur. Mon père, pris de gêne, lui répétait : «Viens-t'en...», mais elle restait debout sous la fenêtre, les yeux grands d'émerveillement, une main posée en équilibre sur le rebord de la croisée. Plus tard, quand elle me ferait à moi le récit de cette soirée déjà loin dans le temps, elle rirait beaucoup d'elle-même, disant : «Tu me vois, assistant à travers la fenêtre à l'arrivée des hommes en habit à queue, des femmes en robes à traîne, celles-ci faisant la révérence au gouverneur, celui-ci inclinant la tête d'un geste un peu hautain, et tout ça en anglais, j'entendais jusqu'à la voix de l'aide-de-camp qui annonçait : Mr and Mrs Hugo McFarlane... Alors s'avançait un autre couple, la femme couverte de perles, de diamants, l'homme de décorations... Tu me vois... disait-elle, dans ma petite robe faite à la maison, tu nous vois, ton père mortifié, moi crottée comme si je revenais des champs...» Elle riait, elle riait d'un rire qui paraissait ne contenir aucune amertume, aucune aigreur, seulement la franche gaieté d'un être qui sait porter sur soi un regard de parfaite et douce lucidité.

«Ton père me pressait de partir. Mais je voulais voir s'ouvrir le bal, les couples tourner.»

L'orchestre avait entamé une valse. Le gouverneur s'était incliné devant une dame. Elle, tenant sa traîne de sa main gantée — et dire, rappelait maman, que je n'avais pas su qu'il fallait des gants longs — le gouverneur un peu raide, ils avaient donné le branle. Les autres couples se formant, maman les avait vus évoluer sous les grands lustres, et tout jetait de l'éclat, les pendeloques de cristal, les diamants au cou des valseuses, les médailles sur les habits sombres, le regard des hommes amoureux, des femmes se sentant désirables...

Je revins de mon curieux voyage dans le passé à la recherche d'une heure peut-être malgré tout heureuse dans la vie de mon père. Ils étaient revenus en tramway; ils n'étaient pas tristes, insistait maman, pas du tout tristes; elle se sentait encore comme tout illuminée par le spectacle de la fête. Même un peu décoiffée, sa robe quelque peu salie, elle devait paraître bien belle ce soir-là aux yeux de mon père qui l'avait si peu souvent vue parée, tout étincelante de joie intérieure. Qui sait, cette soirée avait peut-être été une des grandes soirées de leur vie! La petite Marie-Agnès était née moins d'un an après le bal chez le gouverneur.

Je m'étonnais sans fin, auprès de la dépouille de mon père, d'être déjà si avidement plongée à la recherche des moindres bribes que je connaissais de sa vie. Je ne savais pas que c'est le premier effet de la mort que de faire vivre le disparu dans la mémoire de ceux qui l'ont aimé avec une clarté et une intensité jamais encore éprouvées.

Je me penchais, je scrutais à la lueur tremblante des cierges le visage si beau que mon père devait présenter pour toujours à ma mémoire. Une grande noblesse s'en dégageait. Elle avait calmé mon chagrin et jusqu'à mes regrets. J'étais par elle fascinée. Cette mort et plus tard bien d'autres dans ma vie jamais ne m'ont dit le vide, le néant. Celle-ci ne me parlait pas non plus d'une autre vie, d'un autre monde. Elle était à mes yeux le mystère entier, jamais entrouvert, la totale franchise enfin, l'obscurité intacte, et, à cause de cela peut-être, plus belle que ce que j'avais jamais vu sur terre. A le regarder, j'avais l'impression que la vie, presque tout de la vie, était une distraction après une autre pour tenter de nous dissimuler l'essentielle vérité.

Presque immédiatement après les funérailles, je dus retourner à mes études, en vue des examens qui approchaient. A ma grande surprise, je les passai sans peine. La maîtresse-dragon s'était-elle repentie à la dernière minute et m'avait-elle octroyé une bonne note? Ou le docteur Mackintyre était-il intervenu? Jamais je ne le saurai, mais je finissais parmi les premières de ma classe. Cette nouvelle, qui eût tant réconforté les derniers jours de mon vieux père, voici que je ne savais qu'en faire. Je souhaitai le ressusciter pour m'entendre la lui annoncer. Pour moi seule, que valait-elle au fond? Plus tard, ce serait maman que je souhaiterais ressusciter pour m'entendre lui raconter l'extraordinaire bonne fortune de *Bonheur d'occasion* à laquelle, dans ce récit imaginaire que je lui en faisais, elle ne croyait pas, et j'insistais : «Voyons, maman, tu peux dormir en paix, je suis presque riche.» Et elle, du fond de l'ombre, hochait la tête tristement, me croyant toujours pauvre et démunie. Plus tard encore, ce fut ma sœur Anna que je désirai ramener un moment de la mort pour la réconforter, elle qui avait tant craint pour moi l'amour, le mariage, les liens, lui disant que, somme toute, ces grandes entraves de la vie avaient eu pour moi leur côté bénéfique. Mais elle ne m'entendait pas, éternellement soucieuse à mon égard. Maintenant c'est Dédette que je rappelle en vain, tâchant de la rassurer sur ce chagrin qu'elle me connaissait et qui l'avait tant affectée. J'ai beau soutenir qu'il s'est estompé, presque guéri, elle ne m'entend toujours pas. Ainsi, je devais apprendre, en vivant, que ce n'est pas à l'heure des grands chagrins que l'on désire le plus ramener nos morts, mais plutôt pour les consoler de la peine qu'ils se sont faite à notre sujet, et dont il me semble que nous ne pouvons les délivrer même quand nous en sommes nous-mêmes délivrés. C'est pourquoi sans doute je me plais tellement à ces rêves de la nuit qui me représentent parfois maman ou mes sœurs, le visage comme paisible et heureux. Aucun rêve jamais ne m'a montré mon père rajeuni et souriant comme cela est arrivé pour les autres.

VIII

Aux tout derniers jours de l'année scolaire, à la fin de mai, le docteur Mackintyre me demanda à son bureau. A la mort de mon père, il m'avait écrit une très belle lettre affectueuse et réconfortante, que je regrette aujourd'hui de n'avoir pas conservée. Mais en ce temps-là, dans ma frénésie d'avoir les mains libres, je ne gardais rien. J'entrai et le remerciai de sa lettre. Il me fit signe que je n'avais pas à le faire et de m'asseoir, lui-même tout ému. Il laissa passer un peu de temps avant de m'apprendre sur un ton presque joyeux qu'il avait pour moi une bonne, une excellente nouvelle.

Je dus lever vers lui des yeux incrédules car il se hâta de me la confirmer.

En ce temps-ci de l'année, il arrivait, m'expliqua-t-il, que des commissions scolaires en peine d'une suppléante pour terminer le semestre fissent appel à l'Ecole normale qui leur envoyait une élève finissante. Il venait de recevoir pareille demande et avait pensé à moi. L'école était située dans un petit village à une cinquantaine de milles de la ville. Le voyage ne me coûterait pas cher. Je gagnerais cinq dollars par jour scolaire. Mais l'avantage principal tenait à ce que bientôt, lorsque je ferais ma demande d'un emploi permanent, je pourrais faire valoir que j'avais un peu d'expérience, sans besoin de préciser qu'il ne s'agissait que d'un mois, me fit-il adroitement la leçon.

Déjà, pendant que je l'écoutais, il me semblait que ma vie avait changé. A peine mon brevet d'institutrice en main, déjà j'avais une école. Mon école! J'aurais pu sauter au cou du cher vieillard dans la joie qui m'inonda brusquement le cœur. Qu'en aurait-il été si j'avais su combien rare était la chance qui m'échoyait, trois écoles seulement ayant été proposées pour trois cents élèves qui finissaient leur terme. Evidemment il s'agissait dans mon cas d'un petit village de langue française, et je faisais drôlement l'affaire. Tout de même, une école quand j'en sortais moi-même tout juste, quel privilège!

Je revins à la maison courant et même parfois, je pense, quand le trottoir était désert devant moi, y sautant, comme lorsque j'étais petite fille, les pieds croisés.

Je bondis dans la cuisine.

— Maman! Maman. Ça y est!

Que de fois je suis arrivée toute jeunesse, tout élan, toute joie, pour l'atteindre, elle, au milieu des soucis et du chagrin. Elle était occupée à faire cuire des confitures, je pense. Chauffé à blanc, notre poêle à bois jetait une chaleur de brasier. Maman en avait le visage cuit, les pommettes rouges, ce qui rendait plus surprenant le douloureux regard de ses yeux tout plongés encore dans le souvenir de la mort de mon père. Il est vrai, elle n'avait eu, elle, depuis, aucun triomphe, aucun succès pour l'aider à surmonter le chagrin. J'eus un peu honte de mon exaltation, mais je ne parvins pas vraiment à la dominer.

— Ça y est! Une école, maman! Ma première école!

— Que me parles-tu d'école! fit-elle en perdant patience. On est loin de septembre encore. Et tu en sors tout juste toi-même de l'école.

— C'est bien ça qui est le merveilleux. J'en ai une déjà. Pour le mois de juin. A partir d'après-demain. Mon école, maman!

Et j'essayai de la prendre entre mes bras pour l'entraîner à valser avec moi sur place. C'en était trop. Elle me repoussa presque rudement.

— Une école! Où ça?

— A Marchand.

— Marchand!

Tout à coup, elle faisait front, hostile, et je ne comprenais plus rien à son attitude. Après tout, n'avait-elle pas vécu pour me voir voler de mes ailes, obtenir enfin une école? Subitement, comme pour marquer son opposition ou je ne sais quelle révolte, elle arracha son tablier et me lança:

— Pas à Marchand. Jamais! C'est un trou! J'en ai entendu parler. Un vrai trou! Tu n'iras pas là.

— Un trou! Un trou! dis-je. C'est rien que pour un mois, et il faut bien commencer quelque part. Tu ne peux tout de même pas t'attendre à ce que j'entre par la grande porte.

— Mais Marchand, ce trou-là, fit-elle avec une sorte de haut-le-cœur.

Elle finit par venir s'asseoir à la grande table où elle joignit les mains et regarda devant elle, avec des yeux qui ne pouvaient y croire, l'inévitable douleur qu'elle s'était elle-même préparée. Et moi, la voyant triste alors que j'avais espéré lui faire plaisir, je lui rappelai, sans songer qu'il y avait là de la cruauté:

— C'est pourtant ce que tu as voulu pour moi toute ta vie, que je m'en aille faire la classe.

Elle faiblissait, elle se rendait. Elle demanda d'une voix perdue:

— C'est pour quand?

— En vérité, il faudrait que je parte demain.

— Demain!

Alors, tout d'un coup, les recommandations commencèrent à pleuvoir sur moi.

Là, parmi ces gens grossiers, il me faudrait veiller à garder mes distances, être polie, oui, mais jamais familière. Faire attention aussi de ne pas m'en laisser imposer. «Ah! et puis, t'es trop jeune, se plaignit-elle, pour commencer par un village dur et sans manières.»

— Maman, tant mieux si j'apprends tout de suite.

Enfin elle consentit à me sourire et laissa tout en plan pour venir m'aider à faire ma valise.

Le lendemain elle avait trouvé une connaissance allant dans la direction de Marchand en auto et qui avait consenti à m'y amener.

Dans sa douleur de me voir partir de la maison, je pense me rappeler qu'elle en oublia de m'embrasser. Il n'était question que de faire attention à moi, de garder ma place, de défendre mes droits et, si c'était trop dur là-bas, de revenir.

Sur place, il me fallut me rendre à l'évidence que je ne pourrais loger ailleurs qu'à l'hôtel, le reste n'étant que misérables cabanes en bois dispersées de loin en loin sur un sol sablonneux, entre des touffes d'épinettes maigriottes. De ce décor comme abandonné et de l'événement douloureux qui allait marquer ma première journée de classe à Marchand, je tirerais quarante ans plus tard *L'enfant morte*, éclose si étrangement dans le cours de *Cet été qui chantait*. Comme j'étais loin, ce jour où je mis pied à Marchand, saisie d'effroi et m'ennuyant déjà de la maison, de pressentir en moi — pareille à une graine en terre qui dormirait longtemps encore — cette aptitude que j'avais — ou aurais — de convertir en récits, qui me joindraient à d'autres êtres, des moments de ma vie. Et ceux qui m'auraient fait me sentir la plus seule seraient souvent ceux qui me gagneraient le plus de cœurs inconnus. L'on est ignorant de sa propre vie plus que de toute chose sur terre.

C'est en montant l'escalier raide, en route vers ma chambre, derrière la patronne, une forte personne halant mes deux valises, que je me rappelai subitement une des plus précises recommandations de maman :

«Surtout, avant de t'installer, informe-toi du prix. Fais bien attention qu'on ne prenne avantage de ton inexpérience. Vu ce que tu vas gagner, ne consens pas à plus de vingt-cinq dollars par mois de pension. C'est tout à fait suffisant.»

Dans le dos de la large femme, je m'entendis tout à coup demander d'une voix à moitié éteinte, si timide qu'elle ne pouvait que m'attirer une rebuffade de la part d'une personne aussi manifestement sûre d'elle-même :

— Madame, pour la pension... qu'est-ce que ce sera?... Quel prix allez-vous me demander?

Peut-être irritée que je lui pose la question au milieu de l'escalier et dans son dos, ou de toute façon portée à vouloir m'humilier, elle planta là mes deux valises en me disant:

— Commencez par porter vous-même vos propres affaires.

Quelques marches plus haut, comme c'était à mon tour d'être essoufflée, elle daigna me renseigner sur un ton rude:

— En tout cas, pensez pas, ma petite demoiselle, que je m'en vais vous nourrir, vous loger, vous éclairer... vous... vous... pour moins de vingt-cinq dollars par mois.

Malgré la grossièreté de l'attaque, je poussai un soupir de soulagement. C'était la somme fixée par maman. Je pouvais l'accepter sans un mot, et Dieu sait que je n'avais pas le cœur à marchander avec la terrible femme.

Ma chambre était petite, presque nue, mais propre. Une nette petite cellule de prison. Ma logeuse me l'avait indiquée d'un coup de menton, repartant sans m'avoir dit un mot. Je m'assis au pied de l'étroit lit de fer recouvert d'un couvre-pied blanc ennuyeux comme on en voyait alors dans les dortoirs de couvent. Mais je n'avais d'yeux vraiment que pour la fenêtre. Elle donnait sur un des paysages les plus morts que j'aie jamais vus dans ma vie. Rien ne s'y agitait, ne bruissait, ne bougeait! Il y avait bien un peu partout des arbres, isolés ou en minces groupes, mais tous étaient pétrifiés comme par une inexplicable attente. On eût dit le vent arrêté au seuil de ce village, n'osant franchir une mystérieuse frontière invisible. Et à l'intérieur, tout était comme sous le coup d'un affreux malaise.

Je descendis et, m'étant trompée de chemin, me trouvai pour sortir à traverser une grande cuisine claire, la pièce, sans aucun doute, la plus accueillante de ce bizarre hôtel aux stores, partout ailleurs, tristement abaissés, et tenu dans une ombre épaisse. La patronne préparait le goûter des enfants — cinq, je crois, que j'aurais, le lendemain, comme élèves sûrement. Ils ne faisaient pourtant pas plus de cas de moi que d'une inconnue dont on ignorait et ignorerait toujours pourquoi elle était ici.

La mère taillait d'épaisses tranches d'un beau pain blanc qui me parut appétissant au possible. Les gens qui m'avaient amenée, pressés d'aller à leurs affaires et de rentrer avant la nuit, ne s'étaient arrêtés nulle part où nous aurions pu prendre une bouchée. Je mourais de faim. La mère étala sur le pain une abondante couche de confitures aux fraises. L'eau m'en venait à la bouche. Les enfants à tour de rôle reçurent leur tartine. Ils passèrent devant moi en y mordant à pleines dents ou en se pourléchant les babines. Enfin tous furent servis. Je levai humblement les yeux. Je me demande si, de toute ma vie, j'eus autant envie d'une tartine que d'une de celles-là, odorantes et généreuses. La mère me regarda bien dans les yeux; elle prit le pain, l'enveloppa dans une serviette propre pour le garder frais, le remit dans sa boîte en fer-blanc dont elle tira l'abattant avec bruit. Elle prit également le pot de confitures, en revissa soigneusement le couvercle, le remit dans l'armoire. Elle dit aux enfants:

— Faites attention de ne pas vous salir. — Puis à moi, sèchement: Le souper est à six heures...

Je sortis. Je pris le sentier qui conduisait à l'école, bâtie, elle aussi, à faible distance des maisons, en plein sable. J'y entrai. Je m'assis au pupitre placé sur une estrade précédée de deux marches, si je me souviens bien, à moins que je ne confonde avec l'école de la Petite-Poule-d'Eau. Le silence autour de moi était d'une pesanteur qui m'étreignit lourdement le cœur. Il s'en prenait, me sembla-t-il, jusqu'à mes pensées qu'il effrayait et empêchait de se former. Par la rangée de fenêtres sur le côté sud de l'école, je voyais la troupe clairsemée des chétives épinettes, les plus immobiles que l'on puisse imaginer, figées dans leur désolante attitude. Et j'essayais de percer devant moi l'obscure étendue de l'avenir et d'entrevoir ce qu'allait être ma vie.

IX

En septembre suivant, j'étais engagée à Cardinal, village plus important, moins pauvre, guère plus animé pourtant, situé tout à l'autre bout du pays. Je devais également m'y ennuyer à l'excès, logée dans une frêle maison à peine chauffée même quand prit l'hiver avec ses vents qui traversaient les murs légers. Si je n'y gelai pas vive, c'est que ma logeuse, prenant pitié de moi, me confectionna un volumineux édredon de plumes. Lorsque je l'étendais sur moi, j'avais l'impression d'être couchée sous une haute montagne pourtant sans poids et merveilleusement moelleuse. Dès lors je n'eus plus froid, du moins la nuit, même si l'eau de ma cruche à côté de moi gelait dur.

Ce village, je pense en avoir dit assez exactement l'atmosphère dans le dernier chapitre de *Rue Deschambault*. J'y touche encore quelque peu, en passant, dans le livre auquel je mets la dernière main ces jours-ci : *Ces enfants de ma vie*. Mais nulle part je ne me suis attachée à le décrire absolument ressemblant. C'est une tâche dont je pense être incapable maintenant. Il me faut dissocier les éléments, les rassembler, en écarter, ajouter, délaisser, inventer peut-être, jeu par lequel j'arrive parfois à faire passer le ton le plus vrai, qui n'est dans aucun détail précis ni même dans l'ensemble, mais quelque part dans le bizarre assemblage, presque aussi insaisissable lui-même que l'insaisissable essentiel auquel je donne la chasse. Décrire fidèlement une maison telle que sous mes yeux, ou une rue ou un petit bistrot de coin comme je l'ai fait dans *Bonheur d'occasion,* à présent m'ennuierait mortellement. Je m'y astreignais, alors, par souci de réalisme, il est vrai, mais aussi pour retenir une imagination trop débordante et me contraindre à bien examiner toutes choses pour ne pas glisser à la paresse de décrire sans fondements sûrs.

Je ne m'attarderai donc pas à reparler de ce village où je passai pourtant une des années les plus marquantes de ma vie, et qui fit de l'enfant gâtée que j'avais été une jeune institutrice appliquée à sa tâche, peut-être même excellente, car ce dut être un peu sur la foi du rapport de l'inspecteur que j'obtins dès l'année suivante une place à l'Académie Provencher, à deux pas de chez nous, en sorte que maman n'aurait plus à craindre pour moi des «trous», comme elle les appelait.

Cardinal présentait entre autres — et c'est celui qui compta le plus pour moi — l'avantage immense d'être peu éloigné de la chère ferme de mon oncle Excide où, enfant, j'avais vécu des vacances si heureuses. J'y allai passer presque toutes les fins de semaine. Le samedi matin, je prenais le train, descendant quinze minutes plus tard à Somerset, la gare voisine. De là, je trouvais des occasions pour me rendre à la ferme à quelque deux milles de distance ; ou bien je patientais, attendant mes cousins qui manquaient rarement de venir ce jour-là aux emplettes. Et il aurait vraiment fallu le faire exprès pour ne pas nous retrouver à un magasin général, ou encore chez le Chinois où il y avait toujours un de nous en train de déguster une glace. Après mon petit Cardinal où le seul son que l'on pouvait entendre pendant des heures était celui du vent, j'avais l'impression, en mettant le pied à Somerset, d'être dans une sorte de métropole, et j'en étais toute surexcitée.

Quelquefois mon oncle passait me prendre dès le vendredi soir, s'il avait affaire au maréchal-ferrant-garagiste de Cardinal qu'il préférait à tout autre. Nous partions à toute allure dans la vieille Ford haute sur roues nous jetant continuellement l'un contre l'autre le long des pistes raboteuses que mon oncle choisissait pour aller au plus vite. De plus, tout le voyage se faisait dans le silence le plus total. Assez loquace à ses heures, mon oncle, au cours de ce court trajet, ne m'adressa jamais la parole, et j'appris à le laisser à son silence ou à sa «jonglerie», ayant vite saisi qu'il n'aimait pas en être dérangé tout en roulant. En dépit de cette humeur de mon oncle qui, au début, me déconcerta un peu, je voyais s'ouvrir devant moi le paradis, autant dire. J'aurais deux jours pleins à la ferme, peut-être un peu plus, car il arrivait que, pour me laisser en entier mon dimanche de bonheur, on ne me ramenât que le lundi matin très tôt. J'étais habitée toute la semaine par le sentiment que pareille récompense se mérite et je travaillais double pour en être digne — ce que j'aurais peut-être fait de toute façon mais pas dans le même esprit. Le temps passait donc très vite, la semaine, à bûcher, et, la fin de semaine, à rire, chanter et danser.

Chez mon oncle, la maison bien chauffée, je pouvais me laver les cheveux, les laisser sécher en allant et venant, sans risquer d'attraper un rhume. Ma cousine et moi reprenions pendant des heures nos pièces à quatre mains rabâchées sur le vieux piano du salon, toujours prêtes à rire aux larmes quand éclaterait parmi les notes hautes celle qui imitait si bien un cri de souris, depuis qu'une souris justement, ayant fait son nid dans ce coin du piano, avait rongé le feutre entourant une des cordes.

Le samedi soir, si nous n'allions pas, mine de rien, nous montrer aux galants dans la rue principale, déambulant de ce côté, revenant sur nos pas, c'était qu'il en viendrait à nous. Le cérémonial de ces visites m'amusait beaucoup, quoique j'aie refusé toujours, pour ma part, de m'y prêter. Un jeune soupirant se présentait-il pour la première fois et nous plaisait-il, nous devions le lui faire savoir sans paroles, tout simplement en lui remettant son chapeau, de main à main, à la fin de la soirée, le geste signifiant qu'il était autorisé à revenir. Ne pas remettre son chapeau, à la porte, à un jeune qui nous avait chanté sa chanson en nous regardant dans les yeux et qui, avant de la chanter, nous l'avait dédiée en quelque sorte par un salut, était ni plus ni moins qu'un manquement grave à l'hospitalité, dont je fus coupable maintes fois. Mon oncle, si sauvage à certains égards, m'en blâma, allant jusqu'à prédire que je ne trouverais jamais à me marier si je continuais à repousser les bonnes intentions hautement manifestées. Mais je riais de tout cela. Si un jeune homme planté devant moi, tout en me dévorant des yeux, me chantait une de ces complaintes de l'Ouest qui me paraissaient toutes coulées sur le même air, j'avais du mal à ne pas lui pouffer au nez. Si, à la porte, la main tendue dans le vide il attendait son chapeau, je me retenais encore moins bien. C'était ainsi chez mon oncle : je redevenais rieuse, taquine, pleine de tours, aimant me moquer des usages et sans doute me singulariser. Je me rattrapais sur ma semaine dans la glaciale maison de Cardinal où, y entrant d'ailleurs le plus tard possible — car j'accomplissais mon travail de préparation de cours à l'école, du moins quelque peu chauffée — je ne trouvais ni livre ni musique. La seule distraction — j'en ai parlé dans *Rue Deschambault* — c'était, comme dans toutes les vies où il ne se passe rien, de se tirer les cartes, lire les tasses de thé et les lignes de la main, demandant indéfiniment à l'inanimé des promesses d'un avenir tout plein d'aventures et de fantaisies.

Les allées et venues entre Cardinal et la ferme durèrent tout l'automne et, à ma grande joie, ne furent pas suspendues l'hiver venu. Nous avions trop pris goût, mes cousins à moi et moi à eux, pour nous passer facilement maintenant de nos soirées ensemble. Mais l'hiver devint bientôt très dur. On me ramena, un dimanche soir, dans la cabane close, en pleine tourmente. Des années plus tard, je devais me servir de ce souvenir comme point de départ de *La tempête* dans *Rue Deschambault*. Une autre fois que nous revenions en berlot, le froid nous saisit si cruellement, mon cousin et moi, assis côte à côte sur l'unique siège, que nous nous sommes enfouis sous les peaux, les ramenant par-dessus nos têtes, et avons laissé aux chevaux le soin de se débrouiller seuls. J'étais un peu inquiète, malgré tout. Trouveraient-ils leur chemin?

C'était Cléophas qui me reconduisait ce soir-là.

— Bah! fit-il, mourir gelé ou perdu — et donc finalement gelé, qu'est-ce que ça change? Mais ne t'en fais pas. Les pauvres bêtes t'ont ramenée tant de fois qu'elles connaissent le chemin à ne pas s'y tromper, tu peux en être sûre. Et elles ont tellement hâte d'être de retour dans leur étable qu'elles vont continuer à bon trot.

Heureusement, c'était par une nuit très claire. La neige durcie scintillait presque autant que l'immense champ d'étoiles dont j'apercevais le fourmillement quand j'entrouvrais notre tente de peaux pour prendre un peu d'air. Le nuit me paraissait alors si resplendissante, aiguisée à briller de tous ses feux, que je ressentais comme une honte de m'en cacher ainsi. Mais le froid me brûlait les poumons. Je rentrais précipitamment sous les fourrures. Mon cousin, à moitié assoupi, me reprochait de laisser entrer du froid avec moi et me suppliait de rester tranquille à la fin. Nous avons dû dormir une bonne partie du trajet, sous l'effet sans doute de l'engourdissement et à demi asphyxiés. Un arrêt brusque nous tira de notre torpeur. Ahuris, nous nous frottions les yeux. Les chevaux étaient arrêtés pile devant la maison où je logeais.

Je mis pied à terre.

— Bye! dis-je à mon cousin.

— Bye! répondit-il.

Je l'entendis à peine. Déjà il avait tiré les fourrures par-dessus sa tête. Les chevaux d'eux-mêmes avaient rebroussé chemin et repartaient à bon train.

J'aurais dû reconnaître la misère que je donnais à mes cousins qui avaient à me ramener, tantôt l'un, tantôt l'autre — mais il me semble que revenait souvent le tour de Cléophas — et, de moi-même, songer à espacer mes visites. Mais eux, les chers enfants, ne me reprochaient rien. Quant à moi, vendredi arrivé, j'étais comme possédée; j'entendais, qui m'appelaient irrésistiblement, le piano, le violon de la maison de mon oncle, les courses dans l'escalier, les rires, les chansons, la tendre folie propre à notre âge.

En mars le temps devint exécrable. Il pleuvait à verse pendant deux ou trois jours, puis le gel revenait et pétrifiait les creux et les bosses du pays devenu raboteux comme le clos piétiné des bêtes à cornes. Et de nouveau le doux temps faisait fondre cette surface en une immense mare boueuse. Un lundi matin, Cléophas débattit longuement s'il prendrait pour me ramener un traîneau ou le buggy. Heureusement qu'il décida pour le buggy, sans quoi nous n'aurions pu franchir de longs bouts de chemin tout à fait débarrassés de neige. Ce furent quand même les plus pénibles à traverser. Nous avancions au pas sur un sol sans consistance et recevions à chaque tour de roue des paquets de boue liquide sur nos vêtements, dans le cou, dans les cheveux. Bientôt nous ne pouvions nous empêcher de rire en nous regardant l'un l'autre, la face noire de boue, les yeux y luisant comme au fond d'un masque.

Alors je fus prévenue par mon oncle que c'était le pire temps de l'année, rien ne passant, ni le traîneau ni le buggy, encore moins l'auto, et donc d'attendre un peu ; il viendrait me chercher dès que les routes seraient praticables.

C'est dans pareil affreux temps de l'année, quand j'écrivais *La Petite Poule d'Eau*, que je ferais tellement voyager ma brave Luzina, et je pense m'y être assez bien connue en décrivant les difficultés qu'elle eut à affronter en compagnie de l'insociable Nick Sluzick.

Je patientai, deux, trois semaines. Un ciel d'avril, net et clair, incitait à croire que toute la campagne devait être maintenant aisée à parcourir. Ce n'était d'ailleurs plus tellement boueux dans le village. De toute façon, je pouvais franchir au sec, par la voie ferrée, au moins quatre milles du trajet jusque chez mon oncle. Ensuite, par les raccourcis, il ne m'en resterait qu'à peu près autant. Je me dis que je pourrais y arriver sûrement, même sur un sol encore un peu détrempé. N'avais-je d'ailleurs pas toujours projeté de me rendre un de ces jours à pied à la ferme? Ce vendredi-là, à quatre heures cinq minutes, j'eus la bonne fortune d'attraper le hand-car qui filait dans la direction de Somerset et me voilà en compagnie des hommes du chemin de fer sur la petite plate-forme volante que l'un d'eux actionnait à l'aide du levier à bras, pompant à bon rythme. Nous filions dans la brise printanière, entre des fossés pleins qui nous accompagnaient du chant d'une eau libérée.

Au croisement du rail et de la petite route de section, la plus courte pour aller chez mon oncle, je quittai les hommes obligeants. En un instant, ils étaient loin déjà, et moi, seule, au bord de ce qui avait l'air d'une étendue sans fin de boue et d'eau répandue. L'endroit était solitaire. Il y avait bien là une maison, mais d'aspect farouche. Jamais, passant par ici, je n'y avais perçu de signes de vie. Or la route devant cette silencieuse maison était inondée. Un ruisseau, d'habitude tranquille, grossi à la taille d'une rivière emportée, la franchissait en grondant. Comme j'éprouvais le terrain du bout du pied, un homme sortit précipitamment de la sombre maison. Il me cria au-dessus du tumulte de l'eau :

— On ne passe pas. Où allez-vous comme ça!

Je lui criai ma réponse et il me cria à son tour :

— C'est pas possible. Arrêtez-vous ici pour la nuit. Demain l'eau aura peut-être baissé.

Ni ciel ni terre n'eussent pu m'empêcher de tenter de traverser ce bras d'eau. J'avançai de quelques pas et elle fut à mes chevilles. Quelques pas encore, et elle était à la hauteur de mes bottes m'allant au genou. Je la sentais sur le point de commencer à y entrer. J'avançais très lentement, en m'aidant pour résister au courant d'un bâton que j'avais pris sur le bord du ruisseau gonflé. Je me sentais malgré tout sur le point d'être emportée. Puis, tout à coup, la force du courant diminua. J'avais dépassé le plus profond. L'eau baissait assez vite maintenant. J'atteignis le sol ferme. De sa galerie, l'homme rejoint par son chien leva la main dans un geste qui semblait en appeler au ciel qu'il y avait là de la magie. A moitié debout, les pattes appuyées à la garde de la galerie, le chien aux longs poils plein le visage, aussi médusé que son maître, en avait perdu la voix. A peine deux heures plus tôt, me fut-il raconté par la suite, ces deux-là, de cette même galerie, avaient assisté au recul d'un passant, un homme assez grand pourtant, qui avait eu de l'eau presque à la taille à l'endroit que je venais de traverser triomphalement. Je me tournai à demi, adressai un petit signe de la main aux deux spectateurs muets, et continuai sur une route absolument déserte alors que le jour était sur le point de s'éteindre. Il n'y aurait pas d'autre maison sur ma route avant d'arriver chez mon oncle.

Tout d'abord, en me tenant sur le côté du chemin, j'enfonçai à peine. Sous un reste de neige, mon pied trouvait un sol tourbeux, assez ferme, et j'y avançais d'un pas passablement régulier. Ce qui restait de vague lumière dans le ciel me soutenait aussi.

En effet, malgré la tristesse des champs partiellement mis à nu, ailleurs couverts d'une neige souillée, des bois lugubres au fond du paysage et de cette teinte terreuse de tout sauf d'un petit pan de ciel éclairé, la magie de cette heure étrange agissait sur moi comme en tant d'autres occasions, où elle m'avait soulevée sans raison que je puisse comprendre, dans un élan d'irrésistible confiance. J'allais donc sur cette route déserte sans plus de crainte que si le secours eût été partout autour de moi.

Bientôt, je reconnus que ces bois d'aspect tragique, aux noirs troncs mouillés, que je distinguais depuis assez longtemps déjà au fond des champs encore enneigés, ne pouvaient être que les bois qui délimitaient, au bord d'un ancien lac desséché, la ferme de mon oncle. Même l'été, nous n'allions pas souvent par là, je ne savais d'ailleurs pourquoi, et c'est ainsi que j'avais mis du temps à les situer. Si je coupais par là, ai-je alors sottement pensé, j'arriverais beaucoup plus vite à la maison, m'épargnant presque deux milles de route. Mes bottes commençaient à peser lourd, car j'étais maintenant en terrain gumbo, et à chaque pas j'en soulevais d'énormes galettes que j'avais toutes les peines du monde à secouer de mes pieds. La fatigue me gagnait. L'heure d'enchantement avait cédé à une uniforme teinte gris cendré qui d'instant en instant s'assombrissait. Le raccourci me tentait de plus en plus. Tout à coup, sans penser plus loin, j'avais quitté la route pour m'engager à travers champ vers les bois sombres.

La neige tout d'abord me porta assez bien. Ce n'est que lorsque j'eus atteint la moitié peut-être du champ que brusquement elle céda sous moi comme pour m'engloutir. J'étais enfoncée jusqu'aux hanches dans une sorte de faille dont il fut bien difficile de me sortir, les bords étant aussi mous que le fond. J'y parvins en rampant, mais, quelques pieds plus loin, ayant réussi à me mettre debout, j'enfonçai tout aussitôt de nouveau, cette fois jusqu'à la taille. Puis mes pieds ne touchèrent plus le fond. De l'eau glacée commençait à remplir mes bottes. Je me rappelai alors avoir un jour entendu mon oncle gronder contre un endroit de sa terre resté impropre à la culture, une sorte de marécage pourri qu'il n'était jamais parvenu à assécher. C'était là que je devais m'être aventurée. Etendue à plat sur cette neige mince couvrant à peine sans doute un lac peut-être profond, je regardai la ligne des arbres non loin, pensant que là seul était mon salut. Je m'y dirigeai dans une sorte de brasse, à plat ventre, me propulsant tantôt des bras, tantôt des jambes. Derrière moi, je laissais de larges traces toutes pareilles à des fosses identiques creusées en série comme en un bizarre cimetière apprêté pour un ensevelissement collectif. Dans l'une d'elles j'avais perdu ma lampe de poche. J'atteignis enfin la ligne d'arbres, mais n'y trouvai pas une neige plus solide. Seulement une sorte d'abri contre le grand ciel de plomb déployé sur la terre à présent sans couleur. Non contre la pluie, toutefois. Elle se mit à tomber, sans vent, sans grondement de tonnerre, mais forte et soutenue comme si elle devait durer toujours. Mes vêtements appesantis m'entraînaient plus profondément encore vers l'eau souterraine dont une couche de neige de plus en plus mince, toute diluée de pluie déjà, me séparait à peine. Des coyotes non loin lancèrent dans la nuit leur appel si propre à glacer l'âme. Il ne m'affecta pourtant pas comme d'habitude. En un sens je pense que j'étais déjà au-delà de la peur. Ce que j'éprouvais plutôt, il me semble, c'était comme une attente ou, davantage peut-être, une sorte de curiosité avide, tourmentée, infinie. Ainsi j'étais mortelle! Et non seulement mortelle, mais encore je pourrais mourir bêtement, à deux pas de la maison tant aimée, si proche de l'amour que l'on avait pour moi. Que l'amour ne protégeât pas mieux était ce qui me chavira le plus, je crois. Car, en ce moment, j'aurais crié bien en vain. Qui donc, à travers le bruit de la pluie, de la maison bien close eût seulement pu entendre ma voix appelant au secours? A l'instant, ils en étaient peut-être d'ailleurs à deviser joyeusement dans la grande cuisine aimable, et, de tout ce qui m'arriva cette nuit-là, c'est peut-être ce sentiment qui me laissa le plus d'angoisse, qu'ils fussent heureux au moment où je me débattais contre la mort, leur grande affection pour moi ne les en ayant même pas avertis.

Je restai étendue de tout mon long, maintenant sur le dos, dans la neige mollissante qui me supportait encore à peu près à la condition de ne presque pas bouger. Ainsi je repris des forces, et, au bout de quelque temps, un peu de bon sens me revint. Si jamais je devais me sortir d'ici, je le comprenais enfin, ce ne serait pas en allant de l'avant, si proche que je fusse du but, mais en retournant par où j'étais passée.

L'horrible trajet! Je le fais quelquefois, la nuit, dans mes rêves. De fosse en fosse je repassai, les creusant davantage. Je laissai bien cinquante fois sans doute, à travers ce champ pourtant pas si grand, l'empreinte presque en entier de mon corps allongé. J'atteignis la route. Et c'est peut-être là que j'eus le plus de peine à me commander d'avancer toujours, car un irrésistible désir me tenait de rester couchée sur la terre glacée pour y dormir au moins un moment. Je parvins à me mettre debout. Je partis en chancelant. Mes vêtements commençaient à se raidir sur moi. L'eau, dans mes bottes, se formait en glaçons. Il pleuvait toujours. Parfois je me mettais à grelotter. Ensuite, j'avais si chaud que je pensais à me défaire de mon manteau. Mes cheveux ruisselants étaient plaqués à mon visage. Le dernier bout de chemin, je ne sais comment je l'ai franchi. Il me semble que je m'assoupissais par moments. Je ne suis pas sûre de n'avoir pas dormi un peu, quelques secondes à la fois, tout en continuant à marcher. Enfin m'apparut la maison tout éclairée et comme joyeuse au milieu de ce même bois qui, à l'arrière, m'avait été si funeste.

Ah, que la vie me sembla bonne et légère à cet instant! Ma dernière pensée vraiment lucide fut pourtant qu'il ne me faudrait rien dire de mon équipée aux gens de la maison pour ne pas les plonger dans l'anxiété de ce qui aurait pu arriver.

J'atteignis la porte. Il devait être au moins dix heures. Jamais je n'étais arrivée de moi-même si tard à la ferme. Je me crus tenue de frapper à la porte.

Il se fit dans la grande cuisine un silence profond. Puis la porte s'ouvrit. Moi, je les vis tous tels qu'ils étaient, aimables et bons, un moment encore, dans le carré de lumière, mais eux tout d'abord ne me reconnurent pas. Ils pensèrent vraiment avoir affaire à quelque malheureuse chassée ou perdue et que le plus grand hasard avait menée à chercher asile ici au milieu du mauvais temps.

Je saisis quelques mots comme de très loin, et je tombai dans leurs bras.

Ils me soignèrent, m'entourèrent de prévenances, me ramenèrent à la santé. Entre nous, curieusement, lorsque je fus malade entre leurs mains, ou après, jamais il ne fut question de mon équipée. Pas la moindre allusion — sinon des années plus tard.

Pour ma part, je ne devais plus revenir à la ferme sans y être invitée ou amenée. Eux, par ailleurs, ne me firent guère languir, je dois le dire. Presque chaque semaine, l'un ou l'autre survenait, souvent juste comme je terminais ma classe, me donnant à peine le temps d'aller prendre quelques effets. Ils avaient compris. Là où nous avons été heureux, nous ferions tout pour y retourner, serait-ce au prix des derniers battements de notre cœur.

X

Je n'eus pas un long apprentissage à faire à la campagne, et, en un sens, je le regrette, car c'est là que la vie m'en apprit le plus vite, parfois sans ménagements, même durement, mais en des leçons qui se gravèrent en moi durablement. Tout de suite donc après mon année à Cardinal, je fus nommée à l'Académie Provencher. Un nom peut-être un peu fantaisiste pour désigner ce qui était au fond une grande école publique — élémentaire et secondaire réunis — relevant du ministère de l'Education du Manitoba, mais située chez nous, en plein territoire de langue française, dans le vieux Saint-Boniface. En obtenant ce poste, je me trouvai peut-être à passer avant des institutrices plus expérimentées que moi, ayant présenté depuis plus longtemps leur candidature, mais, s'il y eut faveur, je le dois sans doute au Frère Joseph Hinks, directeur, ou principal de l'école, comme nous aimions dire. De la maison des Frères, rue de la Cathédrale, vis-à-vis l'école des filles tout juste de l'autre côté de la rue, il était bien placé, surtout lorsqu'il travaillait dans son jardin, pour nous voir passer en rangs à la promenade, ou arrivant à l'école une à une, ou nous faisant même parfois l'une à l'autre des confidences sans faire attention au Frère jardinier qui semblait ne s'occuper que de ses roses. Or, paraît-il, naturellement très observateur, bon juge des caractères, à de petits détails il nous jaugeait et décidait longtemps d'avance laquelle d'entre nous il favoriserait, si jamais elle sollicitait un poste à son école. Sa préférence comptait pour beaucoup dans le choix du personnel. On disait même que personne n'en faisait partie contre son gré. C'était un Alsacien de naissance, plutôt petit de taille, qui en imposait pourtant beaucoup par sa tenue d'une grande élégance, redingote noire et plastron, mais peut-être encore plus par sa distinction naturelle alliée à son humanité profonde. En fait, je n'ai jamais vu chez le même homme à la fois tant de bonté de cœur et tant d'autorité ; il n'avait qu'à paraître, calme, les mains au dos, un fin sourire sur le visage, pour que s'apaisât aussitôt une salle pleine d'élèves turbulents. On en vint vite, au Manitoba, à le considérer comme un des plus remarquables pédagogues de son temps — je vois aujourd'hui des écoles adopter des méthodes que lui déjà, il y a près de cinquante ans, avait mises à l'essai et parfois rejetées comme dommageables.

Les bonnes notes que m'avait décernées l'inspecteur et la recommandation du directeur suffirent donc : à vingt ans j'étais du personnel enseignant de la grande école de garçons de notre ville, qui devait bien alors compter près de mille élèves.

Le Frère Joseph, qui décidait tout de lui-même, n'en avait pas moins une habile manière de nous consulter qui pouvait nous laisser l'impression d'avoir nous-mêmes choisi notre lot. Ainsi il me demanda si je ne pensais pas que je serais heureuse et tout à mon avantage dans la classe des tout-petits, ayant lui-même résolu que c'est là que je donnerais ma mesure, et il ne se trompa pas, mais comment pouvait-il le savoir, ne m'ayant vue en tout que trois ou quatre fois ?

A Provencher, nous avions deux classes de commençants. L'une était destinée aux enfants de langue française à qui on enseignait d'abord les rudiments de leur langue, s'accordant pas mal de liberté avec la loi scolaire, avant de leur apprendre tout de même un soupçon d'anglais. Au moins quelques comptines dans le genre *Humpty Dumpty sat on the wall* qu'ils récitaient devant l'inspecteur avec un si bel entrain que le tour était joué. C'était un vieux truc pratiqué durant mes premières classes à moi et qui apparemment faisait encore de l'effet.

L'autre classe des petits était ouverte à tout ce qui n'était pas de langue française, compris dans la catégorie anglaise, encore qu'elle ne comptât guère d'enfants d'origine anglaise, mais plutôt russe, polonaise, italienne, espagnole, irlandaise, tchèque, flamande, enfin presque tout ce que l'on veut et qui s'alliait alors en grande partie au côté anglais, sauf quelques familles italiennes et wallonnes. C'est cette classe bigarrée que l'on m'attribua. Et me voilà, jeune institutrice de langue française, préparée en vue de la servir le mieux possible, à la tête d'une classe représentant presque toutes les nations de la terre et dont la majorité des enfants ne connaissait d'ailleurs pas plus l'anglais que le français. (Les premiers jours, nous nous comprenions par signes et à force de sourires.) La situation ne me paraissait pourtant pas cocasse. Elle me paraissait simplement à l'image de notre pays qui est un des pays les plus richement pourvus en variété ethnique. Au bout de quelques années, je m'étais tellement attachée à ma classe qui m'en apprenait sur le folklore, les chants, les danses des peuples, et quelque chose encore en eux de plus profond, à la fois souffrant et débordant, j'étais si près de ces enfants que, le Frère Joseph m'ayant tout de même proposé la troisième ou quatrième année, je le suppliai de me laisser avec mes petits immigrants. Avait-il deviné que j'étais née en quelque sorte pour servir la Société des Nations ? Ou est-ce mes petits enfants de tous les coins du monde qui m'amenèrent au rêve de la grande entente qui n'a cessé depuis de me poursuivre ?

Donc, au début de la jeunesse, j'étais déjà casée et, à ce qu'il semblait, pour la vie, dans des conditions qui, après nos années de misère, paraissaient à maman presque incroyablement bonnes. En fait, mon salaire de débutante à Cardinal : cent dix dollars par mois, fut, à Saint-Boniface, ramené à quatre-vingt-dix seulement, en raison de la crise économique. Mais n'importe, maman trouvait notre vie si douce, si facile, auprès de ce qu'elle avait été, qu'elle me demandait parfois :

— Crois-tu au moins que cela va durer ? C'est presque trop beau.

Dans sa confiance que les choses s'étaient enfin mises à bien tourner pour nous, elle alla jusqu'à envisager l'idée que nous parviendrions peut-être après tout à «sauver» la maison, comme elle disait. Nous avions pourtant toujours su qu'un jour ou l'autre il nous faudrait nous résoudre à nous en défaire. Rien que le compte de taxes et la facture du chauffage auraient mangé plus de la moitié de mon salaire. Maman devait continuer à louer des chambres et à toujours tirer des plans pour subvenir à une bonne part des dépenses courantes. Elle n'y arrivait pas. Elle accumulait de petites dettes à mon insu comme elle l'avait fait dans le dos de mon père.

Dans nos moments lucides, nous étions presque d'accord, pendant quelques heures, pour mettre notre maison en vente. Il n'y avait plus que nous trois à y vivre ensemble à l'année: maman, Clémence et moi. Ne serions-nous pas tout aussi bien dans un petit appartement loué qui nous coûterait moins cher et n'obligerait pas ma mère à travailler autant?

— Oui, disait maman, faisant semblant d'être acquise à l'idée, je vais me mettre sur le chemin aujourd'hui, aller sonder un tel ou un tel qui pourrait avoir en tête d'acheter... Sait-on jamais!

Une heure ou deux plus tard, je la découvrais juchée sur une table, qui lavait un plafond «fumé», à ce qu'elle disait. Ou bien, dehors, à diriger un voisin venu labourer notre jardin potager agrandi comme de fait cette année justement.

Il est vrai qu'aussitôt après avoir parlé de la vendre, notre maison avait une manière de nous paraître plus avenante que jamais, avec sa rangée de blanches colonnes, ses pommetiers en fleurs, les ormes plantés par mon père, qui atteignaient maintenant ma petite fenêtre du grenier où, enfant, j'avais tant rêvé des magnifiques choses à accomplir en cette vie. Elle était liée à nous comme seule peut l'être à ses gens une maison qui a vu naître et mourir.

— Dire, faisait maman, que lorsque ton père m'a amenée la voir, pas tout à fait finie encore, espérant me voir conquise, je n'ai pu lui cacher ma déception: «Mais Léon, c'est bien trop petit, avec tous nos enfants. Où veux-tu qu'on se loge tous ?» Et penser qu'on lui reproche maintenant d'être trop grande !

Mon père avait mis presque la moitié de sa vie à économiser sou après sou de quoi la bâtir, puis le reste de ses jours à essayer de ne pas la perdre. Parfois j'en voulais terriblement à cette maison comme à un être qu'on aime et qui peut tout obtenir de nous. Elle nous suçait vivants. Une année, c'était le toit qu'il fallait refaire. Ou alors le temps était venu de la repeindre en frais — une tâche qui devait attendre qu'un de mes frères fût libre de l'entreprendre. Enfin le système de chauffage montrait de l'usure.

Et puis surtout les taxes nous grignotaient sans fin. Elles augmentaient d'année en année, alors que les salaires étaient toujours coupés. Surtout les impôts scolaires, qui pourtant ne servaient guère à nos fins, puisque nous devions entretenir à nos frais nos écoles privées dans les banlieues de Saint-Boniface en bonne partie anglaises. Ainsi nous ruinait à la fin notre détermination de conserver notre langue française.

— Maman, voyons, tu vois bien que nous serons un jour vaincues. La maison nous coule.

— Mais en attendant elle nous garde, disait maman. Tant que nous l'aurons, tant que nous aurons un toit sous lequel revenir, nous serons une famille.

Elle disait vrai. Adèle, de ses lointains postes d'institutrice, s'enfonçant de plus en plus profondément dans le nord de l'Alberta, comme si elle fût toujours à la recherche de l'époque pionnière de sa jeunesse, nous arrivait pourtant souvent encore au temps des vacances d'été. Chaque fois elle était convertie à un régime alimentaire nouveau ; une année rien qu'aux épinards, citron et pommes ; une autre, rien qu'aux pruneaux et gruau d'avoine. L'été où elle nous arriva avec son stock uniquement d'oranges, pamplemousses, dattes et noix, il disparut si vite de sa cache dans la cave qu'elle dut finir la saison en mangeant comme tout le monde, à la table. Il me semble me rappeler que c'est une des rares fois où elle se plia à faire comme tous. Pauvre sœur ! Elle éprouvait, je le sais maintenant, une faim dévorante d'être aimée, comprise, acceptée, et elle faisait tout pour rebuter l'affection. A propos d'êtres comme elle, je me suis souvent demandé si c'est le manque d'amour dans leur vie qui les a rendus incapables d'aller au-devant des autres, ou si c'est l'incapacité d'aller vers les autres qui a éloigné d'eux l'amour. Je ne suis pas plus avancée aujourd'hui. Sans doute est-ce la même énigme que je reconnaissais en scrutant le portrait de mon grand-père Savonarole. Jusqu'où donc, Seigneur, faut-il remonter pour aboutir à la cause du malheur en un être? Sans doute tous nous en portons une part, mais quelques-uns tellement plus que d'autres!

Rodolphe, télégraphiste puis chef de gare, avant d'être sans emploi, comme tant d'autres pendant la Crise, nous faisait de fréquentes visites, surtout lorsqu'il fut en poste assez près de notre ville. Il arrivait plein d'entrain, une chanson sur les lèvres, tout juste un peu gris, les poches bourrées de billets de banque qu'il offrait à la ronde avec magnanimité: «Un cinquante, la mère, ça ferait bien ton affaire, pauvre vieille mère qui as toujours tiré le diable par la queue. Tiens! voilà, c'est à toi, et qu'on n'en entende plus parler!... Et toi, ma Clémence, t'aimerais bien un beau dix tout neuf. Prends, prends... Et toi, la mère, pendant qu'on y est, qu'il y en a encore d'où ça vient, tiens, prends un autre cinquante!... En faudrait-il encore un autre pour boucher tous les trous?» Quitte, le lendemain, en retournant ses poches, à reprendre presque tout ce qu'il avait donné, quand ce n'était pas d'emprunter un peu au-delà, afin de pouvoir s'en retourner. Mais il avait le diable au corps, jouant d'oreille *Rigoletto*, tirant de notre vieux piano désaccordé des sons que lui seul pouvait lui faire rendre, ou chantant le *Toreador* à plein gosier sur un rythme si emporté qu'il nous faisait tous plus ou moins marcher ou sautiller en mesure. Le voisinage entier le savait dès que Rodolphe était arrivé et s'en réjouissait.

— Petite, me disait-il quand j'eus quinze ou seize ans, en les caressant, tu as les plus beaux cheveux du monde. Qui donc, demandait-il à d'invisibles interlocuteurs, a de plus beaux cheveux?

— Clémence, promettait-il à notre sœur malade, un jour je t'emmènerai voir les Montagnes Rocheuses — la plus grande merveille du monde.

Lui, il était plein d'affection, savait la faire naître d'un seul sourire de ses pétillants yeux bruns, mais aussitôt gagnée, apprivoisée, il s'en allait en cueillir une autre.

Nous lui avons tout pardonné longtemps, longtemps... en fait jusqu'à ce qu'il nous eût acculés au désespoir.

Il passa les dernières années de sa vie à Vancouver, vivant de sa rente de vétéran de guerre et nous écrivant des lettres d'une drôlerie unique, je pense, où la moquerie constante tournée vers lui-même et sa jeunesse — un jour elle était là, le lendemain, à mille lieues — ses propres folies, ses rêves évanouis, le carrousel des hommes, leurs bonnes intentions impuissantes, provoquait son rire incessant, qui laissait tout juste entendre, au fond, comme un sanglot étouffé.

On le trouva mort un soir dans son petit appartement qu'il laissait toujours déverrouillé pour avoir plus vite du secours de ses copains, tout autour, en cas de crise aiguë d'asthme. Ses poches avaient été vidées par ces mêmes copains sans doute qui lui avaient procuré de l'alcool, parfois de l'aide et qui, après l'avoir volé, chantèrent avec tant d'émotion à ses funérailles. Ou était-ce de l'argent prêté qui tout simplement avait été récupéré?

Dédette, notre priante, notre petite sœur Sans-Tache, l'hermine au milieu de la boue, se trouvait alors, on pourrait dire, en poste missionnaire au pauvre couvent de Kenora, en Ontario, près de la frontière manitobaine, et plus tard, pour quelques années, à Keewatin, cette fois vivant la véritable pauvreté avec une seule compagne, sous un abri à peine étanche. C'est pourtant là, au cours de sa vie de religieuse, qu'elle fut le plus heureuse, m'avoua-t-elle à l'heure des grands aveux, juste un peu avant sa mort. Elle devait bien parfois sortir de ses bois lointains où elle était presque oubliée même de sa communauté, pour assister, à Saint-Boniface, à des rencontres générales ou à des retraites particulières. Elle avait alors ce qu'elle appelait la «grande permission», c'est-à-dire presque une journée entière à passer en famille, à la maison. Cette brève lueur de liberté, je n'ai plus envie d'en sourire maintenant que je sais ce qu'elle signifiait pour cette âme aimante. Toute fugitive qu'elle fût, elle suffisait à y entretenir la passion de la vie. Tôt le matin, pleine d'allégresse, toute certaine d'accourir vers le bonheur et d'en apporter chez nous, elle n'était pas longue, après une confidence arrachée à maman, une nouvelle longtemps cachée qu'elle apprenait enfin ce jour, bien des petits signes, à retrouver le vieux visage du malheur et de la souffrance qu'elle avait pu croire banni du monde à force de prières, au pied de l'autel. Pauvre petite nonne, nous la voyions toujours repartir comme un oiseau abattu, l'aile blessée, qui n'en pouvait plus d'être revenu voir ce qu'était le monde!

Mais parlons plutôt encore de son arrivée — le plus joli spectacle! Il faut dire que maman avait tout fait pour que ce jour en soit un de grâce, de légèreté, presque de luxe, cachant mieux que jamais toute trace de gêne dans notre vie. Une fois elle alla même jusqu'à acheter pour l'occasion, alors pourtant que nous étions au plus creux de la vague, une magnifique nappe de table damassée. Car Dédette ne venait pas seule, mais flanquée d' «une de nos sœurs», et maman avait à cœur d'honorer Dédette certes, mais peut-être plus encore de la rehausser aux yeux de sa compagne qui pouvait être d'une famille riche, savait-on, et devant qui, de toute façon, on se devait de bien faire les choses.

Un beau matin, au bout de la rue Deschambault, on voyait poindre deux silhouettes noires, dans le volumineux habit de ce temps-là, bandeau plaqué, jupes sages, voile au vent. Bientôt l'une se détachait de l'autre et accourait, dignité, décorum, tenez-vous-bien mis de côté, une vraie petite sœur volante. Maman, de son côté, partait comme une flèche. A la barrière, habituellement, elles se rencontraient, s'étreignaient comme deux êtres qui, pour se retrouver, avaient eu à franchir le désert — ou la vie. Bien plus tard, au temps où les religieuses commencèrent à jouir de beaucoup plus de liberté et que j'obtins pour Dédette, en écrivant à la Sœur générale, la permission de venir passer quelques semaines auprès de moi à Petite-Rivière-Saint-François, alors que je l'attendais à la gare du Palais, à Québec, je la vis accourir vers moi avec cette même fougue, ce même élan passionné qu'autrefois vers maman, rue Deschambault. Il me semble n'avoir vu personne accourir ainsi vers un être aimé.

Quand je fus appelée, il y a sept ans, auprès d'elle qui allait mourir d'un cancer, je touchai délicatement un jour le sujet de son attachement profond pour les siens, lui demandant pourquoi donc, aimant tellement la vie, elle s'était faite religieuse. La réponse qu'elle me fit me hante encore. J'espère, quand l'heure sera venue, pouvoir en parler avec autant d'ardente simplicité qu'elle-même le fit.

Ah! que maman avait raison de soutenir que tant que nous aurions notre maison nous serions une famille, ensemble heureux, ensemble malheureux.

La maison vendue, maman morte, il nous arriva, Adèle, Clémence, Dédette et moi, de nous retrouver encore quelquefois toutes les quatre chez Anna, dans sa jolie propriété de Saint-Vital, maison et petites dépendances blanches, ornées d'un trait de bleu, et blotties le long d'une bouche nonchalante de la sinueuse rivière Rouge. Notre vieux piano Bell avait échoué là. J'en effleurais les touches jaunies, essayant de retrouver un air qu'affectionnait particulièrement mon père. Une tristesse montait en moi, autant pour ce que je pressentais devoir perdre que pour ce que j'avais déjà perdu. J'étais à l'âge où l'on commence à perdre beaucoup et, moi qui étais la plus jeune de la famille, j'entrevoyais parfois que j'aurais le temps de voir partir tous les miens avant que ne vienne mon tour.

Puis Anna morte, au bout du monde, dans un décor de cactus et de saguaros géants aux bras dressés dans des poses de suppliciés, presque au désert, où elle était accourue, chez son fils Fernand, à Phoenix, dans un dernier effort désespéré pour échapper au cancer qui la rongeait depuis quinze ans, mais rattrapée là et enterrée sous le rayonnant ciel de l'Arizona, il ne resta pour ainsi dire plus de noyau à notre famille. Ou bien, comme le résuma Clémence — notre enfant à tous, d'esprit qui fut un jour perturbé, même si elle a souvent vu mieux et plus gravement que tous, et peut-être est-ce d'ailleurs pour cela qu'elle en devint malade : «Nous n'avons plus maintenant de maison où aller.»

Donc quand je vais à Winnipeg pour mes visites à Clémence, qui est en foyer, je prends une chambre à l'hôtel. J'éprouve une bien curieuse sensation, à deux pas de la ville où je suis née, où j'ai grandi, où j'ai été à l'école et gagné ma vie, de me surprendre à attendre, au fond d'une chambre à air climatisé, que sonne au moins le téléphone — alors que je n'ai pourtant encore signalé mon arrivée à personne.

Bien sûr, plusieurs m'invitent et me recevraient de bon cœur, mais cousines, belle-sœur, proches ou lointaines parentes, toutes un peu âgées maintenant, vivent pour ainsi dire en clapiers. Elles trouvent cela commode : une seule pièce qui fait salon, cuisine, salle à manger et chambre à coucher. Quand le canapé-lit est rentré et que tout est strictement rangé, on arrive à peu près à circuler. Elles disent qu'en fin de compte c'est mieux ainsi quand on vieillit et qu'on ne peut avoir d'aide, pour nul or au monde.

Au Manitoba, il n'y a vraiment plus pour m'y retrouver encore un peu chez moi que les petites routes de section, à plat sous le ciel démesuré, si seulement je peux y parvenir, et qu'alors mes amis m'y laissent seule une heure peut-être en tête-à-tête avec l'horizon parfaitement silencieux. Il y en a qui me comprennent, qui me lâchent, pour ainsi dire, comme on lâche un oiseau, au bord de la plaine ouverte et qui s'en vont, se donnant mine d'avoir affaire ailleurs. Ils savent bien qu'il ne m'y perdront pas, quoique j'aie rêvé bien des fois d'aller ainsi me perdre à jamais — mais c'est rêve d'enfant, on ne se défait pas de soi-même, si torturante en puisse être parfois l'envie. Je pars, tout de même allégée, marchant vers le grand rougeoiement du fond de la plaine, tout au bas du ciel — car pour que le sortilège opère, il me faut, en plus de l'illusion de l'infini, que règne l'heure douce d'un peu avant la nuit. Alors il arrive, pendant quelques instants, que j'aie encore le cœur extasié.

XI

Si maman fut si heureuse durant les dernières années de notre vie ensemble, c'est moins pour son propre compte que parce qu'elle me pensait heureuse moi-même de mon sort. Elle avait vu Adèle, une jeune fille superbe, éclatante de beauté, contracter le plus désastreux des mariages, d'ailleurs presque aussitôt rompu, mais dont le souvenir — ou la honte — avait fait courir la pauvre enfant devant elle toute sa vie, un être pourchassé, fuyant de plus en plus loin, jusqu'à aboutir à ce que nous appelions les «villages de misère d'Adèle». Elle y faisait la classe un an ou deux, rarement plus, et dès que la vie y devenait peut-être un peu moins dure, la voilà partie pour un autre poste encore plus sauvage. On eût dit que jamais elle ne se punirait assez de s'être égarée en amour à l'âge de sa tendre jeunesse vulnérable.

Maman plaignait aussi Anna, mariée trop jeune à un homme sans doute bon et affectueux, mais qui ne lui convenait ni par l'éducation, ni par la sensibilité, et dont s'étouffèrent peu à peu, dans une vie sans horizon, les dons exceptionnels. Anna m'a toujours fait penser aux *Trois sœurs* de Tchekhov, et je la revois souvent, debout, immobile à une fenêtre de la maison, regardant au-dehors sans rien voir, un être qui sait qu'il a manqué son destin et que celui-ci ne repassera plus. Ce que ce cœur contenait de mélancolie, je ne m'en doutais pas quand j'étais jeune. J'ai mis du temps à prendre ma sœur Anna en grande et profonde compassion.

Maman voyait notre Rodolphe, il n'y a pas si longtemps le charme même de la jeunesse, brillant, drôle, irrésistible de gaieté, sombrer dans l'alcoolisme, le jeu, toutes sortes de folies. Dieu merci, elle mourut avant le pire, bien qu'elle en eût assez vu pour hâter sa fin.

Or moi, la dernière, j'étais apparemment heureuse à ma tâche, l'accomplissant de mon mieux et y trouvant satisfaction. Je me délassais à des activités de groupe, jouais au tennis, prenais part aux séances de la paroisse — plus tard je me joindrais au Cercle Molière et y apprendrais énormément ; un simple cercle d'acteurs amateurs, pourtant, sous l'impulsion des Boutal, Arthur et Pauline, ce couple merveilleux, il devait prendre dans notre milieu une très grande importance. De tous ses enfants, je paraissais peut-être à maman la seule qui fût douée pour le bonheur. Elle avait tant souffert des douloureux échecs des uns, de la maladie incurable de Clémence, de la vie errante de son aîné, Joseph, qui passait des années sans donner de ses nouvelles, qu'elle m'avait avoué, un jour de découragement, avoir peur parfois qu'aucun de ses enfants ne fût jamais heureux. Je pense, m'avait-elle dit, que ce doit être le pire chagrin au monde que de savoir ses enfants malheureux. Et c'est la seule douleur de sa vie dont elle me fit part, sur les autres glissant vite, disant : «C'est peu, c'est pas grand-chose... Cela passe...»

Comment son cœur n'eût-il pas repris vie, recommencé à espérer, avec moi et pour moi qui étais boute-en-train à mes heures, habile à imiter les originaux de notre ville, la faisant souvent rire à en perdre le souffle et qui, en amour, l'inspirant alors comme je respirais, ne m'y laissais pas prendre encore.

Une seule de mes activités lui faisait peut-être un peu peur. C'est quand je m'isolais, soir après soir, pendant plus d'un mois, dans la petite chambre de façade du troisième, mon refuge tant aimé lorsque j'étais enfant, que j'avais réintégré vers l'âge de vingt-deux ans, ma petite chambre du grenier où m'avaient visitée mes premiers songes — dont je sais maintenant qu'ils étaient assez riches et flous pour alimenter une vie entière. Et qu'il est curieux que ce soient eux, nos premiers songes, comme des éclaireurs des choses à venir, qui viennent, à l'âge de notre ignorance de nous-mêmes, nous en apprendre plus sur nous que rien d'autre ne nous en apprendra jamais.

Là je griffonnais des pages. Il me venait en tête comme des espèces de contes. Je m'efforçais de mettre cette palpitation en moi dans des mots. Cela paraissait si vivant au départ, comment donc n'aboutissais-je le plus souvent qu'à des mots vides ou pompeux que je n'avais jamais employés avant ? Je me lançais de tous côtés, dans l'humoristique, dans le drame à la Edgar Allan Poe, dans le portrait réaliste. L'exaltation tombée, qui m'avait peint un moment ce que j'entreprenais sous les aspects les plus délirants, je voyais bien que ce n'étaient qu'enfantillages, bluettes sans valeur. Rien là sur quoi baser un projet, une vie, en tirer même un peu d'espoir. Je déchirais les pages. J'avais fini par m'acheter une petite machine à écrire portative, toute légère, qui, à l'usage, sautait presque hors de sa planchette, car je m'étais imaginée que, tapée en caractères pour ainsi dire ineffaçables, ma phrase, du fait même, prendrait plus de relief et une meilleure forme. Je pense que j'arrivais seulement à la faire plus courte et à éliminer autant que possible les mots dont il fallait chercher l'orthographe dans le dictionnaire, ce qui fut tout de même un progrès.

Parfois une phrase de tout ce déroulement me plaisait quelque peu. Elle semblait avoir presque atteint cette vie mystérieuse que des mots pourtant pareils à ceux de tous les jours parviennent parfois à capter à cause de leur assemblage comme tout neuf. Mais elle ne me paraissait pas de moi. Me revenait-elle de quelque lecture ? Ou provenait-elle d'un moi non encore né, à qui je n'aurais accès de longtemps encore, qui, de très loin dans l'avenir, consentait seulement de temps à autre à m'indiquer brièvement la route par un signe fugitif ? Je perdais patience. Je descendais de mon perchoir. Maman, soulagée, me voyait partir, ma raquette de tennis sous le bras, ou gagner la ruelle où j'enfourchais ma bicyclette pour m'en aller toujours — n'était-ce pas en soi un curieux indice ? — vers les petits bois de chênes, du côté du soleil couchant.

Maman, un jour, me le fit remarquer, et que si je partais à cette heure un peu tardive, c'était immanquablement pour rouler vers l'ouest.

— Qu'est-ce donc qui t'attire de ce côté?

— C'est le plus beau, dis-je, embelli longtemps après le couchant par des couleurs qui mettent du temps à s'en aller.

— Ton père aussi, fit-elle, se tournait de ce côté. Au plus creux de nos mauvaises années, il s'asseyait toujours, le soir, face à l'ouest, te souviens-tu, et alors il se reprenait à espérer que peut-être nous pourrions nous échapper enfin de nos difficultés et être un peu heureux avant de mourir.

Et elle, qui était pourtant portée à les chérir autant que nous tous, me mettait en garde avec une sorte de rancune:

— C'est le côté des illusions.

Vivante, animée, espiègle comme je paraissais l'être et l'étais sans doute encore, le ver était néanmoins dans la pomme si l'on peut dire, ou du moins le fond en moi de l'insouciante gaieté était miné. Il ne se passait guère de jour sans que se présente à moi l'idée étrange que je n'étais pas ici tout à fait chez moi, que ma vie était à faire ailleurs. Elevée à la française, où trouver autour de moi de quoi me nourrir, me soutenir? A part nos répétitions du Cercle Molière, presque rien! C'est à Winnipeg que j'accourais entendre les concerts de musique ou voir passer, sous mes yeux éblouis, la suite des grands personnages de mon adolescence, Lear, Richard ou la pauvre Lady Macbeth flairant sans fin sa main que tous les parfums d'Arabie ne laveraient pas de son odeur de sang. C'était toujours la même répartition odieuse; d'un côté, nous jouions Labiche, Brieux, Bernard, même Molière — plutôt gauchement, et c'était gentil, aimable; mais, de l'autre, j'entendais des grandes paroles faites pour retentir indéfiniment dans l'âme qui les a accueillies.

Je n'étais pas sans m'apercevoir que notre vie en était une de repliement sur soi, menant presque inévitablement à une sorte d'assèchement. Le mot d'ordre était de survivre, et la consigne principale, même si elle n'était pas toujours formellement énoncée, de ne pas frayer avec l'étranger. Il me semblait sentir s'échapper de moi tous les jours un peu plus de force vive.

Je retrouve encore dans mes souvenirs les bouts de prêche de ce temps-là, presque constamment ronchonneurs, la plage étant présentée comme un endroit maudit, la danse, une abomination — surtout la valse lente de mes vingt ans — les longues fréquentations, un péril mortel, particulièrement celles entre les «nôtres» et les «autres», menant à des mariages mixtes, la plus grave des calamités.

On eût dit parfois que nous vivions dans quelque enceinte du temps des guerres religieuses, quelque Albi assiégée ou autre cité malheureuse protégée de tous côtés par des défenses, des barbacanes, des interdits. Où était la ferveur à la Jeanne d'Arc de mon adolescence, cette loyauté à nous-mêmes et à ce que nous avions de meilleur qui nous maintenait dans l'enthousiasme et une sorte d'audace frisant la révolte ouverte ? Nous étions usés, je suppose. Il y avait déjà beaucoup de défections... ou de départs. Un jour ou l'autre devait se présenter à chacun de nous l'inévitable tentation : passer du côté anglais, se laisser avoir tout de suite plutôt que d'éterniser cette mort lente ; ou alors s'en aller respirer l'air natal.

Une, deux, puis trois années d'enseignement à Saint-Boniface avaient passé vite malgré tout pour moi. J'avais commencé à mettre de côté, pour un éventuel départ, bien peu d'argent chaque année, étant donné les difficultés matérielles toujours aussi graves dans lesquelles nous nous débattions, maman et moi. Où irais-je ? Au Québec ? L'été précédent, des amis m'y avaient amenée en auto, au temps des grandes vacances. Nous roulions tard, un soir, vers la fin du voyage, pour coucher cette nuit-là en terre québécoise. Le voyage avait duré près d'une semaine. A l'arrière de l'auto, je tombais de sommeil, mais me retenais de dormir. C'eût été un affront à la vieille mère patrie, il me semblait, pour la première fois que je venais à elle, de lui arriver endormie.

Mais à la fin, je n'en pouvais plus. Mes yeux se fermaient malgré moi. Et toujours, quand je parvenais à les rouvrir, ces indications, ces annonces en anglais seulement! Alors je suppliai mes amis, si je m'endormais pour de bon, de m'éveiller, de grâce, au moment où nous traverserions la frontière.

A quoi est-ce que je m'attendais? Que d'un coup tout soit changé? Que la langue que l'on m'avait dite la plus belle et la plus douce coule de source de toutes les bouches? Que l'amitié brille dans tous les regards? Que je serais instantanément reconnue, acceptée. «Ah! dirait-on, c'est une des nôtres de retour!» Et il y aurait joie à cause de l'enfant retrouvée!

Au lieu de quoi je fus cette curiosité, une petite Franco-Manitobaine qui parle encore le français, bravo pour elle! Ou parfois, «la petite cousine de l'Ouest». J'avais beau expliquer: mes parents, tous deux sont nés au Québec; je reviens au pays. Pour personne, je n'étais l'enfant retrouvée. Je restais tout de même quelque peu une étrangère. «Sympathique, parlant comme nous autres, mais pas tout à fait de la famille.» C'est alors que j'ai compris que nous, Canadiens français, n'avons peut-être pas le sentiment du sang. Celui de la nationalité, oui, mais pas du cœur, comme les Juifs, comme d'autres dispersés. Nos gens, dès qu'ils sont éloignés, ne sont plus tout à fait nos gens. J'ai beaucoup souffert de cette distance que les Québécois mettaient alors et mettent encore entre eux et leurs frères du Canada français. Maintenant que je vis depuis longtemps au Québec, heureuse — en tout cas plus heureuse que nulle part ailleurs dans le monde — que j'y ai été honorée de la plus haute récompense littéraire qu'accorde son gouvernement, et que j'ai reçu, en retour de mon infini amour pour cette terre, mille bons témoignages d'affection, j'ai presque envie de sourire de la déception de ma jeunesse hypersensible. C'est d'ailleurs un de nos traits de caractère, commun à tous, auquel nous devrions du moins nous reconnaître, que cette sensibilité trop vite blessée. N'empêche que je sens quelquefois à travers l'estime dont on m'entoure — surtout peut-être à cause de *Bonheur d'occasion* — comme un regret que l'auteur aimé d'un bon nombre ne soit pas né au Québec. Et peut-être aussi parfois comme un obscur ressentiment ou grief —

comment l'appeler autrement? — chez certains du moins que, solidaire comme je le suis du Québec, ce ne soit pas à l'exclusion du reste du pays canadien où nous avons, comme peuple, souffert, erré, mais aussi un peu partout laissé notre marque.

Donc, quand je repartirais, ce ne serait pas cette fois pour le Québec. Pourquoi pas alors l'Europe? La France? Oui, c'est cela, j'irais en France. Et elle, peut-être, me reconnaîtrait pour sienne! Fallait-il que je sois folle! Eh oui, rendue folle à lier par cette maladie de me sentir quelque part désirée, aimée, attendue, chez moi enfin. Est-ce que je n'allai pas dans mes chimères jusqu'à rêver recevoir en France meilleur accueil qu'au Québec? Et le surprenant est que je devais le recevoir — beaucoup plus tard — cet accueil incroyable qui faillit d'ailleurs me faire mourir sous le coup de l'émotion. Ce qui démontre qu'il y avait malgré tout un peu de raison dans ma folie.

Pour l'instant, tout était confus dans ma tête comme dans un ciel chargé de nuages. Bien au fond de moi-même, que je me cachais soigneusement tant j'avais peur de son sévère visage à venir, était mon désir d'écrire, alors que je ne savais rien encore exprimer de façon un peu personnelle et un peu attirante. (Je crois que c'est Paul Toupin qui a dit qu'il est déjà bien difficile de découvrir le son de sa propre voix, et rien n'est plus vrai.) J'aspirais à une patrie, et ne savais où elle était, et peut-être déjà au fond la souhaitais-je faite de tous les hommes et du monde entier. A un passé, et il se dérobait à moi. A un avenir, et je n'en percevais rien à l'horizon.

Puis, tout à coup, j'émergeais de cette mélancolique recherche et, ne cherchant plus, trouvais tout, et d'abord, ce courant merveilleux de la vie et de la jeunesse, qui nous porte et nous entraîne et nous comble à chaque instant, puisque nous avons les mains libres encore, seulement tendues vers ce qui passe. Maman, de me voir redevenir gaie, en oubliait les dettes, les taxes, les intérêts composés, ce cercle infernal qui nous tenait de plus en plus étroitement enfermées. Comment donc était-elle faite, et que je voudrais parfois arriver comme elle à rebondir du malheur jusqu'au plein soleil! Un jour accablée de calculs, n'en pouvant plus de «boucher des trous», d'emprunter ici pour payer celui-là, de courir au plus pressé, de colmater partout, elle se levait, le lendemain, une autre femme, assurée que nous allions nous en sortir, elle l'avait vu en rêve, ou bien, en s'éveillant, avait entendu comme un grand souffle libérateur la portant à la confiance. Nous allions pouvoir sauver la maison et nous sauver tous, les égarés, les éloignés, les perdus, nous serions encore au moins une fois rassemblés pour être heureux ensemble.

Et elle recommençait à m'envoûter, comme lorsque j'étais petite, de ses merveilleux rêves où tout finissait si bien! Par exemple, notre oncle riche, mais coriace, connaîtrait un revirement du cœur et nous léguerait une part de sa fortune. Ou bien encore, Anna qui achetait toujours — c'était clandestin dans ce temps-là — des billets du sweepstake irlandais, gagnerait le gros lot et elle ferait un juste partage. Mais j'aimais encore mieux ses histoires vraies que celles qu'elle s'inventait pour «rire». Autant, dans les inventées, elle se souciait peu de la crédibilité, autant, dans les autres, le récit reposait sur la finesse de l'observation et le sens du détail juste. Où trouvait-elle ces incomparables petites «histoires» qu'elle racontait à cœur de jour du moment qu'elle était un peu délivrée de soucis? Eh bien, partout! Je ne l'ai jamais vue sortir de la maison, ne serait-ce que pour aller au potager cueillir des légumes pour la soupe et, en passant, parler à la voisine par-dessus la clôture, sans revenir avec quelque petite «histoire» à raconter, chaque détail à sa place et la place importante accordée à ce qui importait et qui était une surprise toujours. Si bien que nous guettions son retour, à peine était-elle partie, assurés qu'elle allait nous rapporter une fine observation très drôle et très vraie, mais d'avance il était impossible de deviner ce que ce serait. Au fond, chaque pas hors de la maison était pour elle une sorte de voyage qui aiguisait sa perception de la vie et des choses. Elle a été la Schéhérazade qui a charmé notre longue captivité dans la pauvreté. Et, maintenant que j'y repense, je crois que j'étais alors un peu comme elle : un jour accablée par le sentiment que jamais nous ne pourrions nous extraire de nos dettes à présent empilées jusqu'au cou, et, un jour plus tard, marchant comme sur des nuages parce que, travaillant au grenier, sous ma plume était venue une phrase qui me paraissait contenir une lueur de ce que je cherchais à dire. Miracle! L'expression de la douleur vengerait-elle de la douleur? Ou de dire un peu ce qu'est la vie nous réconcilierait-il avec la vie?

Maman, à cette époque, allait sur ses soixante-sept ou soixante-huit ans. L'âge que j'ai maintenant, alors que je prends le temps enfin de m'interroger sur ce qu'elle a pu ressentir d'infini chagrin. Tout cela est bien curieux. Il semblerait que l'on ne rejoint vraiment ses gens que lorsqu'on atteint l'âge qu'ils avaient, alors qu'à côté d'eux, on ne comprenait rien à leur vaste solitude. (C'est tout le thème, au fond, de *La Route d'Altamont* où je n'ai pas cherché à dire beaucoup plus que cette déchirante vérité.) Je pensais maman heureuse, je voulais la croire heureuse, parce que souvent encore elle se laissait emporter par un de ces éclats de rire débridés, surtout si c'était d'elle-même qu'elle se moquait.

Cette femme qui avait vu brûler vive sous ses yeux son adorable petite fille, Marie-Agnès, mon aînée de trois ans et demi, qui avait pu voir son fils si beau — peut-être son enfant préféré — détérioré par les ravages de l'alcool, son vieux mari à côté d'elle mourir à petit feu de chagrin, cette femme qui avait vécu bien peu de jours sans s'inquiéter d'où viendrait l'argent du lendemain, voici que je la retrouve dans mon souvenir, la tête renversée, la bouche grande ouverte de rire, les yeux brillant des larmes de la gaieté, rajeunie à ne pas le croire, en plein milieu de ses peines. Qui donc, ce jour-là, l'a égayée à ce point que le souvenir heureux émerge à travers tant d'autres qui sont gris, moroses, étouffants? Ce pouvait être moi, à bien y penser ce devait être moi. Il n'y avait presque plus que moi pour la soulever encore ainsi avec mes folies.

Mes sœurs aînées m'en voulaient un peu à cause de cela. «La mère lui passe tout, disaient-elles. Elle a un faible pour elle.» Ce n'était pourtant pas tout à fait ainsi. La vérité c'est que, ma mère étant âgée et moi, jeune, j'étais devenue comme le soleil de sa vieillesse. Et la pensée qu'on puisse être le soleil de quelqu'un plaît tellement qu'elle fait rayonner encore davantage.

C'est vrai, au fond, que j'ai beaucoup fait rire ma mère. N'y aurait-il, à la fin de ma vie, pour témoigner en ma faveur, que ces instants de franche gaieté dérobés à sa vieillesse soucieuse que je me pardonnerais peut-être une partie de la peine que je lui ai infligée.

XII

Vers ce temps-là, une bande de garçons et de filles de notre ville, quelque peu doués, les uns pour la musique, d'autres pour la danse, ou, comme moi, pour la «déclamation», ainsi qu'on disait alors, nous nous étions liés en une sorte de compagnie ambulante qui parcourait, en tournée de spectacles, les paroisses de langue française du Manitoba. Nous étions le modeste pendant, si l'on peut dire, de ces théâtres d'été d'aujourd'hui, sauf que nous, loin d'être subventionnés par qui que ce soit, nous devions venir en aide à «nos œuvres». En l'occurence, il s'agissait de recueillir des fonds destinés à renflouer le collège des Jésuites de Saint-Boniface, toujours plus ou moins au bord de la catastrophe financière, à l'instar de presque toutes nos institutions confessionnelles.

Nous étions dix, douze, je ne me souviens plus au juste. L'un, bon pianiste, possédait un répertoire de nature à plaire à presque tous, depuis les valses langoureuses de ce temps-là jusqu'à un jazz endiablé. Il était aussi habile caricaturiste. (Et je pense enfin aujourd'hui à m'étonner de ces talents qui fleurirent si nombreux de notre sol pourtant presque en friche.) Il s'installait à son chevalet sur la scène, un peu de biais, de manière à ce que l'assistance pût suivre ses coups de crayon. Il pigeait une tête au hasard dans la foule et, à grands traits, se mettait à l'esquisser. Venait le moment où le bonhomme visé était reconnu par les autres, lui-même se reconnaissant peu après. Alors courait dans la salle un murmure gonflé d'approbation. Nous avions aussi dans notre groupe une manière de clown, un grand dégingandé, longs bras ballants, jambes en échasses, sourire un peu vacant sur un visage ahuri. Il n'avait qu'à paraître pour déclencher un rire unanime. L'étrange rire heureux de l'homme qui se reconnaît dans son image le ridiculisant quelque peu. Notre grand Gilles le méritait bien par ses saillies et ses boutades qu'il improvisait en partie sur-le-champ et qui étaient d'une cocasserie désopilante.

Moi-même, un peu à la manière d'Yvon Deschamps déjà, mais en beaucoup moins réussi, j'inventais des monologues qui devaient tout de même produire leur petit effet, si je m'en remets au souvenir des applaudissements que je recueillais. Il est vrai, nos publics, avant la télé, avant la Culture et les ministères d'Affaires culturelles, étaient peu exigeants. (Encore que nous ayons parfois trouvé dur de faire rire ces petites salles de campagne endimanchées, à mine solennelle.) Notre programme comprenait en outre des saynètes, des chants, des airs d'accordéon, des pas de danse. En somme un aimable et gai tourbillon de jeunesse un peu folle.

Et nous voilà lancés sur les routes du Manitoba, notre journée faite à chacun, qui à sa classe, qui à son bureau ou à son guichet. Empilés jusqu'au toit dans deux vieux tacots, avec une partie de nos décors, nos costumes, les instruments de musique, le chevalet de Fernand, le coffret à maquillage, nous filions, les soirs de semaine, par de petites routes déjà envahies par le crépuscule, vers les villages proches, gardant les plus éloignés pour les fins de semaine.

C'est alors que j'ai véritablement fait connaissance avec nos petits villages français du Manitoba que je reconnaîtrais plus tard si semblables à ceux du Québec avec leur centre invariable : église, presbytère, couvent, cimetière, ... quoique de toutes parts, ici, cernés d'infini et de silence. Seuls, fragiles au bout de la longue plaine rase, ils étaient attirants et prenaient singulièrement le cœur.

Nous nous sommes produits à Saint-Jean-Baptiste, à Letellier, à Notre-Dame-de-Lourdes, à La Broquerie, à Sainte-Agathe sur la rivière Rouge. C'est là, je crois me rappeler, que nous avons donné notre spectacle dans le beau grenier à foin d'une étable neuve, tout juste construite, à l'orée du village. Nous l'étrennions en quelque sorte. En tout cas, il n'y avait pas encore de ruminants installés dans les belles stalles propres d'en bas. Tout juste peut-être un peu de foin y avait été apporté d'avance.

Parvenus en haut, l'échelle escaladée avec tous nos bagages, nous nous sommes trouvés dans la plus belle grande salle imaginable sous son immense plafond recourbé. Un dôme hermétique sans fenêtres, ni ouvertures, ni trous nulle part pour en interrompre la parfaite ordonnance. Ainsi, nous avons dû être les premiers à jouer dans une salle tout à fait moderne, à l'image des plus audacieuses réalisations actuelles. A l'avant de la salle, des madriers disposés en tréteaux nous renvoyaient, toutefois, aux plus anciennes traditions du théâtre. De chaque côté, de petites cachettes fermées par des rideaux de sacs à patates nous servirent de coulisses, salles d'habillage, loges, tout ce que vous voudrez. C'est de là, par les trous dans les sacs de jute, que nous avons vu arriver notre beau monde en haut de l'échelle, tous un peu essoufflés, le curé remontant sa soutane, les dames, leur jupe. Mais ils eurent quand même grand air lorsqu'ils eurent pris place sur les chaises disposées par rangées de quinze, avec, au centre de la première, pour les dignitaires, trois bons fauteuils. Comment on avait pu les hisser là-haut, on se l'est longtemps demandé.

Jamais je n'ai passé une soirée aussi parfumée. Toutes les bonnes odeurs de l'été y paraissaient captives, venues peut-être avec une brassée d'herbe et un peu de terre pris aux pieds des gens comme ils traversaient les champs. Jointes au meuglement lointain d'une vache à son pieu, elles faisaient on ne peut plus théâtre d'été.

Dans les villages reculés ou très petits, nous donnions quelquefois notre spectacle à la clarté d'une lampe à essence. En un de ces endroits, un soir, la lumière avait commencé de baisser imperceptiblement depuis assez longtemps déjà sans que nous sachions encore de quoi il retournait. A la fin, le pauvre Fernand, sur la scène, en train d'esquisser une tête qu'il ne voyait plus guère, ne comprenant rien à ce qui se passait, se croyant peut-être les yeux malades, se plaignit tout à coup à voix haute et inquiète :

— Je ne vois plus ! Je ne vois plus !

Aussitôt se précipita un costaud qui d'un bond fut sur la scène, d'un autre sur la table qui s'y trouvait, et de là, en étirant le bras, attrapa la lampe à suspension. Il la fit descendre sur la chaîne cependant qu'arrivait à la rescousse un camarade muni d'une petite pompe à main. Alors ce fut comme chez l'oncle Excide, quand j'étais enfant. L'on souffla de l'air dans le manchon, la flamme reprit vie, nous fûmes inondés d'une lumière crue et grésillant tout aussi fort qu'un essaim d'insectes affolés. Nous nous sommes alors aperçus que nous avions donné une partie de notre spectacle dans une demi-obscurité. Des gens s'en plaignirent, disant qu'ils en avaient manqué des bouts et n'en avaient pas eu pour leur argent. Nous avons tout recommencé à partir du com- mencement. Et la foule a ri tout autant que la première fois. Est-ce étonnant après cela que j'aie pu me croire promue à une brillante carrière artistique ?

A la fin de ces soirées, nous étions habituellement remerciés par les curés. Certes, il y en avait parmi eux de ronchonneurs, de disputeux, d'autoritaires, de despotiques même. Pourtant, à évoquer ces heures où ils furent peut-être heureux, il me semble retrouver plutôt dans mon souvenir de doux vieux hommes rieurs, un peu naïfs et d'une bonhomie de pères de famille dès qu'étaient assemblés autour d'eux leurs gens dans une atmosphère de réjouissance.

Un de ces vieux prêtres se mit en tête, un soir, de servir à son monde une bonne petite leçon sur l'art de réussir dans la vie en nous prenant en exemple, nous les acteurs, et sous notre nez.

— Ainsi, dit-il de celui d'entre nous qui dansait à la claquette, pensez-vous que ce disciple de Terpsichore, ce beau sautilleux, s'est élevé dans son art du jour au lendemain ? Non, non, mes amis ! Depuis longtemps, il doit s'exercer tout seul dans un coin reculé de sa maison — peut-être sa grange. Et là,

pendant des heures, il sautille et claque... claque...
claque...

Pour parler à sa poignée de gens dans cette chaude
intimité, et sur un sujet si profane, le vieil homme, curieusement, avait pris sa grande voix de prédication n'admettant
pas de réplique et portant loin. Tout à coup, il fut question de
moi, à ce qu'il me sembla, et je me mis à en trembler.

— La belle petite jeunesse, tonna-t-il, que vous avez vue
s'avancer, saluer avec grâce, et la voilà partie!... parle!...
parle!... parle!... sans bout de papier... rien pour aider la
mémoire... Fallait donc qu'elle ait tout ça dans la tête... la
coquine! Et parle... parle!... parle!... On ne perdait pas un
mot. On comprenait tout. Pensez-vous qu'elle soit arrivée à
tant de disposition rien qu'en disant un beau matin : moi, là je
m'essaye? Non, non, non! Elle a dû jouer des heures devant son
miroir... essaie cette petite grimace-là... pratique ton petit
sourire... fais tes gestes d'ensorceleuse... Et c'est ainsi, mes
frères, que s'obtient le succès dans la vie.

A La Broquerie, je pense, le curé, un beau grand
vieillard à opulente barbe blanche comme neige, parlait, lui,
à voix douce, hésitante, faisant à tout instant de longues
pauses étranges, comme s'il avait perdu le fil et devait
retrouver au moins le bout de la phrase précédente pour
enchaîner et aller un peu plus loin.

— Mes jeunes amis artistes... commença-t-il et il
s'arrêta déjà, comme tout perplexe, pencha le visage, son
regard se trouvant ainsi à chercher apparemment dans sa
barbe. Alors une sorte de sourire éclaira le doux visage. Il le
releva et nous dit : ... amis artistes venus de si loin nous
rendre visite...

Et de nouveau, le voilà perdu, le regard abaissé vers sa
barbe, la pressant même quelque peu du bout des doigts.
Alors jaillit... «visite réjouissant mon vieux cœur...»

Ce fut ainsi jusqu'à la fin de l'aimable discours. Après ...
«mon vieux cœur...» on entendit... «cœur tout empli de
paternelle sollicitude...» et ensuite... «sollicitude d'un vieil
ami de La Broquerie...»

Chaque phrase sombrait dans une sorte de doux bre-
douillement un peu timide. Puis le vieil homme avait de
nouveau retrouvé le fil en sondant apparemment les plis
soyeux de sa barbe, comme quelque vieux nid tout plein de
jongleries, de souvenirs et de mots tendres.

Maman, pourtant couche-tôt d'habitude après une
journée bien remplie, s'efforçait, quelle que fût l'heure à
laquelle je rentrais, de m'attendre pour se faire raconter tout
de suite la soirée.

Quelquefois la fatigue avait raison de son ardente curiosité. Je la trouvais endormie. Comment ai-je donc eu le cœur si
souvent malgré tout de l'éveiller? Je ne savais pas, il est vrai,
que déjà elle dormait très peu, trois ou quatre heures au plus
par nuit. Mais l'aurais-je su que je n'aurais pas davantage
compris, je suppose, ce que c'est que de ne presque plus dormir. Je m'asseyais au bord du lit, je la secouais un peu, je
m'impatientais.

— Allons, réveille-toi, maman!

C'était bien, je pense, parce que je n'aurais pu supporter
de ne pas partager immédiatement avec elle mon récit qui
était tout prêt, tout vivant, tout drôle, et qui demain aurait
déjà perdu de la saveur. Pourquoi était-ce ainsi, je ne le
comprenais pas, mais j'en avais la certitude. Je sais d'ailleurs
depuis ce temps-là qu'un récit n'attend pas: que l'on en ait
fini avec ceci qui paraît plus urgent, que l'on ait d'abord
répondu à cette lettre, que l'on ait accordé cette interview ou
entrepris ce voyage. Le récit a son heure pour venir et, si on
n'est pas libre alors pour lui, il est bien rare qu'il repasse. A

attendre, il aura en tout cas perdu infiniment de sa mystérieuse vie presque insaisissable.

Je réveillais donc maman. Elle avait un bref moment d'égarement, où elle me semblait avoir son âge, et j'avais peur pendant un moment, mais aussitôt elle me reconnaissait, et se remontant un peu le buste contre l'oreiller, me disait : Raconte.

Souvent c'était à la faible clarté d'une veilleuse ou même seulement dans un rayon de lune entré par la fenêtre que je voyais briller son visage de cette attente heureuse des histoires qui m'avait animée, enfant, et que je reconnaissais à présent sur ses traits. C'était mon tour de l'arracher à la pesante vie. Parfois, pendant plus d'une heure, prise sur le peu de sommeil qui me restait, je lui faisais le cadeau du récit encore tout chaud et palpitant d'une soirée particulièrement enlevée. On n'a souvent de talent qu'en autant qu'on est bien écouté, et je ne pense pas avoir jamais été si bien écoutée qu'au milieu de la nuit par ma pauvre mère arrachée à son chiche sommeil. Elle riait, elle se penchait pour saisir mes moindres paroles car je parlais bas pour ne pas réveiller Clémence, elle approuvait, elle redemandait des reprises comme dans ces films où on revient, au ralenti, sur certains épisodes. Quand je la quittais, enfin soulagée de ma surexcitation, prête à dormir, elle, dès lors, serait trop surexcitée pour se rendormir, et sans doute finissait-elle la nuit en ressassant les scènes les plus cocasses de mon récit, car je l'entendais parfois, si j'avais laissé ma porte ouverte, rire toute seule. Ou bien elle se laissait aller à imaginer ses histoires à elle, se plaisant à me voir, tout au long de ma vie, telle que j'étais alors, jeune, insouciante, rieuse et aimable comme on l'est d'habitude quand on n'a encore rien perdu de la jeunesse.

Si j'avais appris de maman qu'un récit ne peut être retenu quand il est prêt, qu'il ne faut cependant jamais non plus le brusquer, mais lui laisser tout le temps d'éclore naturellement avec ses richesses, lentes parfois à toutes lui venir, je devais apprendre qu'à le vouloir trop parfait, à le roder incessamment, à le travailler à l'excès — ou simplement encore à le trop raconter — on lui enlève de sa vie et qu'il peut finir, comme toutes choses, par mourir.

C'est ce qui arriva à mon histoire de l'auguste curé à longue barbe y laissant la fin de ses phrases.

Maman aimait tellement cette histoire, elle me la fit tant de fois raconter — ou plutôt jouer — que j'en vins, je suppose, à y mettre un peu moins de moi-même chaque fois, laissant le récit rouler de son propre élan.

Un soir que maman me la redemandait, je dis avec un peu d'humeur que cette histoire n'était plus drôle et ne valait plus la peine d'être racontée.

Maman convint qu'en effet la dernière fois que je l'avais contée, elle avait ri peut-être d'un peu moins bon cœur. Elle devint songeuse.

— Après tout, que s'usent les histoires qui racontent la vie, elle-même usure, c'est bien naturel.

Je me sentis vivement révoltée :

— Les histoires usées, que reste-t-il donc ?

Elle me fit un sourire encourageant.

— D'autres histoires à inventer ou bâtir. Ou bien la même vieille histoire toujours, mais refaite à neuf.

Je pense avoir alors entrevu pour la première fois de ma vie — heureusement bien loin encore et tout imprécisément — que mon chemin à venir jamais ne pourrait aboutir justement à ce que l'écrivain, dans sa naïveté ou pour se donner le change, au bas des pages, çà et là, nomme : Fin.

XIII

Est-ce au printemps ou à l'automne avancé que nous sommes partis pour Otterburne, en toute hâte, ce soir-là, à peine avalé un casse-croûte? En tout cas, les soirées n'étaient pas encore longues ou ne l'étaient déjà plus, et il fallait nous dépêcher pour ne pas être pris de vitesse par la nuit. Personne de nous n'avait jamais mis le pied à Otterburne, peu éloigné pourtant de beaux villages bien connus comme Saint-Pierre-Jolys ou Saint-Malo, mais se trouvant situés sur des routes principales. Tandis que cet Otterburne — ou mal indiqué ou à l'écart sur un bout de route secondaire — passait pour être quasi introuvable. On le disait cerné d'un ennui permanent, à ce point isolé qu'il finirait bien, un de ces jours, par être complètement oublié. Il avait pourtant naguère possédé l'un des plus importants collèges agricoles du pays — mon cousin Cléophas y avait été pensionnaire pendant quelques années. Il abrita aussi une école pour les enfants indiens dirigée par des religieux. Est-ce que le déclin d'Otterburne était déjà commencé au temps dont je parle, ou était-il seulement à pressentir dans l'air ambiant? En tout cas, on nous avait dit : «Pour l'amour du ciel tâchez d'aller à Otterburne. Ils s'ennuient tellement dans ce coin-là, ce serait leur faire une grande charité que d'aller les faire rire un peu.»

Ayant manqué la route principale, presque dès la sortie de la ville, nous avons continué par des routes secondaires plutôt que de revenir en arrière. Aucune ne portait d'indications. Bientôt le crépuscule nous enveloppa. Il roula du lointain de la plaine comme une légère brume déferlante. Enveloppé d'un bleu délicat et à demi transparent, le paysage entier prit l'aspect des choses rêvées. De la route secondaire, nous étions tombés par distraction dans de petites routes de terre, mais allant apparemment toujours dans la bonne direction à en juger d'après les traces rouge vif que le soleil disparu avait laissées tout au long de l'horizon. Autour des petites routes que nous enfilions l'une après l'autre, c'était le désert, toujours. Le grand Gilles, notre aimable clown, s'en moquait. Il chantait à tue-tête une de ses plus entraînantes chansons folles. Pour moi, il me semble que j'avais le cœur touché d'une singulière mélancolie. Est-ce que je pressentais, des années et des années à l'avance, la place dure et émouvante que tiendrait dans ma vie cet Otterburne pour l'instant introuvable? Sans doute que non. C'est maintenant, les faits en main, que j'interprète mes sentiments de cette nuit bizarre d'il y a plus de quarante ans.

Enfin, apparemment loin et cependant tout proche, le feu d'une ferme isolée nous apparut. A la porte, nous avons frappé. Une femme sortit.

— Otterburne! C'est tout près! Vous y êtes presque.

Elle tendait le bras vers un point de tout ce bleu sombre qui se déroulait à l'infini. Une lumière faible sembla jaillir un moment au bout de son geste.

— Tiens, là! Vous pouvez pas le manquer.

— Bien des mercis, Dame de la pénombre, chantonna notre grand Gilles de sa voix la plus ensorceleuse.

Nous sommes repartis, les yeux fixés sur le clignotement d'une flamme, et puis nous l'avons perdue. Qu'est-ce qui avait pu nous la cacher dans ce déroulement à plat? Une meule de foin? Un pauvre petit arbre? Nous avons erré une bonne demi-heure pour nous retrouver à une autre ferme tout aussi isolée que la première.

— Otterburne!

L'homme en haut de son perron pointa dans la direction d'où nous venions.

— Vous avez dû passer devant. C'est là, tout proche! Avez qu'à suivre la lumière!

La lumière, la lumière! A peine repartis, les yeux braqués sur elle, nous l'avons de nouveau perdue. Pour aboutir à une ferme de l'autre côté encore du village. Apparemment nous avions fait trois ou quatre fois le tour du village, avant d'y entrer enfin par hasard à la manière de ces boules qui tournent et tournent autour de la petite fosse où elles doivent finir par descendre. Trois réverbères incroyablement éloignés l'un de l'autre nous reprochèrent dans un pauvre clignement :

— Comment ne pas nous avoir vus plus tôt?

Assis sur le banc de bois devant la gare veillaient deux vieux, pipe au bec, dans la nuit douce.

— Où est la salle où se donne le spectacle?

Un des vieux ôta sa pipe de sa bouche.

— La séance! Vous arrivez trop tard. Vous la verrez pas en toute. Est commencée depuis deux heures au moins. A doit être à veille d'achever.

Le grand Gilles sortit la tête de l'auto.

— Est ni commencée, ni achevée. C'est nous autres qui la font, la séance.

Le deuxième vieux lança un crachat à trois bons pieds de distance.

— Ça peut pas être vous autres. C'est les acteurs. Ils sont arrivés à l'heure. Ils ont dû. Ils sont avec le monde dans la salle depuis... Depuis quand, Nésime?

Nésime tira sa montre, essaya de lire l'heure à la clarté des étoiles.

— Depuis sept heures et demie. L'heure que le curé a annoncée. Y en a d'arrivés avant pour avoir une meilleure place tout un chacun. Ça doit faire trois heures qu'ils sont là-dedans ensemble.

— Selon mon idée, fit le premier vieux, ils doivent être cuits à l'heure qu'il est, avec la chaleur qui fait cette nuitte et pis mangés par les maringouins. A moins qu'ils aient eux itou allumé leur pipe.

155

— D'après vous, demanda le grand Gilles, pensez-vous que ça vaut la peine d'y aller?

— Ça dépend, répondit le moins vieux des vieux, y en a qui disent que c'est ben distrayant, dépêchez-vous si vous voulez en attraper un boutte.

— Pourquoi c'est que vous y êtes pas? demanda sévèrement le grand Gilles.

Le plus vieux des vieux répondit :

— C'est pas que l'art dramatique je le dédaigne, mais un soir comme à soir où c'est qu'on est si ben dehors, j'aime quasiment mieux le passer sous les étoiles plutôt qu'enfermé dans le vieux curling. Icitte au moins y a rien que ma boucane à moi qui me fait tort.

Nous avons fini par repérer le vieux curling au fond du village. Le monde devait y être assemblé depuis longtemps en effet et avoir beaucoup tiré sur la pipe, car, en entrant, tout ce que nous avons d'abord discerné à travers des bancs de fumée, ce fut, çà et là, un grand chapeau de paille de fermier qui paraissait d'ailleurs le même à tous les coins de la salle.

Le curé se levant aussitôt enjoignit ses gens :

— Voilà enfin les artistes! C'est des jeunes à la gorge délicate. Alors cessez de fumer tout le monde. Arrêtez tout de suite.

La fumée s'amincit peut-être d'une ligne.

Montés sur l'estrade, nous ne pouvions quand même pas encore distinguer notre public plus que lui sans doute pouvait nous apercevoir.

— Me voyez-vous? hurla le grand Gilles qui faisait en vain ses grimaces.

— Rien que ton grand nez! fit un loustic.

— Toutes nos excuses pour arriver si tard, offrit le grand Gilles. On s'est perdus en route.

—Pas le premier à qui ça arrive, nous parvint du fond de la salle le commentaire d'un spectateur invisible au plus épais de la fumée.

Tout à coup nous avons entendu Fernand quelque part sur l'estrade, allant en exploration un peu à tâtons, se lamenter :

— Y a pas de piano? Qu'est-ce que vous voulez que je fasse sans piano?

D'habitude, dès l'arrivée, pendant que nous nous grimions, il jouait quelque marche entraînante pour mettre les gens de bonne humeur, et nous remettre aussi un peu de la fatigue de la route.

Le grand Gilles s'avança au bord de l'estrade. La salle offrait maintenant un curieux spectacle et sans doute l'estrade aussi, vue de la salle, car la fumée avait commencé de s'élever, dégageant des corps presque en entier mais plusieurs encore sans tête, ou du moins comme séparés de leur tête.

— Y a-t-il quelqu'un qui a un piano? demanda le grand Gilles.

Une dame du fond du vieux curling se crut tenue d'expliquer:

— J'en ai un piano. Je l'ai prêté l'année dernière pour les fêtes du diocèse. Ils me l'ont rapporté tout désaccordé. Ça fait que je le prête plus mon piano.

— Vous avez mille fois raison, approuva le grand Gilles.

De découvrir peu à peu, dégagé de la brume suffocante, son long corps aux longs bras, aux longues jambes et au long visage triste, porta le public à une surprise énorme! Ils en avaient presque tous la bouche ouverte.

— Prêtez-nous votre piano, parlementa le grand Gilles, et s'il devait vous revenir faussé d'une seule note, je vous en remets un neuf.

— C'est ben correct, d'abord, accepta la dame.

Le curé se releva.

— Allez chercher le piano, quelqu'un.

Presque un tiers de la salle sortit. L'attente paraissait devoir être longue, la dame habitant tout à l'autre bout du village éparpillé. Pour faire prendre patience au public pourtant le plus patient du monde, Fernand se prit à «croquer» un des visages émergeant dans la douteuse lumière, une belle tête saisissante sous un haut chapeau à larges bords. Un chuchotement de vive admiration parcourut les rangs du vieux curling:

«C'est Ubald!»

Alors arriva le piano qui passa pour ainsi dire par-dessus les têtes, porté par huit hommes solides répartis de chaque côté en groupes de quatre.

Il était près de minuit. Fernand, son croquis tout juste terminé, sauta du chevalet au piano. Il plaqua de vibrants accords. Quelques somnolents sursautèrent et se frottèrent les yeux, surpris de se retrouver toujours assis sur les dures petites chaises de bois. La plupart entrèrent toutefois dans la fête aussi frais et dispos que s'ils fussent arrivés à l'instant. Il me semble me rappeler que ce fut l'une de nos soirées les plus enlevées.

Mais pourquoi aujourd'hui encore en ai-je un souvenir si vif, avec ses ombres et ses lueurs, ses rires et de soudains silences se creusant en moi, alors que d'autres soirées tout aussi animées ont fui ma mémoire? Est-ce qu'Otterburne, le petit village muet de la plaine, ne m'adressa pas déjà, ce soir-là, une sorte de signe que je reviendrais? Que je repasserais, près de quarante ans plus tard, par les mêmes petites routes noyées de crépuscule, à la recherche encore d'Otterburne toujours aussi introuvable, tournant autour de la même lumière entrevue et perdue, mais cette fois dans l'angoisse de ce qui m'y attendait. Tant de fois, il est vrai, dans la vie, on repasse, l'âme en peine, par où l'on était passé jeune et joyeux.

C'était il y a six ans. Je venais d'accourir à Winnipeg pour m'occuper de Clémence. J'attendais à l'hôtel que l'on vienne me chercher. L'air conditionné m'entourait d'une sorte de bourdonnement monotone. Et de grandes ombres tristes se levaient dans mon âme.

Au printemps de cette même année était morte Dédette, en religion Sœur Léon de la Croix. Elle avait été emportée par un cancer déjà trop avancé quand on en avait détecté les premiers signes et alors qu'elle-même paraissait encore jeune et pleine de vie. Dès que la supérieure de son couvent m'eut appris au téléphone que l'exploration chirurgicale avait révélé un cancer déjà inopérable et que Dédette, selon le pronostic médical, n'en avait plus que pour deux mois à vivre, je sautai dans le premier avion. C'était donc mon deuxième voyage au Manitoba en moins de six mois. Il me fallait bien le reconnaître, je ne revenais plus maintenant sur les lieux de mon enfance que pour voir mourir les miens ou récolter de la douleur.

Au printemps, j'avais passé près d'un mois près de ma sœur mourante. Je la voyais tous les jours et souvent plusieurs fois dans la même journée. Il me semble que je ne faisais qu'un tour de sa chambre à chez ma cousine qui me logeait et de chez ma cousine au couvent. Ainsi, Dédette et moi qui n'avions guère eu d'occasions de bien nous connaître, l'apprenions enfin comme si nous devions ne plus jamais nous quitter. Je n'en reviens toujours pas de ce que l'approche de sa mort me rendît Dédette présente, visible — jusqu'à la couleur de ses yeux admirables que je n'avais pas bien vue jusque-là — et de plus en plus chère à mesure que je la connaissais mieux. Pourquoi donc aussi, me disais-je parfois, apprendre à si bien connaître un être qui va nous être ravi ? J'aurais moins connu Dédette peu avant sa mort que j'en aurais eu moins de peine — pourtant c'est une peine dont pour rien au monde je ne voudrais avoir été privée.

Elle occupait, à l'infirmerie du couvent, une chambre guère plus grande qu'il ne faut pour mourir, mais la fenêtre — symbole d'ouverture et de libération — était immense, une de ces hautes fenêtres des couvents de jadis. Sans cesse, quand Dédette somnolait un peu après son calmant, ou que nous parlions et que je voyais passer sur son visage une crispation de souffrance, le cœur me manquant alors, je m'avançais de quelques pas vers cette grande fenêtre qu'elle avait dans le dos et ne voyait pas et je ressentais presque chaque fois une surprise infinie de découvrir, au milieu de tant de chagrin, un ciel si beau.

Et c'est ainsi que, peu à peu, pour rompre cette gêne atroce qui existe entre l'être qui va mourir et celui qui va lui survivre, je me pris à lui parler du ciel. De celui que nous connaissons — ou croyons connaître — l'ayant tous les jours sous les yeux.

— Je pense, lui dis-je un jour, que le ciel du Manitoba est l'un des plus beaux du monde, et je crois savoir enfin pourquoi, aujourd'hui seulement. N'est-ce pas curieux?

— Pourquoi est-il l'un des plus beaux? murmura Dédette.

— Parce qu'il est très haut, Dédette. Dégagé de toute fumée, de toute saleté, et que l'industrie et l'haleine des grandes villes ne l'ont pas encore atteint. Peut-être aussi parce qu'il est au-dessus d'une terre plate à l'infini. Cependant le ciel de Grèce aussi est très haut et d'un bleu tout aussi pur. Homère en parle sans cesse dans l'Iliade et l'Odyssée. C'est d'ailleurs ses descriptions du ciel si pleines de nostalgie qui m'ont poussée à faire le voyage en Grèce.

— Je ne savais pas. Raconte.

— En Russie également, lui disais-je, le ciel doit avoir quelque chose de cet attrait poignant et indéfinissable car, rappelle-toi, dans *Guerre et Paix*, Tolstoï, par la bouche du prince André, blessé à mort sur le champ de bataille, rêve de paix et d'harmonie en fixant le «haut ciel».

Ma sœur mourante m'écoutait. Seuls mes récits de voyages ou la description des heures heureuses de la vie la distrayaient, on aurait dit, de la douleur de s'en aller. Elle me pressait avidement:

— Raconte encore. Moi je n'ai rien vu, rien connu du monde, dans mon couvent. Raconte.

J'avais pensé jusqu'alors que lorsque s'amorce le dialogue essentiel entre deux êtres — l'un qui part, l'autre qui reste — la parole devrait revenir au premier, sur le seuil de tout connaître bientôt. Mais c'est loin d'être toujours ainsi. Anna, à la veille de mourir, me parla longuement de sa pauvre vie n'ayant jamais donné sa riche mesure, comme si elle devait au moins être sauvée de l'oubli. Dédette, elle, ne voulait entendre parler que de la mienne qu'elle imaginait réussie, heureuse, emplie de mille éclats joyeux.

Pour lui faire plaisir, pour amener encore le sourire sur ce petit visage émacié où les yeux étaient d'immenses trappes à souffrance, je m'inventai une vie d'amitié rare, de succès parfait, de renommée sans envie, mais, au fond, je n'inventai rien, je ne fis que choisir les heures les meilleures, les moments les plus hauts, écartant le reste, et ainsi je m'aperçus avoir été comblée. Oui, Dédette, sur le versant de la mort, m'amena à découvrir que la vie est malgré tout une merveille insondable. Mais ceci est une autre histoire que j'aimerais bien aussi raconter si le temps m'en est accordé. Je me fais de plus en plus penser à ce derviche du désert qui, plus il avançait en âge, moins il avait de temps devant lui, et plus il avait d'histoires à raconter.

Il me faut pour l'instant revenir à Clémence et à ce jour où ma sœur Dédette me parut en révolte contre Dieu lui-même et s'écria, comme s'il y avait erreur profonde de sa part, qu'il avait dû se tromper de personne :

— Mais je ne peux pas mourir, Dieu ne peut laisser faire cela. Il sait trop bien que Clémence dépend de moi. Je ne peux abandonner Clémence.

J'étais allée à la grande fenêtre. J'avais interrogé le haut ciel. Je m'étais demandé ce que signifiait parmi nous la vie de Clémence. Une enfant douée, merveilleusement sensible, un être de grâce, d'intuition, et tout à coup s'abat une ombre terrible sur cet esprit peut-être trop clairvoyant, et le voilà pour toujours comme égaré sur terre. Pas tout à fait cependant, et c'est peut-être là le plus terrible. Car parfois cet esprit frappé donne encore de si fulgurants éclats d'intelligence, de tels signaux de détresse que l'on a plus de peine que jamais à le voir s'en retourner ensuite par ses étranges corridors de fuite. Ce que maman avait souffert de cette maladie de son enfant, elle n'en avait jamais pour ainsi dire parlé — la peine étant sans doute au-delà des mots. Seulement elle nous avait souvent regardé à tour de rôle, d'un étrange regard suppliant, en quêtant un appui.

— Quand je ne serai plus là, qui verra à Clémence?

Notre Clémence, elle avait été cette peine inépuisable que dans une famille on se lègue d'une sœur à l'autre, celle qui va mourir en faisant le don à une sœur plus jeune, le don étrange et sans prix.

C'est Anna après la mort de maman qui hérita de Clémence. Elle en prit bien soin, allant souvent la chercher dans la petite chambre où Clémence vivait seule, l'amenant passer quelques jours chez elle dans sa jolie propriété de Saint-Vital, s'efforçant de la distraire, la conduisant, quand elle-même n'était pas trop malade, dans les magasins pour l'habiller. Mais Clémence sombrait quand même dans le mutisme et une profonde mélancolie. On connaissait encore si peu dans ce temps-là la maladie qui l'affectait, la portant pendant quelque temps à une trop vive surexcitation où tout blessait ses nerfs à vif, puis la rejetant comme dans un sombre internement en soi-même où nulle aide ne pouvait plus l'atteindre. Moi qui m'étais lancée alors à corps perdu dans l'écriture et qui luttais en un sens pour ma vie, seule à Montréal, j'avais l'esprit malgré tout assez libre au sujet de Clémence, me disant : «Anna est là encore pour l'instant. Anna veille.» Et comme pour mon père, comme pour maman, je pensais avoir le temps, mes écritures faites, de venir aider Anna à aider Clémence.

Mais Anna mourut, comme il convenait sans doute à cette vie — qui courut à droite, à gauche, chercher désespérément un peu de bonheur — dans une oasis, au désert, en Arizona. Car Phoenix est en plein sable et ni ses palmiers royaux, ni ses dattiers, ni ses arbres à pamplemousses, n'existeraient si l'eau n'y était amenée de loin à grands frais. Seuls subsisteraient sans doute ces étranges saguaros, parfois vidés, où le vent, pris au piège du cactus creux, fait entendre un lugubre son d'orgue. Image de l'illusion, il n'y en a peut-être pas de plus exacte que Phoenix. Anna vécut ses derniers jours de torture humaine, les yeux fixés sur de grands arbres à fleurs rouges, les poinciana, ondulant doucement dans un ciel le plus bleu qui soit, et murmura : «Est-ce vrai, est-ce que je vois vraiment cet arbre merveilleux ou est-ce encore seulement un rêve?» Je me trouvai auprès d'elle peu avant sa mort, logeant dans un motel non loin de la clinique où elle s'éteignit. Gilles, son plus jeune fils, vint nous rejoindre et trouva une chambre dans un autre motel assez proche lui aussi. Fernand habitait avec sa petite famille dans un trailer park et logeait Paul, l'autre fils, venu avec sa femme. Et je me rappelle avoir éprouvé que le petit groupe de nomades que nous formions, campé au bord de la mort, assez semblable à ces Mexicains pauvres échoués autour de nous et, au fond, à tant d'Américains errants, convenait on ne peut mieux à la situation.

Nous avons eu seulement le temps de trois pauvres petits bouts d'entretien, elle et moi, alors que nous découvrions mille choses à nous raconter enfin sur nos vies. Fallait-il que cet esprit eût été brillant, cette intelligence aiguisée, ce cœur ardent malgré tout pour que, à la fin, une sonde par ici, un goutte à goutte dans la cheville, bourrée de stupéfiants, Anna, un jour, murmurât d'une voix encore émue, le regard fixé sur un coin de ciel bleu, cette remarque que je pus recueillir :

— Partout autour d'ici c'est l'hiver, c'est le froid. Mais ici c'est le printemps! Se peut-il qu'ici seulement soit vrai?

— Oui, lui dis-je, ici seulement est le vrai! la voulant consolée. Mais elle me lança un de ces vifs regards de jadis quand elle entendait nous montrer que l'on n'avait pas à essayer de la leurrer.

Elle m'annonça à deux ou trois reprises :

— Il y a quelque chose que je dois te dire, glissant aussitôt chaque fois dans le lourd sommeil des stupéfiants. Je pensais : elle veut me parler de Clémence. Elle va me la léguer. Mon tour est venu.

Mais non! Ce n'était pas pour cette fois encore. Anna morte, j'appris qu'un an déjà auparavant, se sachant bien plus atteinte qu'elle nous l'avait donné à penser, elle avait confié Clémence à Dédette.

Dédette dans son couvent! Comment pourrait-elle seulement s'y prendre pour courir aux emplettes, acheter à Clémence ses vêtements, les lui apporter, peut-être les échanger, voir enfin à toutes ces choses dont Clémence était incapable de s'occuper ou avait peut-être un jour tout simplement décidé qu'elles ne valaient pas la peine de l'effort? Je songeais un peu à tout cela le jour où nous avons enterré Anna. Le ciel était radieux. Comme nous n'étions restés pour la cérémonie que deux des trois fils d'Anna, une de ses brus et moi-même, à qui s'étaient joints trois de ces amis de hasard qui paraissent un jour indispensables et le lendemain sont déjà perdus de vue, le prêtre nous avait proposé de la célébrer au cimetière même, au bord de la fosse déjà prête. Il arriva en surplis, avec un enfant de chœur et son goupillon. Des chaises étaient dressées sur l'herbe mi au soleil mi dans l'ombre légère que projetait un mince arbre au feuillage délicat. Nous y avons pris place. C'était le 10 janvier 1964. Partout, non loin de cette oasis miraculeuse, ce devait être l'hiver. Ici c'était le printemps perpétuel. Le cimetière n'était qu'une masse de poinsettias géants, d'hibiscus et de jacarandas aux grappes de rouge vif. Les insectes bourdonnaient gaiement en voletant de massif en massif. Le bourdonnement se mêlait à la plainte presque douce, au loin, d'une famille mexicaine prosternée sur la tombe d'un de leurs morts. Leur voix dans la prière avait quelque chose d'infiniment tendre et confiant. Sur la branche d'un palo verde chantait, à s'en faire éclater le cœur, le mocking-bird si cher aux gens du Sud et, pour l'avoir une fois entendu, on conçoit pourquoi, car il est vraiment le «doux oiseau de la jeunesse».

Et nos cœurs étaient enfin pleins d'amour pour Anna qui ne pouvait plus nous éloigner d'elle par sa nature tourmentée et exigeante. Comment se fait-il, me disais-je, que soit accordé maintenant seulement à Anna ce qui l'aurait fait vivre? Je n'étais pas encore tout à fait revenue à la foi de ma jeunesse dont m'avait éloignée, à ce que je croyais, une église autoritaire, injuste et bornée. L'énigme torturante — ce qu'est la vie, ce qu'est la mort — m'y ramenait de force. La vie et la mort d'Anna me paraissaient surtout exiger Dieu. Aucune vie, aucune mort jusqu'ici ne m'avaient paru tellement l'exiger.

Dans les tout derniers moments où elle fut encore consciente, elle avait murmuré d'une voix si faible que j'avais dû aller cueillir les mots au bord de ses lèvres : «Je voudrais le croire, mais je ne suis pas sûre qu'il y ait quelqu'un au bout... Et toi, avait-elle demandé, crois-tu que?...»

J'avais pris sur moi, qui n'en étais pas sûre, d'affirmer :

«Oui, Anna, quelqu'un nous attend, qui nous aime enfin à la mesure de ce désir d'amour qui toute la vie nous hante et nous poursuit.»

Je m'étais prise à mon propre piège. Maintenant il me fallait pour moi-même une assurance. C'est peut-être dans ce chaud petit cimetière d'Arizona, tout plein des merveilleuses roulades du mocking-bird que je ne pouvais pas ne pas entendre à travers une inconsolable détresse, que j'ai recommencé à vouloir Dieu à tout prix...

Je tressaillis tout à coup, à la grande fenêtre de la petite chambre de Dédette, à l'infirmerie, surprise dans ma rêverie sur ma sœur morte il y avait six ans auprès d'une autre de mes sœurs qui allait mourir, ayant perdu en route l'objet de ma réflexion...ah oui, Clémence!

Eh bien! Dédette s'était débrouillée à merveille pour en prendre soin. La sévérité des règlements avait déjà commencé, à cette époque, à se relâcher. Mais eussent-ils été toujours aussi durs, que ma Dédette, scrupuleuse dans l'observance de la règle, aurait bien été capable de se rebiffer en faveur de Clémence. Elle n'eut pas à le faire. Au contraire, «de nos sœurs» qui avaient des accointances importantes et par là de l'influence, d'autres qui avaient des amis possédant une auto, d'autres des loisirs, d'autres l'occasion d'aller souvent dans les magasins, toutes se mirent de la partie pour choyer Clémence à qui mieux mieux. Ce que je n'avais pas prévu c'est que ces femmes, ayant renoncé au monde, quand l'occasion leur était offerte d'y revenir au secours de quelqu'un, à la mesure de leurs moyens, devenaient comme un essaim d'abeilles agitées, chacune voulant faire sa part.

Ainsi Dédette réussit-elle à faire entrer Clémence dans une excellente maison d'accueil toute neuve dirigée par le gouvernement, à l'intention des gens âgés encore ambulants, où Clémence eut une belle chambre de plain-pied avec un petit jardin fleuri, et tous les soins que pouvait réclamer son état. C'était à Sainte-Anne-des-Chênes, joli village dont je me souvenais bien, maman m'y ayant emmenée, enfant, à des pèlerinages que l'on faisait là peut-être en concurrence à Sainte-Anne-de-Beaupré du Québec ou, au contraire, pour se joindre en esprit au vieux sanctuaire. C'était un peu loin de la ville, à près de cinquante milles. Mais Dédette s'arrangea pour y aller souvent, mettant à contribution chacune de ses connaissances qui avait une auto et arrivant là-bas avec un gâteau de fête pour Clémence ou une paire de bas, ou une belle petite robe de chambre rose qu'«une de nos sœurs» avait dénichée «pas cher» au sous-sol chez Eaton. Restée sur sa faim, Dédette satisfaisait bien un peu aussi son besoin de trotte qu'elle avait chevillé au corps comme tous dans notre famille.

Et c'est ici que devrait s'intercaler l'épisode de la venue de Clémence et Dédette chez moi qui leur trouvai une maisonnette à côté de mon chalet que j'habitais déjà depuis plusieurs années à Petite-Rivière-Saint-François, en Charlevoix, les gardant trois semaines en visite — grande heure de lumière, d'été, de frémissement incomparable de la joie, avant les heures sombres à venir presque tout de suite sur le pas du bonheur. Mais il faut en remettre la narration à plus tard, sans quoi la pauvre derviche va se mêler dans les fils de ses histoires croisées et entrecroisées. Pour le moment, restons à la haute fenêtre de la petite chambre, à l'infirmerie, par laquelle je contemple le ciel serein et revois le branle-bas, l'agitation, l'enrégimentation de bonne volonté à laquelle a donné lieu, sans le vouloir, la petite vie en apparence inutile de Clémence.

Cela n'alla pas très bien longtemps à Sainte-Anne-des-Chênes. Clémence s'y ennuyait, malgré tout. Alors Adèle survint qui lui peignit qu'elles seraient mieux toutes deux ensemble dans un petit appartement à Saint-Boniface. Pour la première fois de sa vie, je pense, Dédette m'appela par téléphone interurbain. Elle en était surexcitée, la voix haute, aiguë : «Imagine-toi qu'Adèle veut faire sortir Clémence de Sainte-Anne où j'ai eu tant de peine à la faire entrer. Une fois sortie, on ne la reprendra jamais.»

— Il ne faut pas laisser faire cela, dis-je. Il faut empêcher cette folie à tout prix.

— Mais comment! me cria Dédette, du Manitoba.

C'était vrai! Comment! Nous n'avions même pas de mandat signé par Clémence pour nous autoriser à veiller à son bien-être. Pour l'instant elle était libre de faire son malheur.

— On va prier, me dit Dédette, avant de raccrocher. Qui sait! Ça peut marcher, cette fois-ci.

Cela ne marcha pas plus qu'avant. Ces deux pauvres femmes qui s'aimaient, ayant pitié au fond l'une de l'autre, ne savaient que s'écorcher mutuellement les nerfs. En toute bonne volonté sans doute, Adèle, pour corriger les effets de la surprotection dont nous avions peut-être entouré Clémence, entreprenait de défaire notre travail, allait trop loin dans l'autre sens, sermonnait : «T'es capable de faire ceci. Apprends à te débrouiller...» tout cela provoquant bientôt l'affolement chez Clémence, dont la résistance nerveuse s'effondrait inévitablement à chaque assaut un peu dur de la vie. De plus, Adèle, comme notre vieux père, lente à se mettre en branle le matin, revivait vers le soir. Elle se faisait alors du café fort, aimait aller et venir, marcher sans fin une partie de la nuit, méditer, retrouver le passé, écrire ses souvenirs... tandis que Clémence «couchée à l'heure des poules» essayait de dormir. Au petit matin, Adèle vaincue par l'excitation et la fatigue aurait voulu dormir, et Clémence, n'en pouvant plus de rester au lit, avait envie de «bardasser» un peu. Le plus cruel fut peut-être que ces deux créatures aimèrent encore mieux pendant longtemps souffrir l'une par l'autre que chacune seule de son côté. Dédette voulait m'épargner. Elle mit du temps à m'avouer ce qui se passait et dont je me doutais. Un soir, du Manitoba, elle me cria, tout en déroute :

— J'ai dû faire entrer Clémence à l'hôpital. Inquiète-toi pas trop.

Et elle continua, vite, parce que le téléphone ça coûte

cher, me disant que c'était peut-être un mal pour un bien... puisque, par l'entremise d'«une de nos sœurs», elle avait fait voir Clémence par un psychiatre ; il avait dit tout de suite : «Il faut la faire entrer dans une bonne institution.» C'était déjà presque chose faite, l'endroit était trouvé. Des Sœurs de la Providence, très dévouées, dirigeaient ce foyer... «et nos sœurs connaissent leurs sœurs...»

— Où ? ai-je enfin pu demander.

Il y eut un silence. Au prix qu'il représentait, il me donna la mesure de l'embarras de Dédette.

— Otterburne, soupira-t-elle loin au-delà des Grands Lacs, au-delà d'une partie de la plaine manitobaine.

— Mon Dieu !

Je revoyais le petit village si reculé qu'on l'avait toujours dit menacé d'être tôt au tard oublié pour de bon. Je revoyais les petites routes sombres et croyais y voir errer une silhouette solitaire qui serait peut-être Clémence telle qu'on la verrait passer dans son ennui, en cherchant, elle aussi, à rattacher les fils de sa vie.

— Y a-t-il au moins un autobus pour aller là ?

— Non... mais une de nos sœurs y a sa famille. Ils viennent assez souvent la chercher. J'aurai des occasions. Et puis, si on ne prend pas la place on n'en aura pas d'autre.

Je ressentis qu'elle était à bout d'usure.

— C'est bien, Dédette. Fais pour le mieux. Fais comme tu penses.

Et ça n'avait pas été si mal. Les Sœurs de la Providence, peut-être pas des plus savantes ni des plus cultivées, mais habiles à consoler l'être souffrant, eurent assez vite commencé à apprivoiser Clémence. Un médecin coréen venu jusque-là Dieu sait du bout de quelle vie la soigna presque mieux qu'elle ne l'avait jamais été, l'apaisa avec des paroles sages et des remèdes pas trop durs. Le grand air aida. On disait qu'elle avait beaucoup repris, lorsque je la revis pour la première fois depuis longtemps alors que Sœur Ross, supérieure du foyer, me l'amena au couvent pour une visite à moi-même aussi bien qu'à Dédette agonisante. Je n'en éprouvai pas moins un grand choc à la vue de cette petite silhouette chétive, le visage tout creux, sans son dentier qu'elle ne voulait pas porter, les yeux, par ailleurs, immenses, chercheurs, un peu déroutés, comme si le léger voile entre elle et la vie que mettait le Largactyl n'arrêtait plus guère l'esprit de chercher sa vieille souffrance. Je me demandais comment lui apprendre que Dédette n'en avait plus pour longtemps, et même s'il fallait le lui dire. Nous sommes entrées ensemble dans la petite chambre. Clémence a compris au premier coup d'œil. Je l'ai vu à un étrange réveil de lucidité dans les yeux ternis. Mais elle s'est bien maîtrisée. Elle a même bougonné, selon son habitude, sur le manger «chez ces Sœurs-là». Mais elle avait bougonné sur la nourriture partout où elle avait passé, et nous pensions que c'était chez elle une marotte. Un jour, bien plus tard, je goûtai, au foyer, à ce qu'il y avait dans son assiette, et, doux ciel! ce n'était pas mangeable. Je pense savoir maintenant qu'en aucun foyer d'accueil, en aucun hôpital, nulle part où il y a des masses d'êtres à nourrir en bloc, on ne leur distribue des repas vraiment appétissants.

La porte franchie, elle se tourna vers moi et me demanda avec ce semblant d'indifférence que donnent les calmants et qui est peut-être la pire forme de la douleur :

— On ne va pas la garder, hein, notre Dédette ?

Je la pris dans mes bras. Ce fut comme si je serrais contre moi un petit paquet de vêtements au milieu duquel se débattait faiblement une grande souffrance ligotée.

Je la reconduisis à l'entrée où nous attendait Sœur Ross. Elle me promit : «Je vous la ramènerai la semaine prochaine.»

— C'est beaucoup de bonté, ma sœur.

— Pas du tout. A tout bout de champ on a besoin de venir en ville. Autant en faire profiter notre Clémence.

Elle avait un bon visage, un bon parler de franche campagnarde saine. J'étais loin de me douter alors que j'allais apprendre à tant l'aimer pour la perdre elle aussi au bout de peu d'années. Maintenant, quand je me mets à aimer quelqu'un, j'ai très peur puisque cela semble n'être plus jamais pour longtemps. Je dis à Clémence en la quittant que je tâcherais d'aller la voir à Otterburne.

— Si tu peux, dit-elle.

Finalement je n'y allai pas cette fois. Qu'est-ce qui m'en empêcha ? Sans doute quelque chose qui alors me paraissait avoir de l'importance : des épreuves à corriger, la traduction en anglais d'un de mes livres à revoir avec le traducteur. Mes livres m'ont pris beaucoup de temps dérobé à l'amitié, à l'amour, aux devoirs humains. Mais pareillement l'amitié, l'amour, les devoirs m'ont pris beaucoup de temps que j'aurais pu donner à mes livres. En sorte que ni mes livres ni ma vie ne sont aujourd'hui contents de moi.

A la haute fenêtre, je sortis d'une rêverie née d'une autre rêverie m'ayant conduite à travers l'espace et les années, elle-même peut-être n'ayant pas duré deux minutes. Je revins auprès de Dédette.

— Au sujet de Clémence, lui dis-je, je voudrais que tu te sentes tranquille. S'il arrivait que... tu ne puisses plus t'en occuper, je prendrai la relève. C'est bien mon tour.

Si j'avais pensé amener la paix en elle par cette promesse, je me trompais étrangement, ayant encore tout à apprendre de ma sœur et, par elle, un aspect au moins de l'insondable que reste pour nous la mort. Je vis apparaître dans ses yeux la vive détresse de qui se voit abandonné à la mort puisque les vivants prennent maintenant à leur charge les devoirs restant à cette âme à accomplir. Je compris à cet instant par les yeux de Dédette que le pire de la mort est de se sentir abandonné. Ses yeux me disaient, sans qu'elle sût qu'ils me le disaient : Moi, je meurs et toi tu vas vivre et tous les autres vivront. Et ainsi nous sommes déjà à jamais séparés, d'une autre espèce, chacune de son côté. Et je ressentis cela comme si vrai que j'eus honte de penser que j'allais consentir à vivre, elle morte, que j'y avais consenti après toutes les morts qui m'avaient touchée. Si nous nous étions vraiment aimés, me disais-je, au premier d'entre nous qui est parti, les autres seraient partis avec lui. Si nous nous aimions enfin, nous ferions une immense ronde pour entrer ensemble dans l'océan allant, la main dans la main, vers le créateur, et le priant : «Ne nous prends plus un à un, depuis le temps que ça dure, mais tous en une fois.» Et il me parut que Dieu n'attendait que cela pour s'attendrir sur ses créatures et sur l'amour qu'elles se portent l'une à l'autre.

Tout à coup, le téléphone, à mon coude, sonna, et je tressaillis, ramenée à ma chambre d'hôtel du voyage au pays des arbres-cierges où souffle un vent de désespoir, en passant par la petite chambre sous le haut ciel du Manitoba et, de là, à un passé encore plus profond duquel montait encore la voix de ma mère morte depuis tant d'années et qui demandait toujours : «Qui prendra soin de mon enfant malade?» Un coup d'oeil à la pendulette me renseigna! Le voyage avait duré quinze minutes peut-être. Pourtant j'y avais accompli un plus long trajet qu'au cours de mes envolées en avion mises bout à bout. Quel chassé-croisé que ce chemin de la mémoire!

Je décrochai l'appareil. J'entendis une voix douce, aimante, pareille à une eau tiède sur le feu d'une blessure. C'était Soeur Berthe Valcourt. Elle se trouvait être supérieure du couvent de Saint-Boniface lors du décès de Dédette. Ma soeur lui était morte dans les bras, tôt, un lundi matin. Elle avait ouvert les yeux au plus grand, m'avait raconté Soeur Berthe, «comme quelqu'un qui va appeler au secours», puis elle l'avait reconnue, avait murmuré : «C'est étrange...étrange...» et, revenant d'une surprise comme sans limites, avait tout juste eu le temps de prononcer le nom de Clémence. Et elle dormait à jamais.

171

Quelques jours plus tôt cependant, en toute lucidité, elle avait bel et bien confié Clémence à Sœur Berthe. «Gabrielle, au loin, lui avait-elle dit, dévorée déjà par tant d'obligations, son courrier, ses livres, son public, et délicate aussi de santé, comment ferait-elle pour accourir sans cesse voir aux besoins de Clémence?»

Sœur Berthe avait accepté comme allant de soi la responsabilité de Clémence.

J'entendais maintenant sa voix apaisante me proposer :

— J'en ai fini un peu plus tôt que je ne pensais avec mon colloque. Nous avons bien encore près de deux heures de clarté avant la nuit. Et j'ai l'auto de la communauté. Est-ce que cela vous le dirait de faire une course à Otterburne aller embrasser Clémence?

Si cela me disait!

Trois minutes plus tard, j'étais déjà à la porte d'entrée de l'hôtel, quoique Berthe m'eût averti qu'elle mettrait bien un quart d'heure à y être.

XIV

Est-ce assez curieux cette façon qu'a la vie de se répéter, parfois, comme pour une séance qui aura lieu un jour, la première répétition nous donnant le sentiment du déjà vu et la suivante, beaucoup plus tard, nous jetant dans la plus étrange confusion : «Est-ce maintenant que je sais ce que je pensais savoir alors? Ou est-ce que j'ai alors su ce que je sais maintenant?»

De toute façon, au sortir de la ville, Berthe a manqué la route principale, et nous nous sommes trouvées engagées dans les petites routes secondaires de mon passé, qu'elle-même, bien plus jeune que moi, et toujours pressée, ne connaissait même pas. Elle en était chagrinée. «Depuis le temps que je vais à Otterburne voir Clémence, c'est la première fois que je manque la route directe.» Je souriais vaguement, un peu coupable. Ce ne pouvaient être que moi et mes souvenirs qui avaient influé sur elle. Ou bien je l'avais distraite en parlant trop. Toujours est-il que nous naviguions dans ce qui était pour elle de l'inconnu. Moi, je me situais bien et même, cette fois, dans l'exacte saison. Car, à n'en pas douter, c'était le doux automne, le premier, avec les récoltes, alors que les champs de blé, hauts et dorés sous la frémissante lumière de fin de jour, ondulent légèrement au vent d'ouest. Malgré toutes les peines qui s'étaient accumulées dans ma vie depuis mon dernier passage dans cette région, je n'en éprouvais pas moins, à revoir onduler les blés, un élan de joie, un peu triste, si je peux dire, car c'était ma jeunesse, au loin, qui me tendait une petite part — ou plutôt le souvenir de son infini bonheur.

Bientôt Berthe m'avoua que nous étions perdues.

— Ces petites routes-là, fit-elle, me déroutent.

— Elles m'ont toujours enchantée, dis-je, et c'est sans doute le diable qui vous y a poussée pour me faire plaisir.

— Le diable!

Le crépuscule s'avançait vite et noyait la plaine comme sous une eau bleu sombre où ne surnageait rien de précis.

J'entendais dans mon souvenir la voix du grand Gilles: «Otterburne! Où est-ce que ça se loge?» — «Là-bas, monsieur, ne voyez-vous pas les lumières?»

— Pourtant nous en sommes toute proches, insista Sœur Berthe. J'ai l'impression d'en avoir fait le tour et manqué l'entrée.

— N'y a-t-il pas, lui demandai-je, en tout et pour tout trois réverbères au village?

— Je pense que c'est cinq ou six maintenant, dit-elle, mais il y a le Foyer à trois étages qui doit être tout éclairé à cette heure-ci. D'habitude, on le voit de loin.

Je me mis à le chercher des yeux. Avec ses trois étages éclairés il devait être facile en effet à repérer dans la sombre plaine unie.

J'en vis la lueur, au bout de peu de temps.

Sœur Berthe s'en émerveilla.

— Vous avez de bons yeux.

— C'est que je me suis entraînée toute jeune à scruter la plaine à cette heure.

— Qu'y cherchiez-vous déjà? me demanda-t-elle, à la fois amicale et curieuse.

Je répondis, l'esprit au loin:

— Le bonheur! Maman disait toujours qu'un jour sûrement il passerait par chez nous. De peur qu'il ne se trompe de route, j'allais l'attendre au coin de notre petite rue Deschambault, le coin qui donnait sur l'espèce de campagne que nous avions alors là-bas, en ce temps-là, et que je pensais être déjà la plaine parce qu'on voyait loin. Il ne me semblait pas possible que le bonheur pût venir d'ailleurs qu'à travers ce grand paysage de songe.

— A pied? demanda Berthe à voix très basse pour ne pas effaroucher mes souvenirs.

— Sûrement, à pied. Et je le reconnaîtrais en le voyant... Plus tard, vers l'âge de quatorze ou quinze ans, j'ai encore souvent été l'attendre au bout d'une petite route de terre chez mon oncle Excide, qui devait être sur le sommet d'un plateau, car, tout à coup, au sortir des buissons, elle laissait entrevoir une immensité de ciel et de terre qui me donnait l'impression que le monde était à moi.

— L'avez-vous jamais entrevu? demanda Berthe à voix encore plus basse.

— Il y avait un arbre, au loin dans les deux cas, qui ressemblait à un être en marche, et j'ai longtemps pensé que ce pouvait être lui. Seulement il restait toujours au même point comme s'il s'était arrêté pour réfléchir et ne se décidait plus à repartir.

Nous arrivions devant le perron du Foyer dont la façade presque en entier éclairée traçait comme une brillante constellation étrange à la fin du village à demi laissé dans l'ombre et guère plus vivant qu'au temps où j'y étais venue pour la première fois. J'entendais nos rires fous en arrière-plan à tant de malheurs survenus depuis, que je n'aurais su les compter.

Ce que cette grande maison érigée presque en plaine nue contenait d'usure du corps, de l'esprit, de vies abandonnées, mises à l'abri pour toujours, enfermées, oubliées, je ne l'ai heureusement appris que plus tard, en même temps, par bonheur, que j'apprenais la bonté humaine sans faille qui s'employait à y soulager tant de détresse.

Sœur Berthe m'accompagna au deuxième jusqu'à la chambre de Clémence. Elle m'y laissa. Je frappai un petit coup. J'entendis une voix morne me dire d'entrer.

Elle était assise dans la pénombre au pied de son lit, sur une couverture grise proprement pliée en quatre, comme on imagine les prisonniers le soir dans leur cellule. Elle semblait faire partie de l'immense crépuscule, maintenant presque bleu nuit, qui entrait librement par la fenêtre, ici également tout en hauteur. Je distinguais à peine ses traits mais très bien pourtant qu'elle était maigre à faire peur, le visage infiniment petit et tout le corps tassé sur lui-même, comme voulant prendre le moins de place possible en ce monde, en disparaître peut-être. Elle avait cependant bien tenu le coup aux funérailles de Dédette. Elle s'était montrée convenablement vêtue, recevant dignement les condoléances et ayant pour remercier chacun un mot tout à fait approprié. C'est vrai qu'elle se sentait alors de la famille encore... tandis que dans ce village perdu elle devait avoir le sentiment que nous l'avions abandonnée.

J'en eus un tel coup au cœur que je ne savais vraiment comment amorcer la conversation avec cette pauvre enfant qui avait à peine tourné la tête vers moi lorsque j'étais entrée.

— Veux-tu que j'allume? lui demandai-je doucement.

Elle haussa légèrement l'épaule.

Se croyait-elle de retour au temps de notre plus grande pauvreté, quand maman nous priait de retarder le plus longtemps possible d'allumer l'électricité? «Tant qu'il y a encore quelque faible lueur dans le ciel, disait-elle, on peut attendre.» Ou cette pénombre douce plaisait-elle à sa mélancolie comme, au fond, elle m'avait toujours plu?

— Allume si tu veux, fit-elle sans intérêt, mais il fait encore assez clair.

— Tu as raison, dis-je.

Je m'assis auprès d'elle, cherchai à l'attirer contre moi et la sentis toute raidie. C'est à peine si elle se laissa embrasser la joue, sans, au reste, quitter de l'œil l'infini crépuscule qui n'en finissait pas d'entrer à flots lents dans cette chambre si petite pourtant. Un bras tout juste passé à sa taille, je me pris à regarder le ciel avec elle, en silence, le trouvant de la couleur de notre âme. J'étais assise sur un bout de la vilaine couverture grise, provenant sans doute d'un surplus de l'Armée. Je commis la maladresse de m'en prendre à cette couverture ou plutôt à celui ou celle qui, pour s'en débarrasser sans doute ou la faire servir malgré tout de présent, en avait fait cadeau à Clémence. Assez souvent on lui donnait des vêtements dont on ne voulait plus et elle, parce qu'elle s'imaginait peut-être qu'ils lui avaient été offerts par générosité, se refusait à s'en défaire. Ou bien, sans illusion, elle s'attachait quand même à ses vieilleries pour une raison obscure que nous n'arrivions pas à comprendre. Mais je sais maintenant que les êtres tristes se plaisent à s'entourer de vieilles choses ternes et sans grâce.

— Je t'en achèterai une autre bien plus jolie pour le pied de ton lit, Clémence. En voudrais-tu une rose?

Sa main étreignit la laide couverture comme une bonne et fidèle amie en ce monde.

— Elle est chaude et encore bonne, dit-elle. Puis après un silence elle ajouta : Qu'est-ce que le rose me donnerait de plus?

Je me crus tenue d'expliquer que maintenant nous n'étions plus pauvres et pouvions nous accorder des fantaisies.

— J'ai assez d'argent pour te gâter, enfin, Clémence.

— L'argent! dit-elle en dérision, et elle eut l'air de repousser du regard, de tout son visage amenuisé, ce qui n'avait rien pu pour les hommes au fond de leur détresse, et elle me demanda — et je ne sais toujours pas si ce fut une remarque enfantine ou, au contraire, dictée par une profonde sagesse : Trouves-tu que ça aide?

Moi-même alors auprès d'elle ne fus plus sûre de rien. Il est certain que rien n'ébranle notre confiance comme d'être auprès de quelqu'un qui n'en a pas, et c'est peut-être pourquoi l'on ne peut le supporter.

— Tu vas voir, lui disais-je comme on dit toujours en pareil cas, tu vas remonter, Clémence. Je vais t'aider. Tu vas revenir.

C'est que je n'en pouvais plus de la retrouver dans cet état. Je m'en faisais reproche. J'en adressai aussi en silence aux autres. Nous avions encore dans la ville des amis, des cousins, des cousines qui disaient m'aimer. Pourtant aucun d'eux, par égard pour moi sinon pour Clémence, ne s'était donné la peine de venir lui rendre visite. Ils se défendaient : «Otterburne est trop loin. Il n'y a pas d'autobus pour y aller. C'est au bout du monde. » Ils l'avaient de son vivant traitée comme si elle eût déjà été sous terre. Mais avais-je fait mieux moi-même, occupée à écrire mes histoires comme si c'était là mon devoir essentiel ? En fait où était-il, ce devoir essentiel ? Ou bien chaque devoir l'était-il à tour de rôle et fallait-il se jeter de tous les côtés à la fois pour essayer de les apaiser l'un après l'autre qui crient ensemble de tous les points ?

Je dis à Clémence comme pour me faire pardonner :

— Tu sais, je suis venue expressément du Québec pour te voir.

Elle demanda, sans beaucoup d'intérêt :

— T'aimes ça, ton Québec ?

— J'y ai fait ma vie, lui dis-je.

— La mère en venait, le père aussi, murmura-t-elle, comme si je ne le savais pas, ou peut-être plutôt pour s'en pénétrer elle-même telle une étrange vérité dans sa vie de solitaire.

— Y viendrais-tu vivre avec moi, ou près de moi, si je venais te chercher ?

Elle fixait toujours le ciel qui s'assombrissait lentement, lentement, un peu comme on rêve d'une vraie patrie à la fin des temps.

— Non, me dit-elle, le père est ici, la mère est ici ; ils sont ici pour toujours dans le cimetière ; je reste avec eux.

Puis elle me rappela avec une certaine défiance :

— Il reste une place dans notre lot de famille, dans le vieux cimetière de la cathédrale. C'est là que je veux que tu m'enterres plus tard.

— Je le ferai, ma Clémence.

Alors elle parut un peu apaisée, et je voulus changer de sujet.

— En attendant, il faut t'habiller en neuf. Demain matin, nous viendrons te chercher, Sœur Berthe et moi, pour t'emmener chez Eaton. J'aimerais t'acheter deux ou trois jolies robes, un manteau, des souliers...

Elle me laissait dire, perdue dans une profonde mer d'indifférence. Que lui importaient souliers, bas, beau sac neuf, parapluie de soie ? Aux dernières lueurs de cette fin de jour entrant encore par la fenêtre en ondes atténuées, je voyais que ses yeux étaient sans espoir. Beaux encore, d'un brun sombre, humides de vie, il n'en étaient pas moins vides de ce qui fait vivre et dont on ne sait pas au fond ce que c'est. J'en éprouvai une peine aiguë. Sans réfléchir qu'en cette vie l'espoir est chaque jour trompé, tout à coup c'était ce que je voulais à tout prix ramener dans les yeux de ma pauvre sœur. Je ne savais pas le prix que je devrais y mettre ; les nombreux voyages de Québec jusqu'à ce pauvre petit village oublié, les innombrables lettres que j'écrirais, l'inlassable encouragement de chaque jour, mais surtout, surtout que, cette âme ramenée à l'espoir, je lui serais encore plus obligée que jamais, car abandonne-t-on qui on a «sauvé»?

Je la quittai dans cette pénombre bleutée que Clémence ne voulait pas interrompre même pour mieux me voir avant mon départ.

Sœur Berthe m'attendait dans l'auto. Elle m'apaisa avec de bonnes paroles consolantes. Clémence n'avait pu être que très craintive, au départ, de me retrouver après tant d'années d'absence. Elle était ainsi effrayée de tout changement à sa routine, de toute émotion qui en faisant irruption dans le vase clos de sa vie ne pouvait que provoquer de grands remous. Mais elle s'habituerait peu à peu. Déjà demain, sans doute, je la trouverais un peu moins rétive. Et ce ne serait pas si long au fond qu'elle se réveillerait à l'affection.

J'écoutais Sœur Berthe dans la plus vive surprise. On eût dit qu'elle me parlait de sa propre sœur autant que de la mienne, la connaissant pour ainsi dire maintenant mieux que moi-même la connaissais.

Curieuse contrepartie parfois de la peine! Dédette, ma sœur très aimante, la plus habile toujours à me consoler, à peine m'avait-elle été enlevée qu'une autre m'était donnée, une étrangère pourtant, mais tout aussi proche et tendre. Dédette, avant de mourir, l'avait-elle su, voulu peut-être? Je croyais me rappeler des regards vers la fin de sa vie qui annonçaient, au plus déchirant de notre séparation, une mystérieuse consolation à en naître.

Doucement Sœur Berthe me serra la main. Puis nous avons démarré. A peine un instant plus tard, au tournant du chemin reliant le village au highway, surgit à notre vue, bien en évidence, découpé sur le bleu sombre du ciel, le panneau indicateur : Otterburne.

Nous avons échangé un sourire quelque peu furtif, légèrement amusé.

— Ainsi il est malgré tout sur la carte, dis-je.

— Et par la grand-route que je ne manquerai plus, dit Sœur Berthe, à trente milles seulement du couvent. Nous reviendrons souvent. Et bientôt tu verras Clémence reprendre vie.

La grande eau profonde du crépuscule donnait à penser qu'elle avait à présent envahi la terre entière. Sous l'effet de sa longue magie, je me sentais peu à peu commencer à m'apaiser. Etaient-ce des bribes de mon vieux rêve de jeunesse qui me revenait, suscité par cette heure d'ensorcellement ? Je scrutais ce bleu minuit unissant le ciel à la terre, et m'imaginais que demain, en effet, serait meilleur.

XV

Maintenant, pour retrouver le fil de mon histoire, il me faut retourner loin en arrière, avant les grands malheurs, au temps sans doute le plus abrité de ma vie, où je me trouvais pourtant des raisons de ne pas me croire heureuse, et m'apprêtais à tout quitter, m'entendant appeler jusqu'au fond de notre petite rue Deschambault par la pressante invitation de ces pays lointains qu'on nommait alors avec tant de respect les «vieux pays». Ceux de nos ancêtres les plus anciens.

Je mis sept années — huit si je compte Cardinal — à épargner, sou par sou, la somme dont je pensais qu'il me faudrait disposer pour envisager mon départ. J'eus environ huit cents dollars à la banque. J'atteignis presque neuf cents en y ajoutant les petites sommes provenant de la vente de ma bicyclette, de mon manteau de fourrure et de quelques autres objets. Maman s'alarmait de me voir me départir de ces choses auxquelles elle savait que je tenais. J'avais beau lui dire que je ne partais que pour un an — ce que je croyais alors fermement — elle me voyait agir comme quelqu'un qui coupe ses ponts derrière soi ou tourne une page de sa vie.

Comment au juste avait grandi et poussé ce projet de départ pour l'Europe, et pourquoi s'était-il à la fin emparé de moi jusqu'à me mener sans pitié, je serais encore en peine de le dire. Au fond, je n'en sais toujours pas grand-chose, et alors, je suppose, n'y comprenais vraiment rien. C'était, ce devait être un des ces appels mystérieux de la vie auxquels on obéit les yeux fermés, à moitié confiance, à moitié détresse. Je courais donc après quelque chose, mais quoi! Mes petits écrits jusque-là valaient si peu. Aurais-je osé me réclamer d'eux pour annoncer que j'entendais me donner à la tâche d'écrire? Non, je n'en convenais pas, même à mes propres yeux. Dans le fond de ma conscience, toutefois, je croyais parfois distinguer une vision de moi-même dans l'avenir où je me voyais, non pas devenue écrivain, mais m'efforçant, m'efforçant d'y parvenir. Et peut-être est-ce là une des visions les plus justes que j'ai jamais eues des choses. En ce qui me concerne aussi bien qu'en ce qui concerne tous.

Cependant, j'avais eu quelque succès comme actrice dans nos troupes d'amateurs, au Cercle Molière d'abord où j'avais joué dans *Le Chant du Berceau, Les Soeurs Guédonnec, Blanchette* de Brieux, *Le Gendre de Monsieur Poirier;* ensuite en anglais, au Little Theatre de Winnipeg. Naïvement je me croyais du talent pour le théâtre — et peut-être en avais-je un peu. Toujours est-il que je disais — car il faut toujours fournir aux autres une explication plausible de nos actes — que je m'en allais étudier l'art dramatique à Londres et à Paris. On me trouvait déjà bien téméraire, bien «tête montée», de me livrer ainsi à l'inconnu. Qu'en aurait-il été si j'avais avoué la vraie raison qui était d'aller voir comment était le monde de l'autre côté de la colline à l'ombre de laquelle j'avais vécu, escomptant de cette découverte qu'elle me révélerait ce que j'attendais sans le connaître?

Toutefois, cette volonté de partir ne me semblait pas venir de moi seule. Souvent elle me paraissait émaner de générations en arrière de moi ayant usé dans d'obscures existences injustes l'élan de leur âme et qui à travers ma vie poussaient enfin à l'accomplissement de leur libération. Serait-ce donc le vieux rêve de mon enfance, qui me tenait toujours, de venger les miens par le succès? J'aimais me le faire accroire à travers les mois de tourment que je vécus alors. Car souvent, cet avenir si étrange vers lequel je me forçais à avancer me terrifiait. De ma petite rue Deschambault encore si agreste, si paisible, j'en embrassais subitement l'ampleur, l'inconnu, telles d'immenses brumes au loin que perçaient pourtant sans les dissiper d'intenses lumières, et je désirais reculer mais déjà il était trop tard. J'avais mis l'inévitable entre moi et ma peur comme j'appris alors à le faire pour me protéger des tergiversations à l'infini.

Ce serait donc ma dernière, tout au plus mon avant-dernière année d'enseignement. J'avais toujours ma classe des tout-petits. J'étais à l'aise avec mes petits immigrants, comme eux paraissaient l'être avec moi ; un subtil sentiment d'être tous ensemble des étrangers — étrangers en tout cas à quelque chose d'absurde dans la vie qui la gâtait pour les hommes — nous unissait parfaitement.

Etonnamment, maman, après une lutte d'arrache-pied pour me garder, tout à coup céda. La fin de sa résistance, je l'ai racontée dans *La Route d'Altamont* et, quoique ce soit en partie romancé, c'est-à-dire transcendé, il reste que j'ai mis l'essentielle vérité dans ce récit et ne veux plus revenir sur cette vieille douleur. Maman s'était plus facilement résignée que je ne l'aurais cru à vendre notre maison. Ce que je n'ai pas bien compris alors, par manque d'expérience, c'était qu'elle était usée par la lutte, mais seulement en ce qui avait trait aux possessions matérielles, car plus tard, je la verrais, pourtant encore plus usée, trouver en elle l'énergie de venir me rendre visite à Montréal. Que de fois nous la verrions encore, et même juste avant sa mort, accourir à l'appel de ses enfants en danger ou malheureux.

D'ailleurs, il eût été impossible de garder notre maison. J'étais la seule de la famille, à part Adèle, durant ces années de dépression économique, à toucher un salaire permanent, et même Adèle, je crois me rappeler, fut quelquefois sans école au cours de ces années terribles. J'en étais, au bout de sept années à l'Académie Provencher, à un traitement de quatre-vingt-quinze dollars par mois, pour dix seulement de l'année, moins la retenue, durant les deux ou trois dernières années, destinée au fond de retraite. J'étais loin de penser alors que deux ans plus tard quand, de retour d'Europe, j'hésiterais cruellement dans ma misérable chambre de la rue Stanley sur la décision à prendre : reviendrais-je au Manitoba ? resterais-je à Montréal?... la récupération de cette petite somme me sauverait pour ainsi dire la vie.

Pour l'instant, nos impôts fonciers et scolaires non acquittés depuis deux ans, auxquels s'ajoutait l'intérêt composé, atteignaient une dette de plus de mille dollars. Nous devions aussi beaucoup au marchand de bois et de charbon.

Mon frère Germain, sans école, s'était vu contraint, pour n'être pas du moins à notre charge, d'accepter un poste temporaire au Collège de Saint-Boniface alors en si mauvais état financier qu'il ne pouvait offrir à mon frère, en retour d'une vingtaine d'heures de cours par semaine, que ses repas, le gîte et un peu d'argent de poche. Mon frère réduisit sa ration de tabac à presque rien, et passa l'hiver dans un manteau usé à la trame. Il me semble que de la main, souvent posée en travers de l'entrecroisement vers le milieu du manteau, il cherchait à en dissimuler la partie la plus élimée — geste en tout cas que nous ne lui avions pas connu avant. Quand il obtint enfin une école en Saskatchewan, je dus lui avancer le prix du billet de chemin de fer, et je me rappelle encore aujourd'hui la somme exacte, tant, je suppose, elle m'avait paru énorme : dix-neuf dollars cinquante. Sa femme, au cours de l'année que Germain passa à Saint-Boniface, avait réussi, elle, à se dénicher une école de plusieurs classes dans une région isolée, pour un salaire qu'on n'eût jamais osé offrir à un homme, mais à une femme on le faisait alors sans trop de gêne. Sur ces soixante dollars par mois, elle devait se loger, se nourrir, se vêtir, élever leur petite fille de deux ans qu'elle gardait auprès d'elle et pourvoir, bien entendu, à leurs frais de voyage et à ceux de la maladie s'il en survenait. Germain partit, tout réjoui, en Saskatchewan. Le poste qu'on lui offrait ne se trouvait guère éloigné de celui de sa femme. Il allait pouvoir rendre visite à sa petite famille en fin de semaine. Un fermier voisin lui loua à prix raisonnable un ancien buggy et une tout aussi vieille jument qui n'allait pas souvent plus vite qu'au pas.

Antonia m'a souvent raconté comment, sa classe à elle terminée, le vendredi soir, elle prenait la petite Lucille par la main, toutes deux marchant à une assez bonne distance de la maison pour aller s'asseoir au sommet de la seule butte qui se trouvât au milieu du pays plat, tel justement un poste de guet. Au loin, elles voyaient enfin apparaître l'équipage à une allure bien lente au gré de celles qui attendaient sur la butte comme au reste à celui qui venait. Parfois, vers la fin du trajet, Antonia croyait voir le fouet remonter comme sous le coup de l'impatience. Mais Germain avait toujours été tendre envers les bêtes. Il ne pouvait se résigner à brusquer la vieille bête de ferme. La lanière retombait plutôt comme une caresse sur la large croupe de Flossie. Malgré tout, je pense que tous, cette année-là, l'enfant, le père, la mère, se prirent d'affection pour Flossie dont ils parlèrent longtemps plus tard avec une curieuse insistance comme d'une vieille amie des temps durs.

Bientôt, du petit monticule, l'enfant adressait des signes d'amitié et de joie à son père. Antonia et Germain regardaient simplement, avec impatience, la distance entre eux, peu à peu, diminuer.

Ces deux-là durent attendre, pour réaliser leur modeste rêve de travailler côte à côte dans une même école, lui comme directeur, elle comme maîtresse des petites classes, d'avoir laissé derrière eux la moitié déjà de leurs vies.

Et c'est au cours de ces dures années, la misère y étant partout si bien répandue qu'elle paraissait normale, que je ne songeais plus, moi, qu'à prendre mon envol.

Finalement, maman avait trouvé un acheteur, et le marché se conclut vite, presque sans hésitation. Depuis que j'étais au monde, en tout cas certainement depuis l'âge de raison, j'avais entendu parler de cette inévitabilité de vendre notre maison. Cent fois le projet s'était rapproché à nous toucher de son aile sombre, puis s'était éloigné, nous laissant encore respirer en paix pendant quelque temps. Et tout à coup, c'était chose faite, il n'y aurait plus jamais à y revenir. Quand maman m'apprit d'un ton calme pourtant : «J'ai vendu la maison...» je reçus un choc dont au fond je ne me suis jamais remise. Encore maintenant c'est toujours pour moi comme si ce jour-là elle m'avait dit : «Voilà, j'ai vendu une partie vivante encore de notre vie.»

Maman semblait pourtant dès lors accepter le fait mieux que je ne l'aurais pensé. Délivrée de tant d'objets, de meubles, de ce qui s'accumule dans une vie, elle se sentait peut-être enfin en disponibilité pour la première fois de son existence envers tant de choses qu'elle avait désiré accomplir, et il se peut que ce sentiment si nouveau pour elle l'eût allégée comme quelqu'un qui jette du lest. Elle sembla en tout cas presque mystérieusement rajeunie tout à coup et prête, on eût dit, pour une autre vie plus légère, plus aérienne, presque sans attache autre que celle du cœur.

Nous ne touchions pas une grosse somme pour notre maison, à peine plus, nos dettes acquittées, que pour assurer à maman pendant un an ou deux — jusqu'à ce que je revienne d'Europe, pensais-je — une faible rente. Mais nous avions conclu avec le propriétaire actuel une entente qui nous plaisait : il nous louait à prix modique trois pièces, à l'étage de la maison, arrangées en un petit appartement commode.

C'est sans doute parce que, somme toute, nous restions chez nous que j'ai moins souffert que je ne l'aurais cru, le premier choc passé, de la vente de la maison où j'étais née le 22 mars 1909, où j'avais rêvé mes rêves les plus persistants qui encore aujourd'hui me mènent, fatiguée comme je suis de courir vers leur illusoire beauté. Maman disposait tranquillement et comme sans le regretter du surplus de notre ameublement : tapis, lampes, grande table de la salle à manger. Elle était engagée sur cette voie du renoncement qu'elle n'allait plus cesser maintenant de poursuivre jusqu'au jour de sa mort, où nous décrouvririons avec stupeur qu'elle ne possédait en propre guère plus que ne possède une vieille nonne liée par ses voeux de pauvreté.

Nous nous sommes donc installées, maman, Clémence et moi, pour une année encore ensemble, à l'étage, dans les trois pièces que nous avions nous-mêmes, quand nous étions propriétaires, tant de fois louées à des passants d'une semaine, d'un mois, ou à des gens restés avec nous pendant des années et devenus des amis.

«Au fond, disait maman, c'est presque mieux ainsi. Nous avons toujours nos arbres, notre petite rue, notre tranquillité, sans tous les soucis qui les accompagnaient.» Par bonheur, notre propriétaire tenait aussi à ces mêmes biens, et en prenait grand soin. En somme, nous avons été presque plus heureux, devenus locataires dans notre maison.

Cet été-là, maman comme d'habitude alla passer la belle saison chez son frère Excide. Moi, je gagnai Camperville, un tout petit village de rien du tout sur les bords du merveilleux lac Winnipegosis — l'un des plus limpides et aussi des plus tempétueux du Manitoba. J'y allais passer plus d'un mois chez une cousine que j'avais là-bas, Eliane, la fille aînée de mon oncle Excide et dont le mari, Laurent Jubinville, dirigeait la ferme-école rattachée à la mission oblate de la réserve indienne. La maison était seule au milieu d'un immense champ de cailloux, et il se dégageait de cet étrange paysage nu un sentiment de désolation. Mais au bord du lac, à écouter son chant inlassable, je me sentais consolée et heureuse. Eliane avait alors six adorables jeunes enfants, elle-même, une belle femme blonde, élancée, aux yeux bleus tout pleins de bonté, étant encore toute jeune et comme imprégnée des rêves candides de la jeunesse. Pour me distraire, pour rendre service, je faisais la classe à ses trois aînés. Ils s'attachèrent à moi d'une façon inoubliable. Ils désiraient apprendre comme je n'ai jamais vu enfants autant le désirer. Quand j'écrivis, des années plus tard, *La Petite Poule d'Eau,* je mêlai beaucoup de détails et d'éléments pris à Camperville à ceux de la région de la Petite-Poule-d'Eau, les deux contrées ayant au reste beaucoup en commun. L'enfant Joséphine de *La Petite Poule d'Eau* me fut inspirée par la petite Denise de ma cousine

Eliane qui, à peine âgée de cinq ans et demi, me suivait partout, dans l'escalier, au dehors, dans le champ de cailloux, son abécédaire à la main, me suppliant à chaque pas: «Cousine, montre-moi encore une autre page.» J'entends encore souvent leur douce petite voix chantante à tous: «Cousine, montre-nous comment faire. Montre-nous...» Les vrais enfants de *La Petite Poule d'Eau,* je les ai pris pour une bonne part, c'est certain, chez ma cousine de Camperville. De même que j'ai pris à Eliane, je m'en confesse, les yeux bleus «toujours un peu émus» ou tout «pleins d'émotion» de Luzina. Je passai là un doux été rêveur, en paix avec moi-même, oublieuse pour l'instant de mes projets d'avenir, contente tout simplement de l'instant présent, comme cela ne m'est pas arrivé tellement souvent.

Je n'étais pas pour autant oisive. Je me réservais l'avant-midi pour mes écritures car je ne désarmais pas et, toute mécontente que je fusse de ce que je composais, je me reprenais le lendemain. Je devais m'essayer la main alors avec des légendes indiennes issues de la réserve toute proche. J'ai essayé tous les genres avant de trouver le mien. J'écrivais des tas de pages dont j'ai gardé bien peu, déchirant presque tout au fur et à mesure, car, n'ayant qu'une valise, comment aurais-je pu rapporter toute cette paperasserie?

L'après-midi, j'appelais mes élèves à l'école dans la salle commune de la maison qu'Eliane nous avait attribuée. Un petit tableau noir, de la craie, quelques brosses à effacer que j'avais apportées faisaient la joie des enfants. Comme aux portes du paradis, les plus petits, au seuil de la salle, pleuraient «pour venir aussi à l'école». Le vendredi, nous y laissions entrer le petit Réal âgé de quatre ans, qui s'asseyait dans un coin et docilement suivait les leçons dans le plus complet silence.

Pour récompenser mon petit monde, je les emmenais tous, la classe terminée, à la baignade dans les froides eaux si propres du lac. Eliane ne l'aurait pas permis aux enfants sans surveillance, car les remous de la vague, même au bord, étaient dangereux. C'était donc pour ces petits une fête extraordinaire que de pouvoir enfin découvrir leur lac à moins de dix minutes de la maison. Nous revenions lavés, un peu alanguis, l'aîné portant dans ses bras la toute petite Marielle de deux ans aux cheveux dorés.

Le soir, j'enfourchais ma bicyclette et parcourais des pistes indiennes. Tracées sans doute depuis des générations et des générations, elles étaient toujours tranquilles, sinueuses, douces sous la roue ou au pied, et invitantes comme si elles eussent tout juste été découvertes. Le chant des feuillages m'accompagnait tout au long, telle une douce musique elle non plus jamais interrompue depuis que les «Sauvages» passaient par là.

Ces belles vacances prirent fin. Je rentrai retrouver ma classe à l'Académie Provencher. Ce serait définitivement ma dernière année d'enseignement. Maman, à la fin de septembre, n'était toujours pas rentrée. Les battages avaient été beaucoup retardés, cette année-là, par de fortes pluies. Maman ne voulait sans doute pas quitter son frère tant que ces lourds travaux ne seraient pas terminés. Mais je l'imaginais aussi consolée de la perte de sa maison par ce qu'elle retrouvait là-bas de constant, à jamais fidèle à son cœur, la terre, le haut ciel clair de la Montagne Pembina, les travaux toujours les mêmes aux mêmes saisons.

Octobre venu, je commençai à trouver qu'elle exagérait. Je n'aimais pas penser qu'à soixante-neuf ans elle se fatiguât vraiment trop au service de son frère tellement plus jeune qu'elle. Je me doutais qu'elle en était, avant de revenir, à mettre la maison bien en ordre, passant en revue les rideaux, raccommodant ce qui tenait encore, remettant à neuf ce qui ne pouvait plus être sauvé, remplissant aussi les armoires de confitures, de gelées, de bocaux de légumes de toutes sortes. J'admettais mal, un peu jalouse, je pense, qu'elle se dépensât tellement pour un frère qui me paraissait parfois avoir un peu trop profité d'elle.

Enfin elle arriva. C'était un soir de fin d'octobre. Il gelait déjà. On était à la veille des premières chutes de neige. Maman revenait avec une grosse valise bourrée de confitures, gelée de pembina, beurre fin, crème douce — ces cadeaux de la ferme pour nous sans prix dont maman, à son tour, entendait faire des cadeaux autour d'elle. D'ailleurs, une part de ces bonnes choses était envoyée par l'intermédiaire de maman à Rosalie, son unique sœur qui habitait Winnipeg et que l'oncle Excide n'eût pas voulu oublier.

Dès le lendemain matin, au bord d'un rhume, l'air vraiment très fatiguée, maman m'annonça qu'elle irait ce jour même chez Rosalie lui porter sa part de présents. Je lui avais trouvé mauvaise mine à son arrivée. Elle avait maigri et semblait avoir travaillé, comme exprès, au-delà de ses forces, pour échapper peut-être à quelque peine. J'essayai de la retenir, lui représentant que la journée était froide, la chaussée glacée, et que ma tante pourrait certainement attendre un jour encore sa part des cadeaux de la ferme. A quoi maman répondit qu'elle avait, à l'intention de ma tante, un pain de ménage dont Rosalie était très friande et qu'elle ne voulait pas la priver de s'en régaler au plus vite, elle qui avait passé l'été rivée à sa machine à coudre. Alors je me fâchai et dis à maman que c'était ridicule à la fin, une vieille femme de son âge passant son été à trimer chez l'oncle, ensuite, à peine de retour, déjà sur les chemins comme une pauvresse... Je m'arrêtai court. Nous nous regardions, maman et moi, dans la stupeur. Hier c'était elle qui me parlait ainsi : « Penses-tu donc, parce que tu es jeune, pouvoir indéfiniment brûler la chandelle par les deux bouts ? Tôt ou tard, ta santé se ressentira de trop de veillées. » Ou bien : « Cours, fais ta folle, dépense-toi sans écouter le bon sens, mais un jour, ma pauvre enfant, il faudra payer le prix... »

Et voilà que, sans qu'on y eût pris garde, les rôles étaient intervertis. C'était moi qui grondais, et maman, exactement comme moi naguère, qui haussait l'épaule, faisait l'indépendante, s'en allait à ses affaires avec l'air de dire : « Vas-tu bien me laisser tranquille. » Alors je sus que j'étais comme elle, et, comprenant tout à coup pourquoi elle renotait et disputait, j'éprouvai pour elle la profonde compassion que l'on ne ressent jamais pour les autres qu'à travers sa propre impuissance.

Je la vis attendre le tramway au bout de la rue, les bras pleins de paquets encombrants, mal protégée du froid dans son manteau trop léger, sans gants peut-être, et tout à coup, pour la première fois de ma vie, maman à mes yeux eut l'air d'une pauvre. Elle que j'avais toujours connue si riche de rêves, là-bas, à l'arrêt du tram, les yeux à terre, la tête basse, elle semblait parvenue à je ne sais quelle inexplicable impasse. Au pire de nos tourments d'argent et même de nos désunions, je ne l'avais pas vue livrée ainsi, plus encore, me sembla-t-il, qu'à un vent d'hiver, à un vent de défaite.

XVI

Je fus inquiète toute cette journée-là, sans percevoir de cause précise à mon angoisse. En rentrant, je demandai :

— Maman n'a pas téléphoné ?

— Non, dit Clémence. Elle doit être en route. Ou bien ma tante la garde à souper.

A six heures, j'appelai chez ma tante. Elle m'apprit que maman était partie depuis des heures, supposément par le tram.

Il était sept heures quand un policier sonna à notre porte. Il m'apportait la nouvelle que maman, à la suite d'un accident dans la rue, avait été transportée à l'hôpital Miséricordia qui se trouvait non loin justement de chez ma tante. En avançant sur la glace vive de la rue pour prendre son tram, elle avait glissé et s'était fracturé une hanche. Un automobiliste l'avait recueillie.

Je partis immédiatement pour cet hôpital situé tout à l'autre bout de la ville, en quartier anglais, bien entendu, et je me demandais, en roulant dans le tram, comment maman, connaissant si peu d'anglais et probablement sans argent sur elle, avait pu se débrouiller. A cette époque, il fallait presque avoir l'argent à la main pour être admis à l'hôpital, ou avoir du moins avec soi un répondant.

Elle était dans une chambre à quatre lits et, parmi ses voisines, il s'en trouvait heureusement une autre de langue française avec qui maman avait déjà lié conversation. Elles s'entraidaient l'une l'autre, je pense, pour arriver à se faire comprendre de l'infirmière.

Dès qu'elle m'aperçut à l'entrée de la chambre, toute souffrante qu'elle fût, et j'ai su plus tard qu'elle souffrait horriblement, son visage s'embrasa de bonheur, oui, un air de vrai bonheur y rayonna, d'autant plus visible, je crois me rappeler, qu'il avait à se faire un chemin à travers les marques du souci, de la gêne à cause de l'embarras qu'elle causait et aussi de la douleur physique. Elle avait si peu souvent dérangé, si peu demandé pour elle au cours de sa vie, que ma course précipitée pour arriver à son chevet, au lieu de lui paraître toute naturelle, lui apporta la première véritable preuve, peut-être, qu'elle était aimée de moi, et elle en reçut, en pleine détresse, tant de joie que le spectacle me fit mal au cœur. Je pense d'ailleurs qu'elle en chérit le souvenir tout le reste de sa vie. Et puis, arrivée ici en vêtements de pauvre — et que dire des sous-vêtements si ceux de l'extérieur ne payaient pas de mine — maman, à me voir surgir dans mon gentil petit ensemble d'automne couleur rouille, dut se sentir vengée et réconfortée. Elle me présenta aux autres occupantes de la chambre sur un ton un peu exalté qui n'était pas uniquement celui de la fièvre montante mais qui vibrait aussi de fierté. Cette étrange et je dirais presque douloureuse fierté qu'elle mettait à reconnaître à ses enfants une indéniable supériorité sur elle-même! Je la sentais cependant bien souffrante, en dépit du calmant qu'on lui avait administré; mais elle n'en conviendrait sûrement pas. Un peu plus tard, seulement, quand la chambre fut envahie par la visite de l'Ukrainienne, puis de la compatriote de l'Ile-des-Chênes, puis de la dolente Mennonite, et que toutes ces gens se mirent à parler fort dans la langue de chaque groupe, des hommes y fumant même la pipe, alors seulement maman, des yeux, m'adressa une sorte de supplication qui signifiait: «Si tu le peux, sors-moi d'ici.» Et je lui répondis à voix haute:

— Demain, je te le promets, j'y verrai. Tâche malgré tout maintenant de dormir.

Sur le seuil, je me retournai pour lui faire un sourire. Je me revis, couchée comme elle était maintenant dans une autre chambre à quatre lits, la regardant partir avec désespoir, elle qui s'en allait s'atteler au plus vite à la besogne de me sauver. Et toutes choses me parurent à ce point semblables, hier et aujourd'hui, l'ordre étant simplement interverti, qu'il me sembla impossible de jamais changer notre vie, et l'espoir m'abandonna presque en entier.

M'en revenant par le tram dans la nuit obscure, Dieu me pardonne, j'entrevis que maman pourrait rester infirme, tout au moins très diminuée, qu'au mieux sa maladie allait ronger une bonne part de ce qui provenait de la vente de la maison, que je ne pourrais pas la quitter dans ces conditions, qu'ainsi donc après tout je ne partirais pas. Je vis que s'éteindrait pour moi, comme il s'était sans doute éteint dans bien des vies dont j'étais issue, le curieux rêve qui me poussait depuis des années à atteindre quelque chose que je ne connaissais pas et qui me ferait moi-même, et je ressentis de la peine pour cette part de moi qui ne viendrait pas à la vie et me resterait donc ainsi toujours cachée. Mais aussi j'éprouvai comme une sorte de lâche soulagement à l'idée que ce trop difficile chemin embrumé et à l'écart me serait épargné et que je pourrais désormais avancer avec les autres dans le commode sentier de tous, me sentant entourée et soutenue de chaque côté. Dans une vitre assombrie du tram, je crus m'apercevoir au loin dans l'avenir, regardant justement dehors à travers une fenêtre d'un regard fixe et comme doucement résigné défiler à mes yeux ce que j'imaginerais alors qui aurait pu être.

Le lendemain matin, je cherchai l'avis de la garde-malade attachée à la Commission scolaire, qui faisait réguliè-rement la visite de nos classes, m'enquérant auprès d'elle du meilleur orthopédiste en ville. «Sans conteste, me dit-elle, le docteur Mackinnon.»

Je montai au bureau du principal et lui demandai la permission de téléphoner. D'un geste bienveillant il m'indiqua son large fauteuil et l'appareil placé sur la table-bureau. Pour me mettre plus à l'aise, il se donna même un prétexte pour sortir. J'eus au bout du fil une voix au rude accent écossais qui me rappela le bon vieux docteur Mackintyre et j'en fus comme encouragée. J'obtins sans peine un rendez-vous pour la fin de l'après-midi de ce même jour. D'ici là, m'assura le docteur Mackinnon, il serait passé à l'hôpital voir maman.

Le Frère Joseph me permit de partir une heure avant la fin de la classe. Et me voilà de nouveau lancée en tramway à travers des quartiers de Winnipeg que je ne connaissais pas — comment connaître d'ailleurs jamais cette ville si éparse, si étendue! Si je regarde vers ces années de ma vie, je me revois très souvent parcourant la ville en tramway, ou de jour, ou dans une sorte d'obscurité, toujours obsédée par quelque problème, quelque inquiétude, quelque remords, quelque hâte mystérieuse. Quelque temps plus tard, ce sera le train qui m'emportera, franchissant les espaces vertigineux du pays, et je me vois roulant vers l'avenir prometteur, ou revenant pour voir mourir l'un des miens et repartant avec une peine. Il me semble parfois que les grandes émotions de la vie et même le sentiment de vivre, c'est-à-dire de frémir, je les ai ressentis le plus profondément en route, quelque part, dans de petits trams cahotants ou dans les longs trains hurleurs; ou encore à pied, par des rues inconnues de villes où je ne connaissais âme qui vive. Ainsi roulent, voyagent, marchent inlassablement les personnages de mes livres, et est-ce étonnant quand moi-même me suis si peu souvent assise et n'ai pour ainsi dire cessé toute ma vie d'être en marche? Pourtant, quand on me l'a fait remarquer, j'en ai été franchement étonnée, n'ayant pas tout à fait saisi moi-même que j'avais créé des êtres par certains aspects à ma ressemblance.

J'arrivai en retard chez le docteur Mackinnon, m'étant trompée de correspondance en route. Je fus surprise de le découvrir âgé et l'air malade, le visage empourpré, de grandes poches sous les yeux. En fait il devait mourir avant maman. J'ai pourtant rarement vu un homme si oublieux de ses maux pour ne penser qu'à ceux des autres. A peine étais-je installée en face de lui, sous la clarté d'une lampe à abat-jour épais, qu'il pencha vers moi sa grosse tête aux cheveux blancs.

— Ne craignez rien. Votre mère n'est pas en danger.

— Ah bon! Mais que faut-il faire?

— L'opérer. Réduire la fracture. Puis l'immobiliser dans un corset de plâtre, enfermant le torse, les deux bras, une jambe.

— Ah que c'est dur !

— En effet ! Surtout chez une femme de caractère énergique comme votre mère. Elle est admirable, fit-il. J'ai rencontré deux ou trois êtres dans ma vie, pas beaucoup plus, qui m'ont donné l'impression d'aimer aussi passionnément la vie.

Ainsi il avait bien pris déjà la mesure de maman. Mais comment ?

— Elle parle à peine l'anglais. Comment vous êtes-vous compris tous les deux ?

— Le geste, la physionomie, la mimique de votre mère la feraient comprendre des plus bornés. Je me suis aussi rappelé quelques mots de français appris dans ma jeunesse. Et puis votre mère trouve bien aussi les mots quand il le faut absolument.

Je fus saisie du portrait d'elle qu'il me faisait, si juste que je sentais venir en moi une immense confiance envers ce vieux médecin.

— Marchera-t-elle au moins, plus tard ?

— Ce n'est pas sûr, me dit-il, mais je crois que oui.

C'était à moi seule de prendre la décision concernant maman. Anna, déjà atteinte d'une lente maladie qui allait dégénérer en cancer, tombait dans de longues périodes d'apathie et d'intense fatigue. Dédette, au loin, contrainte par les règlements de sa communauté, ne pouvait guère aider, comme elle le disait, que par ses prières, et combien elle s'y employa, la pauvre âme ! Adèle, encore plus loin, enseignant alors à des enfants de colons, d'un petit poste perdu dans le nord de l'Alberta, ne pouvait pas m'être beaucoup plus utile. Rodolphe, pour l'instant, ne donnait pas signe de vie. Il n'y avait pas à dire, le sort de maman reposait entre mes seules mains, et j'en étais effrayée.

Enfin je songeai à m'informer :

— C'est combien pour l'opération ?

A l'instant même, il me sembla être de retour dans ce cabinet de consultation où maman m'avait emmenée, et c'était moi que l'on voulait guérir, et c'était maman qui posait avec effroi la question :

«Combien, docteur ? »

— Normalement, expliqua le docteur Mackinnon, c'est deux cent cinquante dollars. Mais je vois à de petits signes que je connais bien, car je viens d'un milieu presque pauvre, que vous n'êtes pas riches. Que diriez-vous de cent dollars?

Je tressaillis, non pas au chiffre énoncé, mais parce que j'avais été à ce point plongée dans le passé que j'avais perdu de vue pour un instant où j'étais.

— Cent dollars!

Et tout à coup, soulevée par la confiance que m'inspirait le docteur, je me surpris à m'ouvrir le cœur à lui comme je ne l'avais fait avec personne encore. Je lui disais que j'avais à la banque l'argent pour tout régler d'un coup s'il le fallait, l'hôpital, l'anesthésie, l'opération. Mais que cette somme représentait huit années de petites économies mises bout à bout de peine et de misère dans le but d'aller passer une année au moins en Europe, pour une raison que je ne pouvais d'ailleurs m'expliquer clairement. Peut-être au fond pour me soumettre à un essai, découvrir si j'étais apte à devenir quelqu'un, quelque chose, n'ayant là-dessus qu'une idée bien confuse, pas même assurée au reste d'avoir du talent, mais que c'était ainsi et que je n'y pouvais rien, j'étais comme possédée par la folie de m'arracher du sol. Et que c'était maintenant ou jamais, car c'est tout juste si j'avais encore la force de partir. Bientôt je ne pourrais plus. De jour en jour, je sentais les liens de la routine, de la sécurité, de l'affection aussi se resserrer pour mieux me retenir.

Il avait repoussé un peu la lampe de son bureau, afin que la lumière sans doute ne me gênât pas, en sorte que je lui parlais dans une douce pénombre qui me facilitait, je pense, la confidence.

Tout à coup il se leva et avec une force, une détermination surprenante, m'enjoignit:

— Partez, partez avant que la vie ne vous enlise vous aussi comme elle a enlisé tant des vôtres... des miens aussi, dit-il avec mélancolie. Est-ce un marché entre nous? reprit-il presque gaiement. Je guéris votre mère. Je la remets sur pied. Et vous, vous partez... Dans l'avenir, si vous le pouvez, et si je suis toujours de ce monde, vous me dédommagerez de la manière qui vous paraîtra juste. Je laisse cela à votre conscience.

Je partis, en un sens rassurée, et de l'autre encore plus accablée. J'avais peine à retenir les larmes qui me venaient de temps à autre tout le long du trajet en tram coupant une autre partie de la ville, puisque de chez le docteur Mackinnon je faisais un crochet pour m'arrêter à l'hôpital. Mais c'était à cause d'une bonté humaine dont je me sentais indigne que j'avais envie de pleurer. Mon opération à moi avait-elle seulement été acquittée? Je n'en étais pas sûre. Celle de maman le serait-elle jamais si je ne possédais pas le talent que j'espérais tellement mettre au jour? Je fus dévorée de doutes sur moi-même comme jamais, au cours de cet interminable voyage en tram à travers une autre partie de la ville que j'essayais de situer en essuyant parfois de la main la vitre embuée, mais alors j'y voyais surtout mon visage anxieux qui semblait me dire : «Tu as reçu, toute ta vie, en bonté sans prix, en dévouement. As-tu seulement quelque chose à donner en retour?»

Je trouvai maman moins abattue que la veille, presque gaie, faisant la causette avec l'Ukranienne — et comment s'y prenaient-elles pour se comprendre, sa nouvelle amie ne connaissant guère plus d'anglais que maman, je ne l'ai jamais saisi, pourtant des années plus tard, maman me parlerait souvent encore de cette connaissance et de mille détails sur sa vie qu'elle n'avait pu apprendre qu'en ces quelques jours d'hospitalisation.

Aux premiers mots que je lui dis au sujet de ma visite chez le docteur et de la décision de l'immobiliser dans un plâtre, elle perdit toute sa gaieté. Elle fut un moment atterrée, puis se cabra :

— Jamais! Jamais!

A son âge ce serait une folie de se laisser enfermer ainsi, se défendit-elle. Elle ne pourrait en sortir vivante. Mieux valait accepter l'infirmité qui avec le temps lui permettrait de se déplacer quelque peu, et qui sait, se révélerait peut-être moins grave qu'on ne le pensait.

— Et m'enfermer moi aussi, me retenir à jamais à côté de toi, lui dis-je avec brutalité, car tout à coup j'avais compris que c'était la seule arme que je possédais contre sa volonté récalcitrante.

Elle en devint toute pâle. Au frémissement de son regard je vis combien le coup avait porté. Elle abaissa les yeux :

— Eh bien! si tu penses que je dois y passer...

Pourtant le lendemain matin, le principal vint, à la porte de ma classe, m'annoncer que le docteur Mackinnon me demandait au téléphone. J'entendis la bonne voix un peu bourrue :

— Votre mère refuse de se laisser opérer.

— Ah doux ciel! Est-ce que cela peut attendre? Le temps que je l'entreprenne...

— Un ou deux jours. Guère plus. Je crains l'infection. Et puis son cœur montre quelques signes de fatigue.

— J'irai à l'hôpital le plus tôt possible.

Le Frère Joseph, ce jour-là, avait entendu une partie de mes réponses. Il me proposa de partir aussitôt...

— Mais!

En ce temps-là, à moins de décès dans la famille ou d'être soi-même très sérieusement malade, il fallait défrayer de sa poche la journée d'une suppléante.

— Allez, me dit-il. J'enverrai l'une et l'autre de vos compagnes à tour de rôle jeter un coup d'œil sur votre classe. Donnez-lui beaucoup de travail à faire. J'irai moi-même passer un moment avec vos petits. Ça me sera utile.

Et je fus encore une fois ballottée dans un tram qui, à cette heure, s'arrêtait à chaque coin et me parut mettre des heures à arriver.

Dès le corridor, j'entendis maman et l'Ukrainienne qui en étaient à faire le compte de leurs enfants, en les nommant chacune pour le bénéfice de l'autre. J'entendais : «Irena, Olga, Ivan, Anna, Adèle, Bernadette...»

Je coupai court à tout cela. J'étais très fâchée.

— Voilà trois jours, dis-je à maman, que je cours. Je trouve pour toi le meilleur orthopédiste de la ville. Ce matin, il se dérange. Il vient de bonne heure de l'autre bout de la ville exprès pour toi. Et qu'est ce qu'il trouve? Une vieille femme entêtée qui avait dit oui hier, qui dit non ce matin.

Maman détourna les yeux. Elle ne se sentait peut-être pas coupable d'avoir dit oui puis non, mais d'avoir fait venir pour rien le vieux médecin écossais qu'elle commençait à estimer beaucoup.

— On m'a dit, fit-elle, que les os reprennent parfois très bien tout seuls, que la soudure se fait d'elle-même et qu'au bout d'un mois ou deux, même avec une fracture comme la mienne, on peut se remettre à marcher. Une femme de la chambre voisine, à qui c'est arrivé, est venue et me l'a assuré. Et ça coûterait moins cher...

— Et comment marcheras-tu, lui dis-je en moquerie, à supposer que soit vraie ton histoire de bonne femme ?

Tout à coup je me transformai sous ses yeux en vieillard, j'appelai à mon aide tout le talent de mime que je possédais, me déhanchai, me pris, le cou tordu, le visage croche, traînant derrière moi une jambe inerte, à traverser la pièce, m'accrochant au passage à tout ce que je pouvais attraper, geignant tout ce temps-là et peinant à fendre le cœur le plus dur.

L'Ukrainienne s'esclaffa, même la douce Mennonite triste eut un rire léger, et maman finit par suivre, gagnée malgré elle par les autres.

— C'est bon, dit-elle, sans plus de résistance qu'une enfant. Mais...

Je sus tout à coup ce qu'elle désirait et auquel j'aurais dû penser avant. Nous avions une amie infirmière que maman chérissait. Je lui promis :

— Clérina se trouve libre. Je passe l'avertir ce soir. Je lui demanderai de se trouver près de toi demain quand on t'endormira et après quand tu te réveilleras.

Jamais elle n'avait été anesthésiée, même à la naissance de ses enfants, et j'aurais dû comprendre que sa principale frayeur lui venait peut-être d'être endormie de force.

Elle se réveilla comme enfermée en un cercueil, dépendant des autres, même pour le manger qu'on lui fit prendre d'abord à la cuiller, elle qui n'avait dépendu de personne, et rien ne fut plus triste à voir, pendant quelques jours, que ses yeux nous suivant dans l'impuissance d'une prisonnière à vie. Je crois bien que dès l'instant où elle se découvrit dans cette dépendance jusqu'au jour où elle en sortit, elle ne dormit pas une seule nuit, en dépit de ce qu'elle affirma. Seulement peut-être un petit moment par ici, une minute par là. Pourtant elle refusa jusqu'au bout de prendre des somnifères, même les plus légers, même après que l'eut morigénée son bon docteur Mackinnon qui, à la fin, la laissa faire, me disant : «J'ai souvent vu des femmes de cette trempe et de sa génération refuser catégoriquement le sommeil artificiel et même parfois des calmants, et je me suis demandé parfois si ce n'est pas par une sorte de fierté d'âme.»

Au bout de deux semaines, il nous permit de ramener maman à la maison, et jamais je n'oublierai quelle peine nous eûmes à hisser la civière par l'escalier tournant et de quel œil inquiet maman, retenue par des sangles, suivait les efforts des brancardiers pour lui faire franchir ce passage difficile. Mais, installée dans son propre lit, elle retrouva le courage qui avait failli l'abandonner. Elle apprit à se servir assez bien de sa main gauche, la seule libre. Surtout, elle passa des heures, le visage tourné vers la fenêtre, à regarder le ciel que nous avions toujours eu sous nos yeux, n'en revenant pas de ce qu'il lui disait maintenant. Comme Anna plus tard, avant de mourir, comme Dédette aussi que je verrais sans cesse tourner les yeux vers le ciel, maman, qui avait été toujours si active, découvrait le profond ciel du Manitoba et s'en étonnait sans fin, s'étonnait que l'on pût voir mieux parfois, de la prison, qu'en liberté. Un soir que, rentrant de l'école, je la trouvai en contemplation de l'immense ciel vide, elle eut une réflexion qui m'obsède encore : «Que le ciel qui connaît tout, sait tout, et ne dit jamais rien, nous console cependant, comprends-tu cela, toi?»

Nous avions une aide-infirmière qui venait le matin lui faire sa toilette, rafraîchir son lit, la retourner sur le ventre pour un moment de répit en la roulant sur elle-même, comme un bloc de ciment. Une de nos voisines ne manqua, presque aucun jour, de lui apporter une tasse de bouillon de poulet ou de légumes encore tout chaud. Pour le reste, nous nous débrouillions, Clémence et moi, maman nous demandant si peu au fond, aujourd'hui je m'en aperçois enfin.

Clémence fut parfaite. Dès qu'on eut besoin d'elle, qu'on fit appel à ses services, cette pauvre enfant malade à qui on avait voulu éviter toute responsabilité se montra cent fois plus utile qu'on aurait pu le croire possible. Elle fit passablement bien la cuisine du moment que maman ne fut plus à côté d'elle pour tout réussir en un tour de main. Elle lui apportait son petit plateau, l'aidait à manger, nettoyait assez bien l'appartement. Et surtout, à travers ces mois qui eussent pu être si pénibles, Clémence se montra moins nerveuse, moins craintive, plus heureuse en somme que nous ne l'avions vue depuis des années. Maman n'était plus sur ses talons pour dire : «Donne, je vais faire pour toi...» Moi-même, n'ayant pas beaucoup de temps pour l'aider, m'en remettais à elle, la chargeais de petites besognes qu'elle en vint à accomplir de mieux en mieux. Un jour elle s'essaya presque en cachette à faire un johnny-cake, gâteau à la farine de maïs qui, lorsque j'étais enfant, me paraissait délicieux. Son gâteau était léger et bon. Maman, sans grand appétit, se força à en manger un morceau. Quand Clémence, toute contente, eut regagné la cuisine en rapportant le plateau, maman qui détestait tellement montrer de l'émotion me demanda, les yeux tout humides :

— Ne crois-tu pas que ç'aurait été mieux pour Clémence, au fond, si j'avais été infirme toute ma vie?

— Voyons maman, quelle folie te vient en tête! Trop de responsabilités trop longtemps pour un être comme elle aurait été tout aussi néfaste, tu le sais bien, que pas du tout.

— Ah! tu as sans doute raison, soupira-t-elle. C'est si difficile de savoir comment faire avec certains malades. Un médecin qui l'a soignée, il y a longtemps, m'avait bien recommandé de l'initier à se débrouiller, mais alors, si souvent quand je lui demandais un service ou la reprenais même patiemment, elle devenait rétive, prête à une de ces terribles crises, quand elle envoyait tout voler en l'air... Ou, cette autre fois où elle partit devant elle, se sauvant de la maison... et où nous l'avions cherchée de rue en rue, de quartier en quartier, tu te souviens, comme un pauvre petit chien perdu.

Elle mit la main devant ses yeux, comme n'en pouvant plus de supporter cette vision. Je l'amenai au calme doucement, en lui répétant que tout cela était fini, le médecin ayant assuré que ne se renouvelleraient pas ces grandes crises. Elle en convint, se laissa consoler et, comme il était bien plutôt dans sa nature, s'efforça bientôt de paraître moins secouée qu'elle ne l'avait été, et déjà toute revenue de ce souvenir.

La seule autre plainte qu'elle éleva au cours de sa maladie fut au sujet de son plâtre : il était vraiment trop lourd, trop grand, disait-elle ; le docteur avait exagéré, il faudrait lui en enlever sans quoi elle étoufferait.

Je téléphonai au docteur Mackinnon. A ma grande surprise, il me dit qu'il allait venir. Même en ce temps-là un spécialiste ne se déplaçait pourtant pas si facilement. Il arriva avec d'impressionnants instruments, de longs ciseaux, une sorte de petit marteau, des pinces, tout un attirail qu'il disposa sous les yeux de maman qui parut en attendre grand secours.

Assis au bord du lit, il lui promit qu'elle allait se sentir infiniment mieux quand il l'aurait délivrée en bonne partie de son « internement ». A moi, il avait pourtant confié qu'il ne pouvait guère que faire semblant de diminuer son plâtre, mais que cela suffisait parfois à rassurer les malades. C'est étonnant comme ils en étaient venus à se comprendre tous deux, chacun parlant pourtant à l'autre dans sa langue propre. A les voir côte à côte, le médecin penchant sa grosse tête vers maman, lui tenant la main, elle élevant vers lui des yeux brillants de confiance et de gratitude, je me disais : « Est-ce que je rêve ? Est-ce qu'entre cette vieille femme malade et ce vieil homme presque aussi malade qu'elle, il n'y a pas quelque chose comme une affection ? Est-ce que, jeunes, ils ne se seraient pas aimés d'amour ? » Alors, très au loin, je crus apercevoir la femme attirante qu'avait dû être ma mère.

Ses grands ciseaux en main, le docteur Mackinnon procéda à découper, autour du cou de maman, une très fine lanière de plâtre qu'il me tendit aussitôt, en me donnant à comprendre qu'il fallait la faire disparaître avant que maman ne l'eût vue.

— J'en ai enlevé un big piece, dit-il, et vous allez voir a great improvement.

Maman promena sa main libre autour de son cou et acquiesça :

— Oh oui, c'est beaucoup moins haut. Je respire déjà mieux. Quelle amélioration en effet !

Mais elle y avait pris goût. Une semaine plus tard, elle me demanda avec tant d'humilité que je n'eus pas le cœur de refuser : «Téléphonerais-tu au docteur Mackinnon? S'il y avait moyen de m'enlever encore un peu de plâtre...»

Il vint trois fois du bout de la ville pour lui enlever à chaque reprise une «retaille» d'un demi-pouce de largeur peut-être mais surtout pour l'encourager. «Tout irait bien. Sa captivité allait bientôt prendre fin. And then you will be full of spirit, again like a young girl.»

Enfin arriva le jour de sa délivrance. A voir ses yeux exprimer une attente presque insupportable du soulagement qui allait venir, je compris qu'elle avait dû aller presque à la limite de l'endurance humaine. A grands coups, cette fois, le docteur Mackinnon, le visage cramoisi, le souffle court, tailla dans la dure carapace, sans trop remuer ma mère elle-même. On eût dit qu'il dégageait une délicate chrysalide avec une infinie joie de la voir naître. Il m'avait pourtant avertie que les semaines à venir seraient parmi les plus dures qu'aurait à supporter ma mère. Et elle ne trouva en effet de repos pendant ces semaines ni dans son lit ni dans son fauteuil où nous la transportions quand nous avions de l'aide. Quelquefois, je la surprenais assise au bord du lit, les jambes pendantes, découragée non par la douleur lancinante, mais de ne pas parvenir à se mouvoir. Elle me lança une fois sur un ton d'accusation : «Mes jambes sont mortes, tu sais. Rien n'y peut faire.» Je ne la voyais pas essayer de se mettre debout à l'aide des béquilles que nous lui avions procurées. Je m'enfonçais dans une sorte de désespérance. Maman ne marcherait peut-être plus jamais par ma faute, moi qui avais tenu contre son gré à l'opération. N'était-ce pas elle alors qui voyait clair et moi qui me leurrais dans ma volonté de voir ma mère guérie afin que je puisse partir tranquille?

Un soir pourtant, rentrant de l'école, je la vis qui avançait de quelques pas avec le soutien des béquilles et suivie de Clémence qui se mordait les lèvres dans la peur de voir maman tomber. Elle fut presque aussitôt en nage, à la limite de ses forces. Mais quel courage était le sien! A peine un peu remise, de son fauteuil elle jeta un regard en quelque sorte amoureux et défiant sur le magnifique couchant qui embrasait ce soir-là la fenêtre. «Tu me reverras passer», me parut-elle lancer au soleil splendide.

Le lendemain, elle réussit trois ou quatre pas autour de la table en s'y retenant. Ses prouesses dès lors allèrent vite croissant. Un soir, dans la pièce où je me tenais, je la vis entrer, à petits pas mécaniques, sans soutien, se tenant un peu éloignée du mur. Sur ses traits éclatait la joyeuse surprise du petit enfant qui s'est mis debout de lui-même et tout à coup a réussi ses premiers pas.

Sa guérison s'acheva incroyablement vite, accompagnée d'une prodigalité de ses forces, à peine lui étaient-elles rendues. Elle qui avait été toute sa vie dépensière d'elle-même, comment, puisque par miracle quelques bonnes années encore semblaient devoir lui être accordées, n'en aurait-elle pas été, dans sa gratitude infinie, gaspilleuse à la limite? Des heures durant, assise dans son fauteuil, entre ses périodes d'exercices, elle se mit à coudre pour ses petits-enfants. Elle tricota des layettes pour ceux qui allaient naître, envoya de petites courtepointes faites de retailles à tous les coins du pays. Elle écrivit à des cousins éloignés dont on n'avait eu ni vent ni nouvelles depuis je ne sais combien d'années. Quand j'étais à ma classe, elle se risquait à descendre et remonter seule l'escalier tournant, ce que je lui avais bien défendu. La première chose que je sus, elle se rendit jusqu'à la bonne voisine aux bouillons de légumes et de poulet. Peu de temps après, je la surpris un jour en train de pétrir une pâte à tarte. «Madame Gauthier réussit bien ses soupes. Je vais lui montrer maintenant ce que c'est qu'une bonne tarte», m'apprit-elle simplement. Elle rayonnait de bonheur.

— Il faudrait quand même essayer de la retenir un peu, dis-je à Clémence.

— Si tu penses que c'est facile!

Déjà Clémence avait retrouvé un peu de son air et de son ton bougons.

Un matin frais de printemps, de bonne heure, je vis, dans un manteau sombre familier, une petite silhouette quelque peu tassée sur elle-même, encore assez droite tout de même, qui, au coin de la rue, attendait apparemment le tram.

— Mais c'est tout de même pas possible! Jamais je croirai qu'elle s'en va maintenant toute seule en ville!

— Eh oui! dit Clémence. Son idée était déjà faite hier.

Sous le bras elle retenait un assez gros paquet informe qui me rappela étrangement celui avec lequel elle était partie ce funeste matin de l'automne précédent.

— Mais qu'est-ce qu'elle a sous le bras?

— Un pain de ménage, ronchonna Clémence. Et tu peux être sûre qu'elle s'en va le porter à Rosalie.

XVII

Vint l'été que maman avait toujours accueilli avec une charmante variété de fleurs disposées gracieusement autour de la galerie à colonnades et en ronds et plates-bandes au milieu de la pelouse. Cette année, nous n'avions plus un pouce de sol à nous où repiquer au moins nos quelques géraniums rouge vif de maison. Maman ne s'en montra pas aussi désolée que j'aurais pu le croire. Au fur et à mesure que lui étaient enlevées des possessions, elle avait de plus en plus de cœur à donner à ce qui lui restait. Je la découvrais bien plus apte à la liberté que je ne l'avais pensé. Les mains libres, elle s'avançait pour ne plus conquérir à présent que les biens inaliénables. Mais j'ai compris cela seulement lorsque moi-même ne souhaitai plus guère que ces biens-là.

Cet été encore, elle devait le passer chez son frère Excide, et, me doutant bien que, reconnaissante à l'infini de sa guérison, elle entendait rendre grâce en se dévouant plus que jamais au service d'autrui, je la mis en garde contre son aptitude à se porter sans cesse au-devant de la besogne.

— Au moins, dis-je, quand ils seront à court de bras, ne va pas t'offrir pour traire les vaches.

Elle sourit avec cet air d'acquiescement trop rapide qui signifiait en général qu'elle allait justement n'en faire qu'à sa tête. Autant que grand-mère Landry, elle devenait impossible à retenir dans sa dépense d'elle-même au secours des autres.

Pour ma part, j'allais partir pour un étrange pays mi-ter-re, mi-eau, à quelque trois cents milles au nord de Winnipeg, une basse plaine de joncs, de lacs, de rivières, survolée d'innombrables oiseaux, que je baptiserais moi-même, je pense, le pays de la Petite-Poule-d'Eau. Voilà, en tout cas, ce qu'on m'en avait dit et qui m'attirait. J'avais obtenu là une de ces écoles, assez rares au Manitoba, qu'en raison de l'éloignement, des pauvres communications et de la dureté du climat, le ministère de l'Éducation ne maintenait ouvertes qu'en été seulement. J'y serais logée à leurs frais, par les gens du pays, et toucherais du ministère ma rémunération de cinq dollars par journée scolaire. Ainsi je pensais arriver à boucher quelque peu le trou fait dans mes économies par tout l'imprévu de l'hiver précédent. Voilà pour l'instant tout ce que j'escomptais de mon passage à la Petite-Poule-d'Eau qui allait pourtant imprégner ma vie entière de son indicible attrait. Mais tout le reste, qui me serait donné par surcroît : la découverte d'un des lieux du monde les plus enchanteurs ; la nostalgie qu'il déposerait en moi pour toujours du recommencement possible de l'expérience humaine sur terre ; le livre qui en résulterait bien longtemps plus tard ; la bonne fortune de ce livre — roman pour ainsi dire d'une petite école perdue au bout du monde et qui en serait la première — devenant livre d'étude en de nombreuses écoles du pays et d'ailleurs ; tout ce rebondissement inouï, alors que je partais pour la Petite-Poule-d'Eau, m'était aussi caché que nous l'est en fin de compte presque tout l'essentiel de notre destination.

Et qu'il est bon qu'il en soit ainsi ! Aurais-je pressenti un peu ce qui allait m'advenir que déjà sans doute l'aventure m'eût été moins profitable. Il fallait qu'elle me livrât entière à la dure solitude qui, elle, me poussa vers mes sept petits élèves, quelques adultes autour de moi, les oiseaux, le vent, l'immense silence de l'île, dans un besoin si effréné de solidarité qu'elle me fut accordée, et dès lors tout changea entre moi et cette contrée reculée que j'avais pu croire, en arrivant, dépourvue d'intérêt. Tant, tant de fois, la solitude m'a jetée ainsi dans une meilleure connaissance des êtres et des choses.

Maman se montra d'abord inquiète. Après avoir eu un si bon poste en ville, je courais, disait-elle, vers les pires trous, comme Adèle.

— Quand partiras-tu pour *l'autre côté*? me demanda-t-elle.

Ainsi avions-nous pris l'habitude, entre nous, de nommer les pays d'Europe, et le mot, pour exprimer le sentiment de maman, faisait à la fin on ne peut plus juste.

En fait, je devais revenir à Saint-Boniface au début de septembre, en repartir peu après pour Montréal d'où je m'embarquerais pour Londres et Paris. Mon passeport était demandé, mon billet d'aller déjà retenu.

— Alors, me dit-elle, je reviendrai de chez Excide à temps pour...

Je sus qu'elle avait pensé au mot «adieu» qui lui était resté dans la gorge.

Elle ne combattait plus maintenant en rien ma décision. Elle ne comprenait toujours pas que je puisse désirer quitter ma situation enviable, mes doux petits élèves aimants, une vie qui devait avoir à ses yeux quelque chose du paradis. Sans comprendre la force qui me dominait, elle avait commencé à la pressentir et me plaignait, je pense, d'en être la proie, sans songer qu'elle-même, toute sa vie, avait été la proie de quelque profonde exigence intérieure. Dès lors, si elle en avait eu les moyens, elle aurait peut-être été jusqu'à m'aider à partir.

Elle aurait bien été la seule à le faire. Personne autour de moi ne me soutenait. Notre petite ville française et catholique ne nous élevait pas au prix de tant de sacrifices, d'abnégation et de rigueur, pour nous laisser partir sans y mettre d'obstacles. Si elle l'avait pu, je me dis parfois qu'elle nous aurait retenus de force. Tout départ, étant donné notre petit nombre, était ressenti comme une désertion, un abandon de la cause. Ma sœur Adèle portée aux gestes excessifs, aux paroles théâtrales, m'accusa de trahir les miens. Anna, plus modérée, me jugeait tête folle, courant sûrement au-devant de grandes désillusions. On eût dit qu'elles en voulaient à ma jeunesse d'entreprendre ce que la leur n'avait osé et le leur reprochait sans doute maintenant. Je ne peux trop leur en vouloir. Presque certainement ma jeunesse avait été moins refrénée que celle de mes sœurs aînées.

C'est pourtant Clémence, notre pauvre Clémence sans défense, qui me porta le coup le plus dur. Comme elle avait été peu longtemps à l'école, maman la gardant assez souvent à la maison depuis les premières atteintes de sa maladie, c'est elle qui, souvent, quand j'étais toute petite, prenait soin de moi. Elle m'entraînait en des promenades à pied bien trop longues pour moi mais dont je revenais contente avec l'impression d'avoir vu des choses lointaines et toujours différentes. Elle m'emmenait souvent du côté sauvage de notre petite rue ainsi que je l'ai raconté dans *Rue Deschambault*. Son langage qui inquiétait les autres, plein d'étranges références aux morts de notre famille, comme s'ils étaient toujours vivants, ou de bizarres digressions poétiques, ne troublait nullement ma logique enfantine. Nous fûmes très près l'une de l'autre, Clémence et moi, quand j'étais enfant, et je crois me rappeler que je courais volontiers vers elle, dans la peur, pour être rassurée. Plus tard, quand la terrible maladie nous l'eut laissée atteinte à jamais dans quelque partie invisible de son être, c'est elle qui se cramponna à moi, tirant, on eût dit, une sorte de confiance de ma jeunesse entreprenante.

Dans un état de fâcherie qui chez elle était signe de désarroi, elle assistait à mes préparatifs de départ. Un soir, elle s'arrêta à la porte de ma chambre, me regardant faire des rangements.

— Comme ça, c'est vrai que tu pars?

Elle attacha sur moi ses grands yeux aux cernes sombres, si prompts à voir venir de loin la souffrance, ne s'y trompant pour ainsi dire jamais. J'y vis passer une détresse dont je ne compris tout le sens que bien des années plus tard, lorsqu'au moment du plus grand besoin je sentirais se retirer de la mienne la main qui m'avait paru la plus sûre.

— Voyons, Clémence, je ne pars pas pour toujours!...

Elle continuait à me regarder sans croire à mes paroles, sans plus de confiance en moi peut-être, si désemparée qu'elle me jeta tout à coup en plein cœur sa plainte profonde:

— Tu nous abandonnes!

Il y a des mots comme cela : une fois dits, on les entendra toujours. Ils se logent dans quelque coin de la mémoire d'où on ne pourra les faire sortir. Ils nous attendent à un tournant de la pensée, la nuit souvent, quand nous ne pouvons nous rendormir, alors que ce sont toujours les vieilles souffrances qui viennent nous retrouver les premières. Peut-être, quand nous serons cendre et poussière, ou âme immortelle, que nous nous en souviendrons encore. Et s'ils nous traquent ainsi à travers la vie, et peut-être au-delà, c'est sans doute qu'ils contiennent une part de vérité.

Dédette était revenue vers ce temps-là pour un court intérim, avant de retourner encore une fois à Kenora, assumer une classe de septième ou huitième année à l'Académie Saint-Joseph où moi-même j'avais fait mes classes. Elle aima toujours particulièrement, comme moi celle des tout-petits, les classes d'adolescents, disant : «C'est l'âge où se réveille la chair, mais aussi l'idéal.» Et c'est d'elle, loin comme nous l'aurions pu croire de nos préoccupations et de nos angoisses, que je reçus de l'encouragement. Un jour, n'en pouvant plus de doute et d'hésitation, je m'en fus à la grande porte d'entrée demander Sœur Léon de la Croix. Cela me faisait toujours curieux de nommer ainsi ma sœur que j'attendais ensuite dans un des deux petits parloirs identiques, meublés chacun d'un piano et où, élève, j'avais souvent été envoyée tantôt dans l'un, tantôt dans l'autre, travailler mes gammes et sonates.

J'entendis au loin sonner sa cloche : trois courts et un long — à moins que ce ne fût le contraire. Peu après résonna son pas se hâtant dans le grand passage.

Le pas de Dédette! On disait à la maison qu'on le reconnaîtrait entre des milliers. J'imagine parfois que même dans le piétinement de la Vallée de Josaphat, si les choses s'y passent comme on le dit, le pas de Dédette se détachera. C'était tout le contraire du pas d'une religieuse. Et sans doute sa communauté avait-elle essayé d'amener Dédette, dans sa démarche comme dans bien d'autres choses, à se conformer aux autres, mais heureusement elle n'y était pas parvenue en cela du moins.

Vif, hâtif, impétueux, comme soulevé parfois de terre et, à intervalles, sonnant du talon, il disait tout son caractère : une volonté forte, appliquée à se dominer, mais qui n'avait jamais pu retenir en elle l'enfant aimante accourant se jeter avec passion vers le monde jadis quitté.

Déjà précipité, au loin dans le passage, il s'accélérait dans les marches qui descendaient aux parloirs, acquérait encore plus de vitesse dans le dernier petit bout du corridor, puis la course devenait élan irrépressible dès qu'elle avait aperçu le visage de celui ou celle qui l'attendait. Jupe et voile envolés, nous arrivait un tourbillon qui se saisissait de nous, nous faisait tourner avec elle dans une valse folle comme si, pour nous retrouver, nous n'eussions pas eu à franchir un coin de rue seulement, mais une distance infinie. Et peut-être était-ce elle qui avait raison et devrait-il y avoir danse et tourbillon de pas chaque fois que se retrouvent deux êtres qui s'aiment, eussent-ils vécu côte à côte ! Je ne voyais pas alors combien il était surprenant que ce fût Dédette, la plus exubérante, la plus emportée, peut-être aussi la plus pathétique, qui fût entrée en religion. Dédette était Dédette — un vrai phénomène — pieuse, bruyante, démonstrative, méditative — je ne voyais pas plus loin.

Elle arriva hors d'haleine, s'empara de moi, se pendit à mon cou et se prit à me chantonner un peu plaintivement, comme si je lui étais rendue après une longue captivité : «Ma petite Gabrielle ! Ma petite Gabrielle !»

Puis, devenue soudain toute calme, elle me fit asseoir, tirant sa chaise au plus proche de moi. Elle avait ce don rare de passer de la surexcitation intense à la gravité, au silence le plus attentif, le plus perspicace, appris sans doute au prix d'efforts constants mais qui devait aussi correspondre au fond de son âme portée malgré tout à pressentir le malheur plus encore que la joie du monde. Et il est vrai qu'une fois ou deux, le feu, l'animation, l'éclat de son visage tombés tout à coup, j'avais vu apparaître en elle, à mon immense surprise, comme un vaste paysage sombre, désolé, tourmenté, sans lumière, une lande grise ; puis étaient revenus le feu, l'animation, l'éclat, et j'avais cru avoir été le jouet de mon imagination.

A présent elle scrutait mon regard anxieux.

— Dédette, l'appelai-je à mon tour comme de loin, je ne sais vraiment plus que faire. Tous me désapprouvent de vouloir partir... Pourtant !... pourtant !... Il me semble qu'il y va de ma vie...

Elle me prit alors par la main, me fit me relever et m'entraîna dans le grand jour qui tombait de la haute fenêtre. Dans cette claire lumière du ciel, nous nous sommes bien vues pour la première fois peut-être de notre vie, ma sœur et moi, car il me semble que nous n'en revenions pas de surprise, moi de découvrir soudain le magnifique gris nuageux de ses yeux pleins d'une nostalgie que je n'y avais encore jamais observée, elle de Dieu sait quoi dans mon visage car elle n'arrêtait pas de le tourner doucement vers la lumière encore. Suffirait-il donc à la fin d'une franche lumière tombée du ciel pour voir ce qui est ? Brusquement, Dédette me serra dans ses bras, elle attira ma tête contre son épaule et, comme assurée du secours de son Seigneur en ma faveur, elle se prit à me crier en chuchotements exaltés, y mettant en jeu, on aurait dit, son salut éternel :

— Pars ! Pars ! Pars !

Il y a sept ans de cela, quand elle fut sur le point de mourir et qu'accourue auprès d'elle je me tenais un soir à son chevet, dans sa petite chambre d'infirmerie, je lui demandai si elle se souvenait de cette scène du parloir.

Elle ouvrit les yeux mais ne m'adressa pas le sourire que j'espérais. Depuis l'instant où son médecin lui avait appris qu'elle était atteinte d'un cancer déjà très avancé, aucun sourire n'avait plus éclairé son regard. L'amour, le grand souci des autres y étaient toujours visibles, mais sans la lumière qu'y met le sourire. De tous les miens que j'ai vu mourir, c'est elle, la grande croyante, qui sembla y mettre le plus de résistance. Son dernier sourire, elle l'avait esquissé peu après son opération, alors qu'elle croyait qu'elle allait vivre et que, du regard, elle avait tout à la fois embrassé ce qui dans la vie est bon, tendre, doux, parfumé, délicieux, et qu'elle m'avait fait voir à ce moment-là, à force de beauté dans son sourire. Depuis lors, je m'ingéniais à le vouloir faire apparaître encore une fois au moins sur les traits de Dédette. Mais il n'y avait rien à faire. La gravité seule, une étrange gravité chez un être si mobile, les revêtait. En réponse à ma question, elle fit simplement signe que oui, puis ajouta sur ce ton toujours grave maintenant : «Les choses du cœur ne s'oublient pas. Ce sont peut-être même les seules qui nous restent à la fin. Et elles ne font pas un gros tas.»

Je lui demandai encore si, pour m'avoir poussée autrefois avec une telle ardeur à suivre ma voie, elle avait perçu quelque signe favorable du destin. A un léger froncement de ses sourcils, je me repris : de la Providence.

Elle me dit que non. Simplement, à voir mon visage tracassé — si jeune encore, et déjà si tracassé — elle s'était rappelé un moment de sa vie, à l'âge de onze ans, alors que s'éveillant, à la campagne, par un frais matin d'été tout imprégné, me dit-elle, de bonnes odeurs de la maison : pain grillé, café, confitures, mêlées à celles qui entraient du dehors par la fenêtre grande ouverte : foins coupés, phlox en fleurs, terre trempée de rosée, elle s'était sentie à ce point enivrée de vivre qu'en un élan de gratitude envers le Créateur pour tant de bonheur donné à ses créatures, elle avait décidé d'y renoncer en partie, de son plein gré, et d'entrer en religion.

— Si je comprends bien, dis-je, quelque peu incrédule, c'est par excès d'amour de la vie que tu y as renoncé?

Elle pencha la tête en un signe qui pouvait être d'acquiescement avec cette gravité toujours si troublante.

— J'avais onze ans... reprit-elle avec une sorte de compassion lointaine envers elle-même.

Elle ne l'avouerait pas, mais un frémissement douloureux de sa lèvre me donna à entendre qu'elle se sentait lésée maintenant de sa part de bonheur terrestre pour avoir été, enfant, si confiante.

— Mais tu as toujours dit, m'écriai-je pour la consoler, que Dieu seulement pouvait nous donner le bonheur entier.

— Il veut peut-être aussi qu'on goûte à celui de la terre, dit-elle. Toutes ces merveilles, il les aurait faites pour rien!

— Mais qui les a vues mieux que toi, Dédette? Du coin de l'œil, tu as vu mille fois mieux que nous toutes, en liberté, mais toujours occupées ailleurs... toujours distraites.

Alors je sus que je l'avais en effet un peu consolée. Après mon départ, durant les quelques semaines qui lui resteraient à vivre, j'allais lui écrire une lettre tous les jours, parfois deux dans la journée, m'efforçant sans cesse de la persuader qu'elle avait vibré plus qu'aucune créature humaine aux splendeurs de la vie. Et puis, elle morte, je tâchai de continuer à lui parler, à essayer du moins de la retrouver dans le vent, les arbres, la beauté du monde... Cela donna *Cet été qui chantait*, un livre étrange, j'en conviens, qui, sous une apparence de légèreté, baigne au fond dans la gravité. Quelles que soient ses lacunes, il a du moins le mérite, je pense, d'être à l'image de Dédette, âme enfantine, âme candide, âme au long tourment refoulé.

Le feu des lucioles, le chant de la vague, celui des feuillages, le cri d'un oiseau traversant l'espace, Dédette, dans ses longues lettres, prises sur ses rares heures de liberté, au temps de ses chiches vacances au petit camp des Sœurs, sur le lac Winnipeg, m'avait fait voir en ces humbles beautés un peu de la pulsation du grand songe de Dieu. Je n'ai fait que tâcher de rendre ce qu'elle avait éclairé pour moi de son regard pénétrant.

XVIII

Je partis pour la Petite-Poule-d'Eau en fin juin, tout juste ma classe à Provencher terminée. Je pris le train de nuit pour la petite ville de Dauphin où je devais faire la correspondance avec celui de Rorketon. Il faisait une chaleur atroce. Je n'étais pas parvenue à fermer l'œil de la nuit. J'arrivai à Dauphin au petit matin, brisée de fatigue. Assez sottement, pour ce voyage dans une sorte de brousse, je m'étais habillée d'un costume de toile blanche qui était horriblement fripé après ma nuit à me tourner et retourner sur ma banquette de train. De plus, je pense que j'étais barbouillée de poussière de charbon. Mais le pire m'attendait. J'aurais à attendre le train de Rorketon long-temps, m'apprit le chef de gare. — Combien de temps? — Il ne pouvait le préciser. Ce pourrait être deux heures comme la moitié de la journée ou même plus. Ce train n'avait pas d'heu-re. Il arrivait quand il le pouvait, partait quand il était prêt. Ici, c'était un peu à quoi tous devaient se résoudre, me fit-il observer avec douceur, en m'engageant à essayer d'en faire autant.

Je ne connaissais personne à Dauphin. D'ailleurs, à cause de ce train qui pouvait arriver dans trois heures aussi bien qu'à l'instant, il valait mieux ne pas quitter la gare. L'intérieur était étouffant. Mais dehors, juste devant la fenêtre du bureau du chef de gare, il y avait un banc en bois. Je m'enveloppai de

mon manteau et tâchai de trouver une posture pas trop pénible sur ce banc étroit et court. J'étais si ensommeillée que je
pense avoir dormi par instants, la tête sur le dur accoudoir et
glissant parfois à moitié hors du banc. Je me réveillais, me
recroquevillais autrement, dormais un petit moment encore.

Le chef de gare, de sa fenêtre, devait m'observer depuis
quelque temps. Il fut sans doute pris de pitié à me voir, dans
mon beau petit costume de toile, cherchant du repos à ciel
ouvert comme un clochard. Je suppose qu'il hésita assez longtemps, plutôt timide au fond, avant de venir me faire son
étonnante invitation :

— Ecoutez-moi bien, mademoiselle. Je me trouve seul à
la gare, ma femme étant partie en vacances. Avant de partir,
elle a remis notre grand lit au propre. Moi, je n'ai pas encore
eu le temps d'aller m'y reposer. Il est à vous, si cela vous le dit
de dormir dans un bon lit plutôt que sur ce banc où vous allez
bientôt avoir le cou, les épaules et les reins cassés.

Tout ensommeillée que j'étais, je parvins à m'asseoir et à
ouvrir grand les yeux pour bien regarder l'homme qui me tenait pareil langage. Il était assez jeune, d'aspect agréable,
avec des yeux bleus qui exprimaient une sorte de tendre sollicitude pour son prochain en peine ou désemparé. En fait, il se
dégageait de lui l'impression qu'il était le bon Samaritain en
personne. Tout de même, j'avais encore assez d'esprit pour me
rappeler qu'il venait de m'apprendre que sa femme était tout
juste partie, qu'il avait donc le champ libre. Il dut lire un peu
de mes pensées, car il se dit débordé de rapports à terminer
avant l'arrivée du train. Et de plus le lit était là, dit-il, à ne
rien faire, tandis que j'en avais tant besoin.

J'eus alors une telle envie de ce lit — et peut-être de la
peine à l'idée que je pourrais repousser une bonne intention —
que je suivis cet homme sans plus hésiter. Il me conduisit à la
chambre, enleva le couvre-lit qu'il plia soigneusement et déposa sur une chaise, ouvrit à moitié le lit tout propre en effet, mit
les deux oreillers l'un sur l'autre, les tapota en disant :
«*There ... there ...*» m'assura qu'il viendrait me réveiller
avant l'heure du train et s'en alla aussitôt en tirant la porte
derrière lui. J'enlevai mon tailleur et me coulai dans les draps
frais. La tête à peine sur l'oreiller, je dormais déjà, je pense.

Or, me sembla-t-il, je venais tout juste de m'endormir que déjà une main douce touchait mon épaule et j'entendais une voix inconnue me dire :

— Miss, your train will be there in ten minutes!

Je me rhabillai en hâte. J'arrivai sur la petite plate-forme de la gare en plein milieu d'une ravissante journée d'été, chaude et parfumée. Je m'étais couchée à six heures. On était à deux heures de l'après-midi. J'étais toute reposée, le visage frais, les yeux clairs, bien d'attaque pour le reste du voyage.

Le chef de gare me regardait avec une expression de bonheur.

— Vous avez une autre mine que ce matin, fit-il. Voilà ce que c'est que la jeunesse, plus un bon lit. Deux fois j'ai été voir pendant que vous y étiez, et j'ai jamais vu quelqu'un dormir aussi profondément.

Je le considérai en silence et ne vit en lui rien que de la joie en retour de la confiance que je lui avais accordée, et comme de la gratitude pour lui avoir permis de me marquer de la bonté.

J'avais un peu cet homme en tête quand je fis dire à Luzina de *la Petite Poule d'Eau* que l'on n'a qu'à se mettre sous la protection d'un être humain pour qu'il soit envers nous tel que nous le souhaitons.

Ainsi, des années avant d'écrire ce livre, j'en avais déjà à mon insu des éléments tout épars, sans liens entre eux. Cependant, on pourrait dire qu'ils étaient déjà sous le signe du cœur. Mais je n'aurais accès à eux de longtemps encore. Je pressentais parfois que je devenais moi-même comme un vaste réservoir d'impressions, d'émotions, de connaissances, pratiquement inépuisable, si seulement je pouvais y avoir accès. Mais avoir accès à ce que l'on possède intérieurement, en apparence la chose la plus naturelle du monde, en est la plus difficile.

Montée dans le train de Rorketon, je voyais, planté au milieu du quai, le chef de gare me regarder partir avec émotion, comme une parente — ou plutôt une de ces étrangères, si peu étrangère, croisée en route et que l'on n'oubliera jamais. Je lui adressai un petit signe de la main. Lui porta la sienne à sa visière verte. Il me fit un lent sourire timide. Parfois je me demande si, plus tard, quand sortirent mes premiers livres — surtout *La Petite Poule d'Eau* — cet homme ne fit pas le lien entre l'auteur et la jeune fille qu'il avait hébergée un matin d'été, se disant : «Je me doutais aussi que j'entendrais un jour parler d'elle.»

Alors, enfin, le petit train si longtemps attendu se mit en marche et aussitôt eut l'air d'ouvrir son propre chemin à travers une nature jusque-là inviolée.

Ce train de Rorketon! Mon ami Jean-Paul Lemieux en a admirablement saisi et rendu le caractère dans sa série d'estampes qui illustrent l'édition Gilles Corbeil de *La Petite Poule d'Eau*. Pour intensifier sans doute le sentiment de solitude — mais aussi de secours qui s'en dégage, car le train là-bas est bien le seul lien à rattacher les hommes par-delà les étendues désertes — il l'a représenté en hiver, au cœur de la basse plaine enneigée, d'où il semble venir comme de l'extrémité du monde. Mais j'en ai fait, moi, la connaissance au temps où d'innombrables fleurs délicates en parsèment le chemin solitaire. Je n'oublierai jamais ce voyage comme à travers l'été même, grisant d'odeurs sauvages, de parfums, de souffles chauds et de bruits parmi les plus aimables dans la nature. De temps en temps c'était le trille perçant d'un oiseau qui nous parvenait, de temps en temps un froissement brusque de feuillages, ou la stridulation de quelque insecte. La grosse locomotive faite pour traîner tout un convoi ne remorquait qu'un seul wagon pour voyageurs, attaché directement à elle et que suivait la caboose, sorte de cuisine et de dortoir du personnel, car, sans cesse appelés à faire la navette entre Dauphin et Rorketon à des heures constamment changeantes et sans halte entre ces deux points, où donc ces hommes auraient-ils pu se reposer, dormir, manger, sinon dans leur demeure mouvante qu'ils arrêtaient au reste, parfois, la nuit, au bord d'un peu d'eau ou en pleine campagne.

Le train ne transportait pas que voyageurs et courrier. C'était ce qu'on appelait alors un train mixte, qui prenait aussi du fret. Le jour où j'y voyageai, un wagon rattaché à la caboose transportait un gros tas de traverses destinées à remplacer celles de la voie ferrée qui étaient détériorées. On s'en allait à peu près au pas d'un cheval de ferme, les hommes jetant derrière nous des traverses selon les besoins qu'ils estimaient à l'œil, ici deux ou trois, plus loin trois ou quatre.

Quand nous étions dans une partie de la voie en bon état, le serre-frein venait jeter un coup d'œil à son stew, soulevant le couvercle d'un gros chaudron noir mis à mijoter sur le petit poêle de la caboose. Une bonne odeur de ragoût se répandait du côté des voyageurs où nous étions quatre en tout, l'infirmière au service du Department of Health, un marchand de bestiaux — qui allait ressusciter pour moi, à ma grande surprise, sous les traits d'Isaac Boussorvsky dans *La Petite Poule d'Eau* — et un individu plongé dans ses rapports et papiers qui refusa de nous aider à l'identifier.

L'odeur alléchante m'attira sur le seuil de la caboose. Le serre-frein leva les yeux de sa marmite.

— Ça sent bon, lui dis-je.

— Hungry? me demanda-t-il.

J'eus un sourire un peu quémandeur, j'imagine. Incroyablement, je m'étais engagée dans ce voyage à rebours du temps et de la civilisation sans même me munir de provisions de bouche.

Je reçus une bonne gamelle pleine, et le serre-frein en apporta autant à l'infirmière et au marchand de bestiaux. Pour sa part, l'infirmière distribua à tout le monde des galettes maison qu'elle sortit, encore tièdes, d'un grand sac mis dans un plus grand sac pour les garder fraîches. Le serre-frein revint avec des tasses de thé brûlant.

Plus tard, l'odeur de cuisine sortie du train, portes et fenêtres grandes ouvertes, ce sont celles de la nature qui y entrèrent.

On était au temps des roses, et j'en vis, d'une teinte vive, s'étendre en une nappe disposée à travers le pays comme pour un banquet sans fin. Leur parfum était grisant. Au-dessus voltigeaient toutes sortes d'insectes bourdonnant de convoitise. Puis, après le champ de roses, surgit, parmi les hautes graminées et le foin fou, se balançant sur sa tige délicate et longue, une petite fleur bleue si attirante que j'eus envie de la voir de plus près. On allait tellement au ralenti que je pensai avoir le temps de sauter en bas, courir en cueillir quelques-unes et, en revenant vite, rattraper le train. Le mécanicien avait la tête hors de sa cabine à admirer et respirer les alentours. Quand il me vit courir à travers le champ, prenant ici et là une fleur, il me cria de ne pas tant me dépêcher, qu'on avait tout le temps qu'il fallait, et sans plus il appliqua les freins. Nous fûmes arrêtés presque dix minutes pendant que je me faisais un bouquet.

Quand je remontai, mes fleurs à pleins bras, tous ensemble, y compris l'homme aux bestiaux, me firent un sourire attendri comme à quelque apparition de jeunesse, de rêve ou de leur enfance préservée. Je fus si heureuse de cet accueil que je ne l'ai jamais oublié. Je retrouve aussi parfois l'impression d'un groupe d'amis pour ainsi dire inconnus qui m'attendent toujours quelque part dans un petit train qui a pourtant cessé d'exister.

Le train arriva à Rorketon un peu avant l'heure du souper. Je me hâtai vers la pension d'une dame O'Rorke, si je me souviens bien, où j'avais rendez-vous avec monsieur Vermander, naguère maître de poste à Saint-Boniface, qui avait été promu depuis quelques années à celui d'inspecteur des postes du Nord du Manitoba. En peine de renseignements, je lui avais téléphoné pour demander comment me rendre à la Petite-Poule-d'Eau. Il m'avait alors fixé ce rendez-vous à Rorketon d'où nous devions partir ensemble pour le Portage-des-Prés, dernier hameau de ce côté, et aussi dernière petite succursale de la poste. Le lendemain matin, très tôt, nous sommes partis dans une vieille Ford conduite par un Ukrainien, ayant pris aussi avec nous un guide métis. J'allais m'enfonçant de plus en plus dans un aspect pour moi totalement inconnu de mon pays. J'ai raconté quelque chose de ce voyage dans ma préface à l'édition scolaire George Harrap de Londres de *La Petite*

Poule d'Eau*. Mais jamais je ne peindrai assez l'ahurissement qui me saisit de rouler ainsi indéfiniment vers toujours plus sauvage, plus retiré et plus lointain.

Parmi de grêles petits bois parurent enfin, au long de la piste raboteuse, quelques pauvres maisons de bois, une chapelle et une école en planche plus ou moins groupées en un semblant de village. C'était le Portage-des-Prés. J'eus le cœur serré à l'idée de devoir y passer l'été. Mais je me faisais des illusions. Mon poste était plus éloigné encore, dans une île, à quelque trente milles de distance, coupée de la terre ferme par deux rivières, et que l'on appelait le ranch-à-Jeannotte. Il n'y avait qu'un moyen de s'y rendre : par le tacot du facteur qui venait d'ailleurs tout juste de partir et qui ne repasserait par ici que la semaine suivante. J'étais quelque peu désemparée.

Mon compagnon, Jos Vermander, un homme habitué à ces difficultés, ne faisait qu'en rire.

— Donnez-moi le temps d'examiner les livres du maître de poste (qui était aussi le marchand) et je vous conduis moi-même à cette fameuse île de la Petite-Poule-d'Eau. N'allez tout de même pas vous imaginer que je vais vous laisser en panne ici.

En fait, c'est bien grâce à lui si je suis parvenue à la Petite-Poule-d'Eau. Pour ce qui est du ministère de l'Éducation, j'imagine que je serais restée en route quelque part qu'il n'en aurait jamais rien su et m'aurait peut-être à tout hasard versé mon salaire.

Au bout de péripéties bien trop nombreuses pour les raconter, nous sommes parvenus un peu avant la nuit tombante sur l'île de la Petite-Poule-d'Eau.

Un ciel déjà sombre, une immense île basse, presque indistincte entre ses rivières chuchotantes et d'étranges froissements de joncs, comprenant en tout et pour tout une seule maison qu'entouraient quelques petites dépendances ; à découvrir ma destination, j'éprouvai un effarement voisin de la panique.

---

* Le texte de cette préface a été reproduit, sous le titre de «Mémoire et création», dans *Fragiles lumières de la terre*, Montréal, 1978, p. 191-197.

Parmi la série d'estampes de Jean-Paul Lemieux, il en est une que j'affectionne particulièrement. Tout au bas de la peinture, presque minuscules, sont rangées les trois petites constructions de l'île, seuls témoins ici de la présence humaine : la maison, la bergerie, la pauvre petite cabane qui sert d'école. Sur ce frêle groupe pèse un ciel vaste, très noir, occupant les deux tiers du petit tableau, un ciel primitif. Il pourrait être hostile. Il pourrait être écrasant. Mais une ou deux étoiles voilées en émergent faiblement, plus lointaines encore qu'elles ne le sont habituellement de la terre, et l'espoir se prend avec elles à essayer de percer la grande nuit des temps.

Je m'étonne toujours, en contemplant cette estampe, que le peintre ait si bien su rendre le sentiment de détresse, accompagné cependant d'un vague espoir encore inconnu de moi, que j'éprouvai en arrivant de nuit dans ce coin du monde qui en paraissait totalement à part.

En peu de jours, comme à Camperville, j'eus organisé ma vie de manière à avoir quelque chose à faire à chaque minute de la journée, la seule manière d'échapper à l'ennui dévorant.

Je me réveillais tôt — les troupeaux d'agneaux bêlant autour de la maison s'en chargeaient — et j'écrivaillais dans ma petite chambre à la fenêtre basse, tout près du sol, ou bien réfugiée dans l'école de six pieds sur sept, assise à mon pupitre rustique taillé au couteau dans du sapin qui sentait encore la résine.

Puis mes élèves arrivaient, sept en tout. Quatre venaient de la maison voisine, les trois autres par-delà les rivières, parfois amenés par leur père, parfois seuls, les pauvres petits, à mener leur barque fragile sur des eaux au courant agité. Je leur enseignais à lire, à écrire, à compter, et, un peu comme la demoiselle Côté du livre, à renouer avec leur vieille ascendance française. En fait j'aurais bien pu ne leur enseigner que cela pour ce qu'en aurait jamais su le Department of Education si-

226

tué pour ainsi dire dans une autre planète. Mais je cherchais à être consciencieuse et à enseigner quelques matières en anglais. Au vrai, cela importait peu ici. La dure vie isolée, les nécessités pressantes, le ciel infiniment présent, tout m'apprenait que l'école devait être lieu de rencontres et non de divisions.

Vers trois heures, étant donné l'atroce chaleur qui s'installait dans la cahute, je fermais l'école et, s'il n'y avait pas trop de moustiques, nous allions ensemble nous baigner dans la Grande-Poule-d'Eau. Rivière plus belle, je n'en ai jamais vu. Entre ses bords plats recouverts d'herbes douces, elle coulait, large et tranquille, quoique d'un courant vif pourtant, dont il fallait se méfier. Toujours limpide, elle était tantôt de ce vert de feuillage un peu sombre telle que l'a peinte Lemieux, l'apparentant à la couleur même des roseaux qui la bordent, tantôt d'un bleu tendre à ne pas la distinguer du ciel qui s'y voyait passer, comme un autre cours d'eau, avec son inlassable flotille de blancs nuages. En tout temps, nuit et jour, elle faisait entendre le même chant profond qui semblait nous parvenir inchangé depuis le commencement des temps. Son eau était bonne à boire, transparente à s'y mirer, propre à en sortir lavée comme d'aucune autre. J'ai su alors ce qu'est une pure rivière, avant les outrages faits par l'homme à l'eau, quand elle était encore comme le regard innocent de la Terre.

Après le souper, la vaisselle faite, madame Côté, ma logeuse, sans plus d'occupations pour distraire sa pensée, s'asseyait à une fenêtre basse et, les yeux fixés sur le paysage beau mais vide, laissait paraître une grande tristesse. Tant la pauvre femme paraissait alors la proie de l'ennui, je lui proposai, un soir, faute de mieux :

— Est-ce que ça vous plairait que nous allions marcher un peu ensemble au bord de la rivière ?

Encore aujourd'hui, je ne peux sans étonnement retrouver l'air de bonheur qu'une si simple invitation sut amener sur son visage. C'était comme si je lui eusse proposé : « Allons faire un tour en ville. Au cinéma... » Elle passa dans sa chambre, en ressortit avec son chapeau, que je ne lui avais encore jamais vu sur la tête. C'était tellement inattendu, pour aller se promener dans un sentier de broussaille, le long de la rivière sauvage, que j'en restai muette un bon moment. Je nous revois, allant l'une derrière l'autre à cause de l'étroitesse du passage frayé, moi dans ma culotte de cheval dont j'avais pris si grand soin qu'elle était encore tout à fait convenable, madame Côté, devant moi, sous son étrange chapeau de velours et qui, tant elle était comme allégée tout à coup, par bribes, en reprenant souvent haleine, me racontait bien un peu, je pense, sa vie. D'ailleurs cette promenade si innocemment proposée par moi semblait avoir déclenché une sorte de commotion dans l'atmosphère recueillie de notre vie, car voici que nous avaient rejointes à la course et nous suivaient à présent au pas, en file aussi, quatre poules, trois chats, le chien, un cochonnet, le coq et enfin, comme toujours, une bonne partie des agneaux et des brebis qui paissaient en liberté dans l'île. Ainsi se forma, ce soir-là, une petite procession défilant au bord de l'eau un peu comme en un village sur un trottoir. Peut-être fut-ce cette illusion qui réjouit madame Côté, par ailleurs rendant envieux les autres de la maisonnée que je n'avais pas invités et qui, des fenêtres, nous suivaient de l'œil avec l'air de dire : « Quelle chance vous avez et pourquoi ne pas nous avoir emmenés aussi ? »

Je devenais heureuse. Je m'apaisais dans l'île où j'étais arrivée le cœur si affolé d'angoisse. Le temps, ce qui nous malmène peut-être le plus, avait cessé de me harceler. J'étais comme coupée de mon passé et pour ainsi dire sans avenir. Même à mon grand projet de départ, je pensais à peine. J'étais délivrée. J'étais dans le présent comme mon île portée sur ses eaux. Ce fut l'une des trois ou quatre haltes merveilleuses de ma vie où j'eus loisir de refaire mes forces physiques et morales et sans lesquelles ma santé, toujours plus ou moins fragile, n'eût sans doute pas tenu le coup. C'était certainement en tout cas ce qu'il me fallait avant d'affronter le tourbillon d'émotions qui m'attendait et auquel je ne résistai que parce que l'avait précédé cette période de calme, de silence et d'attention tout intérieure à ce que je découvrais.

Cependant je n'avais encore pas une seule ligne écrite dont j'aurais pu être un peu contente. Comme c'est long d'arriver à ce que l'on doit devenir! D'ailleurs, lorsqu'on v est, c'est déjà le temps d'aller plus loin.

En quittant la Petite-Poule-d'Eau, à la toute fin du mois d'août, je possédais pourtant à mon insu, les uns pris à Camperville, d'autres en ce lieu même, presque tous les matériaux nécessaires au roman que je commencerais à écrire en 1948 seulement, sauf, bien entendu, la couleur, le genre de vie que je mènerais d'ici là et qui apporteraient leur tonalité à l'œuvre. Il y a ceci d'extraordinaire dans la vie d'un livre et de son auteur : dès que le livre est en marche, même encore indistinct dans les régions obscures de l'inconscient, déjà tout ce qui arrive à l'auteur, toutes les émotions, presque tout ce qu'il éprouve et subit concourt à l'œuvre, y entre et s'y mêle comme à une rivière, tout au long de sa course, l'eau de ses affluents. Si bien qu'il est vrai de dire d'un livre qu'il est une partie de la vie de son auteur en autant, bien entendu, qu'il s'agisse d'une œuvre de création et non de fabrication.

XIX

Au début de septembre, j'étais de retour à Saint-Boniface où j'avais pris chambre et pension pour quelques jours chez des demoiselles Muller, attendant maman qui devait m'y rejoindre. C'est alors, évidemment, que j'ai pris la pleine mesure du chagrin que j'éprouvais de la perte de notre maison et que j'eus quelque idée de ce que devait être celui de maman. Je n'allai pas la revoir, rue Deschambault, voulant m'éviter une peine trop vive. Maintenant quand je suis de passage au Manitoba, des amis, voulant me faire plaisir, m'emmènent en auto rue Deschambault. L'auto ralentit, stoppe devant notre ancienne maison quelque peu transformée mais conservée en bon état, et je ressens de la gratitude envers celui qui nous l'a achetée d'en avoir évidemment pris grand soin. Je lève les yeux en silence vers la petite fenêtre du troisième où j'écoutais, les soirs de printemps, le chant nuptial des grenouilles, issu des étangs au bout de la rue, et me perdais alors dans une ivresse confiante en l'avenir. Et j'éprouve de la compassion, non pour l'adulte que je suis devenue, sachant bien que l'avenir ne resplendit vraiment que longtemps avant qu'on n'y arrive, mais pour l'enfant là-haut qui le voyait si resplendissant.

Maman revint de Somerset où elle retournerait après mon départ pour en revenir à l'automne avec Clémence, et elles prendraient alors un logis en ville. Je la trouvai de nouveau amaigrie, le visage tiré, comme un peu rapetissée. Je lui reprochai de s'être sans doute portée sans cesse au-devant de toutes les besognes chez son frère, mettant peut-être de l'amertume dans mes paroles tellement j'étais fâchée de la retrouver l'air si fatiguée. Elle me dit que sa fatigue ne provenait pas des petites besognes accomplies à la ferme qui, au contraire, l'avaient distraite et délassée, mais qu'elle était à peine débarrassée d'un gros rhume attrapé un soir, sous l'averse qui l'avait surprise à la cueillette des fruits sauvages. Ce qu'elle ne disait pas c'est qu'elle s'était épuisée à prendre ma défense auprès d'Adèle et d'Anna, toutes deux lui renotant sans cesse qu'elle m'avait trop gâtée, trop choyée, n'en récoltant maintenant qu'ingratitude de ma part, moi qui allais partir, la laissant sans soutien à l'heure de son plus grand besoin. De même qu'elle s'épuisa, à une remarque un peu vive que j'eus contre elles, à prendre maintenant leur défense, me suppliant de ne pas leur en vouloir à elles qui n'avaient pas eu autant de chance que moi et en éprouvaient un peu d'envie... Est-ce que cela d'ailleurs ne se retrouvait pas dans presque toutes les familles?

A quoi, hors de moi, je répondis que j'en avais justement assez des familles avec leurs tiraillements perpétuels, la plupart ne cherchant qu'à noyer celui d'entre elles qui tendait à s'en dégager. Maman eut un regard navré et, de fatigue, chercha de l'œil le grand lit en cuivre.

Il n'y avait que celui-là dans la chambre que j'avais prise chez les demoiselles Muller. C'était la première fois de ma vie, je pense bien, que j'allais dormir auprès de maman, à moins que cela ne me fût arrivé, comme c'est probable, quand j'étais toute petite, mais je ne me le rappelais pas. J'avais toujours été une enfant farouche, tenant à préserver un peu d'isolement, mon lit à moi, mon petit coin d'étude à l'écart des autres, et maman, qui comprenait ce besoin, l'ayant peut-être souhaité pour elle-même, l'avait respecté en moi.

L'une à côté de l'autre, nous ne parvenions pas à nous endormir. Les craintes au sujet de l'avenir, les peines du passé, l'incertitude, compagne éternelle de la vie, ne pesaient-elles pas plus lourd sur nous du fait que nous étions livrées sans défense, côte à côte, à l'obscurité? J'ai toujours pensé, depuis cette nuit-là, qu'à moins d'avoir été allongé à côté d'eux dans le même lit nous ne connaissons pas grand-chose des êtres même les plus proches de nous, encore moins peut-être de nous-mêmes.

Je sentais maman près de moi, toute raidie, qui s'interdisait de bouger pour ne pas m'empêcher de m'endormir, et je faisais de même à son égard.

A la fin, je demandai :

— Tu ne dors pas encore ?

Alors elle m'avoua que depuis bien des années elle dormait tout au plus trois ou quatre heures par nuit, et que parfois il lui arrivait de ne pas attraper une heure de sommeil. Elle eut un petit rire à la fois navré et d'ironie envers elle-même. «Tu sais, fit-elle, la vie nous joue de drôles de tours, nous attendant à des tournants longtemps souhaités pour nous apprendre qu'il est trop tard maintenant... Quand j'étais jeune femme avec des bébés qui pleuraient la nuit et que je devais me lever, dormant pour ainsi dire debout, pour soigner celui-ci, langer celui-là, je me promettais : «Ah, les enfants élevés, ce que je vais me rattraper et dormir, dormir enfin à mon goût...»

— Eh bien ? pauvre maman !

— Eh bien ! les enfants élevés, quand j'aurais pu dormir toute la nuit d'une traite, le sommeil, lui, m'avait tourné le dos. Il m'avait fuie, ne se souciant pas plus de moi que l'eau, en se retirant, ne se soucie des bouts de bois laissés derrière elle sur une grève déserte.

Quand je perdrais à mon tour le sommeil, au temps où je fus si malade d'un goitre toxique, je me rappellerais cette confidence de maman murmurée dans le grand lit en cuivre chez les demoiselles Muller, et, de toutes celles qu'elle m'aurait livrées, aucune ne me paraîtrait plus désolante. Toutes ces années sans jamais assez de sommeil, à le remettre à plus tard, à le désirer, à le souhaiter de plus en plus ardemment, et puis enfin, lorsqu'on pourrait y céder, il n'est plus là, il a fui irrémédiablement, et on est en effet comme laissé en arrière sur une plage nue, sans abri contre le vol des pensées qui tournoient autour de nos têtes. Cependant, si je n'avais pas connu l'insomnie aurais-je pris en pitié celui qui en souffre ? Je n'aurais peut-être même pas su imaginer Alexandre Chenevert et peindre cet être de détresse, jamais soulagé par le sommeil de la vision du malheur des hommes. Chaque peine, on dirait, appelle l'illumination et l'illumination révèle plus de peine encore.

Nous avons feint le sommeil un moment encore, et puis soudain j'ai coupé court à cette comédie et avoué le fond de mon inquiétude.

— Ces deux petites pièces que tu as retenues pour Clémence et toi, il me semble qu'elles doivent être étroites et sans vue. J'ai peur que tu t'y ennuies à mourir.

— Non, me rassura-t-elle, et elle s'efforça de me faire croire — ce qui était peut-être vrai — que la maison vendue, le sacrifice fait, elle s'était sentie libérée. Peu lui importait maintenant où elle vivrait. Il y avait un grand avantage à se dépouiller. Plus rien ne pouvant vous être ôté, on respirait enfin à l'aise. Elle avait mis bien trop de temps, dit-elle, à s'apercevoir que meubles, tapis, objets n'étaient, lorsqu'on vieillissait, qu'entraves à la liberté.

Je l'écoutais, presque plus désolée de ce détachement que je ne l'avais été de son entêtement, il n'y avait pas si longtemps, à ne pas vouloir se défaire du moindre souvenir du passé.

— Pour moi, ne t'inquiète pas, continua-t-elle à voix basse. Si ce n'était du sort de Clémence qui me préoccupe, je serais tranquille.

Elle se rapprocha et me chuchota à l'oreille comme si les murs eussent pu nous entendre :

— Elle a bougonné tout l'été chez Excide. Ou bien elle partait en longues marches solitaires. Je ne sais plus comment la prendre.

Après un moment de silence, elle me demanda presque candidement :

— Crois-tu que la souffrance des êtres pourrait provenir de celle de leurs parents qui ne l'ont pas acceptée, n'en sont pas sortis grandis, et l'ont ainsi léguée, en quelque sorte déculpée, à leurs pauvres enfants ?

— Qu'est-ce que tu vas chercher là ? lui dis-je.

— Clémence était peut-être disposée à la maladie mentale depuis l'enfance, fit-elle, mais quelque chose d'horrible a quand même dû se passer pour la déclencher soudainement. Le médecin a cru, au début, à un traumatisme d'ordre religieux. Nous n'avons jamais rien su de certain. Clémence elle-même a toujours refusé de nous éclairer par le moindre mot sur ce qui a pu se passer — et en soi, cela en dit long. Mais des paroles que je lui ai entendu prononcer dans ses rêves agités, des regards parfois, d'étranges refus de sa part m'ont donné à entendre que peut-être... en confession... un jour... Clémence, une petite fille si pieuse, si scrupuleuse... elle n'avait alors que quatorze ans... aurait été sollicitée... tu comprends...

— Ah mon Dieu, maman, assez! l'ai-je suppliée dans le souci, il me semble, de l'épargner plutôt que de m'épargner moi-même, alors pourtant que je la plaignais d'avoir supporté seule une telle vision, même si, comme elle se hâta de préciser, elle n'avait peut-être jamais existé que dans son imagination. Et tu as pu après cela, lui ai-je reproché, continuer à prier, à croire!...

— A cause d'un seul prêtre, homme tourmenté et malheureux, renoncer à la vérité de l'Eglise, voyons, dit-elle, il ne faut pas connaître la vie pour parler ainsi.

Peu après, d'une voix lasse et triste, elle me demanda pardon de s'être laissée aller à me parler de cette histoire juste à la veille de mon départ. C'est qu'elle se faisait beaucoup de souci au sujet de Clémence.

— Moi partie, me dit-elle, qui prendra soin d'elle? Parfois j'ai peur, très peur, qu'il ne se trouve personne au monde pour veiller sur elle.

La phrase s'éteignit, sans cesser pourtant de résonner en moi, elle devait y résonner toute ma vie, à intervalles, telles ces cloches au son lugubre des bouées en mer que la vague ballotte.

Etonnamment, passa alors à mes yeux la procession d'agnelets et de brebis que j'avais vue cent fois s'étirer au bord de la Grande-Poule-d'Eau en une file si longue qu'il m'avait semblé qu'elle devait repasser inlassablement par le même lieu. C'était toute la paix du soir qui glissait pour moi au fond du paysage assoupi. La rivière surgissait dans sa splendeur inépuisable. Ses douces eaux vertes coulaient de plus en plus dépensières d'elles-mêmes, mais toujours aussi abondantes au fur et à mesure qu'elles approchaient, par mille chemins ouverts entre une mer de roseaux, de son embouchure, le grand lac Winnipegosis. L'eau, entre les tiges, retentissait sans cesse du plongeon des oiseaux. De petites poules d'eau y piquaient une tête, basculant, le derrière en haut. Des canards s'élevaient en rangs serrés, le cou raide. Et je me demandais comment la vie pouvait contenir à la fois tant de félicité et un aussi grand malheur que celui que je croyais apercevoir dans l'avenir, la silhouette solitaire de Clémence m'apparaissant longtemps d'avance sur un fond de ciel, au crépuscule, et je la voyais errer sans fin par de petites routes inconnues, noyées d'ombre, loin de me douter que je les retrouverais en recherchant encore une fois Otterburne au fond de la plaine obscurcie.

Je pense que c'est le sentiment d'un monde trop beau pour convenir à son malheur qui m'accabla le plus. Je désespérai. Je désespérais d'être née pour le bonheur comme maman elle-même sûrement avait dû, certains jours, en désespérer.

— Je ne partirai pas, lui dis-je. Il y a trop d'obstacles.

Maman se redressa d'un mouvement vif. Elle allongea le bras au-dessus de moi pour atteindre la lampe. A la lumière voilée, ses yeux encore las et tristes de ce qu'elle venait d'évoquer brillaient cependant d'une énergie retrouvée.

— Il ne manquerait plus que ça, dit-elle. Ton billet est acheté, ton passeport prêt, tout le monde averti, ta remplaçante trouvée à l'école et tu changerais d'idée. C'est bien pour le coup que tu ferais rire de toi.

— Ah cela, faire rire de moi, j'y suis habituée!

— Tu vas partir, reprit maman. Autrement tu te le reprocheras toute ta vie et tu me ferais me le reprocher aussi.

Comme je flanchais déjà un peu, voici qu'elle trouva le seul argument propre à me réconforter et à m'encourager.

— Ne t'occupe pas de ce que les uns et les autres disent de toi. La vérité, c'est que tu es la seule de mes enfants à être restée si longtemps avec moi. Ils ont beau parler, les autres sont tous partis au plus vite. Joseph d'abord, à quinze ans à peine, un errant s'il en fut jamais. Ensuite Rodolphe, guère plus vieux, quoique lui soit revenu au moins de temps en temps. Anna s'est mariée à dix-neuf ans, Adèle aussi est partie jeune. Dédette, elle, pour répondre, comme elle disait, à l'appel de Dieu, nous a quittés à vingt-deux ans. La première Agnès aussi en un sens nous a quittés pour Dieu venu la prendre si jeune, une douce petite fille de quatorze ans, et l'autre donc, la toute petite Marie-Agnès perdue pour nous à quatre ans seulement. Tu ne peux t'en souvenir, tu n'avais que neuf mois quand elle est morte, et c'est dommage car elle, elle t'aimait à la folie. Elle voulait tout le temps te porter dans ses bras. Je l'en empêchais souvent. J'avais peur qu'elle te laisse tomber. Elle venait parfois te prendre à la cachette dans ton petit lit pour essayer de te dissimuler quelque part. Parfois je laissais faire : c'était tellement touchant de voir aller cette petite fille de trois ans et demi tremblante sous l'effort de porter le gras bébé que tu étais déjà, en lui supportant le dos d'une main comme je lui avais montré.

Je pense que nous souriions toutes deux alors à travers nos larmes à cette vision tant de fois évoquée par maman que je m'imaginais en avoir moi-même le souvenir. Ainsi Marie-Agnès, que je n'ai pour ainsi dire pas connue, m'a toujours paru celle de mes sœurs la plus proche de moi et peut-être la plus chère.

La voix de maman s'était raffermie.

— Il n'y a que toi que j'ai gardée. Jusqu'à maintenant. Penses-tu que je puisse oublier que toi au moins tu es restée auprès de moi jusqu'à l'âge de vingt-huit ans.

Je ne lui répondis pas que ce n'était pas uniquement à cause d'elle que j'étais restée — chose qu'elle savait d'ailleurs sans doute aussi bien que moi et dont je sus retenir l'aveu heureusement. Car il fallait que de cette nuit de chuchotements il nous restât un sentiment de solidarité préservée, de douceur à toute épreuve.

— Dors maintenant, lui dis-je.

— Toi aussi, dors, fit-elle.

Nous ne nous sommes pourtant pas encore endormies, chacune écoutant sans doute en soi l'écho des paroles prononcées entre nous cette nuit-là et qui allait se prolonger à l'infini. Que le rapprochement ou l'éloignement des êtres tient donc parfois à un rien! Nous ne nous serions pas couchées côte à côte dans le grand lit étranger, maman et moi, que nous aurions sans doute ignoré pour toujours bien des choses l'une de l'autre.

Un moment plus tard, maman me parla encore. Elle me demanda d'une voix de nouveau un peu tendue :

— Veux-tu, demain matin, ce matin plutôt, nous irons à la messe, prier ensemble pour que réussissent tes projets ?

Je demeurai muette. J'aurais dû m'attendre à cette prière de sa part. Depuis quelques années, sans qu'il en soit jamais ouvertement question entre nous, je m'étais peu à peu éloignée de la pratique religieuse, en révolte, à la fin, contre un esprit qui voyait le mal partout, réclamait pour lui seul la possession de la vérité et nous eût tenus à l'écart, s'il l'avait pu, de tout échange avec la généreuse disparité humaine. Mais par égard pour les sentiments de maman, je m'étais arrangée pour ne pas la heurter de front et lui laisser ignorer, quand cela était possible, que je n'allais plus guère à l'église. Pourtant elle n'avait pas pu ne pas voir que j'avais perdu cette foi fervente de ma première jeunesse qu'elle avait tellement aimée en moi. La sienne était assez haute, assez éprouvée, je suppose — ou bien assez candide encore — pour ne pas s'attarder aux errances toutes humaines de l'Eglise, gardant les yeux fixés sur son centre lumineux.

Est-ce que je pouvais seulement lui refuser cette consolation ? Je me dis que je pourrais «faire comme si» sans que ce soit grand crime, et que je n'aurais peut-être même pas vraiment à feindre, empruntant à la foi de maman de quoi me soulever un moment en unisson avec elle.

J'acquiesçai à son désir, la sentis tout à coup profondément soulagée, et dus aussitôt m'endormir. Peu après, il me sembla, elle me secouait avec ces doux ménagements qu'elle mettait à me réveiller lorsque j'étais enfant, pour aller avec elle à la messe justement, mais alors c'était l'hiver, il faisait sombre encore, au-dehors le vent hurlait, et c'était avec grand regret qu'elle me tirait de la chaleur du lit pour m'entraîner, sous les dernières étoiles, dans l'air glacial. Quel grand besoin d'âme n'avait-elle pas dû éprouver pour s'y résoudre, et n'était-ce pas encore le même qui aujourd'hui la contraignait !

Nous nous sommes habillées dos à dos comme autrefois et sommes parties dans le matin frais vers la cathédrale.

J'avais marché ainsi à côté de ma mère depuis presque mes premiers pas, et soudain me représentai la route infinie que formeraient, mis bout à bout, nos parcours : chez Eaton, tant de fois, à courir les aubaines ; à l'église, bien entendu, le dimanche ; aux quarante heures, aux visites d'indulgences ; quelquefois, au plus fort de l'été torride, jusqu'au parc Assiniboine pourtant à des heures de marche pour aller goûter la fraîcheur de ses grands arbres et admirer ses pelouses toujours vertes sous les jets d'eau ; jusqu'au River Park aussi où j'aimais tellement contempler derrière les barreaux les animaux au regard de captifs ; et souvent, seulement pour le plaisir, aller et venir dans notre petite rue Deschambault, la chaleur un peu tombée. Et c'était par un de ces doux soirs d'été que maman, comme j'étais devenue «grande fille» selon son expression, avait choisi de m'éclairer sur les réalités — mais ne disait-elle pas plutôt, ce qui était bien plus approprié : les mystères de la vie. Elle s'y était en tout cas si mal prise que je n'avais presque rien compris à ce qu'elle tentait de m'expliquer, sinon que d'être femme était humiliant à vouloir en mourir. Il ne faut pas trop blâmer les femmes de ce temps-là d'avoir si mal su parler du corps et de l'amour ; elles étaient retenues par la gêne et aussi de la pitié envers leurs petites filles, pensant bien faire en les laissant le plus longtemps possible ignorantes de ce qui les attendait. La lumière a été longue à venir, à nous, femmes, à travers des siècles d'obscur silence. Mais il me semble parfois que rien en route n'a été perdu des efforts des plus énergiques de nos mères et de leur acharnement à vouloir la vie meilleure.

Je pensais un peu à tout cela en marchant à côté de maman et me sentais le cœur plein à éclater de souvenirs que je n'avais pas cru avoir jusqu'à ce moment-là, tant le départ — presque autant que la mort — nous éclaire soudainement sur les êtres que nous allons quitter.

Cette fois encore, nous sommes allées nous placer tout à l'avant de la longue nef, au plus près du sanctuaire, parmi les vieilles femmes en noir égrenant leur rosaire et marmonnant à faible voix les ave à la lueur émouvante des cierges.

Nous nous sommes agenouillées côte à côte comme en ce jour où nous étions venues prier ensemble avant mon opération. Et je regardais prier maman avec le même sentiment emmêlé de jadis. Aujourd'hui comme alors, elle priait indéniablement pour qu'il me soit épargné de souffrir. Alors pourtant que notre pauvre amour ne progresse qu'à travers les souffrances!

Bien des années après cette messe — qui devait être de longtemps la dernière — quand le divin partout présent en ce monde me paraîtrait manifeste et me ferait juger moins puériles des pratiques qui avaient tout de même aidé à garder vivant dans l'Eglise son noyau de lumière, je ne dis pas que je n'y revins pas en partie sous l'influence du nostalgique désir de me retrouver une fois encore comme agenouillée auprès de ma mère morte, et comment y serais-je parvenue sinon en Dieu! Quelquefois je m'avoue que ce qui me plaît le plus dans cette idée d'éternité, c'est la chance accordée, en retrouvant les âmes chères, de s'expliquer à fond avec elles, et que cesse enfin le long malentendu de la vie.

J'avais souffert de penser que mes amis et mes compagnes de travail à l'école me laissaient partir sans m'offrir une petite fête d'adieu. On le faisait bien pour chacune d'entre nous qui se mariait. Ce n'était pas de ne pas recevoir de cadeaux qui me peinait, mais qu'on me laissât partir comme si je ne comptais plus guère, en me marquant jusqu'au bout ce que je pensais être une sorte de désapprobation.

Mais le soir enfin venu de mon départ, j'eus la surprise en arrivant avec maman à la vieille gare du Canadien Pacifique d'apercevoir, partout dans le grand hall, de mes amis, et j'eus le cœur si réjoui, si bondissant que je me mis à courir de l'un à l'autre groupe, prise tout à coup d'une tendresse folle pour ces jeunes filles et ces jeunes gens de mon âge, que je ne pensais pas avoir crus proches à ce point de moi, mais soudain ils l'étaient, et je me sentais par leur présence encouragée à tenter l'impossible pour leur «faire honneur» comme on disait alors dans notre petit monde de l'un de nous dont le succès pouvait rejaillir sur tous. Il se trouvait même de mes camarades du temps de nos tournées de spectacle, Fernand entre autres, le pianiste-caricaturiste, ayant pour moi, qui n'avais presque rien à y mettre, un petit coffret à bijoux que je devais pourtant singulièrement chérir, sans doute parce que, Fernand vivant chichement, j'imaginai sans peine ce que son cadeau pouvait représenter de leçons de piano données aux quatre coins de la ville.

Le groupe entier m'accompagna sur le quai. Je m'aperçus avec fierté que cela faisait beaucoup de monde rien que pour moi. Le long train vibrait de part en part, en émettant de ces petits crachotements de vapeur qui m'étaient alors l'expression même de l'enivrement.

Mes amis me sautèrent au cou. Les uns me tendirent un petit paquet enrubanné, d'autres — et que j'eus bientôt loisir de bénir leur prévoyance! — glissèrent dans mon sac à main ou dans une poche de mon manteau une enveloppe dans laquelle je découvrirais un billet de banque accompagné de quelques mots: «Pour une paire de bas...» Ou bien: «Pour un bon repas un jour maigre...» Les chers amis, que leurs cadeaux devaient tomber à point aux jours creux qui ne manquèrent pas de se présenter, me devenant l'indispensable paire de chaussures ou le repas solitaire que je prendrais pourtant joyeusement en pensant que c'était aujourd'hui Hector ou Valen qui, sans le savoir, me l'offrait.

Le chef de train lança son appel au départ. Je sautai sur le marchepied. Devant moi, la petite foule amie agitait la main, du bout des doigts me lançait des baisers, me criait des vœux de bonheur. J'étais étourdie de joie par cette démonstration d'amitié que je n'avais pas prévue. Mais alors, en plein milieu de cette exaltation, me sauta aux yeux, à travers les visages jeunes et souriants, le petit visage défait de ma mère, subitement devenu vieux et creusé par le chagrin qu'elle ne pouvait plus me cacher. Dans ma folle ivresse de me voir l'objet de

241

l'affection, j'avais oublié de l'embrasser, et c'est tout juste si de ses yeux battus d'insomnie elle osait me le rappeler. J'eus le souvenir d'un autre regard échangé entre elle et moi le jour de ma «graduation», quand, du haut de l'estrade, j'avais cherché le sien et l'avais rencontré si brillant de fierté que j'en avais été illuminée. Alors qu'aujourd'hui il paraissait sur le point de s'éteindre. Je sautai à bas du train. Je courus à elle. Je l'enserrai. Mais comment donc n'avais-je pas découvert avant qu'elle était si petite? Un corps d'enfant! Je la serrai contre moi de toutes mes forces. Je lui murmurai à l'oreille je ne sais quelle sotte prière de prendre bien soin d'elle-même, elle qui ne l'avait guère fait au temps où la vie lui était quelque peu bienfaisante. La première, elle desserra notre étreinte, me disant : «Ton train... ton train...» car il avait doucement commencé à rouler. Je remontai sur une marche du wagon. Je me pendis à la barre d'appui. Passèrent à mes yeux les visages jeunes, les visages souriants. Je n'avais plus de regard que pour la petite silhouette seule au milieu des êtres heureux. Je la vis serrer sur elle son manteau un peu étroit d'un geste que je reconnus seulement à cette minute lui avoir vu faire cent fois au moins et qui la peignait si bien telle qu'elle était, à la fois timide et fière. Elle me suivait de ses yeux éteints comme s'ils n'allaient cependant jamais me perdre — où j'irais! — au bout de leur regard. L'expression m'en devint insoutenable. J'y voyais trop bien qu'elle voyait que je ne reviendrais pas. Que le sort aujourd'hui me happait pour une tout autre vie. Le cœur me manqua. Car j'y saisis, tout au fond, que je ne partais pas pour la venger, comme j'avais tellement aimé le croire, mais, mon Dieu, n'était-ce pas plutôt pour la perdre enfin de vue? Elle et nos malheurs pressés autour d'elle, sous sa garde! Il n'y avait plus maintenant que ces absents de visibles pour moi sur le quai de la gare : Anna au beau visage désolé de femme pleine de dons qui n'en a fait fructifier aucun et s'en fera reproche jusqu'à la fin de ses jours; Clémence dont les yeux déjà si sombres s'entouraient des cernes noirs de la maladie; Rodolphe au visage si tôt abîmé; même Dédette se trouvait là, dans ses habits de religieuse, son visage attristé me révélant que malgré tout elle regrettait de n'avoir pas connu un peu plus du monde avant de s'en séparer. Ils semblaient tous me reprocher leur vie manquée ou incomplète. «Pourquoi toi seulement? Pourquoi pas nous? N'aurions-nous pas nous aussi pu être heureux»?

Même des peines à venir, à des années encore de moi, me semblaient me blâmer d'aller me mettre à l'abri d'elles qui s'abattraient ici.

Puis, au bout du quai, surgie cette fois du passé, une petite foule en noir me parut se dessiner. C'étaient les grands-parents Landry, les Roy aussi, les exilés au Connecticut, leurs ancêtres déportés d'Acadie, les rapatriés à Saint-Jacques-L'Achigan, les gens de Saint-Alphonse-de-Rodriguez, ceux de Beaumont et jusqu'au grand-père Savonarole que j'eus le temps de reconnaître, à côté de Marcelline, tel qu'en son portrait, avec ses yeux de braise sombre... le terrible exode dans lequel ma mère un jour m'avait fait entrer...

Est-ce que je n'ai pas lu alors dans mon cœur le désir que j'avais peut-être toujours eu de m'échapper, de rompre avec la chaîne, avec mon pauvre peuple dépossédé? Qui de nous ne l'a un jour souhaité? Une si difficile fidélité!

Ensuite, je pense avoir versé des larmes. De honte? De compassion? Je ne le saurai jamais. J'ai peut-être pleuré de l'amer sentiment de la désertion.

Avant que ne vienne me reprendre, au son à présent régulier du train en marche à travers les espaces libres, le grand rêve consolateur de ma jeunesse qui m'a si longtemps trompée.

Il me peignait que j'aurais le temps de tout faire. Et d'abord de me sauver moi-même. — A qui est-on utile, soi-même noyé? — Puis de revenir sauver les autres. Il me disait que le temps m'en serait accordé.

Deuxième partie

UN OISEAU
TOMBÉ SUR LE SEUIL

I

Parmi les flots de dépaysés que Paris reçoit tous les jours, en vit-il jamais arriver de plus égaré que moi, à l'automne de 1937? Je n'y connaissais personne. De mon lointain Manitoba, une lettre était pourtant partie me préparer la voie. Meredith Jones, professeur de français à l'Université du Manitoba, y demandait à une de ses élèves, vivant au pair à Paris, de s'occuper un peu de moi, de me trouver une pension, de venir m'accueillir à la gare. Nous devions nous reconnaître à un livre qu'elle aurait à la main et à une revue canadienne que je porterais sous le bras, mais je l'avais égarée en chemin. Le plus étrange est que je n'arrive pas aujourd'hui à me rappeler le nom de cette personne au livre que j'ai tant cherchée et qui me fut d'un si grand secours quand je l'eus enfin trouvée.

Je mis pied dans la terrifiante cohue de l'arrivée d'un train maritime en gare Saint-Lazare. Dans une mer changeante de visages, je me pris à essayer d'en reconnaître un que je ne connaissais pas. Happée tout innocente par les cris, la hâte, de puissants remous, je m'en allais par moments, je ne sais comment, à contre-courant du flot humain, et me le fis reprocher: «Dis donc, toi, t'es pas capable de regarder où tu vas!» Je crois me rappeler que c'est une des premières phrases que je m'entendis adresser à Paris. Je commis aussi la bêtise de tâcher de retenir parmi ces gens quelqu'un de pressé pour en obtenir un renseignement, et me fis remettre à ma place. «Pour les renseignements, il y a les Rensei-gnements!» L'homme, en s'en allant, peut-être pris de remords, m'indiqua une direction d'un coup de menton. J'avisai ensuite une sorte d'uniforme de qui j'espérai l'espace d'une seconde un peu de secours, mais à peine avais-je entamé mon récit qu'il m'envoya promener. Hé quoi! Je cherchais quelqu'un. Eh bien! la gare était pleine de gens qui se cherchaient. Puis il lança à voix haute par-dessus ma tête, chassant manifestement plus payant que moi: «Porteur! Porteur! Porteur!...» cependant que de partout on lui criait justement aussi: «Porteur! Porteur! Porteur!...»

J'avais fini par aller dans le sens de la foule, et elle m'en-traîna, sans que j'y prisse garde, passé les barrières, dans la salle d'attente noire de monde. Alors je désespérai de trouver jamais ma payse. J'allai à un guichet qui me renvoya à un autre qui, lui, me fit honte de ne pas savoir lire les panneaux où tout, me fut-il dit, était inscrit. Et ce devait être ainsi, car je me trouvai devant une masse de signes, mots et abréviations à me faire tourner la tête.

A la longue, je retrouvai quelque bon sens et me dis que si ma payse m'attendait encore, ce n'était sûrement pas dans cette trop vaste salle, mais vraisemblablement sur les quais. Je retour-nai de ce côté. Au tourniquet, le contrôleur m'arrêta d'un sec:

— Et où pensez-vous aller comme ça, la petite dame?

— De l'autre bord.

— Quel bord? Le bord de mer!

Je fis un geste.

— En ce cas, ma petite dame, votre ticket!

— Mon ticket! m'écriai-je d'épuisement. Mais je l'ai donné au contrôleur du train. Je suis arrivée par ce train.

— Et vous voulez déjà y retourner!

Avec le temps, je devais me faire à ces passes d'armes aux-quelles tant de Parisiens semblent prendre plaisir, en trouver moi-même quand j'aurais le tour, mais pour l'instant je n'étais que désespoir. Il me paraissait aussi impossible de me faire entendre à Paris que si j'avais été transportée au cœur de la Chine. Je tâchai de faire fléchir l'homme au tourniquet en lui racontant comment j'avais perdu en route la revue qui aurait permis à ma copine de m'identifier, et je le suppliai, pour finir, de me laisser au moins aller voir si elle n'était pas encore sur les quais.

Parce qu'il estimait peut-être que je lui avais pris trop de temps avec mon récit embrouillé, alors qu'il n'avait rien fait pendant que je lui parlais que de s'examiner les ongles, le contrôleur ne me parla plus qu'en moitiés de phrases.

— Ticket de quai...

— Où?

Il indiqua une direction.

— Machine...

Je la repérai. Et, tout d'abord, tant elle me parut, à l'encontre des êtres énervés que j'avais croisés, de bonne composition, elle m'inspira confiance. Au-dessus d'une fente, elle annonçait qu'elle était distributrice de tickets de quai. Je poussai le levier.

Rien.

Un monsieur élégant, l'air fort pressé, s'était pourtant arrêté pour me regarder faire.

— Ça irait mieux, me conseilla-t-il, si vous mettiez un franc.

Je rougis jusqu'aux yeux. J'ouvris mon sac. Hélas, j'étais encore sans monnaie française.

L'homme élégant mit la main dans sa poche. Il en tira un franc qu'il déposa dans ma paume, et déjà il s'en allait, la physionomie comme renfermée. Je m'élançai à sa suite en criant: «Monsieur! Monsieur! De grâce, votre nom, votre adresse, afin que je puisse vous rembourser!»

Sans tout à fait ralentir, il se tourna à demi vers moi, et j'eus droit à mon premier sourire à Paris, quoique déjà plutôt du genre ironique.

— Voyons mademoiselle, que d'histoires pour l'amour d'un franc! Et il se hâta de me semer, par impatience ou pour m'éviter de l'embarras.

J'ai donc encore un peu sur le cœur cette première aumône de ma vie que je reçus peut-être d'un Rothschild, car parfois je crois me souvenir d'une paire de gants, d'un foulard comme j'en ai rarement vu depuis.

Je me représentai à la barrière, munie de mon ticket de quai. Sans m'en apercevoir je me trouvai à affronter un nouveau contrôleur qui venait peut-être tout juste de relayer le précédent.

— Où allez-vous comme ça, ma petite dame? m'entendis-je encore une fois demander.

De stupéfaction, je levai les yeux pour lui faire reproche de ne plus déjà me reconnaître, alors que j'étais devenue moi-même incapable de distinguer les visages.

— Je vous l'ai dit pourtant. Je cherche ma compatriote qui devait venir à ma rencontre, et vous m'avez envoyée chercher un ticket de quai.

— Mais il n'y a plus personne sur le quai, me fit remarquer ce contrôleur-là, plus obligeant que le premier, et c'est ainsi qu'à la fin je sus avoir affaire à un autre. Voyez vous-même!

C'était bien vrai. A perte de vue, sur le quai, pas une âme! Je revins au milieu du hall bourdonnant. Je n'osais m'approcher du guichet d'où l'on m'avait envoyée aux panneaux. J'errai un moment, sans but parmi la foule, cherchant seulement, je ne sais pourquoi, à attraper au moins un regard, mais aucun ne s'arrêtait sur moi, et, dans ma sensibilité exaspérée, j'y crus voir la preuve d'une défaveur générale à mon égard. Je me voyais sans monnaie du pays, sans même connaître l'adresse où une chambre m'était retenue, condamnée à tourner indéfiniment au sein de la plus cruelle indifférence. Mon esprit inclinait tellement au noir que, dans ce vaste hall de Saint-Lazare, je finis par reconnaître une image de ce qu'allait être ma vie échouée à Paris.

Soudain, pourtant, la foule avait commencé à s'amincir, et bientôt, si rapidement que j'en fus surprise et encore plus effarée, nous n'étions plus qu'une douzaine peut-être, à l'allure d'épaves, qui tournions encore dans l'immense hall devenu tout à coup comme dix fois plus grand. Et puis, nous ne fûmes plus que deux petites silhouettes chacune à une extrémité de ce désert, qui amorcèrent ensemble une timide approche l'une vers l'autre. Je n'avais pas ma revue, elle n'avait pas son livre dont elle devait m'apprendre qu'elle l'avait oublié dans le métro. Un regard suppliant passa entre nous. Elle éleva la voix la première:

— Etes-vous Gabrielle?

Je lui sautai au cou comme si elle m'était devenue l'être le plus cher au monde. Pourtant je cherche toujours son nom. Je l'ai constamment au bord des lèvres depuis des années, il me semble. Ne me sera-t-il donc jamais rendu par ma traître mémoire, ce nom si cher?

Déjà, en route pour réclamer mes bagages à la consigne, elle s'évertuait à m'encourager.

— Ne t'en fais pas au sujet de l'accueil à Paris. C'est toujours comme ça. On a l'impression de descendre chez un peuple en permanent état de guerre interne. Tout y est sujet de dispute et d'argument. Mais au fond c'est une guerre amicale, et presque toujours, tu verras, au profit de la justice et de la logique, une passion, la logique, qu'ils ont dans le sang comme un virus. On s'y habitue, tu verras. Même on y prend goût et, le croiras-tu, quand on en arrive à battre les Parisiens sur leur propre terrain, ils rendent les armes que c'en est déconcertant. En tout cas, ce qu'il faut à tout prix ne jamais leur montrer, c'est qu'on a peur d'eux. T'as compris?

J'entendais par bribes l'étonnant discours, ma compagne ayant pris les devants, moi la suivant comme je pouvais, et souvent séparée d'elle par un pilier ou, parfois, une grande zone déserte.

A la consigne, je récupérai mes deux lourdes valises et ma malle garde-robe qui devait bien peser deux cents livres. Cependant, des porteurs qui, un instant plus tôt, emplissaient l'air de leurs offres de service criées à tous les coins de la gare, plus aucun signe. Quand nous avons à notre tour lancé le mot en appel au secours, il résonna, tout piteux, dans un silence sans fond.

Alors ma payse et moi avons entrepris de trimballer mes deux valises à une assez bonne distance, mais pas assez pour les perdre de vue, puis nous nous sommes attaquées à la malle, la faisant pivoter sur elle-même, sous les yeux au reste appréciatifs d'une bonne demi-douzaine de balayeurs, pour l'instant tous appuyés sur leur balai. Ils nous auraient bien aidées, dirent-ils, mais ce n'était pas leur boulot. Mes bagages réunis, nous nous sommes assises un moment sur les valises pour reprendre souffle. Finalement nous avons atteint le trottoir d'où nous avons hissé le bagage dans un haut taxi dont le chauffeur tout ce temps continua à lire tranquillement son *Paris-Soir*, l'une de nous, grimpée à côté de lui, tirant et l'autre, d'en bas, poussant de toutes ses forces. A la dernière minute, il daigna se soulever un peu le derrière et nous donner un coup de main pour la malle garde-robe qui entrait tout juste dans la cabine.

Et enfin, en route vers la Ville lumière! Rue après rue, je ne voyais pourtant que de hautes façades plongées dans une obscurité sévère. Même les réverbères ne dispensaient qu'une chiche électricité.

— Je t'ai trouvé une pension tout ce qu'il y a de bien, comme ils disent ici, m'expliquait ma payse. Chez madame Jouve. Mais il est certain que ce soir elle va déjà te tomber dessus pour arriver si tard. Passé minuit, c'est barricadé chez elle comme dans leurs châteaux forts du Moyen-Age. As-tu déjà vu Carcassonne? demanda-t-elle, et elle revint à madame Jouve. Si elle attaque, contre-attaque. Si elle grogne, grogne plus fort. C'est comme ça qu'on s'en tire à Paris.

— C'est affreux!

— Non, parce que ensuite vient l'estime.

Autre oubli singulier, et peut-être révélateur de ma part, je ne me souviens pas non plus de ma première adresse à Paris, encore que je pourrais sans doute m'y rendre les yeux fermés. C'était — à l'époque — un immeuble imposant, de six étages, bâti en fer à cheval, dont la grille, à côté de la guérite du gardien — et sur ce point au moins ma mémoire ne me fait pas défaut — donnait sur la rue de la Santé.

Evidemment, à cette heure tardive, nous avons trouvé la haute grille fermée et la loge du gardien tout aussi noire qu'une hutte en forêt. Ma payse le réveilla d'une sonnerie dont elle avait eu à chercher à tâtons le bouton près de la grille. Je n'avais encore jamais eu dans toute ma vie à déranger tant de monde simplement pour entrer me coucher un peu passé minuit. Je n'en revenais pas de ce que la ville qu'on disait vouée aux plaisirs nocturnes, avec ses mille spectacles, ses mille cabarets, pût être également si couche-tôt. En route, je n'avais vu d'elle que d'immenses pans endormis, des blocs d'ombre solide sans une seule fenêtre éclairée.

Le gardien survint en achevant de s'habiller, sans trop bougonner tout de même.

Il nous ouvrit la grille. Et nous voilà à l'intérieur d'une enceinte ténébreuse avec son fond de six étages plongés presque entièrement, de haut en bas, dans la nuit noire. A peine si une veilleuse émettait çà et là un pauvre clignement. Alors je vis monter au-dessus du bâtiment obscur un jeune croissant de lune dont la corne d'or brilla aussi purement ici que dans les profonds espaces déserts du pays canadien.

L'absence de témoins rendit peut-être notre chauffeur un peu compatissant. Il se hissa hors de son siège et descendit mon bagage sur le trottoir et, un bon mouvement en entraînant un autre, finit par nous aider à tout mettre dans l'entrée de l'immeuble, après avoir obtenu qu'elle s'ouvrît, je ne me rappelle plus si c'est en poussant un bouton ou en criant: Porte! Porte!... Cela fait, il décampa en vitesse, tout en nous souhaitant: «Soir... sieu-dame!...» Et aussitôt l'électricité nous manqua. Butant de tous côtés sur mes effets éparpillés, ma payse se mit à chercher la minuterie. Elle m'annonça l'avoir trouvée, et sur le coup la lumière nous fut rendue. «C'est à la minute», m'expliqua-t-elle en me montrant à la course comment faire, pour le cas où je serais surprise toute seule dans une entrée obscure. J'avais à peine saisi la leçon qu'elle me pressa: «Allons, prépare-toi à faire vite...» L'ascenseur, appelé, descendait vers nous en geignant et en se balançant comme les nacelles des premiers essais aéronautiques. Il s'ouvrit, révélant un intérieur si exigu que je n'en pouvais croire mes yeux et demeurai frappée de surprise, à perdre mon temps précieux.

Mais ma payse en avait bloqué la porte d'une valise placée en travers et s'esquintait à faire entrer la malle dans la cage, car, me disait-elle à bout de souffle, si elle n'y entre pas la première, elle n'y entrera jamais. Enfin, elle y fut mais prit presque toute la place.

— On va revenir pour le reste du bagage? demandai-je.

— Et laisser des effets en bas! au risque de se faire voler! Jamais de la vie. On embarque tout.

— Mais il n'y a personne.

— C'est ce que tu crois! Monte sur la malle, et je vais te passer une des valises.

Debout ma malle était déjà haute. Juchée dessus, je touchais le plafond. Je réussis à arrimer une valise à côté de moi.

Sur ce, l'électricité nous manqua. Ma payse courut la rechercher. Nous sommes alors parvenues à mettre les deux valises debout, côte à côte, en précaire équilibre sur la malle. Amincies nous-mêmes à l'extrême entre la porte fermée et la montagne de bagages que nous maintenions en place de nos bras étendus, nous avons commencé à nous élever doucement vers le sixième... lorsque l'électricité nous manqua encore une fois.

Alors me gagna un fou rire, certes l'un des moins gais à me posséder jamais. Il n'en résonnait pas moins avec une rare insolence dans ce boyau où nous étions engagées et qui le conduisait, amplifié, en haut et en bas. Ma payse me suppliait: «Not so loud!... Not so loud!...» Car cette payse était de langue anglaise et, quoiqu'elle eût fait en un an à Paris d'énormes progrès en français, il lui arrivait, sous l'effet de la surexcitation, de retomber dans sa langue maternelle. Mais elle avait beau me mettre en garde: «You'll wake everybody...» la peur que j'en avais était justement ce qui redoublait mes torturants accès de rire. Ils cessèrent pourtant aussi brusquement qu'ils m'étaient venus. Nous étions toujours dans le noir. L'ascenseur stoppa. «Hold the lift...» me chuchota ma payse en vitesse, et elle tâtonnait dans le corridor à la recherche de la minuterie. La lumière, quoique bien faible, m'aveugla, habituée que j'étais déjà à me mouvoir dans l'obscurité.

«No noise...» m'avertit ma payse, et nous nous sommes attaquées à sortir mon bagage, l'avons traîné puis empilé à la porte de l'appartement de madame Jouve, sans faire plus de bruit que des voleurs. Et, à propos de voleurs, j'aurai bientôt à en parler, mais attendons que vienne leur tour!... Quand mon bagage fut rangé à notre goût, sans trop bloquer le passage, j'appuyai le doigt sur la sonnette au-dessus d'une carte dont la distinction me glaça: Madame Pierre-Jean Jouve.

Elle-même presque aussitôt, en robe de chambre, ouvrit, les yeux lourds de sommeil et le reproche déjà à la bouche, quoique poli.

— En voilà une heure pour arriver! Vous auriez au moins pu m'avertir que vous seriez en retard, m'envoyer un câble... téléphoner...

Les yeux soudain mieux ouverts, ce qu'elle vit alors en tout premier lieu, ce ne fut pas mon pauvre visage en si grande quête de sympathie ni la bonne face ronde de ma payse toute rouge encore du combat livré, rien en somme de ces deux petites bonnes femmes et de leur héroïque effort pour arriver chez elle, mais la montagne de bagages entassée à la porte. Elle en poussa un cri:

— Ce n'est pas rien qu'à vous... tout... tout... tout...

— Je viens pour un an, madame, osai-je lui répondre.

— Et vous pensez avoir besoin de tout... tout... cela... pour une pauvre petite année!

J'eus envie de rétorquer qu'une année à Paris ne pouvait pas être une «pauvre petite année...» mais je n'en eus pas le temps.

— Toutes les mêmes, les Américaines, avec vos tonnes de bagages!

— Je suis Canadienne.

— Toutes pareilles, continua-t-elle, avec vos énormes malles garde-robe. Vous ne savez donc pas ce que c'est qu'un appartement parisien? Nous ne sommes pas au large ici comme dans votre Canada.

Ma malle était pourtant du modèle le plus compact que j'avais pu trouver chez Eaton à Winnipeg, et d'ailleurs expressément conçue, selon la réclame, pour aller à Paris, puisqu'elle demandait: «*Are you going abroad?*...» et répondait: «*Take me with you...*» promettant de se faire petite, rangée à plat sous le lit, ou debout dans un coin de la chambre à y faire office de garde-robe la moins encombrante possible avec son compartiment à cintres pour les costumes et ses tiroirs à souliers et à linge de dessous. Mes amies s'étaient mises avec moi pour en défrayer l'achat. J'y avais rangé mes effets précieux. Et si je lui avais déjà été attachée au départ, que dire de mon sentiment à son égard maintenant que nous avions franchi ensemble de si dures traverses. Je regardais avec appréhension madame Jouve la regarder sans aménité.

— Ecoutez, mon petit, chuchota-t-elle, car pour ne pas réveiller les gens d'à côté, toute cette conversation de reproches et de faibles excuses se poursuivait à voix basse, les valises, nous allons essayer de les caser pour cette nuit du moins dans l'appartement, encore que je ne voie pas comment elles vont entrer dans votre chambre, mais pour ce qui est de la malle...

Sa voix, distinguée à l'extrême, n'en était pas moins inflexible.

— ... elle doit descendre dès ce soir au sous-sol.

Nous l'avons rembarquée, à trois cette fois, madame Jouve gênant toutefois plus qu'elle n'aidait à cause de sa flottante robe de chambre au tissu laineux qui allait se prendre dans les mailles de la grille. Nous sommes descendues dans les entrailles de la terre. L'électricité ne donnait plus que de pâles petits feux espacés au long d'un étroit couloir de terre battue qui se perdait dans une obscurité profonde, car apparemment la lumière était dispensée, ici comme en haut, par minces tranches. Sur le côté se trouvaient, à la suite, de petites cages de rangement grillagées qui, dans l'atmosphère lourde, évoquaient l'idée de cachots. Nous allions en roulant ma malle sur elle-même, et j'éprouvais le sentiment, à peine arrivée, d'être déjà plongée vivante dans une de ces histoires du Paris ténébreux que j'avais lues autrefois, à ce qu'il me semblait, avec tant de plaisir alors que j'étais saine et sauve. Je le dis à madame Jouve qui prit le parti de me gronder amicalement, me reprochant d'avoir trop d'imagination et de la laisser galoper. Nous étions tout bonnement, selon elle, dans un sûr et propre sous-sol, très accessible. Elle devenait gentille à sa manière. Elle me prédisait que j'allais bientôt trouver mille fois plus commode d'avoir ma malle en bas, où je pourrais à tout instant, sans déranger, venir chercher ce qu'il me fallait, plutôt que dans ma chambre très petite en vérité — et comme je tomberais d'accord avec elle quand je verrais la chambre!

Nous avons abouti à une cage dont le numéro au-dessus d'une porte de grillage correspondait à celui de l'appartement de madame Jouve. Elle joua un moment avec le cadenas et remarqua:

— Tiens! On dirait qu'il a été forcé. Il faudra voir à le changer demain sans faute.

Remarque qui aurait dû me mettre en état d'alerte mais, tout à coup, comme il m'est arrivé bien souvent dans ma vie au milieu de difficultés sur lesquelles je n'ai pas de prise, je n'étais plus qu'à moitié présente, une part de moi vagabondant dans des réminiscences de lectures que cette descente au sous-sol de Paris avait éveillées en moi. Ainsi, au cours d'événements absurdes ou me dépassant, j'ai souvent trouvé refuge dans des souvenirs laissés par des livres et qui me paraissent plus confortables que la réalité où je suis empêtrée.

Au moment de m'en éloigner, je jetai pourtant un regard navré vers ma malle. Elle faisait bien seule, debout au milieu du cachot. J'eus un pressentiment que je pourrais bien ne jamais la revoir. Mais il fut emporté par la nouvelle difficulté à laquelle nous eûmes à faire face, l'électricité nous manquant dans les entrailles de Paris. Par bonheur, madame Jouve avait un briquet dans une poche de son encombrante robe de chambre. A la courte flamme, nous tenant toutes trois, je ne sais pourquoi, par le bras, à la manière de rescapés, nous avons refait surface.

Au rez-de-chaussée, nous avons laissé filer ma copine en grande hâte. C'était bien juste maintenant si elle allait attraper le dernier autobus pour son quartier lointain. La chère enfant me lança à la volée qu'elle passerait me prendre à la première heure pour nous présenter au commissariat de police. En route, nous aurions à me faire photographier de face, de profil, les oreilles découvertes, et il ne faudrait pas oublier de me munir d'un certificat de domicile. Si nous avions le temps, nous passerions à l'Ambassade signer le registre des ressortissants... «And bye bye until tomorrow...»

Enfin, j'étais saine et sauve dans l'appartement du sixième. Madame Jouve, m'ayant fait asseoir «un moment», prit enfin le temps de me regarder et devint presque maternelle.

— Mon pauvre petit, vous avez l'air tout chaviré. Vous prendrez bien quelque chose pour vous remonter?

Je pense alors avoir rêvé d'un bon chocolat fumant comme maman m'en apportait une grande tasse bien pleine quand elle aussi, au terme d'une journée qui m'avait été pénible, me trouvait petite mine. J'acquiesçai en ébauchant, j'imagine, un sourire au souvenir du riche, onctueux et odorant chocolat auquel j'avais droit en rentrant d'une de nos soirées de tournée dans les petits villages du Manitoba, ou même seulement en ville. Et je devais continuer à sourire faiblement, car, derrière ce souvenir, s'en levaient tout un train, que je n'aurais jamais découverts si aimables ni même que je les possédais, si je n'avais pas été plongée dans le rêve d'avoir enfin abouti à Paris.

— Je vous fais une citronnade, dit madame Jouve.

Or une citronnade, à la veille de me coucher, ne m'a jamais rien valu, m'obligeant à me relever tous les quarts d'heure. Mais je n'avais plus de force pour refuser. Madame Jouve alla dans la cuisine presser un citron. Elle m'apporta un breuvage amer, à peine adouci par un peu de sucre, que je bus en me retenant tout juste de grincer des dents.

— Allons, venez vous coucher!

Elle me conduisit, au bout d'un corridor, à une porte qu'elle ouvrit avec précaution sur une chambre qu'éclairait quelque peu la lumière indirecte de la jeune lune que j'avais vue se lever au-dessus des fortifications. (Je ne sais toujours pas pourquoi ne me quittait pas cette idée de fortifications, entretenue peut-être par le sentiment de m'être si loin fourvoyée de ma vie que je serais à jamais empêchée de la retrouver.) J'entrai à l'aveuglette dans la petite chambre inconnue.

— Prenez le lit à droite, me guida madame Jouve. Si vous le pouvez, n'allumez pas pour ne pas réveiller votre compagne de chambre qui doit se lever tôt.

Je trouvai le courage de rappeler à madame Jouve:

— Mais j'ai bien précisé dans ma lettre que je tenais à une chambre seule.

— Et vous l'aurez, mon petit. J'ai été prise de court à cause d'une Suédoise qui m'est arrivée à l'avance.

Elle referma la porte.

A tâtons, je trouvai la tête du lit, déposai mes vêtements autour de moi sur ce qui pouvait être une chaise, une table de nuit, je ne savais trop, puis m'étendis, mes nerfs commençant malgré tout à se dénouer. Mais à peine avais-je glissé vers un peu de calme que les effets du citron se firent sentir. Je ressortis du lit, trouvai mon chemin jusqu'à la porte, l'ouvrit, la refermai sans bruit, suivit un couloir et parvint, en me guidant par une sorte d'instinct, au petit endroit où je n'allumai pas plus qu'ailleurs, identifiant toutes choses au toucher seulement. Et tout se passa dans le plus parfait silence. Jusqu'au moment où, ayant repéré et solidement attrapé la chaîne de la chasse d'eau, je donnai un bon coup. Et ce fut comme si j'avais ouvert les barrages à une tumultueuse cataracte. Au grand jour seulement, quand je découvris le réservoir fixé presque au plafond, déversant son eau en chute abondante de trois mètres de haut, j'ai compris comment j'avais pu déclencher un tel vacarme.

Je revins sur mes pas, me replongeai dans ce que je reconnus, du bout des doigts, être mon lit, entendis du lit voisin une sorte de grognement dont je ne sus s'il provenait de la mauvaise humeur ou d'un rêve contrarié. J'allais m'assoupir. Mais le citron pressé n'en avait pas fini avec moi. Il semblait même attendre que je fusse de retour dans mon lit pour exercer son plein effet. Je retournai par un chemin inconnu à travers l'appartement inconnu. J'en revins. J'y retournai. A ce que je devais apprendre bientôt, on entendit deux fois encore à travers l'appartement l'immense bruit de cataracte. Je revenais sur la pointe des pieds alors que retentissait pourtant bien assez fort pour couvrir le bruit de mes pas l'impressionnant glouglou du réservoir se remplissant presque aussi bruyamment qu'il se vidait. Qu'est-ce qui me poussait, à renfort de tant d'eau, à en chasser une si petite quantité? La peur sans doute de ne pas me conformer aux usages de Paris et à ses gens civilisés, alors que je faisais tout le contraire.

D'épuisement, je finis par m'endormir. Mais sans trouver de repos. Dans mon rêve, je traversais Paris, ma malle sur le dos, devenue un de ces portefaix, pauvres bougres de jadis, dont une image était sans doute remontée du vieux fonds de mes anciennes lectures. Puis, en trébuchant sur les pavés du Roi, je courais pour échapper à des truands lâchés à mes trousses. Enfin, j'étais Jean Valjean engagé dans les égouts de Paris, et, cramponnée à ma malle, je filais sur des eaux nauséabondes. La chasse d'eau, le sous-sol de chez madame Jouve, des réminiscences de livres de mon enfance se mêlaient pour me fabriquer un des rêves les plus imagés que j'ai jamais rêvés. Soudain, il me projeta en plein bal musette avec ma malle que je m'efforçais, entre mes bras, de faire valser au son d'une entraînante musique. J'ouvris les yeux. Il faisait grand jour. A deux pas de moi il y avait un piano prenant bien les deux tiers de la chambre. Ma compagne, son lit déjà fait, elle-même lavée, peignée, habillée, à son piano y allait à tour de bras.

— Bonjour, vous, la Canadienne! lança-t-elle à travers accords et arpèges.

Sans s'excuser le moindrement du monde de m'avoir si brusquement réveillée, elle s'en prit plutôt à moi, quoique gentiment, de l'avoir empêchée de dormir avec mes allées et venues et «cette infernale chasse d'eau que vous avez passé votre temps à tirer comme si vous vouliez déverser toute l'eau de la Seine... Etes-vous prise toutes les nuits de pareille bougeotte?» me demanda-t-elle et elle m'avertit que, pour sa part, elle aimait se coucher tôt afin de se lever également tôt et se mettre, fraîche et dispose, à son piano, y travailler ses pièces d'entrée au Conservatoire.

Ainsi commença ma vie auprès de Charlotte, jeune musicienne d'Alsace, à son piano huit heures par jour, et que je devais pourtant venir à regretter lorsque madame Jouve, cédant à mes demandes réitérées, me casa seule dans un réduit à l'autre bout de l'appartement.

Pour le moment, j'aurais tout donné pour une heure encore de sommeil, mais Charlotte avait entamé une marche triomphale. Elle jouait bien, la bougresse! A moitié morts, mes nerfs tentaient de vibrer à sa musique. Du reste, ma payse arrivait justement et je l'entendis, haussant la voix, s'informer dès l'entrée:

— Comment, Gabrielle n'est pas encore debout et prête? Nous avons beaucoup à faire aujourd'hui.

A ma surprise, au cours d'une pause que fit Charlotte, j'entendis madame Jouve se porter à ma défense.

— Laissez tout de même cette enfant reprendre ses esprits. Et d'abord vous allez la laisser déjeuner en paix.

Je parus, à peine réveillée, dans la salle à manger. Mon couvert était resté mis, le seul maintenant, à une longue table ovale au centre de laquelle un délicat bouquet attirait aussitôt le regard.

— Qu'est-ce? demandai-je, ne connaissant pas ces fleurs.

— Des anémones, mon petit, fit madame Jouve apparemment contente de ma question.

Habillée de noir qu'agrémentait seul un liséré blanc haut sur le cou, son chignon impeccable, je vous aurais défié de reconnaître en elle la dame en savates du sous-sol.

— Marie, lança-t-elle vers la cuisine, le petit déjeuner de mademoiselle! Et bien chaud, hein!

Je pris le bol fumant, moitié café odorant, moitié lait bouilli et lui trouvai un goût exquis. J'imitai ensuite ma payse à qui madame Jouve avait aussi fait servir du café, trempant comme elle dans ma tasse un croissant sortant du four. C'était délicieux. Un soleil chaleureux entrait à flots par la fenêtre où j'avais vu la lune se lever comme au-dessus de mâchicoulis. Les anémones, que j'ai tant aimées depuis, ne cessaient de m'attirer et j'avais à tout instant l'envie de les toucher. En dépit de ce que j'avais la gorge brûlante et sans doute un commencement de rhume, je me sentais timidement prendre pied à Paris, ce matin, telle une plante malmenée que l'on recouvre de terreau protecteur. Je me serais volontiers attardée à cette table, sans savoir encore, pourtant, que c'est l'heure pour ainsi dire la plus douce à Paris, une halte de paix, de sérénité, de rêverie presque, aménagée au tout début de la journée avant qu'on ne se soit jeté dans la folle précipitation. Bien des fois elle devait me reprendre le cœur, me le remettre d'aplomb alors que je pensais ne plus pouvoir tenir à Paris.

A peine avais-je, à l'exemple de ma payse, dévotement ramassé les miettes de mon croissant sur la nappe, qu'elle me pressait:

— Allons! on file au commissariat.

La pauvre enfant ne pouvait faire autrement que de me presser, elle-même pressée par sa bourgeoise qui lui accordait peu de répit, la voulant à toute heure chez elle à parler en anglais aux enfants en retour des repas et du toit assurés.

Et me voilà, tout juste sortie du cauchemar de la nuit, courant, trébuchant à travers Paris à la suite de ma copine qui, lui restait-il assez de souffle pour faire en cours de route mon éducation, n'en perdait pas l'occasion: «Regarde, tu vois: aux arrêts d'autobus, si tu n'as pas envie de te voir laissée en arrière toute la journée, pousse ce levier, prends de la machine un ticket de préséance. — C'est comme au temps de Frontenac et de Monseigneur de Laval. Et tantôt, quand le contrôleur va gueuler: «Numéro! Numéro!» et que tous les gens vont gueuler ensemble, toi aussi gueule ton numéro. Il n'y aura que les vétérans et les femmes enceintes à passer avant toi, mais attention, j'en ai vu tricher... Monte! C'est notre tour... Tiens, regarde! C'est le célèbre Café du Dôme où s'assemblent les beaux esprits. Madame Jouve ne s'en doute pas, mais sa précieuse Suédoise trop belle sur qui ses parents à Oslo l'ont priée de veiller étroitement, elle qui t'a pris ta chambre, passe des soirées entières ici avec des hommes inconnus... On descend ici... Attention!... Malheureuse! On ne traverse les rues à Paris qu'aux passages cloutés. Autrement, si tu te fais écraser, c'est quand même toi qui as tort... As-tu aperçu la tour Eiffel? C'est monstrueusement beau comme ils disent... Ici, le métro! On descend! Regarde! C'est la maquette! Supposons que tu ne saches pas faire la correspondance entre, disons, la Porte des Lilas et Passy, tu presses ce bouton. Tu vois! Un réseau de points s'allume pour t'indiquer ton chemin. C'est facile. On est à Paris. Tout y est clair inflexiblement.» Et elle ajouta ce que je ne devais cesser d'entendre tomber de toutes les bouches: «Il n'y a pas à se tromper.» Et j'eus de quoi me débattre en rêve au cours de bien des nuits encore.

II

Après deux journées, sur terre ou sous terre, à courir, voler, rouler et tousser — car mon rhume s'était déclaré — ma payse ne perdant toujours pas l'occasion de m'instruire: «La Sainte-Chapelle! Non, elle est déjà en arrière... Ce qu'il y a de plus raffiné au monde... Notre-Dame, à droite!... Tiens! en face, l'Arc de Triomphe!... Là-bas, le dôme des Invalides! Non, tu regardes du mauvais côté... Le vilain Napoléon y a son tombeau en porphyre. A great shame! Such un monstre!... Si on descendait une minute au Louvre? Le temps de jeter un coup d'œil à la Victoire de Samothrace... Isn't it wonderful? Ça n'a pas de tête, et c'est plus éloquent qu'aucune tête... Come on... C'est notre autobus qui part... Saute!...», voici que tout à coup mon brave petit guide s'arrêta net et me proposa:

— J'ai mis un bourguignon au feu ce matin de bonne heure. Il doit être cuit. Ça te plairait de venir le manger avec moi? Mais je t'avertis: il y a six étages à monter à pied. Ce n'est plus les splendeurs de ta pension-tout-ce-qu'il-y-a-de-mieux.

Elle aurait dit deux cents étages que j'aurais été tout aussi prête à la suivre tellement me comblait son invitation à manger en paix, juste nous deux, dans ce qu'elle appelait son «trou à Paris» et dont j'escomptais je ne sais quel repos que presque seuls, en vérité, ont pu me donner les endroits humbles. J'étais pourtant loin de pressentir l'infini attrait qu'il allait exercer sur moi, qui me sentais comme privée depuis des siècles de méditation, de silence, de ces longs tête-à-tête rêveurs avec moi-même sans lesquels je n'ai jamais su vivre bien longtemps.

Je lui pris le bras. Elle me sourit. Nous avons cessé de courir. Nous sommes redevenues deux petites Canadiennes un peu lentes à former nos décisions et à les reconnaître. Nous fûmes rendues à nous-mêmes, désireuses de nous retrouver comme chez nous, et cela, j'avais à l'apprendre, Paris pouvait aussi le dispenser.

Sans plus de hâte, nous marchions. Le crépuscule venant, nous avons atteint une étroite rue sombre bordée d'anciennes maisons hautes et graves. Elle devait se trouver proche de la Seine, car je me rappelle avoir entendu, en accompagnement à nos pas, un léger clapotis, peut-être même avoir perçu, à un coin de rue, une vague étendue d'eau vert sombre, un peu sale et mélancolique, une eau comme un vieux visage reflétant une longue, longue histoire. Ah, que j'ai aimé Paris chaque fois qu'il m'a montré le contraire de ce que l'on appelle le Paris gai, le Paris léger!

En cours de route, nous avions pris, ici, un pain comme je n'en avais jamais vu d'aussi long et mince, là, une scarole toute couverte de grosses gouttes d'eau froide, ailleurs une bouteille de rouge pour fêter mon arrivée, enfin un fromage si à point que pour ne pas l'écraser je le portais dans ma paume ouverte d'où il coulait dans ma manche. Nous avions acheté aussi un petit bouquet de pâquerettes, les premières également de ma vie, et je n'arrêtais pas, en contemplant leur minuscule visage si parfait, de me dire: «Ainsi sont donc les pâquerettes!...» Et j'éprouvais presque autant de joie de connaître enfin ces fleurs que d'avoir rencontré une amie sûre. En souvenir de cette émotion, j'ai longtemps cherché, des années après, à faire pousser des pâquerettes dans mon petit jardin de Charlevoix, en ramenant de nombreux sachets de graines à chacun de mes voyages en France. Elles ont fleuri, en un ravissant tapis ras, de toutes couleurs, au pied d'un vieux pommier crochu, mais ont toutes fini par mourir en peu de temps dans ce pays qui n'était pas fait pour elles. Et j'ai cessé de vouloir à tout prix faire voir leur délicat visage au grand ciel étonné de par chez nous.

Avant de nous attaquer à monter chez elle, ma payse me demanda si je me croyais capable de lui donner un coup de main pour le bois que nous avions aussi à prendre avec nous.

Nous sommes passées par une courette obscure où était empilé, en plusieurs tas, du bois à brûler. Ma payse trouva le sien. Nous nous sommes chargées chacune d'une assez bonne brassée. Avec les bouteilles, le pain et la salade qui dépassaient de nos poches, du bois jusqu'au menton, le petit bouquet de pâquerettes éclairant l'escalier, nous montions en spirale au cœur de la grande vieille maison. L'usure des marches, des marques au mur, des graffiti, témoignaient du passage de milliers de pèlerins en route comme nous, au bout des peines, vers la quiétude du petit coin à soi. Je ne sentais plus mon rhume, la fatigue, l'angoisse. Mon cœur s'allégeait doucement, comme il m'arrivait alors, quand j'allais, sans le savoir, vers un moment heureux de la vie.

Au faîte, tenant une partie de ses paquets entre ses dents, ma payse sortit de sa poche une clé massive. Elle la glissa dans la serrure d'une porte sombre se distinguant à peine du palier noyé dans la pénombre. Une petite chambre dès le premier regard se révéla à moi telle que je la possède encore aujourd'hui, dans tous ses détails, avec son lit-divan tassé contre le mur, des livres partout, une table ronde sous un tapis tombant jusqu'au plancher, sur laquelle étaient disposés nos deux couverts, et, au centre, un vrai petit poêle qui me prit instantanément le cœur, tellement, même éteint, il évoquait une bonne compagnie pour les heures grises. C'est d'ailleurs en le voyant que je pris sans doute la mesure de ce qu'avait dû être mon tourment d'ennui depuis que j'avais quitté mon pays, car j'allai aussitôt vers le petit poêle le toucher comme on touche un être vivant.

Le charme du lieu ne tenait pourtant à rien au fond de particulier, mais plutôt à ce que la chambre, petite comme elle était, prenait jour sur le ciel par une large découpure à même le toit. Elle se trouvait pour ainsi dire dans le ciel lui-même, baignée de sa douce lumière paisible, de minute en minute s'adoucissant encore avec le jour qui s'en allait. Jamais je n'avais vu une chambre ouverte ainsi au ciel. J'y étais entrée comme dans un rêve. Le rêve que j'ai fait toute ma vie d'un refuge contre la méchanceté des êtres, contre moi-même et les autres... et le surprenant est que je l'aie tant de fois trouvé... pour un instant! Le miracle était que cette fois je le trouvais en plein Paris, conciliant mes désirs impossibles de la solitude et de l'ardente solidarité. Toute la beauté de la petite chambre dut se peindre sur mon visage car ma payse, assise par terre à souffler sur un tison sous les cendres, suspendit ses efforts, posa sur moi un regard étonné:

— Qu'est-ce que tu as? You look bewitched.

Ce que j'avais! Eh bien! le cœur comblé et cependant tranquille, le sentiment d'être à ma place là où j'étais, un incroyable bien-être, toutes choses que je n'ai goûtées évidemment qu'en passant comme tout le monde, mais non, mieux que plusieurs, car au fond peu ont jamais eu idée de ce qu'est ce bonheur dont je tente de parler, inexplicable et cependant si réel. En ce temps-là, je croyais qu'il venait de l'extérieur, tenait aux lieux mêmes où il se produisait. Je pensais que l'on pouvait se l'approprier en s'appropriant les lieux où il apparaissait, en y restant ou en tâchant de les emporter avec soi — une impossible aventure! Aussi ma payse rit-elle de bon cœur quand je lui avouai que je désirais sa chambre au point de l'échanger contre ma pension tout-ce-qu'il-y-a-de-mieux; ou alors de nous mettre en chasse pour m'en trouver une en tout point semblable. Et alors, me sembla-t-il, j'aurais le cœur en paix pour le reste de mes jours.

Ayant ranimé le feu, et maintenant occupée à préparer la salade, ma payse me peignit à sa manière cette paix que je croyais être sur le point de saisir:

— T'es tout juste arrivée en haut, chargée à toi seule de ce que nous avons apporté à deux, que tu dois descendre chercher l'huile pour la lampe. Bon, te voilà remontée, mais t'as oublié de prendre ton courrier en passant. Redescends donc! Cette fois t'es pas tout à fait remontée au sixième que tu redescends la moitié du chemin pour entendre ce que glapit ta concierge d'en bas. Finalement, tu retournes jusqu'en bas parce qu'elle a un pli recommandé pour toi. Ensuite, tu redescends au quatrième chercher de l'eau. Tu y retournes jeter l'eau sale. Tu y retournes encore, tôt ou tard, pour les w.c. Il est près de dix heures souvent quand tu peux enfin ouvrir tes livres et te mettre à tes cours du lendemain. Tu dors à moitié sur tes notes, comme tu dormiras à la Sorbonne pendant que ton auguste professeur distillera sa science en petites phrases monotones.

Je l'écoutais, émue par cette vaillance qu'elle me révélait en riant comme d'un trait ridicule de son caractère, et, bien que je fusse à même de saisir maintenant le côté si difficile de sa vie à Paris, je ne l'enviai pas moins frénétiquement.

Nous nous sommes mises à table juste en-dessous de la grande ouverture découpée dans le toit. Ainsi avions-nous l'air, comme dans quelque peinture surréaliste, d'être attablées au milieu du ciel. Plus tard, comme nous achevions de souper, à une dernière lueur du crépuscule que déversait sur nous le toit ouvert, elle convint que, les corvées accomplies, sa petite chambre «dans les airs» s'imprégnait d'une mystérieuse paix qui pouvait donner à penser qu'elle était capturée ici pour toujours. Elle me dit alors avoir pour moi une surprise. Elle me fit monter sur une chaise à côté d'elle et souleva la tabatière. Toutes deux, la tête hors de la maison, nous avons pu voir Paris s'étalant de tous côtés à perte de vue, comme un grand monstre assoupi, doux et aimable maintenant qu'il s'était un peu calmé et que de toute façon rien de sa hâte, de son énervement et de son agitation ne pouvait nous arriver jusqu'ici. Je suis restée longtemps sur la pointe des pieds, grimpée sur une chaise, à contempler la ville comme une enfant des bois, sur une branche, scrute de lointains paysages. Et je me demande encore si j'ai jamais eu, même du haut de Notre-Dame, une vue plus ensorcelante de Paris.

Ma payse, avec ménagements, me ramena à la réalité en me rappelant que le temps avait passé vite et que si nous ne partions pas bientôt nous nous heurterions à une porte verrouillée chez madame Jouve. Je poussai un soupir en m'arrachant littéralement au ciel.

Elle-même, me disait ma payse, allait être reprise tôt le lendemain par ses cours et ses courses entre la Sorbonne et chez sa bourgeoise afin d'y être à l'heure du repas pour faire dire aux enfants: «Pass me the salt if you please... Thank you so very much...» Et peut-être pour les garder, le soir, si sa bourgeoise décidait d'aller au théâtre, ce qui n'avait pas été prévu dans l'accord, mais de toute façon il n'était presque jamais respecté quand on vivait au pair.

Je voyais de mieux en mieux combien dure était sa vie à l'étranger et percevais avec gêne le don incalculable qu'elle m'avait fait en m'accordant tout ce temps pris sans doute sur de rares loisirs et qu'elle aurait à payer cher. L'idée qu'elle me raccompagnerait ce soir encore dans le Paris nocturne qui me faisait peur, me réconfortait. Pourtant, déjà tellement endettée envers elle, je craignis d'abuser et l'assurai que je pensais pouvoir me débrouiller et rentrer seule.

Elle éclata de rire.

— Jamais de la vie! Distraite comme tu es, tu serais bien capable d'aboutir à La Villette... et je fus malgré tout soulagée à la pensée que je ne serais pas encore lâchée toute seule ce soir dans Paris.

Sur le seuil, je me retournai pour embrasser d'un dernier regard la petite chambre que nous laissions un peu en désordre. Qu'est-ce qui m'y retenait? Non plus mon fou désir de m'y terrer. Je le savais maintenant irréalisable. C'était plutôt un commandement, mais venu d'en avant, des années non encore vécues, m'enjoignant de prendre de cette petite chambre ce qui importait, pour le jour où je pourrais en faire usage. Depuis quelque temps, depuis la Petite-Poule-d'Eau peut-être, ou même avant, je recevais de plus en plus le bizarre commandement, tout en disant adieu aux lieux et aux choses, d'en retenir aussi le plus possible pour emporter en quelque sorte avec moi ce que je devais quitter. Et je fus bien longue à comprendre vers quoi tendaient ces obscurs avertissements.

Nous avons dévalé en vitesse les étages, couru par les rues silencieuses qui nous renvoyaient l'écho étrange de nos pas tout à coup devenus ceux de poursuivants, sauté dans un autobus en marche. Au cours des semaines, des mois suivants, j'eus bien peu souvent l'occasion d'accueillir en moi l'image de la petite chambre à ras les hauts toits de Paris. Elle me venait à l'esprit à la manière de ces fragiles et douces connaissances dont on se dit pourtant qu'il vaudrait la peine de les cultiver, puis ne me trouvant pas disponible, s'en retournait. Je finis par la perdre de vue. J'en vins, je crois bien, à n'en avoir même plus de souvenirs conscients.

Alors, comment se fait-il que, vingt ans plus tard, elle ressuscita en moi exactement telle que je l'avais retenue dans ce dernier regard, du seuil, avec sa salamandre verte, basse sur pattes, sa table ronde encombrée des restes de notre repas et la douce lueur de crépuscule qui l'inondait? Et ce serait pour y amener, au terme de sa longue errance, Pierre de *La Montagne secrète*. Là où j'avais aspiré à mon propre apaisement, je conduirais cette âme épuisée pour ses derniers tourments, ses derniers élans de vivre. Ou peut-être pour l'illusion d'apercevoir par la découpure du toit, tel qu'il lui apparaissait naguère de sa cabane de trappeur, le grand ciel canadien si souvent, là-haut, de couleur crépusculaire.

III

Bientôt madame Jouve elle-même mit la main à la pâte, prenant à cœur mon initiation à la vie parisienne. Elle ne faisait pas que nous héberger. Elle nous guidait, nous conseillait, donnait aux unes des leçons de français, à d'autres enseignait les bonnes manières, surveillait discrètement les sorties des plus jeunes, en rendant peut-être compte aux parents et, dans l'ensemble, à ce qu'il me paraît encore, veillait sur nous avec des sentiments qui pour ne pas être démonstratifs n'en étaient pas moins dévoués et sincères. Après une semaine ou deux de course folle dans Paris, assommée par trop de nouveau, je m'étais enfouie dans ma chambre, comme il est bien dans mon caractère quand je perds pied, et je n'en bougeais plus. Inquiète de me voir maintenant mener une vie d'ermite, madame Jouve me relança un soir, un livre à la main.

— Mon petit, puisque une fois à Paris, la ville la plus excitante du monde, vous avez pris le parti de vous terrer, ce qui est bien votre affaire, lisez du moins. Tiens, ce livre! Tout Paris en parle. Tout Paris en raffole.

On me donnerait aujourd'hui à lire *Le Grand Meaulnes* pour la première fois de ma vie que j'en serais peut-être aussi extasiée. Mais il faut croire que j'étais alors trop Grand Meaulnes moi-même, pour prendre goût à cette mélancolique histoire de fuite dans le rêve. Je m'échappais moi aussi par cette seule porte qu'on a contre la vie, mais dans ma sauvagerie à moi, vers les rivages de la Petite-Poule-d'Eau. Là, tout me paraissait maintenant avoir été d'une paix, d'une harmonie ineffables. Je ne lisais qu'à moitié attentive à un dépaysement qui me paraissait peu de chose à côté du mien. Je feignais l'enthousiasme quand les repas nous réunissaient à table, une douzaine de jeunes filles de presque autant de nationalités, et que nous en parlions ensemble. Mais madame Jouve avait une manière de questionner qui nous démasquait rapidement. Elle fut presque outrée qu'une jeune Canadienne, tout juste débarquée de sa province natale, osât se montrer tiède à l'endroit d'un roman que tout Paris adorait.

Elle fut encore plus scandalisée, le soir où elle nous entraîna, une partie de la bande, à une représentation de l'*Electre* de Giraudoux, de m'entendre m'en plaindre. De la rue Deschambault à l'Athénée, l'écart était-il trop grand, étais-je vraiment perdue ici au point de ne plus entendre résonner à mes oreilles la voix des autres, ou bien la pièce était-elle d'un mécanisme trop savant, ennuyeux, je ne le saurai jamais, car depuis lors je n'ai guère été tentée d'approcher Giraudoux. Ce que je mis plus de temps à avouer, c'est que le grand Jouvet lui-même me tapait sur les nerfs avec son débit sec, ses petits bouts de phrases qui tombaient toutes à plat, ses tics et ce qui me parut des grimaces. En passant par Londres j'avais eu le temps d'aller au Old Vic et aussi dans un petit théâtre de Shaftesbury Street, dont j'ai oublié le nom, et j'avais vu là un jeu sobre, retenu, on pourrait dire anti-théâtral, une manière discrète, tout en ombres et demi-teintes, qui me semblait à présent bien supérieure à ce que je voyais à Paris — où j'allais pourtant découvrir aussi à la longue ce genre de théâtre tout proche presque du banal, et si prenant.

De moi-même, lorsque enfin je trouvai le courage de sortir de ma chambre, je courus au Théâtre Français. Chez nous, on l'avait toujours appelé la Comédie-Française, et on l'avait en telle vénération qu'on levait des yeux extasiés sur quiconque avait franchi le seuil du vieux théâtre. Je crois me souvenir que l'on connaissait le nombre exact, en notre milieu, de ces êtres privilégiés, pouvant les citer un à un et même rappeler la pièce que chacun avait vue.

J'étais toute émotion quand je m'alignai à la suite des gens qui attendaient au guichet des places à bon marché. J'en avais oublié ma peur de Paris et la peur de mal faire qu'il m'inspirait à chaque pas. Je devins communicative, bavarde, et appris à des gens à droite et à gauche que c'était ma première visite au Théâtre Français. Les uns dirent poliment: «Ah oui!» D'autres s'informèrent d'où je venais, parurent s'intéresser à moi et, en retour, je brillai d'une sorte d'amitié spontanée envers eux. Je découvrais le fil de mystérieuse fraternité qui noue ces petits attroupements d'inconnus aux portes des théâtres, ailleurs aussi quelquefois, mais surtout aux abords des théâtres, et qui allait m'en apprendre tellement long sur les autres et sur moi-même.

Qu'est-ce que j'escomptais au juste ce soir-là pour me mettre en tel état d'effervescence? Evidemment, je ne le sais plus. Pourtant je sais avoir reçu autant sinon plus que je n'attendais de la petite église de Saint-Julien-le-Pauvre et de Notre-Dame, ces lieux qui vinrent d'abord à moi à travers de grands écrivains, et c'est peut-être ainsi que cela se passe pour tous.

Je m'assis dans une attente presque douloureuse. Le rideau s'ouvrit. Je vais avouer une autre énormité, c'est que je ne me rappelle pas quelle fut ma première pièce au Théâtre Français. Je me souviens d'autres pièces que j'y vis et particulièrement, durant un autre séjour à Paris, d'*Athalie* avec Vera Korène, qui m'enchanta. Mais de cette première soirée au Théâtre Français rien ne revit en moi sinon l'apparition sur scène d'un gros petit acteur bedonnant prêtant sa silhouette bouffonne au jeune héros de la pièce. Il est tout court, tout vieux, et semble avoir du mal à se traîner d'un bout à l'autre du plateau. Par contre, il possède une voix à faire trembler le vieil édifice, et il en joue de façon invariable, entonnant chaque alexandrin du plus bas qu'une voix puisse descendre, pour monter, monter, de palier en palier, jusqu'à une note aiguë donnant l'impression qu'il vous la lance du haut d'une tour. Monte... descend... monte... descend. Le vieux petit acteur sur ses jambes flageolantes n'arrêtait pas de voyager de la voix. Ses phrases partaient d'une sorte de souterrain grondant pour aboutir toutes à des coups de clairon sur les remparts. Je ne pouvais vraiment suivre la pièce, accaparée entièrement par le jeu du vieux jeune premier. A Winnipeg, j'avais connu une dame française, ex-sociétaire, disait-elle, de la Comédie-Française, bizarrement échouée parmi nous, et qui déclamait sur ce ton les fables toutes de simplicité du bonhomme La Fontaine.

Je tournai un timide sourire autour de moi en quête de quelques sourires complices qui renforceraient mon impression d'être à un spectacle comique, mais ne vis que visages graves et respectueux. Mon Dieu, serais-je donc la seule au monde à voir les choses telles que je les voyais! En ce cas, ma solitude serait pire encore que je n'avais parfois cru l'entrevoir. J'en perdis ma pauvre petite envie de rire qui d'ailleurs me faisait peur depuis qu'elle avait dégénéré presque en hystérie dans l'ascenseur.

Tout de même, quelques jours plus tard je courus aussi voir *Cyrano*. J'en connaissais de grands bouts par cœur que j'avais dû déclamer moi-même avec emphase, les trouvant peut-être alors nobles et enlevants. Mais la vue de Cyrano, blessé à mort et, des heures plus tard, toujours debout et discourant, son long nez et son épée en avant, me laissa dans un grand malaise. Si c'était ça le théâtre, me disais-je, jamais je n'y croirais. C'était trop faux. Trop gros. Ou alors je n'étais pas faite pour lui. L'évidence peu à peu s'imposait à moi. C'était de l'admettre qui était difficile. Car enfin, si j'étais à Paris, c'était, ainsi que j'essayai de me le faire accroire, pour y étudier l'art dramatique. Quelle autre raison aurais-je pu avoir d'y rester?

Pour comble, madame Jouve, à qui je m'étais un peu ouverte sur mes projets d'étude d'art dramatique, ne cessait de m'aiguillonner. «Ce n'est pas à traîner la patte dans Paris que vous arriverez à grand-chose», me reprochait-elle. Sortie enfin de ma chambre, je n'arrêtais plus en effet de marcher maintenant dans Paris, passant ainsi mon indécision et l'angoisse qui m'habitait. «Vous n'arriverez à rien de la sorte, voyons, mon petit!» En quoi elle se trompait, car c'est souvent en errant seule dans des villes inconnues que je suis le mieux arrivée — mais à quelque chose d'autre que ce que je pensais chercher et qui fut presque toujours meilleur.

— Tiens! me dit-elle un jour, pourquoi n'iriez-vous pas vous informer à l'Atelier? On dit que Charles Dullin prend des élèves et qu'il est tout à fait extraordinaire.

Prise à mon propre piège, je ne pouvais que m'exécuter si je tenais à conserver un peu d'estime pour moi-même.

Est-ce elle, est-ce moi qui pris le rendez-vous? Arriva en tout cas l'après-midi redoutée où je me présentai plus morte qui vive au théâtre de Dullin. Il y avait répétition de *Volpone*, d'après l'adaptation, si je me souviens bien, de Jules Romains. Sur la scène, au milieu de la poussière, des cordages et des voilures qui l'encombrent au temps des répétitions comme une sorte de navire, se trouvait un lit à baldaquin. Ses rideaux fermés s'agitaient furieusement comme sous l'effet d'une tempête ou d'un combat livré à l'intérieur. Je ne connaissais pas la pièce. Je n'avais aucune idée de ce qui pouvait tellement secouer ce lit. Un peu mal à l'aise tout de même, je regardais les rideaux se gonfler, s'élever presque au plafond, retomber, tout morts et pantelants. De la scène, quelqu'un me cria dans la pénombre de la salle:

— Vous avez affaire?

Je murmurai une réponse apeurée.

— Avec qui?

— Avec monsieur Dullin.

Alors sortit du lit un homme de petite taille, bossu à ce qu'il me sembla, plutôt laid, l'air sévère et qui m'examina sous de gros sourcils ébouriffés. Je n'ai jamais vu Charles Dullin ailleurs. Je ne peux donc affirmer que ce soit lui ou Volpone que j'ai rencontré face à face.

Il me parla de la scène, sa voix venant vers moi comme d'un monde incroyablement lointain et tout différent de la vie.

— C'est vous, la jeune Canadienne qui a demandé à me voir? D'où êtes-vous? Avez-vous déjà fait du théâtre?

Je pensai à nos innocentes tournées dans le crépuscule des petits villages du Manitoba, revoyant surtout, je ne sais pourquoi, les routes perdues, du côté d'Otterburne. J'aurais donné je ne sais quoi pour m'y retrouver à l'instant, cachée de tous, telle que j'avais été avant qu'une sotte témérité ne me pousse à approcher le grand Dullin, et dans quel but, Dieu du ciel! je ne le comprenais même plus.

— Un peu, à Saint-Boniface, au Manitoba, ai-je murmuré du fond de la salle vide qui donna à ma voix un timbre creux.

Quelqu'un a ri alors sur la scène, un des figurants sans doute. Il m'a semblé que c'était de moi ou peut-être de mon accent. Ou encore de ce «Saint-Boniface, au Manitoba», qui avait pu sonner aux oreilles d'ici aussi drôlement que Tombouctou en Mauritanie.

— Venez! Montez par ici, me cria Dullin-Volpone. Vous allez nous mimer une petite histoire, selon votre invention, pour montrer ce que vous savez faire. N'importe quoi! A votre goût. Allons, approchez!

La mort, les pires supplices certainement, à cette heure, me parurent préférables à l'idée de monter sur la scène y jouer la pantomime. J'avais la gorge nouée, plus une goutte de salive dans la bouche, et n'osais cependant m'opposer au vieux despote sur la scène qui, à ce qu'on m'apprit plus tard, était le plus bienveillant des hommes. J'y serais peut-être malgré tout montée. Mais alors, heureusement — ou malheureusement selon les vues du destin —le téléphone sonna en arrière des décors. On cria: «Dullin! C'est pour toi!» A moi il cria: «Un moment! Je reviens.» Deux autres acteurs, sur la scène, se trouvaient à me tourner le dos. Dans le lit il restait apparemment quelqu'un, une femme à ce que je crus comprendre, mais tranquille pour l'heure, et qui disait seulement, de temps à autre: «Oh la la! Oh la la!» Je jetai un coup d'œil en arrière. Personne de ce côté pour me barrer la route. La porte était même restée ouverte. L'embrasure découpait dans du sombre un bout de rue tranquille, presque agreste, avec un platane planté si près du théâtre qu'il y semblait à moitié entré. Si ma mémoire a si bien retenu cet aperçu de la rue, ce doit être parce que j'eus une telle envie de m'y retrouver en liberté. Je commençai à m'en aller à reculons avec mille précautions. Puis, entendant Dullin-Volpone élever la voix: «Hé oui, c'est ça, on se rappelle...» je pressai le pas. J'atteignis le seuil. Je le franchis. En fait, il me faut en convenir, je pris la fuite.

Je pense même avoir couru un bout de chemin comme si j'étais en danger d'être rattrapée. Enfin, je me calmai. Mais ce fut pour saisir que, si je l'avais échappé belle, je n'échappais pas à mon jugement sur moi-même qui se fit cinglant. Et maintenant c'était pour le fuir que je continuai à marcher devant moi pendant des heures sans trop savoir où j'allais. Quand madame Jouve, inquiète de me voir revenir si tard, me demanda où j'avais bien pu errer, je ne sus que dire. Le monde avait été absent de moi comme je m'étais absentée de lui. Cet état où je devais retomber assez souvent dans ma vie — alors que l'on court pour se perdre ou se trouver — devient si intolérable qu'il finit, je suppose, par engourdir l'esprit, en sorte que nous ne sommes plus qu'à demi conscients de ce qui nous entoure.

C'est ainsi que je revins de chez Dullin, ne soufflant mot de mon aventure, à propos de laquelle personne, à voir mon visage, n'osa me questionner. Et moi-même pendant longtemps essayai de me faire accroire qu'elle n'avait pas eu lieu.

Le lendemain, toujours au hasard, je repris mes courses à travers Paris. Il me fallait me rendre à l'évidence que je ne m'étais pas enfuie de l'Atelier uniquement par peur d'avoir à monter sur scène pour jouer la pantomime. Quelque chose de plus fort m'avait pour ainsi dire prise aux épaules et projetée dehors comme pour échapper à un destin qui ne me convenait pas... à une route qui ne pouvait être la mienne. Mais alors, si le théâtre n'était pas ma voie, que faisais-je à Paris? Je marchais, je marchais. Je crois avoir alors découvert qu'une certaine solitude s'accommode mieux d'être laissée à elle-même qu'entourée de conseils et de consolations. Dans la foule étrangère je disparaissais avec mon mal qui avait affaire à ce que je devais accomplir dans la vie et dont je ne savais plus du tout ce que c'était. Je traversais des quartiers entiers de Paris avec le sentiment de n'avoir rien entendu, rien vu, enfermée, au milieu de la densité humaine, dans une sorte de vide que j'entretenais de mon mieux, car ouvert il eût laissé entrer en moi une détresse trop grande. Des années plus tard, il me reviendrait pourtant de ces journées errantes mille souvenirs d'intonations, de bruits, d'odeurs. Je reverrais avec précision une enseigne à tel coin de rue, la silhouette d'un tavernier apparu sur le seuil de son bistrot, le béret enfoncé sur le front. J'avais le don de capter à mon insu, aveuglément si l'on peut dire, des détails qui me seraient plus tard utiles, mais je n'en savais rien encore, pensant seulement que j'étais venue perdre mon temps à Paris — alors que c'est en le perdant qu'il m'a souvent été en fin de compte le plus profitable, mais cela non plus je ne le savais pas et je m'adressais à moi-même d'amers reproches.

Et pourtant! Une de ces longues marches m'avait conduite jusqu'à je ne sais plus quelle rue où, en levant les yeux sur les affiches d'un petit théâtre, je rencontrai le beau regard apitoyé de Ludmilla Pitoëff et m'arrêtai pour le contempler. Je croyais voir, au fond des yeux qui me rendaient mon regard, un peu tristes comme ceux des êtres qui connaissent bien la vie, une sympathie pour moi comme d'instinct j'en éprouvais pour elle. Tout à coup, je n'étais plus aussi ridicule avec mon indécision, mes tergiversations, le manque de clarté sur moi-même et l'impossibilité de saisir ce que je voulais. Les grands yeux quelque peu désolés de Ludmilla Pitoëff me disaient qu'elle-même avait connu pareille confusion, qu'aucun être n'est à jamais assuré de ne pas s'y trouver.

L'affiche annonçait *La Mouette* de Tchekhov. Je connaissais Tchekhov pour ses nouvelles admirables, *La Steppe* particulièrement. Par ailleurs, je n'avais jamais entendu parler des Pitoëff.

Etait-ce le soir ou en matinée? Je n'en suis pas sûre, quoiqu'il me semble me souvenir d'un feuillage clair s'agitant doucement non loin du beau visage de l'affiche, mais peut-être que je confonds bruissement et couleur.

En tout cas, c'était heure de spectacle quand je survins comme amenée par la main à ce petit théâtre accueillant. J'entrai. J'achetai mon billet. Je m'assis parmi une foule clairsemée. Autant j'étais entrée défiante au théâtre Dullin, autant je me sentais ici à l'aise. Le rideau s'écarta. Et je fus dans le ravissement.

Cette femme, cette Ludmilla, elle ne semblait pas être quelqu'un qui joue un rôle sur scène, qui interprète un personnage. Elle *était* la Mouette elle-même venue, sous nos yeux, subir la

fatalité de sa vie. Lui, Georges Pitoëff, avec sa vo
masque usé, il était tout simplement un homme russ
n'importe quel pays, un homme tout court chois
hasard dans les rangs surpeuplés de la monotonie
En fait, c'était le quotidien qui prenait vie comme ꞏꞏꞏꞏꞏꞏis ici,
s'animait, se révélait plus puissant que le drame à grands éclats,
car infiniment plus près de nous sans doute. Les mots qui l'exprimaient n'étaient ni gonflés ni soufflés, ils ne paraissaient
même pas recherchés, encore qu'ils dussent l'être pour parvenir à
un si juste accent de l'usuel. C'étaient les mots, on aurait dit, de la
maison de chacun, en un jour pareil aux autres, entrecoupés de
soupirs et de silences exactement comme dans notre vie où un
regard s'échappant par la fenêtre, vers le lointain, en dit tout à
coup plus long que les dialogues. Que je trouvai beau, dès que je
l'entendis, ce ton du vrai, que ce fût dans la vie ou au théâtre
—mais peut-être plus encore au théâtre qui nous apprend à
mieux regarder la vie percée à jour, mise à nu sous nos yeux! Je
sentais exprimé comme je n'aurais su le faire moi-même mon
propre ennui, mon dépaysement presque constant où que je fusse
dans le monde, cette ignorance où l'on est vis-à-vis de soi, le tout
baignant comme en un léger brouillard de larmes, non vraiment
amères, plutôt presque douces, malgré tout. Il m'en venait d'ailleurs justement aux yeux. Elles provenaient, je suppose, de
l'étrange bonheur qui nous possède à nous entendre dire si bien ce
que l'on est.

A un moment, comme l'on fait souvent lorsqu'on est ému et
cherche d'instinct autour de soi un regard avec lequel partager
une impression, je me tournai à demi vers mon voisin, un jeune
homme à l'air un peu timide. Il avait également les yeux mouillés. Nos regards se sont liés. Nous nous sommes confié l'un à
l'autre: «Que c'est beau!» Et la joie qui nous étouffait peut-être
également dans l'ombre et le silence a paru maintenant nous
libérer et nous élever dans une sorte de lumière.

A plusieurs reprises, au cours du spectacle, nous nous
sommes fait part de notre sentiment, d'un mot murmuré ou
simplement d'un regard.

— Ainsi est la vie de la plupart, m'a-t-il dit, sans éclat, sans
bruit, sans beaucoup de mots, s'exhalant plutôt à mi-voix. C'est le

grand mérite de Tchekhov d'avoir donné vie à des êtres qui se détachent à peine du grand ensemble des hommes.

A l'entracte, nous étions sortis et avions fait quelques pas ensemble sur le trottoir, devant le théâtre. Et voici que je sais, sans plus de doute possible, que c'était l'après-midi, car je revois tout à coup distinctement l'arbre au bout de la courte rue dont j'ai entendu si longtemps le bruissement dans mon souvenir. Mais toujours ces singuliers trous dans ma mémoire! Par exemple, je ne revois guère le visage du jeune homme, mais je l'entends très bien, toujours à côté de moi, qui parle d'une voix s'accordant à nos pas un peu hésitants.

Il venait de quelque village de l'Ardèche poursuivre à la Sorbonne des études en Lettres. Il s'acclimatait mal à Paris. Il s'y était senti absolument seul jusqu'à maintenant où dans l'univers de Tchekhov il s'était reconnu comme dans sa patrie.

Je lui parlai alors un peu de Saint-Boniface et comment, si longtemps, là-bas, j'avais rêvé de venir à Paris, ne sachant plus maintenant du tout pourquoi, et m'ayant à cause de cela prise en grippe.

— Cela arrive pourtant à tous, me dit-il.

Une sonnerie éclata, nous rappelant à nos places. La lumière s'éteignit. La douce magie de ce qu'il y a pourtant de plus quotidien nous enveloppa de nouveau. Plusieurs fois encore, dans l'ombre, nous nous sommes cherchés des yeux, tantôt humides, tantôt brillants de la beauté perçue. Cet étranger près de moi, pendant deux heures et demie, me devint plus proche que presque tous les êtres que j'avais connus jusque-là. Ai-je pour lui aussi, dans sa solitude, été quelqu'un de miraculeusement proche? Il y eut une autre courte interruption du spectacle pendant laquelle nous avons repris notre conversation.

— Comment se fait-il, ai-je remarqué, qu'une voix triste au fond comme celle de Tchekhov nous devienne si consolante?

— C'est qu'elle dit la vérité, murmura-t-il, et la vérité, même triste, même dure, est toujours plus consolante à entendre que le mirage ou le mensonge.

A la sortie, nous avons fait ensemble quelques pas encore parmi une petite foule qui se dispersa vite.

Il me disait, la tête penchée vers l'épaule:

— C'est ainsi que l'on devrait écrire, ni plus haut ni plus bas. Tchekhov a trouvé le juste ton de l'âme. Tous ses mots partent de l'élément sensible de l'être. Il n'y en a aucun qui soit prétentieux. Aucun de faux.

— Y arriver ne doit pas être facile, dis-je. Et comment se fait-il que de dire vrai est ce qu'il y a de plus difficile au monde?

— C'est exact. On a tendance, tous, quand on se met à écrire, à gonfler la voix, à faire de l'épate, à devenir emprunté. Le ton juste... il faut peut-être l'avoir cherché toute sa vie pour le trouver à la toute fin...

A ce moment-là nos mains s'élevèrent en un geste timide comme pour se joindre peut-être. Mais un passant survint qui se fraya un chemin entre nous, nous écartant l'un de l'autre.

Nous arrivions à l'arrêt de mon autobus. Lui allait continuer à pied vers sa «taule» non loin. Lorsque je m'arrêtai, il hésita un moment et parut sur le point de me proposer quelque chose... peut-être simplement de marcher encore avec lui dans la nuit qui venait tout en douceur, et je ne désirais rien autant, mais il souleva son chapeau, me souhaita bonne chance à Paris et dans la vie... puis s'éloigna comme à regret. Il s'arrêta pourtant un peu plus loin, tourna la tête vers moi dont ce n'était pas encore le tour de monter derrière les autres dans l'autobus. Nos regards se lièrent une dernière fois. Trop timide sans doute pour revenir sur ses pas, il m'adressa une sorte de salut de la main auquel je répondis par un geste tout aussi attristé. Il se remit en marche et disparut bientôt parmi les autres humains. On eût dit que Tchekhov, en nous rapprochant, nous avait jeté le même sort qu'à tant de ses personnages, velléitaires, perdus d'indécision, incapables d'aller franchement l'un vers l'autre dans l'élan qui les libérerait.

IV

Paris, pour un rien, un jour m'égratignant, le lendemain, pour un rien aussi, parce que la belle saison s'attardait, parce que le ciel était doux, me faisant patte douce, je ne savais jamais où j'en étais avec cette ville-chat, comme l'a si bien appelée Ionesco. A l'heure où j'avais encore sur le cœur une rebuffade, il me désarmait par le sourire édenté d'une vieille femme en pantoufles ou par la vue de tant de fleurs partout à l'étalage. A l'heure où, attendrie, j'allais me croire heureuse, j'attrapais une de ces soudaines remontrances comme savent si bien en servir tant de Parisiens.

Pourtant je ne peux oublier que c'est à Paris que je reçus la première révélation importante sur moi-même et qui ne devait jamais tout à fait s'effacer de ma mémoire.

Rien ne m'y disposait ce jour-là. Je revenais, sans joie, dans un autobus bondé. C'était l'heure de pointe. Accablé de fatigue, le petit peuple de Paris se pressait en colonnes lasses ou en paquets agglutinés à presque tous les arrêts. J'avais suivi le conseil de ma payse et pris, à la machine distributrice, mon ticket de préséance — je ne sais toujours pas si ce n'est pas plutôt «priorité» qu'il faut dire, mais préséance me paraît si bien convenir que je ne peux m'empêcher de le préférer. Mon ticket à la main, je m'étais aussitôt aperçue que je me trouvais du mauvais côté de la rue, mon autobus arrivant justement à l'arrêt en face. Une foule dense s'y débattait, chacun criant un numéro en réponse au contrôleur qui criait, de son côté, de la plate-forme: «Numéro?» Chaque fois que je voyais se reproduire sous mes yeux cette scène invraisemblable, le contrôleur appelé à jouer un rôle d'arbitre, de justicier, de sermonneur, les gens excédés se départageant entre femmes enceintes, invalides de guerre, femmes accompagnées de jeunes enfants, vieillards sans soutien et quelques indemnes, j'étais ahurie, mais plongée aussi dans une sorte d'admiration que ce fût tous les jours, à cent endroits à la fois, cour de justice à Paris, sans pour autant, bien sûr, que le service en fût amélioré.

Sans songer plus loin, je bondis à travers la rue pour me trouver dans la petite foule harassée. Le contrôleur cria: «Soixante-huit... Y a-t-il quelqu'un avant?» A quoi une voix faible, tâchant de se faire entendre d'en arrière, répondit: «Soixante-cinq.» — «Soixante-cinq», reprit le contrôleur. Alors partit mon cri triomphal, sûre que j'étais pour une fois d'être gagnante: «Dix-sept!» — «Dix-sept! s'exclama le contrôleur. Faites place, M'sieurs Dames. Avancez, le dix-sept.» La foule, impressionnée, s'écarta pour me livrer passage comme aux éclopés et aux jambes-de-bois. J'avais droit à la dernière place disponible, mais dans la foule debout qui se tenait sur la plate-forme. Le contrôleur remit en place la cordelière qui fermait l'ouverture arrière et destinée, j'imagine, à nous empêcher, aux virages, de rouler dans la rue. Intrigué tout à coup, il tendit la main et me prit mon ticket. «Ah, ça, par exemple! s'écria-t-il, indigné à s'en étouffer, j'aurais dû m'en douter!» Et prenant les autres à témoin, il leur dit de moi: «On se croit malin. On va prendre son ticket de l'autre côté de la rue où il n'y a pas un chat, puis on vient se mêler à la foule d'en face. C'est justice, ça?» demanda-t-il aux gens qui me jetèrent un vague regard désapprobateur pour m'abandonner aussitôt à mon sort. Il s'en prit alors à moi directement: «Vous mériteriez que l'on vous fasse descendre, la petite dame. Si jamais vous recommencez, ça ne se passera pas aussi facilement, dites-le-vous bien.» J'avais beau essayer de disparaître parmi l'entassement humain, il me repérait du regard et continuait: «On commence par prendre un jour la place d'une mère de famille pressée de rentrer préparer la soupe, et demain...» A ma profonde surprise, comme je levais sur lui un regard de supplication, il m'adressa un clin d'œil, et poursuivit sur le même ton indigné: «... et demain la place d'un héros de la patrie...» Dos las, épaules emmêlées, regard absent, les voyageurs ne faisaient pas plus de cas de ses remontrances que du bourdonnement d'une mouche. Il finit par s'en lasser lui-même et eut presque l'air de partir en rêve, un moment, comme il apercevait un pan de ciel loin en arrière de l'autobus.

Toute cette petite scène, depuis ma traversée de la rue à la course, avait peut-être duré trois ou quatre minutes, mais elle m'avait paru longue à n'en plus finir et m'avait laissé les nerfs en boule. Peu à peu, pourtant, je me sentais commencer à m'apaiser, au roulement de l'autobus, et peut-être gagnée par contagion à la somnolence de mes voisins dont quelques-uns, on aurait pu le croire, dormaient debout, les yeux toujours ouverts, mais vides de pensée.

Nous arrivions à la place de la Concorde. J'étirai le cou et tâchai, entre les épaules et les têtes rapprochées, d'en capter au moins un aperçu. Cette noble place m'était devenue ce que Paris avait pour moi de plus précieux. C'était un peu de ma plaine natale redonnée à mon âme qui découvrait ici s'en être languie infiniment. Son ampleur au cœur de la ville resserrée m'était sujet d'aise toujours. Tout à coup je respirais à fond. Peut-être ce grand espace libre l'était-il d'autant plus qu'il se trouvait contenu entre des œuvres de pierre. Jamais je ne l'avais traversée sans me mettre à rêver d'y voir prendre et tournoyer une des tourmentes de neige de mon pays. J'imaginais combien il serait beau d'y voir le déroulement de la blanche fureur.

Entre des profils serrés, j'en saisis l'échappée merveilleuse. Puis, l'autobus prenant un virage rapide où nous ne fûmes retenus de nous frapper les uns contre les autres que par la densité de notre groupe, j'eus une vision fugitive du jardin des Tuileries. Si brève, elle m'avait pourtant révélé le bassin autour duquel jouaient des enfants, l'impeccable alignement des marronniers à tête ronde et, tout au fond de la longue perspective, un ciel rouge flamme la prolongeant indéfiniment, tout comme les flamboyants couchers de soleil, au fond de la ruelle, derrière notre maison de la rue Deschambault, lorsque j'étais enfant, m'ouvraient un passage qui me paraissait atteindre à la limite du monde. Je fus même touchée au visage par un de ces rayons incandescents du lointain horizon. Mon émotion fut si vive que je me tournai de tous côtés pour en retrouver des reflets sur les visages qui m'entouraient, oubliant qu'un instant auparavant j'avais été parmi eux comme une pestiférée. Je ne vis que mines lasses et mornes, absorbées par des soucis ou les mauvaises nouvelles d'un journal déployé. Personne que moi n'avait apparemment entrevu la glorieuse enfilade au moment de son embrasement. J'eus le sentiment que c'était à moi, l'étrangère de cœur avide, que la ville pendant ce moment s'était livrée plutôt qu'à ses habitants au regard usé. Et je restai sans savoir que faire de mon émerveillement. Combien de fois m'en viendrait-il encore, d'inutile si l'on peut dire, avant que je n'apprenne le moyen de le faire passer en d'autres êtres!

Ce que je ne peux oublier, c'est que ce fut très certainement le beau Jardin de Paris, illuminé comme par un soleil venu droit de mes Prairies, qui illumina en moi-même le don du regard, que je ne me connaissais pas encore véritablement, et l'infinie nostalgie de savoir un jour en faire quelque chose.

Après ma mésaventure chez Dullin, que j'aie pu encore me croire faite pour le théâtre et tenter en ce sens d'autres démarches, je n'arrive pas à le croire! Il faut que j'aie eu l'entendement bien dur. Ou alors j'obéissais à un obscur commandement de me fermer les portes de ce côté, m'obligeant à trouver enfin la bonne direction. Quoi qu'il en soit, peu après mon enivrante matinée de Tchekhov, j'écrivis à Ludmilla Pitoëff une longue lettre un peu folle comme celles que je reçois assez souvent aujourd'hui de jeunes gens désemparés qui ne savent pas trop ce qu'ils attendent d'eux-mêmes et de la vie. J'y jetai pêle-mêle ma naïve admiration pour son talent, le sentiment de mon propre désarroi, l'incertitude qui m'habitait, enfin une sorte d'appel au secours. Sans doute l'effort déployé dut me guérir pour toujours de ce genre de lettres, car je ne me rappelle pas avoir ensuite jamais écrit à un étranger pour en recevoir mon salut.

Ma lettre faite, tellement je craignais, je suppose, si je m'accordais un moment de réflexion, de la mettre en pièces, je courus la porter au théâtre, la laissant aux mains de la caissière. Celle-ci m'ayant demandé si je voulais attendre une réponse, madame Pitoëff se trouvant justement sur les lieux, je fis désespérément signe que non et m'enfuis presque aussi vite que de chez Dullin. Qu'est-ce que je craignais donc le plus? Un refus? Une invitation?

Maintenant que je me comprends un peu mieux, je crois apercevoir que j'espérais plutôt un refus — ou le silence — qui m'aurait mise à l'abri de toute autre tentative du genre, m'assurant que j'avais tenté tout ce qui était possible et que, si j'échouais, ce ne serait pas de mon fait mais à cause de circonstances adverses. En somme, pour décider de mon sort, je m'en remettais à la fatalité, faiblesse de ma nature qui a trop souvent reparu au cours de ma vie.

Ma lettre déposée et moi-même repartie à la course, j'avais erré, cette fois encore, à droite et à gauche, toujours plongée dans cette incertitude qui me torturait les nerfs. Comme tant de fois déjà, j'aboutis au jardin du Luxembourg, non loin d'ailleurs de ma pension. A bout de fatigue, je m'y asseyais souvent parmi les vieilles tricoteuses occupant jour après jour les mêmes chaises et les enfants que je voyais aussi jour après jour absorbés à lancer sur l'eau du bassin leurs frêles bateaux de papier. Cette halte de tranquillité, au cœur de la ville si nerveuse, me calmait presque toujours. Mais cette fois il n'y eut rien pour m'apaiser.

Dès que je mis le pied dans l'appartement, madame Jouve se précipita à ma rencontre, toute surexcitée.

— Mais où étiez-vous? On vous cherche depuis des heures. La secrétaire particulière de madame Pitoëff a appelé deux fois. Elle a fini par transmettre le message que j'ai griffonné ici, tiens, sur un bout de papier... Demain, à l'heure de la répétition, vous devez vous présenter à ce théâtre. Madame Pitoëff vous recevra.

Etais-je contente? Inquiète? Je ne sais plus trop.

Le lendemain, j'arrivai au théâtre des Pitoëff dans une bien curieuse disposition, éblouie par le fait que madame Ludmilla voulait bien me recevoir, par ailleurs tourmentée à l'idée de ce qu'il faudrait bien me résoudre à lui avouer.

Elle était en pleine répétition de *La Sauvage* d'Anouilh, auteur qu'elle joua beaucoup aussi, je crois. Dès qu'on lui eut fait savoir que j'étais là, elle interrompit la répétition — on n'en était encore qu'à la lecture — descendit du plateau et vint me rejoindre. Je m'étais assise au milieu de la salle vide. Elle prit le siège voisin en me souriant. Dans la pénombre je vis son visage délicat et menu scruter le mien. Ma lettre, me dit-elle, l'avait fort émue. Elle avait aussi touché Georges. Tous deux, en la relisant la veille, s'étaient sentis pris d'amitié pour ces petites colonies de langue française, au fond du lointain Canada, où l'on se débattait encore si fort pour ne pas laisser mourir le lien fragile les unissant quelque peu avec la France. Ils étaient donc disposés à m'aider, à me guider, si je le désirais, mais ils ne prenaient pas d'élèves. Cependant, ils étaient prêts à me permettre d'assister autant que je le voudrais aux répétitions, m'initiant ainsi du moins, peu à peu, à la manière de monter une pièce de théâtre. Cela me serait-il quelque peu utile? Est-ce que je pensais en tirer du profit?

Il y eut un silence embarrassé de ma part. Madame Pitoëff me demanda alors ce que je voulais au juste.

Au juste! Là était bien le tourment. Plus j'allais, moins il me semblait le savoir. Même au moment où avec tant de bonté madame Ludmilla m'avait fait une offre rare dans le milieu, j'avais été terrassée par la souffrance de ne pas encore voir si je devais oui ou non l'accepter. Dans l'ombre, elle dut voir sur mon visage un peu de cette peine si dure que l'on éprouve à ne voir s'ouvrir aucune route devant soi — alors qu'on est si courageux quand on l'aperçoit, même si elle se révèle ardue — car elle tendit la main vers la mienne qu'elle serra doucement dans un mouvement de sympathie.

— Pauvre enfant! Bien sûr que vous ne le savez pas! Et comment le pourriez-vous, tout juste arrivée de votre lointain Saint-Boniface pour tomber dans Paris bouillonnant! Moi-même, je m'y suis sentie si longtemps perdue. Perdue... perdue... murmura-t-elle plaintivement comme si jamais elle n'en oublierait l'horreur. Et même encore maintenant, si ce n'était de Georges, des enfants!...

Elle rêva un moment, je pense, à de dures traverses, mais franchies à deux en s'épaulant l'un l'autre. Puis revint à sa proposition :

— Venez toujours, en attendant, aux répétitions. Elles peuvent vous aider à mieux cerner ce que vous voulez sans le savoir encore. Croyez-moi, vous verrez votre route s'éclaircir petit à petit devant vous.

Dans cet espoir qu'elle m'avait quelque peu communiqué de voir enfin une route s'éclairer devant moi, je vins aux répétitions... huit, dix, douze fois, je ne sais plus trop. J'y fus assidue les premiers jours en tout cas.

Je m'asseyais toujours à peu près à la même place au milieu de la salle vide. Je voyais les acteurs aller et venir sur la scène tout en lisant dans un petit cahier que chacun avait à la main les répliques et sans doute les mouvements à exécuter. De temps en temps, j'entendais Georges reprendre Ludmilla. «Non, mon petit, pas ainsi. Ecoute, il faut te pénétrer davantage du personnage...» J'avais beau faire effort pour tout suivre et m'y intéresser, la tristesse me gagnait. La tristesse que m'a toujours inspirée une salle de théâtre presque déserte, alors que les acteurs en costume de ville vont à tâtons à la recherche des personnages et qu'apparaissent au grand jour les ficelles, les rouages, toute la mécanique impitoyable de la pièce. Jamais un brouillon d'écriture même très gauche que j'écrirais un peu plus tard ne m'apporterait ce même sentiment d'effroyable tristesse — peut-être parce que, au fond, il y a tellement moins de mécanique dans la narration qu'au théâtre, ou alors c'est que cette mécanique est d'une autre nature, beaucoup plus subtile, passant comme inaperçue. Ce qui m'accablait surtout, c'était de constater combien l'envers pour ainsi dire de ce qui m'avait paru grisant et convaincant se révélait plein d'astuce. Je me disais que même Tchekhov, démonté ainsi, vu au ralenti, pourrait bien m'être moins cher, et j'en éprouvais de l'épouvante.

Un jour, je manquai la répétition puis le surlendemain encore, pour aller m'asseoir plutôt auprès de mes vieilles trico-teuses du Luxembourg, que j'écoutais avec grand soulagement causer entre elles de choses quotidiennes. Plus je fréquentais le théâtre, et plus m'attiraient la simple vie banale des gens et leur langage si plein de riches trouvailles toutes palpitantes de réalité. Sans trop m'en rendre compte, je me rapprochais de ce qui allait être ma véritable, ma seule école.

Je manquai une autre répétition. Ensuite, j'eus honte de me retrouver devant Ludmilla. Je sortais aux mêmes heures pour faire croire que j'allais toujours à mes répétitions et me soustraire aux reproches de madame Jouve. Mais c'était pour me remettre à errer sans but à travers la ville. Sans but? Peut-être pas tout à fait, puisque, sans l'avoir décidé mais de mieux en mieux, je prêtais l'oreille de porte en porte, de chaise en chaise, aux voix qui racontent la vie. Mais je ne voyais toujours pas devant moi s'éclai-rer ma route.

V

L'automne avait été radieux à Paris. Du moins, j'avais eu cela : un temps doux, un ciel tendre, des rayons de soleil tiède me tenant compagnie. Mon petit tailleur beige avec la cape appareillée, en doux lainage, que je jetais sur mes épaules aux heures plus fraîches, avait suffi jusque-là pour mes trottes du jour et du soir. Mais voici qu'à la fin d'octobre le temps se mit au froid, et je descendis au sous-sol chercher dans ma malle mon manteau trois-quarts en lapin traité à prendre allure de loutre. Me rappelant les ennuis de minuterie éprouvés à ma première descente sous terre, j'avais emprunté à madame Jouve une lampe de poche. Il peut paraître étrange que, ma malle abandonnée avec tant d'inquiétude seule en son cachot, j'aie ensuite pu laisser passer six semaines sans venir m'assurer qu'elle était toujours là. Mais c'est ainsi. La nécessité d'apprendre à me débrouiller à Paris, l'incertitude où j'étais toujours quant au choix de mes études, le cruel sentiment me venant souvent que je n'avais pas de talent et m'étais leurrée en espérant une vie agrandie, m'avaient possédée jusqu'à me soustraire à tous autres tracas.

J'allais le long du corridor de terre battue, le feu de ma lampe n'éclairant qu'à faible distance devant moi. Cette fois, ce fut le silence de ces caves qui m'atteignit le plus, si complet que je m'entendais respirer. J'arrivai devant la case de rangement de

291

madame Jouve. Aussitôt me sauta aux yeux la catastrophe: le cadenas à demi arraché, la porte en grillage grande ouverte. Et, à l'intérieur, rien! Je reculai. Je m'assurai que j'étais bien parvenue au bon numéro. Pas de doute possible! Ma malle m'avait bel et bien été volée.

Je remontai précipitamment, relançai madame Jouve au milieu d'une leçon de français peut-être, et lui apprit la nouvelle sur un ton surexcité que tous dans l'appartement auraient pu entendre. Elle m'attira à l'écart, me priant de parler bas afin de ne pas inquiéter d'autres pensionnaires, de tâcher de me calmer, mais elle alla tout de même prendre son manteau pour m'accompagner aussitôt au commissariat de police.

Et nous voici roulant dans l'autobus, madame Jouve me redemandant encore et encore: «Vous êtes bien sûre, au moins, d'avoir trouvé la porte ouverte? Que c'est votre malle qui a disparu?»

L'agent qui nous reçut, après avoir entendu madame Jouve lui exposer l'objet de notre visite, me tendit une très longue feuille de papier, une plume à l'ancienne, m'invita à m'asseoir à une table nue et me signifia:

— Mademoiselle, inscrivez sur ce papier la liste entière des objets contenus dans la malle que vous déclarez vous avoir été volée.

— La liste de tout ce qu'il y avait dans ma malle! m'écriai-je dans le désarroi le plus grand. Mais c'est impossible! Ça me prendrait des heures et des heures rien que pour tâcher de m'en souvenir.

— En autant que possible, me rappela-t-il à l'ordre sévèrement.

Je m'assis, comme les suspects à l'interrogatoire, sous une ampoule faible qui pendait du plafond au bout de son fil. A cette longue table d'accusés, avec une mauvaise plume griffant le papier, je me pris à écrire: un manteau en lapin teint brun doré, un tailleur bleu marine à boutons argentés, deux paires de souliers, des bruns, des bleus pour accompagner le costume bleu... Au fur et à mesure que s'allongeait ma liste, je sentais me gagner une tristesse cette fois presque sans fond. Elle provenait moins malgré tout, je pense, du vol de mes vêtements que de les découvrir tout à coup, eux que j'avais payés cher pour mes moyens, de petits effets de pauvre, sans grande valeur, quoiqu'ils fussent tout ce que j'avais possédé.

Pendant que je continuais à écrire, une sorte de querelle avait pris entre l'agent et madame Jouve, celui-ci s'étant mis à écrire de son côté les réponses qu'elle faisait à ses questions. Il en était à mon adresse et, madame Jouve ayant répondu: chez moi, au numéro...

— Donc, conclut l'agent, je vous inscris comme logeuse.

— Mais pas du tout, protesta madame Jouve. Je ne suis pas logeuse.

D'abord je ne prêtai pas tellement attention à l'argument. Je venais de me souvenir d'un petit col très fin en satin ivoire pâle que je m'étais acheté pour parer une robe sombre, un jour que je m'étais peut-être senti le besoin de commettre une extravagance pour me remonter le moral. Je l'avais payé cher, et maman, tout de suite, en l'examinant, en avait été convaincue et m'avait demandé d'un ton presque fâché: «Combien as-tu payé cela? Cher, j'en suis sûre.» Je n'osais le lui avouer, honteuse de m'être montrée dépensière alors qu'elle avait tant de difficultés à faire marcher la maison. Elle insistait: «Combien?» Enfin, j'avais dit, rabattant un peu le prix: trois dollars. Maman en était devenue pâle: «Trois dollars! Alors que j'aurais pu t'en faire un aussi beau pour moins de la moitié du prix!»

Le reproche oublié puis retrouvé si vivant tout à coup dans ma mémoire me tenait, la plume levée, à fixer au loin un jour malheureux que j'aurais voulu effacer de ma vie, lorsque je saisis que l'agent et madame Jouve se disputaient toujours.

— Vous logez des gens, et vous n'êtes pas logeuse?

— C'est-à-dire...

Je levai la tête. Madame Jouve était à ce point hostile à l'expression qu'elle nous priait de bien recommander à nos correspondants de faire porter sur les lettres qui nous étaient adressées à la pension la mention: chez madame Jouve.

Je l'entendis se défendre avec énergie:

— Non, monsieur, je ne suis pas logeuse.

— Pourtant, vous venez de me dire que mademoiselle loge chez vous. Y loge-t-elle ou n'y loge-t-elle pas?

— En un sens, si vous voulez, consentit madame Jouve. Mais je ne suis pas logeuse. Je m'occupe de ces jeunes filles. Je les dirige dans leurs études...

— Et vous allez me dire que vous faites tout cela gratuitement.

Au milieu de ma propre agitation, j'eus presque pitié de madame Jouve qui se débattait de toutes ses forces pour que n'apparaisse pas contre elle, à titre d'occupation, le terme abhorré! Et je la comprenais. Elle était fière. Elle gagnait courageusement sa vie en donnant beaucoup d'elle-même, et c'était vrai qu'elle était pour nous infiniment plus qu'une simple logeuse, mais elle était prise, comme je l'avais été tant de fois, dans l'impitoyable logique des Français.

— Bien sûr que mes jeunes filles me donnent quelque chose pour la table, pour le loyer, mais ma fonction n'est pas tellement de les loger que de...

— Mademoiselle, s'adressa-t-il alors à moi, logez-vous chez madame Jouve?

— J'habite chez madame Jouve.

— Comme chez votre tante, pour rien?

— Pas pour rien... rien... rien...

— Donc vous payez pension, vous logez chez madame Jouve, et elle est votre logeuse, il n'y a pas à en sortir. Qu'est-ce que vous êtes donc, lui demanda-t-il à elle, sinon une logeuse?

— Ah, mon Dieu! fit-elle avec une sorte d'amertume en sourdine, vous pourriez mettre ex-professeur au lycée... titulaire de la chaire de français à l'université de...

Mais elle se tut, trop blessée pour en dire plus.

— Mettez donc logeuse, monsieur, si vous ne comprenez pas mieux.

— La question n'est pas de savoir ce que vous avez été, ou pourriez être, mes excuses, madame, mais d'inscrire votre occupation actuelle.

Je les laissai à leur dispute qui paraissait ne pas devoir cesser, et me remis à mon inventaire. Je n'étais plus sûre à présent d'avoir pris avec moi le col d'ivoire pâle. Je l'avais peut-être oublié ou laissé malgré tout à la maison. A la maison? C'est-à-dire quelque part en arrière de moi. Mais subitement je pensai à mes médailles, elles, toutes apportées dans ma malle.

Aussitôt s'abolirent les cloisons et le temps. J'étais bien loin de Paris. Le voyage n'avait pas eu lieu. J'étais encore saine et sauve à Sainte-Boniface. Je n'avais encore causé de grand chagrin à personne. C'était même des mois avant mon départ, mais j'avais reçu ma malle longtemps d'avance, et j'en étais si contente que je ne pouvais me retenir d'y ranger déjà de mes effets. Maman, à la cachette, devait aller voir de temps à autre ce que j'y mettais. Et voici qu'elle survenait devant moi, tout agitée, l'index levé en accusation:

— Tu vas apporter tes médailles là-bas! Pour quoi faire? Qu'est-ce que peuvent te donner tes médailles à Paris? Tu te les feras voler.

Je tenais tête.

— Mais pourquoi? Pourquoi?

Je ne pouvais évidemment lui avouer le calcul qui m'était venu à l'esprit: des médailles c'était de l'or, et, s'il m'arrivait de tomber à Paris dans une grande misère, je pourrais toujours les vendre et en obtenir de quoi vivre pendant quelque temps... en attendant...

Elle était revenue cent fois à la charge:

— Laisse-les-moi pour que j'en prenne soin!

Moi, tout aussi obstinée, je refusais de chercher à comprendre pourquoi elle tenait tellement à les garder.

— Qu'est-ce que ça peut te donner?

Et voici qu'à l'autre bout du monde, je tenais enfin la réponse à ma sotte question et n'en revenais pas d'avoir été si obtuse. Car les médailles perdues, était perdue la récompense de maman et perdue aussi, en quelque sorte, la brillante joie que j'avais été dans sa vie.

Oubliant tout à coup où je me trouvais, je gémis à voix haute:

— Pourquoi aussi n'ai-je pas laissé mes médailles?

Aussitôt cessa la dispute entre l'agent et madame Jouve. Consternés tous deux, ils me regardaient avec une expression de vive sympathie.

— Vos médailles! Perdues! Ah! mon pauvre petit, me plaignit madame Jouve de tout son cœur.

L'agent, pour sa part, devenu comme un bon père de famille, me considérait avec une sorte d'amitié attristée. Peut-être avait-il une fille ayant obtenu des médailles qui faisait aussi sa fierté... Il me questionna sur un ton de sollicitude presque familière:

— Des médailles comme qui dirait d'excellence, de bonne conduite?...

— Oui, et d'histoire, de littérature et aussi de français...

— De français dans un pays tout anglais! Voyez-vous ça! Il faut que mademoiselle ait été forte!

Madame Jouve en remit avec une fierté de moi qui me plongea plus avant dans le chagrin, accablée comme je l'étais par les reproches que je m'adressais.

— Mademoiselle, dit-elle, est restée fidèle, en lointaine Amérique, à la langue de France avec une constance qui devrait faire notre admiration.

L'agent s'approcha. Il me posa la main sur l'épaule.

— On va vous les retrouver vos médailles, mademoiselle. Que j'attrape seulement celui qui vous les a dérobées et il va lui en cuire!

Le plus fantastique de cette histoire, c'est qu'il allait en effet mettre la main au collet du voleur — un enfant de quinze ans — qui, se voyant sur le point d'être pris, en était à chercher à se débarrasser des médailles en les jetant par une grille d'égout. Ainsi elles rejoindraient les folles visions d'aventures souterraines que m'avaient représentées mes rêves de ma première nuit à Paris, rêves peut-être en partie suscités par l'abandon de ma malle au fond de son cachot.

L'épilogue, toutefois, je ne l'apprendrais qu'un an plus tard quand, de retour de Londres, je repasserais par Paris.

Ayant réfléchi à cette affaire, il me vint à l'esprit que ma malle n'avait pu être sortie de l'immeuble sans que le gardien en ait eu connaissance. De jour, lorsque la grille était ouverte, il ne la quittait pas de l'œil, posté dans sa guérite tout à côté. La nuit il en commandait l'ouverture de sa loge. Je m'en fus donc lui demander s'il n'avait pas vu quelqu'un sortir ma malle de l'enceinte.

— Votre belle malle d'Amérique! Jamais de la vie! Pensez si je l'aurais reconnue! Il n'y en a pas une seule autre pareille dans tout le quartier. Elle ne peut pas être sortie d'ici, mademoiselle.

C'était donc comme je l'avais pensé depuis que j'avais décidé de faire ma propre enquête. J'empruntai sa lampe à madame Jouve et descendis au sous-sol. Cent pieds plus loin peut-être que notre propre case de rangement, dans une autre case à la porte battante, je découvris ma malle jetée par terre, la serrure brisée. Les tiroirs en étaient ouverts et mes effets éparpillés sur le sol. Ils y étaient d'ailleurs tous, hormis mes médailles et le petit coffret à bijoux me venant de Fernand. Cette perte m'affligea presque autant, d'une certaine manière, que celle de mes médailles. Je remontai, un peu consolée d'avoir retrouvé mon manteau de fourrure et quelques autres vêtements dont j'avais le plus pressant besoin, et aussi contente sans doute d'avoir été plus expéditive que la police de Paris — ce qui n'était pas difficile dans le cas de petits vols comme celui-ci.

Madame Jouve toutefois se montra inquiète de mes dons de limier. Elle croyait savoir que, ayant signé une plainte au commissariat, je n'avais pas le droit de rentrer en possession de mes objets par moi-même retrouvés. Je rouspétai mais dus bel et bien retourner au commissariat y biffer de ma liste si patiemment dressée tout, au fond, sauf item : médailles en or, et item : coffret à bijoux.

Ainsi ce pauvre petit coffret allait atteindre à une sorte d'immortalité car, pour autant que je sache, il est toujours inscrit sur quelque fiche de la police de Paris. Je me fis d'ailleurs vivement reprocher par l'agent en service ce jour-là d'avoir repris possession de mes affaires sans autorisation de la police, ce qui était passible d'une amende, et surtout, je pense, de l'avoir devancée dans mon enquête sous terre. Etais-je devenue indifférente? Ou trop atteinte par mes propres reproches? Les réprimandes de l'agent en tout cas ne me firent guère mal. Je glissais, je suppose, dans un état de mélancolie qui me mettait au moins à l'abri des petites misères. Ce n'était pas le vol de mes médailles qui en était la vraie cause. Cet incident avait plutôt servi à me faire prendre conscience d'un malaise en moi qui depuis ma fuite de chez Dullin allait toujours croissant.

Malgré des moments d'exaltation comme celui de la transfiguration sous mes yeux du jardin des Tuileries, et dont il m'en venait encore quelques-uns, je me sentais de moins en moins à ma place à Paris. J'y perdais pied. Je croyais voir que je n'y arriverais à rien de bon. Je commençais à me dire que je m'étais sans doute trompée de destination. Londres me serait peut-être plus favorable.

J'y avais passé quelques jours, à mon arrivée, au temps le plus beau de l'année, en septembre, qui me paraissaient maintenant avoir été de pur délice. Pilotée par un ami que j'avais là-bas, un jeune violoniste de grand talent venu de Winnipeg étudier au Royal Academy of Music, j'avais eu un aperçu de Londres à en rêver longtemps. Nous avions vu Hyde Park, les lions de Trafalgar Square, les Jardins de Kew; poussé une pointe jusqu'à Hampton Court par la Tamise, en *punt* propulsé à la gaule; rien, en somme, au départ du moins, sortant de l'itinéraire des touristes, mais, tant nos souvenirs et nos rêves persistants tiennent des premières impressions reçues, Londres, qui voyait alors si peu souvent la lumière du ciel, restait dans mon esprit tendrement ensoleillé, tout ce que j'y avais visité baignant à jamais dans une couleur d'enchantement. Il me semblait voir rayonner le soleil jusque sur les métopes et vieilles statues assyriennes que m'avait menée voir mon ami Bohdan au British Museum.

Après, il est vrai, nous étions entrés plus avant dans la douce sorcellerie de Londres. Nous avions assisté un soir, au théâtre en plein air de Regent's Park, à *Tobias and the Angel*, auquel s'était mêlé le rugissement des fauves, de leurs cages du zoo tout à côté, et que l'approche d'un orage énervait. Quelques gouttes de pluie s'étant mises à tomber, aussitôt avait surgi un marchand qui louait, à un schilling chacune, de bonnes couvertures de laine dont les gens se couvraient. Mon ami en ayant loué une, nous nous en étions fait une sorte de tente au-dessus de nos têtes rapprochées. Et bientôt presque toute l'assistance, ainsi à l'abri, avait donné l'impression d'un campement. Cependant que Tobie et un chien continuaient leurs pérégrinations sous une pluie maintenant forte qui semblait faire partie de l'œuvre d'imagination.

Tout me paraissait à présent avoir été charmant et plein de grâce durant mon court séjour à Londres. Et puis, me disais-je, si je dois retourner plus tard au Manitoba comme cela semblait inévitable, il me sera plus profitable d'avoir étudié à Londres plutôt qu'à Paris. Bohdan était de cet avis. Il m'écrivait que je pourrais m'inscrire à Londres à une école d'art dramatique tout en prenant des cours privés en français d'un excellent coach dont il s'était informé à mon intention. Ayant saisi entre les lignes de mes lettres récentes que je perdais courage, Bohdan, en bon camarade qu'il était, faisait de son mieux pour me venir en aide par de judicieux conseils. Et je crois qu'ils pesèrent sur ma décision, si on peut parler de décision à mon sujet, moi qui, à cette époque, roulais comme la vague.

Quoi qu'il en soit, j'avais au moins pris celle de retourner à Londres. Madame Jouve chercha de toutes ses forces à m'en dissuader. Selon elle, je partais à l'heure où je commençais à m'acclimater. C'était pure folie. Je perdais tout mon acquis. J'allais renoncer alors que mes efforts justement porteraient fruit. A rouler continuellement, comme je semblais m'y abandonner, je n'arriverais à rien.

En un sens, sans doute avait-elle raison, mais dans un autre, non, car de ces tâtonnements, de ces allers, de ces retours, de ces errances, j'ai appris comme je n'aurais appris d'aucune ligne droite que j'aurais suivie par simple opiniâtreté.

En novembre, par un temps froid, pluvieux et morose comme m'apparut devoir être ma vie par ma faute, je m'embarquai sur le traversier Calais-Douvres. Le ciel était bouché. Au-dessus du petit navire dont l'hélice battait l'eau sombre, des mouettes invisibles mais proches jetaient leur cri qui dit si bien l'angoisse des départs, l'angoisse des arrivées. En un rien de temps, j'eus perdu de vue les côtes de France. Je pensais n'y jamais revenir et en avais le cœur infiniment plus affligé que je n'avais pu l'imaginer.

Ces nombreux séjours que je ferais encore en France, quelques-uns parmi les plus heureux de ma vie à l'étranger, l'un d'eux, le meilleur sans doute de tous, dont aujourd'hui encore je retrouve en moi l'empreinte lumineuse, le grand prix littéraire qui dans moins de dix ans couronnerait mon premier roman, les chers amis si fidèles que je me ferais en ce pays, je n'avais pas plus idée de tout cela que j'avais idée en partant pour la Petite-Poule-d'Eau de ce qui allait m'y advenir.

Longtemps j'ai voyagé sans boussole. Mais aussi, pour la traversée de la vie, que vaut une boussole?

VI

Encore toute secouée par un mal de mer atroce, je mis pied dans un Londres envahi par le pire fog qui s'était vu depuis des années. Bohdan m'avait retenu une chambre dans le quartier populaire de Fulham, rue Wickendon. De nouveau, je m'en allais vers l'inconnu, mes effets empilés dans la cabine du taxi, y compris ma malle dont j'avais fait réparer plus ou moins la serrure. Nous voyagions dans ce qui paraissait une tenace nuée opaque de couleur sale. La ville n'était identifiable qu'à des bruits, si violents en certains quartiers qu'on ne les distinguait plus les uns des autres, en d'autres si furtifs qu'ils faisaient penser au pas hésitant d'un aveugle cherchant sa route. Tous allumés, phares d'autos et d'autobus trouaient à peine l'atmosphère poisseuse de leur lueur faible et apparemment toujours lointaine alors pourtant que l'on arrivait dessus. Le chauffeur qui avait dû en voir bien d'autres mit néanmoins plus d'une heure à trouver cette rue Wickendon. Etrangement, comme nous y arrivions, la nuée dense s'éclaircit, il s'y fit même une sorte de trouée pendant quelques secondes. J'aperçus comme en rêve une rue aux maisons identiques, à un étage, de pierre rosâtre, bordées toutes de ce qui semblait la même haie de houx taillé reportée de maison en maison, et à chaque bay-window, pareil au voisin, la même plante verte à feuilles grasses. Puis la brume se referma comme un rideau sur une scène de théâtre. La rue s'évanouit. Je ne devais pas la revoir avant plus d'une semaine.

Bohdan, aidé de ma logeuse, transporta mes effets dans ma chambre, au premier. Il me montra, tout en l'allumant, comment fonctionnait mon chauffage au gaz. On glissait un schilling dans la fente du compteur, on tournait la clé, on approchait une allumette. J'en aurais pour quelques heures, après quoi il me faudrait verser une autre pièce dans le compteur, grand avaleur de schillings. Bohdan songea à m'en laisser une dizaine pour le cas où j'en manquerais et souffrirais du froid humide dont j'aurais, me dit-il, à me méfier, la gorge faible comme je l'avais. Puis déjà il était sur le point de partir, mon arrivée tombant pour lui on ne peut plus mal, car il venait d'être invité à jouer au Albert and Victoria en solo avec l'orchestre symphonique de Londres. Il y allait de son avenir et il n'aurait pas assez de tout son temps d'ici là pour s'y préparer en travaillant jour et nuit.

— Cheerio! Tout ira bien ici, tu verras. Bad beginnings always have fine endings.

Il était le courage même. Il était parti de Winnipeg avec pour tout bien son violon sous le bras. Son passage par transporteur de bestiaux lui était assuré gratuitement, en retour des soins qu'il donnerait aux bêtes, enfermé avec elles dans la cale. Aussitôt à Londres, il avait réussi à se faire employer par un orchestre tzigane qui égayait les dîners d'un des grands restaurants Lyons. Il passait ses nuits à dérider des solitaires et le jour à travailler Bach. Quand il eut vingt-cinq dollars en poche, il alla trouver celui qu'il estimait le meilleur maître de violon à Londres et dont c'était le prix pour une leçon. Il dit : « Voilà, j'ai de quoi payer une heure. Mais Dieu sait quand je pourrai m'en accorder une autre ! »

Et voici que moins d'un an plus tard il était sur le point de signer un contrat avec la BBC pour une émission d'une heure par semaine.

Pourtant ce jeune homme à la fois frêle et si extraordinairement fort, ce travailleur acharné, à ses heures joyeux comme aucun, il me semble l'avoir toujours vu sous l'ombre d'un destin menaçant. Ou est-ce que je reporte sur les souvenirs que j'ai de lui le fait de sa mort tragique survenue pendant la guerre, une bombe ayant éclaté au-dessus de la maison où il vivait et tuant tous les habitants?

Avant de s'en aller, inquiet de moi qui m'efforçais pourtant de lui paraître calme et contente, il écrivit à la hâte deux ou trois numéros de téléphone où je pourrais l'atteindre en cas d'embarras, et me dit de ne pas me gêner de l'appeler si je devais avoir le moindre ennui.

Je réussis à faire semblant d'être sûre de moi jusqu'au moment où il partit. Alors, la porte refermée, je me fis l'effet d'être séquestrée ici, par ma faute d'ailleurs. J'allai à l'unique fenêtre qui me faisait l'impression de donner peut-être sur un jardinet. J'en essuyai la buée, mais, pressé de l'autre côté de la vitre, le monstrueux brouillard arrêtait complètement la vue. A quelques pas du feu de gaz, je me sentais transie. Il fallait m'en approcher presque au point de me brûler pour en recevoir quelque chaleur sur les mollets alors que le dos me gelait. Autour de moi le silence était affolant. Apparemment j'étais seule dans cette maison inconnue, avec la logeuse retournée dans sa cuisine et qui ne signalait sa présence par aucun bruit, même pas celui de ses pas étouffés par des savates à semelles de feutre. Ai-je jamais connu maison plus affreusement silencieuse? Rien au dehors! Rien à l'intérieur! Vers le soir, j'entendis rentrer quelqu'un très doucement, puis quelqu'un d'autre peut-être. Des pas glissèrent vers des chambres voisines de la mienne. De l'eau coula. Après, je n'entendis plus rien.

J'avisai près du feu de gaz une petite théière recouverte de son tea-cosy. Sur le manteau de la cheminée il y avait du thé dans une boîte en fer-blanc, du sucre dans une autre et, bien sûr, l'inévitable boîte à biscuits secs, à motif de chaumière Tudor au toit orné de roses grimpantes.

J'allumai un rond à côté du foyer, alimenté lui aussi au gaz. Une courte flamme jaillit. J'y mis la bouilloire. Bientôt, au grésillement du gaz répondit le sifflement de l'eau qui commençait à chauffer. Je me pris à espérer que la bouilloire allait chanter, signe en ce pays de bonheur à venir. Elle ne chanta pas. Je bus la première de ces innombrables tasses de thé fadasse que j'allais me préparer à toute heure du jour pendant des semaines, peut-être pour essayer de me réchauffer, ou l'âme ou le corps.

Je m'assis par terre au plus près du maigre feu pour recevoir le peu de secours qu'il offrait. Je me fis l'effet d'un être humain seul dans sa petite île au milieu d'une mer blanche, qui n'avait elle-même plus aucun souvenir de rivages connus. Mes pensées n'allaient pas plus loin. Bientôt il cessa complètement, je pense, de m'en venir. Car il m'est arrivé dans un isolement trop complet, cernée de trop de silence, de n'avoir même plus le sentiment de penser, comme si le pauvre mécanisme de la pensée — qui est quand même toujours un appel aux autres — s'était bloqué quelque part en moi.

Combien de temps dura cette absence? Une semaine, dix jours, deux semaines? Je vivais dans une sorte de léthargie que je me gardais de rompre par grande peur, j'imagine, si seulement je bougeais un peu, de laisser entrer en moi une souffrance proche. Ainsi, tassée contre mon misérable feu que j'entretenais à coup de schillings, ma peine étrange, sans nom que je puisse lui donner, m'était à peu près endurable. Je ne voyais personne, ne parlais à personne, sauf à ma logeuse qui, après avoir frappé à ma porte, entrait tôt le matin, m'apportant, à l'heure où jamais de ma vie je n'eus beaucoup d'appétit, un breakfast incroyable, consistant en une montagne de toasts — et le reste du pain à trancher moi-même pour le cas où ils ne suffiraient pas — un pot de marmelade, un autre de confiture aux groseilles, des œufs au bacon, une fricassée de pommes de terre, ou une omelette ou des œufs bouillis ou un hareng frit, mets qui me tournaient le cœur rien qu'à l'odeur. Une énorme théière de six tasses au moins accompagnée d'un grand pot d'eau bouillante achevait d'encombrer le plateau que ma logeuse déposait près du lit sur une petite table. Elle allait à la fenêtre, entrouvrait les rideaux, disait, après un regard sans intérêt sur le dehors: «Still foggy today!...» puis repartait. Elle revenait une heure plus tard chercher le plateau presque toujours intact, commentait brièvement, ni sympathique ni réprobatrice: «You don't eat much...» revenait à l'heure où j'avais faim avec une mince tranche de jambon, un petit morceau de pain de rien de tout, m'apprenant toujours sur son même ton sans vie: «You should learn to eat a good breakfast, for in London we don't serve much lunch. Have it your own way!»

Si bien que je finis par apprendre à me faire des caches, provenant des excès du breakfast, pour l'heure où j'aurais le goût de manger. J'en eus dans le placard parmi mes chaussures, en arrière du foyer, même dans mon lit, et m'aperçus bientôt avoir amassé de quoi manger pour toute la journée. Ma logeuse, voyant disparus du plateau le pain, le fromage, une partie des confitures et du beurre, me félicita aussi froidement d'ailleurs qu'elle m'avait blâmée.

— I see you're eating at last a sensible breakfast.

Le lendemain elle ajouta au plateau un plat de porridge et un grand pot de lait.

Je regardais cette femme vêtue de couleurs ternes, les cheveux pris dans un filet, énonçant d'un même ton sans chaleur des banalités de jour en jour pareilles et me demandais si elle était véritablement une personne douée d'émotion, de sens, d'espoir ou si je n'avais pas affaire à une automate.

Les chambres autour de la mienne étaient pourtant occupées, du moins le soir quand rentraient les locataires. Je guettais des bruits qui me parleraient d'activité humaine. J'entendais tout juste une clé tourner dans la serrure de la porte d'entrée, des pas presque indistincts dans l'escalier, un autre bruit plus léger de clé dans la serrure d'une chambre, et c'était tout. En pantoufles pour le reste de la soirée, leur cup of tea faite, les gens autour de moi devaient se chauffer, chacun pour soi, comme moi-même, à leur triste petit feu. Je n'en entrevis aucun pendant presque toute une semaine.

Il ne fallut pas moins que j'en vienne à manquer de schillings, mon feu éteint, pour que je trouve l'énergie de sortir enfin de cette chambre sinistre et me mettre en quête de ma logeuse.

Or dans cette maison que j'avais pu croire à moitié morte, voici que j'aboutis à une pièce toute chaleureuse. Un poêle y ronflait. Il en montait un fumet de bœuf rôti accompagné, dans le four, d'un plat de yorkshire pudding, bien que ma logeuse eût prétendu ne faire qu'un repas par jour, le breakfast. Un homme se trouvait là, le mari probablement, dont la présence me surprit infiniment, car je n'avais encore entendu aucune voix d'homme dans cette maison. Elle ne me le présenta pas. Lui, abaissant seulement un peu le journal qu'il lisait, bien installé près du poêle, me souhaita sur le même ton de voix que sa femme, ni chaud ni froid, absolument impersonnel :

— Good evening, miss, et il se remit à sa lecture.

— How many schillings do you want? me demanda la femme.

J'étais descendue avec un billet d'une livre.

— That much, if you can oblige.

— It will last you a good long time, fut son seul commentaire.

Pas tant que ça ! ai-je pensé, tout en regardant avec envie le bon petit poêle bourré de coke. Mais comme ni l'un ni l'autre ne m'invitait à m'asseoir même pour un moment, je remontai dans ma chambre. Dans une ville où j'allais bientôt découvrir que les gens y sont les plus naturellement obligeants, cordiaux et loquaces, il avait fallu que je tombe sur ce couple taciturne et dans cette maison peut-être la plus silencieuse de Londres. Que de fois dans ma vie il m'est d'ailleurs arrivé d'aborder les villes, les choses et les êtres par leur côté rébarbatif, et cela en un sens fut un bien, car je ne pouvais aller vers pire mais inévitablement vers mieux. Ainsi j'ai souvent gardé le bon pour la fin et m'en suis fait le seul souvenir qui me reste.

Un soir, je me forçai à sortir. La brume était toujours aussi dense. Mais je me dis qu'en suivant de près les courtes haies de houx le long du trottoir, je pourrais parvenir, sans risque de me perdre, au bout de la rue où je croyais avoir aperçu, à mon arrivée, quelques boutiques formant un modeste petit centre commercial et même une station de l'underground. Les lueurs des devantures allumées, diluant la brume en une bouillie un peu plus claire, m'indiquèrent que j'étais arrivée. Je poussai au hasard une porte quelque peu éclairée et me trouvai à pénétrer dans un des salons-de-thé-pâtisseries de la chaîne ABC et, quoique sans goût pour du thé encore, j'en commandai ainsi qu'une brioche. Du moins, je mangeai dans la compagnie de quelques personnes attablées çà et là, qui causaient entre elles, et de ce peu de chaleur humaine je ressentis un tel réconfort que je m'en souviens encore aujourd'hui. Je répugnais à quitter ce petit restaurant où je me sentais si bien, entourée du son de voix humaines et de visages qui me paraissaient plaisants. Enfin, je fus la seule dans la salle de restaurant et pensai que je devais partir. Je ressortis et m'engageai dans la direction d'où je venais. Au bout de quelques pas, sans plus de lumière pour me guider, je compris qu'il allait m'être impossible de retrouver «ma» maison. Car déjà toutes pareilles de jour avec leurs mêmes jardinets, comment, de nuit, dans l'épais brouillard, les distinguer l'une de l'autre, sinon par leur numéro? Or, placé au-dessus des portes, chacun me restait invisible. Je m'avançais près de l'entrée, scrutais la façade, m'élevais sur la pointe des pieds, faisais craquer une allumette. Je n'apercevais qu'un numéro incomplet ou rien du tout.

J'errai de porte en porte avec le sentiment, comme je l'avais éprouvé en gare Saint-Lazare, de ne pouvoir sortir jamais de cette impasse, et elle aussi se présenta à mon esprit fatigué telle une image de ce qu'allait être ma vie, que ce soit à Paris, que ce soit à Londres ou ailleurs encore.

Soudain, loin à ce qu'il me sembla, mais en fait tout près, résonna un pas d'homme. Le danger? Du secours? Un détrousseur de femmes seules comme on m'avait tellement dit de m'en méfier par les nuits de brouillard? Mais aussi peut-être un bon Samaritain! Je lançai un appel: «Help!» Une voix répondit: «Coming!» Presque aussitôt, éclairé par sa puissante torche électrique surgit un bobby à bonne figure rougeaude.

— Lost miss? And a mean night 'tis to be lost in.

Il avait, en autant que je pusse voir, une physionomie ouverte et avenante. Mais instantanément c'est son langage qui me frappa le plus, ancien, pittoresque, extrêmement littéraire, dont je devais avoir bien des fois l'occasion de m'étonner qu'il se trouvât si souvent, en Angleterre, sur les lèvres de gens qui pourtant ne devaient pas être grands lecteurs ou passionnés de littérature. D'où leur venaient donc ces mots rares, ces termes imagés, cet accent presque shakespearien?

J'entendis encore son «mean night» résonner dans la nuit brumeuse comme sous la voûte basse d'un théâtre imaginé.

— A mean night to be in! And all houses being practically the same, 'tis hard indeed to find one's own. And what would your number be, would you know that much, miss?

Oui, cela du moins je me le rappelais heureusement — je ne l'ai même jamais oublié. C'était le 72.

Nous allions, le bobby braquant de temps à autre le faisceau de sa lampe sur les numéros. Enfin il annonça:

— Here we are, miss, safe and sound at your very door! May you have fine sleep! And pleasant dreams as well!

Tel fut le premier ami que je me fis à Londres, et souvent encore, par des nuits de brume, où que je sois, j'entrevois au fond de mon souvenir un visage dans un halo de lumière, j'entends une voix grave me souhaiter bon sommeil et de doux rêves.

Je couvai pourtant plusieurs jours encore mon ennui, mon dépaysement, ma peur de la grande ville et sans doute la honte d'y céder si complètement. Puis, un soir, ce double que j'eus toujours par bonheur, pour me chicaner, au besoin rire de moi, me parla par-dessus l'épaule. Je m'entendis me dire à moi-même:

— C'est bien le comble. Tu te trouves dans une des villes les plus excitantes du monde. A l'heure même, le rideau est à la veille de se lever sur des centaines de spectacles, les paroles de grands dramaturges vont déferler sur des salles enchantées, la musique les exalter, et toi, accroupetonnée auprès de ton feu risible, tu te prends en pitié. Il valait bien la peine de faire tant d'efforts pour quitter une vie au Manitoba que tu estimais trop petite.

Ce fut comme si j'avais reçu un soufflet. Je consultai ma montre. Il n'était que sept heures et demie. J'attrapai mon manteau. Je dégringolai à grand bruit l'escalier que par mimétisme sans doute j'avais jusque-là descendu à pas discrets. Je pense même avoir claqué la porte. A un arbrisseau tout juste derrière la haie de houx, j'attachai fermement un mouchoir blanc qui me servirait de repère au retour. Pour plus de précaution, je comptai, à partir du 72 jusqu'au petit carrefour commercial, les entrées de maisons. Il y en avait vingt-huit. D'ailleurs le brouillard me paraissait moins dense, comme sur le point de se dissiper. Je roulai dans l'underground, heureuse de me trouver avec mes semblables, fussent-ils les plus étrangers des hommes. Je dus émerger à Piccadilly Circus car je me rappelle qu'ici les enseignes lumineuses des théâtres et des salles de cinéma, les guirlandes scintillantes, tant de lumière de partout avaient raison de la brume qu'on ne la voyait plus qu'en effilochures. On disait alors de Piccadilly Circus qu'il était le cœur de l'univers, et ce devait être vrai, car pendant les quelques minutes où je restai saisie de surprise, à la sortie de l'underground, je vis passer: un mendiant en haillons innommables sorti tout droit de Dickens; un lord à canne à pommeau d'or et cape noire doublée de satin blanc; une folle sans doute de Park Lane revêtue seulement de plumes comme un oiseau des îles; un Sikh à l'air farouche; un marin tatoué; un Highlander en kilt; des Arabes en turban; une princesse des Indes, j'imagine, portant peinte sur le front une étoile —ou était-ce un cercle? Tant de visages et de silhouettes disparates que, des marches où je m'étais figée, j'avais l'impression, comme au bord d'une caverne de songes, d'en voir sans cesse prendre vie sous mes yeux. De cette ville que je devais en venir à tant aimer, j'ai peine encore aujourd'hui à démêler des impressions subséquentes cette vision riche, folle et somptueuse qu'elle m'offrit ce soir-là dès en débouchant de dessous terre. A Londres, comme à Paris d'ailleurs, le plus beau spectacle pour moi fut toujours celui de la ville elle-même, à ses terrasses, en marche le long de ses boulevards, ou, telle qu'ici, tournant, tournant, pareille à quelque inimaginable manège auquel ne manquerait aucun aspect de l'invraisemblable humain.

Quelle pièce ai-je vue ce soir-là? *Midsummer Night's Dream*? Non, car ce spectacle avec en vedette Vivien Leigh toute jeune encore, c'est au Old Vic que j'y assistai, situé dans un tout autre quartier de Londres. *The Three Sisters* peut-être. Ou *L'Oiseau de feu*? Peu importe! Je n'ai pour ainsi dire assisté à aucun spectacle médiocre à Londres. D'instinct, j'allais sans doute vers le meilleur, bien conseillée aussi par Bohdan qui me laissait quelquefois un mot à la maison en passant à la course et de temps à autre des billets qu'il avait eus gratuitement.

Je revins de Piccadilly Circus la tête bourdonnante d'images et de sons qui me masquèrent un moment que j'étais seule avec tant de riches impressions qu'il aurait été si bon de partager avec quelqu'un. Je retrouvai mon signet blanc attaché à une branche dégoulinante d'eau de brouillard. Je remontai sans qu'une seule porte s'ouvrît sur mon passage. J'aurais pu ne pas sortir ou n'être pas revenue que personne n'en aurait eu connaissance. Le lendemain, pendant que j'étais sur ma lancée, je me dis que j'avais assez tergiversé et m'en fus ce jour même m'inscrire au Guildhall School of Music and Drama. Bohdan avait pris tous les renseignements nécessaires pour moi et me pressait d'en arriver à une décision. Il me fallait, en art dramatique, prendre le cours au complet, depuis les leçons de maquillage jusqu'à celles d'escrime et de danse à claquettes en passant par l'étude à proprement parler de textes dramatiques, et payer comptant le premier trimestre, ce qui fit un énorme trou dans mon petit compte en banque. Peu importe, j'en étais à un point de ma vie où je sentais qu'il me fallait coûte que coûte m'engager dans une direction, fût-elle la mauvaise, pour connaître enfin ce que je devais savoir sur moi-même.

Où l'Ecole était située au juste, cela aussi je n'arrive plus à m'en souvenir. Toujours ces trous dans ma mémoire! Ce devait être non loin de la Tamise, car je me rappelle m'y être retrouvée pour ainsi dire à chaque instant de liberté, après ou entre les cours. Je me vois les jours où je n'avais rien à faire, arpentant sans fin les embankments. Je les ai parcourus à pied plus d'une fois depuis Blackfriars jusqu'au Big Ben. Quelquefois j'ai même poussé plus loin à l'est vers les docks et la grande vie maritime de la Tamise qui me fascinait. En vedette, j'ai été jusqu'à Greenwich et jusqu'à l'estuaire. Je me suis attachée à ce fleuve comme peu d'êtres au monde, j'imagine. Je l'ai aimé au soleil, tout étincelant, alors qu'une autre fois encore, avec des amis, poussant notre bachot à la gaule, nous avons atteint les rives du vieux château du cardinal Wolseley qu'il dut céder à Henri VIII, ce Hampton Court de si terrible mémoire, devenu dès lors, avec ses cygnes noirs et ses pelouses touffues, le rendez-vous des pique-niqueurs. Sur la Tamise croisaient sans cesse de petits bateaux-magasins-casse-croûte qui, sur un signe, s'approchaient et de qui nous achetions du thé ou des sandwiches, poursuivant ensuite notre course. J'ai aimé cette Tamise de promenade, joyeuse et bonne enfant, mais encore plus la Tamise des soirs de brume avec les cris étouffés des mouettes, un presque imperceptible clapotis contre les vieilles pierres des quais et l'appel assourdi des sirènes parvenant à peine à l'embankment. Bien des fois je suis restée des heures accoudée au parapet à tâcher d'identifier à leur bruit les mystérieuses activités enveloppées de brouillard. Ou simplement perdue dans quelque rêverie qui m'entraînait dans le bienfaisant mouvement de l'eau invisible.

Et puis, je me cherchai une chambre plus gaie. C'est dans les petites annonces que je trouvai. J'achetais maintenant le journal du soir d'un vieux Cockney qui avait son stock sur le ciment du trottoir à la sortie de ma station de l'underground. J'y lus un soir une description qui me parut correspondre tout à fait à ce que je voulais. Il était question d'une chambre ensoleillée au troisième avec un petit foyer au charbon. C'était dans Fulham toujours et pas tellement loin de ma triste rue Wickendon. J'y courus. Ah, que ce quartier après ma rue d'ennui était vivant! Au cœur même du vieux Fulham, ma chambre, juchée, se trouvait au faîte d'un haut immeuble étroit qui allait s'amenuisant depuis sa base jusqu'à ne plus contenir que ma chambre, au troisième. L'étage du milieu était occupé par les propriétaires, et le rez-de-chaussée tout entier par une boutique ne prenant jour que sur la rue, un vrai capharnaüm, des bicyclettes à réparer pendant à la douzaine du plafond pour faire place, en bas, à des centaines de vieux phonos et d'appareils de radio démantibulés à remettre en état un jour ou l'autre. Je devais en voir rester là plus de quatre mois, dans leur couche de poussière rarement dérangée.

La boutique s'annonçait par une gauche inscription : *Geoffrey Price's Bicycle and Radio Repair Shop*. L'immeuble était au ras du trottoir et la boutique, pour permettre à Geoffrey Price de circuler parmi son entassement de vieilleries, s'y vidait en partie, chaque matin. Elle se trouvait aussi sur le passage de l'autobus, en constituait en fait un arrêt, si proche même que, du seuil, on s'y embarquait directement, sans avoir à faire un pas dehors. On entendait venir un roulement de tonnerre. Au tournant de la rue surgissait le double decker presque aussi haut que l'immeuble. Le frein appliqué brusquement lâchait un cri à vous fendre l'âme. Puis le monstre était arrêté, sa porte arrière ouverte exactement sur celle de *Geoffrey Price's Bicycle and Radio Repair Shop*. Par jour de pluie, disaient les gens du quartier, on pouvait, de cette boutique, se rendre à Earl's Court ou Knightsbridge sans risque d'attraper une seule goutte d'eau.

En face, il y avait une autre boutique tout aussi commode pour les usagers de l'autobus, mais en sens inverse. C'était celle de l'ironmonger, que j'avais appris à dénommer à Paris le marchand des peintures, encore que je me rappelle avoir vu chez lui surtout du charbon et des bouteilles de gros rouge. Le troisième coin de la petite place était occupé par le green grocer, l'équivalent du verdurier à Paris. Aux alentours, il y avait encore l'apothecary, le physician affichant ses heures de bureau, le dentiste qui avait, en guise de réclame, à hauteur d'homme, une énorme mâchoire articulée n'arrêtant jamais, nuit et jour, de s'ouvrir et de se refermer comme pour happer au vol quelque passant. A peine plus loin se tenait un marché en plein air tout résonnant tôt le matin des bruits des charrettes à roues de bois apportant les légumes. A côté grouillait l'étal de morue. Les odeurs les plus délicates et les plus déplaisantes s'entremêlaient. L'on ne pouvait pas être cinq minutes sans entendre quelque bruit, la clochette fine du marchand de fleurs poussant devant lui sa voiturette pleine des couleurs les plus vives, le cri du marchand de vitres, du rétameur, du ramasseur de bouteilles. A ces cris, modulés, chantés, scandés, l'orgue de Barbarie mêlait souvent sa musique dolente et, parfois, à travers le tintamarre, on croyait saisir au loin quelque son de cloche pieuse venu d'une petite église enclose quelque part entre de hauts murs. Je devais finir par la trouver un jour, cachée comme elle était par la pierre et le lierre, et découvrir aussi un cimetière, le plus tranquille du monde entre ses murs épais, avec des arbres touffus pleins d'oiseaux — le beau nid de la mort en plein milieu de l'agitation humaine — où j'irais souvent chercher le silence quand il me ferait trop défaut dans ma bruyante maison.

Ma nouvelle logeuse était à l'image du quartier, une pétulante Galloise, toute en drôleries, tours, farces et toujours à la course. Elle me montra la petite chambre que j'aimai tout de suite, assez haute pour dominer les bruits et donnant d'ailleurs sur l'arrière étonnamment paisible avec ses enchevêtrements de courettes qui servaient d'entrepôts ou de débarras, aussi mortes qu'étaient trépidantes les rues d'en face. Le foyer, minuscule mais destiné à y brûler du vrai combustible, m'enchanta. Gladys m'expliqua qu'elle l'allumerait le matin en m'apportant le breakfast et que ce serait ensuite à moi d'entretenir le feu si je restais à la maison. J'aurais à acheter moi-même mon coke et un peu de petit bois pour attiser parfois mon feu. Mais non, se reprit-elle, le petit bois, elle me le fournirait gratuit. Pour la chambre, le breakfast et un rien de lunch — scraps — ce serait un guinea la semaine.

— Un guinea! m'exclamai-je, ne connaissant pas encore l'expression.

Gladys m'expliqua que cela signifiait one pound and one schilling.

Et je la fis rire aux larmes lorsque je lui présentai à la fin de la semaine mon chèque pour une guinée.

— Mais cela n'existe pas en fait, un guinea, me dit-elle. Aucune pièce de la monnaie anglaise n'y correspond. C'est juste une expression.

— Mais pourquoi alors toujours parler de guinea?

Elle haussa les épaules. J'étais prise à l'illogisme anglais comme je l'avais été à la stricte logique française, et il n'y avait qu'à m'y faire. Je devais d'ailleurs m'y faire plus vite qu'aux raisonnements sans fin des Français.

Ce premier jour où nous discutions affaires, j'avais fini, presque en mendiante, par demander :

— Pour tout un guinea, est-ce que vous ne me donneriez pas, plutôt que des scraps de lunch, puisque je serai souvent sortie à cette heure, les mêmes scraps for supper.

Elle rit à se faire entendre dans tout le quartier, trouvant drôle mon accent, mes expressions, mon petit manteau de lapin, mon béret *so frenchy*, et finit, tellement je lui plaisais, par consentir «to throw in for a guinea a week supper and even a bite in the evening if you should still be hungry, dearie.» Et c'est ainsi que je me casai certainement au meilleur prix possible dans tout Londres, à l'époque.

Une seule chose me déplaisait dans ma nouvelle vie, et c'était mon adresse : Lily Road. «I know it smacks of perdition», avait convenu ma logeuse, puis, éclatant d'un de ses rires à faire trembler les vitres, elle avait conclu que je l'avais pour pas cher en tout cas.

Sans aller jusqu'à penser que le nom évoquait la perdition, je rougissais quand je devais donner mon adresse à haute voix, et l'évitais autant que possible, racontant : «J'habite trop loin pour inviter des gens...» Ou bien : «It's terribly out of the way.» Mais il fallait y passer, ce Lily Road, malgré son nom de soufre, m'étant presque le paradis. Pour me consoler, Gladys en riant me faisait observer que ce serait encore plus compromettant si j'avais pris chambre non loin, dans Petticoat Lane.

Bohdan vint m'aider à déménager. Il avait pu dénicher dans sa rue une espèce de tombereau à brancards dans lequel nous avons réussi à transporter en une fois tous mes effets à grand bruit, les vieux pavés résonnant fort sous les roues sans caoutchouc. «Heureusement, me disait Bohdan, que tu restes presque sur les lieux. Maintenant ce ne sera plus long que, mon concert passé, je pourrai t'accorder plus de temps, et nous nous rattraperons !»

Il m'aida à ajuster mes vêtements sur les cintres de la garderobe. J'essayai de faire bouillir de l'eau pour le thé, accroupie auprès du foyer. Un de mes bonheurs ici serait de pouvoir faire monter une visite, la chambre avec son divan-lit étant aménagée en sitting-room.

Bohdan était à la fois un peu scandalisé et amusé de me voir transplantée dans ce quartier peuple. Il aurait cru, me dit-il, que je me serais trouvée plus à l'aise pour écrire dans le calme de la rue où il m'avait retenu une chambre. Depuis que nous nous connaissions, il avait toujours prédit que je deviendrais un écrivain connu. Pendant que je m'essayais encore à préparer du thé, Gladys survint avec un plateau couvert de scones au beurre, de gâteaux et de petits pots de confitures. «Dès que j'ai vu ce jeune homme pousser vos affaires dans sa brouette, me confia-t-elle plus tard, je l'ai aimé. Il n'y en a pas un seul autre comme lui dans toute l'Angleterre, vous pouvez en prendre ma parole et vous devriez mettre la main sur lui alors que vous en avez la chance. Cheerio!»

Pendant qu'il buvait son thé, Bohdan, comme je l'observais en silence, me parut, lui si jeune encore, fatigué, amaigri, un peu vieilli, des cernes profonds autour des yeux.

— Bohdan, lui dis-je, si tu veux aller aussi loin que tu l'as en tête, il va falloir apprendre à te ménager.

— Irai-je bien loin? fit-il d'un ton qui cherchait à paraître léger.

Il me vint à l'esprit que j'avais toujours pressenti en lui de l'angoisse, en dépit de son caractère si souvent gai, comme s'il avait le sentiment que le temps lui manquerait.

— Je vois assez clairement, me confia-t-il, toujours comme en riant de lui-même, un bout de chemin devant moi, quelques années de route peut-être, puis tout s'arrête, disparaît, tombe soudainement.

— Mais moi, je ne vois même pas un jour d'avance devant moi et change chaque jour de cap, lui dis-je pour plaisanter et le ramener à la bonne humeur.

— Pourtant, ton avenir à toi est certain, me corrigea-t-il, avec un étrange sérieux. Je n'ai qu'à fermer les yeux et je vois surgir ton nom en lettres importantes. Cependant il me semble que ce n'est pas à l'avant d'un théâtre. Tu as bien fait quand même de t'inscrire pour un cours d'art dramatique. Quoique, d'après ma vision, ce n'est pas là que tu brilleras. Où donc! Je crois voir ton nom sur la couverture d'un livre. Il s'y détache en grandes lettres.

— Un livre! ai-je riposté. Moi qui ne sais même pas encore tourner convenablement une petite histoire!

Néanmoins, depuis les cinq ou six ans que je le connaissais, depuis nos toutes premières rencontres à Winnipeg, il m'avait toujours plus ou moins tenu ce langage de nécromant, et j'avais souvent ri de bon cœur de ses supposés dons.

Cette fois, il paraissait si sûr de lui-même que j'en éprouvai un frisson.

— Parlons d'autre chose, dis-je, tu me fais peur avec tes prophéties.

Ce qui m'avait le plus apeurée toutefois, c'était l'intense mélancolie que j'avais pu surprendre un instant dans ses yeux gris bleu, et que je ne devais jamais revoir ensuite que chez des êtres destinés à mourir jeunes.

Nous avons pourtant fini notre thé gaiement, Bohdan feignant de lire dans les feuilles tombées au fond de ma tasse que j'écrirais un roman à saveur populiste, ce qui n'était pas pour surprendre, étant donné que je me sentais si bien auprès du petit peuple.

Retrouvant cette scène dans tous ses détails au fond de mon souvenir, je songe enfin à me demander comment nous ne nous sommes pas aimés d'amour, Bohdan et moi. Il était droit, la loyauté même, énergique et doux, tendre et charmant. Lui, je ne sais ce qu'il voyait en moi, mais j'ai l'impression que ce devait être un peu les mêmes qualités que je prisais en lui et qui me faisaient l'admirer, lui accorder une entière confiance, rechercher son appui, désirer son approbation, et la chérir profondément. Le lien entre nous était-il trop honnête, trop limpide, trop clair pour mener à l'amour?

Il y manquait peut-être en effet un défaut ou ce quelque chose de trouble ou d'inquiétant que contient presque tout amour. Bohdan et moi ne nous étions jamais causé l'un à l'autre la moindre inquiétude si ce n'est au sujet de notre santé. Nous étions faits pour n'être que des amis, ainsi que l'on dit si injustement, car n'est-il pas singulier que l'on place l'amour — si capricieux — au-dessus de l'amitié presque toujours si digne?

La dignité, voilà peut-être au fond ce qui, tout en préservant notre sentiment, l'empêchait de glisser à l'amour.

Mais en vérité, je n'en sais pas plus long aujourd'hui que j'en savais alors sur le sujet.

Sur le point de s'en aller, Bohdan, ce jour-là, appuyé au chambranle de la porte, plus voyant que jamais, comme s'il avait la réponse à mes questions de ce jour et des jours à venir, me lança sur son ton habituel à la fois ironique et tendre:

— A propos, je tiens à te présenter à un jeune homme dont j'ai fait la connaissance il y a quelques jours. Il te plaira aussi sûr que Dieu est dans son ciel et ses créatures sur terre. Quant à lui, dès qu'il aura jeté les yeux sur toi, il sera à jamais ensorcelé.

— Une autre de tes prédictions! dis-je en moquerie.

— Qui sera réalisée, veux-tu en faire la gageure, en moins de trois mois.

— Quel est le nom de ce jeune homme irrésistible? demandai-je toujours en moquerie.

A mi-chemin de l'escalier, Bohdan me le lança — est-ce que je me trompai? — avec une ombre d'amertume.

Je ne saisis que le prénom: Stephen.

— Stephen qui? demandai-je.

Bohdan n'entendit pas ma question ou je n'entendis pas sa réponse. En tout cas, je n'en appris pas plus long ce jour-là sur ce jeune homme au sujet duquel Bohdan avait réussi à piquer ma curiosité.

VII

Ma nouvelle vie commença, parsemée çà et là de cours au long de la semaine. Je m'y livrai cette fois avec courage et persistance, mais sans enthousiasme jamais. Je me forçais. Les meilleurs moments étaient encore mes jours libres, alors que je m'échappais pour partir à l'aventure sur l'impériale des autobus. Je fus prise d'une vraie passion pour ces voyages à travers Londres d'ouest en est, du nord au sud, qui duraient quelquefois trois ou quatre heures sans me coûter jamais plus d'un schilling. Invariablement je montais le petit escalier tournant, m'installais, si elle était libre, dans la première rangée en avant d'où je dominerais le spectacle qui allait s'offrir à ma vue. Le contrôleur montait, souvent me trouvait à peu près seule là-haut, demandait: «Where to ma'm?» Presque toujours je répondais: «Au bout.» Souvent d'ailleurs, je reviendrais par le même autobus, n'en descendant même pas. Aussitôt installée là-haut et en route, il me semble que je devenais heureuse. J'ai ainsi appris Londres de part en part, comme j'apprendrais plus tard Montréal en le parcourant par tramway à l'époque où j'y arrivai en 1939. Au fond, sauf la City et certains «cœurs» de la ville comme Charing Cross, Trafalgar Square, Chelsea, et peut-être Soho, Londres n'était qu'une succession de boroughs, espèces de petites villes, toutes avec leur High Street, agglutinées en un interminable déroulement. Je prenais plaisir à voir recommencer l'une après l'autre ces petites villes d'allure paisible avec leurs maisons attachées l'une à l'autre par rues entières, leur marché aux fleurs, leur éternel tea-shop et la vision, ne changeant jamais, elle, de chimney-pots à l'infini. Ces petites cheminées en formes de pots de fleurs, la ville devait en contenir un nombre effarant, puisque bien souvent on en comptait une dizaine sur chaque toit, autant qu'il y avait à l'intérieur de ces petits foyers comme j'en avais un dans ma chambre. Quelle étrange ville, chacun y vivant isolé auprès de son propre petit feu maigre plutôt qu'assemblé avec d'autres autour d'un bon gros poêle. La brique des maisons était souvent ternie, sans plus de couleur sous la suie qui retombait sur elles de toutes ces cheminées et des usines proches. Parfois j'aboutissais à un miraculeux square de brique rose entourant un petit parc enclos de haie vive ou de murs bas, à l'usage des seuls habitants des belles maisons reluisantes d'alentour qui avaient la clé pour en ouvrir la barrière. A l'intérieur, on pouvait voir une nurse en voile flottant sur les épaules passer en poussant un landau, ou un vieillard aller à pas lents appuyé sur sa canne. Il n'y avait pas de promenades qui ne me découvraient quelque chose de neuf. Parfois je descendais, explorais longuement quelque quartier très loin d'où j'habitais, me trouvant si à l'aise que j'avais envie d'y rester. Souvent je faisais le trajet aller-retour d'une traite, toujours étonnée qu'en revenant il parût si différent de l'aller. Il m'arrivait, comme du haut d'un chariot, de noter presque sans arrêt tout ce qui s'offrait en bas à la fois de fascinant et de triste comme dans toutes les grandes villes. Il m'arrivait aussi, bercée par le mouvement, de perdre tout contact avec la réalité présente et de partir en des rêves qui étaient presque toujours heureux du moment que ce bercement accompagnait mes pensées comme une sorte de roulis marin.

Evidemment, j'allais à mes cours et accomplissais d'héroïques efforts pour en retirer aussi quelque profit. Cette partie de ma vie, les cours au Guildhall, sur la diction par exemple, où un professeur s'appliqua une fois pendant près de trois quarts d'heure à me faire prononcer «little» comme il se doit, m'enseignant la manière de placer ma langue pour y arriver et qui, de désespoir, me demanda: «Mais où donc avez-vous appris l'anglais?...» à quoi j'avais répondu distraitement, à bout de fatigue: «Là où j'aurais dû apprendre plutôt le français»; les leçons de maquillage où j'appris à me déguiser en Sioux ou en Nippone pour le bien que cela me fit jamais; les séances d'escrime, la lecture de textes de grands dramaturges anglais; tout de cette vie que je vécus alors entre les murs de l'Ecole me paraît aujourd'hui avoir été un rêve, et seuls les rêves eux-mêmes poursuivis au bord de la Tamise, sur les embankments, sur l'impériale des grands autobus et même dans la cabane que possédait Gladys en face de Hampton Court où j'allais en week-end — en sorte que c'était de cette rive des pauvres, ayant la plus belle vue sur le château, qu'on en profitait le mieux — seuls ces rêves restent la part vraie et durable de l'existence que je menai pendant ces trois ou quatre mois.

Des scènes de la vie que je vécus alors émergent pourtant avec une netteté saisissante. J'assistais ce jour-là avec une trentaine d'élèves à un cours de Miss Rorke que nous appelions le dragon. Elle n'arrêtait pas de nous invectiver, nous traitant de *snails* à cause de notre lenteur, je suppose, ou de *momies*, ou de pauvres spectres incapables de se faire entendre. Elle n'était pas la seule à nous lancer ainsi l'injure. Beaucoup d'autres professeurs usaient de la même tactique abominable. Pourquoi agir ainsi avec des élèves déjà tout tremblants de peur? Il paraît, on me l'a dit par la suite, que, pareils aux picadors nous aiguillonnant au vif, ils obtenaient de nous une réaction pleine de douleur et de feu.

Miss Rorke passait pour être un imbattable professeur des classiques anglais. Nulle n'enseignait mieux qu'elle Shakespeare et surtout Bernard Shaw qu'elle avait beaucoup joué dans sa jeunesse et dont l'humour redoutable avait certainement déteint sur son caractère.

Elle nous rappelait à cœur de jour: «Vous qui aspirez à monter sur la scène, à envoûter des salles, à voir votre nom en lettres lumineuses à l'enseigne des théâtres, vous ne savez rien faire: ni marcher, ni vous asseoir, ni même tendre la main convenablement, encore moins réciter, bien entendu.»

Elle disait vrai. Je m'étais aperçue, à voir évoluer les autres, qu'ils ne savaient en effet ni marcher, ni s'asseoir, ni se comporter sur la scène d'une façon qui eût paru naturelle. J'apprenais que tout devait être recréé sur la scène pour y avoir l'air vrai, et que rien, ne serait-ce que de se moucher, ne devait se faire là-haut tel qu'on l'accomplissait dans la vie. Jusqu'ici je n'avais pas encore été moi-même la cible de ses attaques. Tout à coup, ce jour-là, je m'entendis commander:

— Vous, là, venez nous lire un passage.

Nous en étions au *Marchand de Venise*.

— ... Tiens, le plaidoyer de Portia devant le juge.

Il n'était plus question de me sauver comme de chez Dullin. Je montai les marches menant au podium. Je trouvai le passage en question. Je commençai à lire d'une voix qui m'a semblé venir d'un autre monde, faible, lointaine et fragile, en laquelle je ne me reconnaissais nullement. Une autre que moi lisait, agissait, pendant que moi-même, d'infiniment loin, avec une certaine pitié pour celle qui s'était laissée prendre, regardais faire. Puis ma voix se raffermit et revint à mes propres oreilles comme les autres peut-être la recueillaient. Je l'entends encore, je l'entendrai sans doute toujours, bien que je ne me souvienne pas des mots eux-mêmes que je prononçais. La vie me les a ôtés, comme dirait Rutebeuf, elle nous prend tout avec l'âge, sinon le souvenir d'avoir été jeune, hardi et téméraire.

Puis tout se mêla et se confondit. Je ne fus plus une qui lisait, une autre qui regardait. J'avais échappé et aux autres et à moi-même. La timidité et ma détresse m'avaient refluée au loin de ma vie. J'avais réintégré mon enfance. J'étais toujours en classe à l'Académie Saint-Joseph. L'inspecteur nous épiait. Soeur Agathe m'avait suppliée: «Lève-toi et sauve la classe.» Et je faisais de mon mieux, au milieu d'un cours, était-ce au Guildhall? était-ce à

Saint-Boniface? pour sauver encore Dieu sait quoi! Ma voix petit à petit prenait une certaine assurance. Un silence complet m'entourait. Sous la gaieté que l'on me reconnaissait au Guildhall, est-ce que ne transperçait pas aujourd'hui enfin le vieux fond de tristesse qui toujours m'avait habitée? Est-ce que ne m'avait pas rejointe ma vieille misère de la rue Deschambault qui, étonnamment, par les mots de Shakespeare, trouvait à s'exhaler? Peut-être aussi le profond silence de la classe était-il l'expression d'un étonnement sans borne. Qui donc à Londres avait jamais entendu, entendrait jamais encore Shakespeare récité d'une façon si singulière qu'elle révélait peut-être, à la fin, le vieux maître comme il ne l'avait jamais été aux yeux des siens.

Quand j'eus terminé ma tirade, le silence dura encore un bon moment. Puis Miss Rorke, un peu bourrue, concéda:

— Dommage que vous ayez un accent si barbare car par moments j'ai eu l'impression que quelque chose prenait vie. But, child, I could hardly make out a single word of your stupendous accent.

A l'écart, elle me dit: «Si vous voulez venir chez moi, le soir, je vous aiderai en particulier, sans qu'il vous en coûte un penny, bien entendu.»

J'y allai deux ou trois fois, je crois, et, après m'avoir fait enfiler en vitesse, sans reprendre souffle, une suite effrayante de which, whichever, witches, whence, where, wherever, either, neither, however, beneath, whole, whatever..., elle me gava de sucreries, bonbons, scones, hot-tea, biscuits et crumpets. Chez elle, le dragon n'était qu'une petite vieille aimable, enfoncée dans un fauteuil victorien, ses pieds menus posés sur le pouf au ras de sa jupe sombre, et qui, entre deux bouchées, me faisait reprendre which, witch, wither, whisht, whim, whichever... Ou bien: throne, throw, thorough, through... que je suis toujours incapable de prononcer correctement après toute cette peine qu'elle et tant d'autres se donnèrent à mon endroit.

Je m'étais aussi inscrite au cours d'art dramatique en français chez madame Gachet, qui, elle, me faisait répéter, un crayon entre les dents, pour me délier la langue: «Je veux et je l'exige.» Autre dragon, elle n'arrêtait pas de me reprocher «comme à tous vos compatriotes, de parler de la face et non de la gorge».

Avec elle — comble de l'ironie! — j'étudiais, en traduction française, le *Sainte Jeanne* de Bernard Shaw, ressortant bien plus du domaine de Miss Rorke, mais que madame Gachet prétendait proche de moi qui en aurais eu, selon elle, les traits, le visage, l'allure. J'ai longtemps su par coeur les plus brillantes répliques de Jeanne à l'Inquisiteur, puis un matin, les cherchant dans ma mémoire, je n'ai plus rien trouvé. La sainte Jeanne de madame Gachet se rapprochait de l'interprétation qu'en avait donnée Ludmilla Pitoëff, en traits délicats de petites saintes de vitrail. Venu à Paris pour la première, Bernard Shaw aurait été tellement enragé de cette interprétation qu'il n'aurait, au long d'un dîner offert en son honneur, adressé un seul mot à madame Pitoëff assise à ses côtés. De même, il fut si mécontent au festival de Malvern, auquel j'assistais, de l'interprétation — toujours en sainte de vitrail — d'Elizabeth Bergner qu'à l'entracte il partit comme un fou marcher dans le dédale du jardin au milieu duquel se trouve situé le délicieux petit théâtre d'été. Etant venue à Malvern pour la journée, je me trouvai en ce moment engagée dans le labyrinthe entre des haies très hautes et, à plusieurs reprises, alors que les caprices du dédale nous rapprochaient, j'avais entendu des bougonnements et des bouts de phrase qui m'arrivaient par-dessus le feuillage. A un tournant, brusquement, je me trouvai face à face avec un vieil homme à barbe blanche, qui me lança un regard furieux puis continua son chemin tortueux en bougonnant de plus belle. Je restai sur place, saisie d'une surprise immense. «Mais c'est Bernard Shaw, me dis-je, que je viens de croiser! Et, de plus, en colère, comme presque toujours!» Je voudrais continuer les anecdotes, l'une appelant l'autre, mais le derviche sait de mieux en mieux qu'il n'a pas le temps de recueillir tout ce qui lui revient du passé s'il veut voir le bout de sa tâche. Ce que je voudrais ajouter, c'est que la seule Jeanne tirée de sa pièce que Bernard Shaw approuvât jamais était celle qu'avait campée Dame Sybil Thorndike puis, plus tard, Miss Rorke: une robuste, saine fille de campagne, toute réaliste, raisonnable et raisonneuse, la première sainte protestante chez les catholiques, comme il l'avait lui-même définie.

Chez madame Gachet, j'étudiais aussi, ce qui avait plus de sens, Racine, jusqu'au jour où elle me lança le livre par la tête en déclarant que je ne comprenais rien de rien à ce genre — ce qui était la vérité même.

Madame Gachet avait eu comme élèves des acteurs déjà prestigieux alors tels que Vivien Leigh et Charles Laughton. Ils venaient d'ailleurs encore assez souvent travailler leur rôle avec elle, qui ne manquait pas d'en informer ses élèves ordinaires. Quand elle était dans ses bonnes, nous avions droit à des potins et croustillantes histoires sur les grands du théâtre et du cinéma, qu'elle connaissait, il faut en convenir, sous un jour révélateur et souvent impitoyable.

Quelle bonne volonté m'apparaît aujourd'hui avoir malgré tout été la mienne en ce temps de ma vie! Quand l'air devint plus doux, même après que je me fus fait lancer Racine par la tête, il m'arrivait d'aller réciter à voix haute de ses vers dans le seul endroit où j'étais sûre de ne déranger personne et de ne pas faire rire de moi. C'était dans le petit cimetière de Fulham plein d'arbres touffus et de tombes anciennes entre des murs épais, et là, clamant mes vers, j'avais parfois conscience de troubler un si long et sacré repos que je m'interrompais pour lire plutôt, au hasard, des épitaphes. Elles étaient de caractère plaintif et doux. Les recevant en plein Racine comme un écho d'humbles existences anglaises depuis longtemps oubliées, j'éprouvais tout à coup le sentiment que ma vie était mille fois plus surprenante encore que celles que j'étudiais dans les livres. Pendant quelques moments, elle me fascinait au-delà de toute énigme.

Ainsi vivais-je à Londres pendant ces mois-là, livrée à l'ennui et à la tristesse, m'obligeant à des efforts qui paraissaient ne devoir me mener nulle part, puis, soudain, la jeunesse, le côté gai de ma nature reprenaient le dessus, et voilà que j'étais projetée en pleine drôlerie, riant et faisant rire autour de moi comme au temps des tournées au Manitoba, comme je ferais rire plus tard au long de mon passage en Provence.

Après être descendue de la scène, ce jour où j'avais lu la grande tirade de Portia, alors que j'étais encore tremblante et que les élèves autour de moi me jetaient des regards singuliers, un grand et beau jeune homme s'était approché de moi et m'avait applaudie.

— Laissez-les penser ce qu'ils veulent, et même rire, si ça leur chante, c'est vous qui en ce moment commandez toute l'attention.

Naïvement j'avais pris pour un compliment cette phrase qui en était peut-être un d'ailleurs.

Au bout d'un moment de conversation, il m'avait proposé:
— How about a cup of tea?

Vers les onze heures, le matin, et vers le milieu de l'après-midi, presque tout le monde du Guildhall lâchait danse, escrime et déclamation pour se réunir à de petites tables de quatre au restaurant de l'Ecole et y boire d'innombrables tasses de thé.

Bientôt ma classe y fut presque en entier, répartie en petits groupes, et je m'aperçus que la plupart fixaient le beau grand Gallois et moi, assis en amis un peu à l'écart, avec une expression à laquelle je pus à peine croire tellement elle disait pour moi de considération nouvelle et même d'envie.

M'ayant dit son nom et qu'il était Gallois, aujourd'hui il ne me reste, pour me le rappeler à la mémoire, que cette appellation. Il m'avait sans doute appris, alors que nous buvions notre thé, qu'il avait étudié au Guildhall et que, faisant carrière à Londres, il revenait de temps à autre à ses vieux maîtres «for a refreshing course». Incité aujourd'hui par il ne savait quel motif à entrer en passant dans la classe d'interprétation dramatique, il m'avait vue, entendue, et s'était senti sur-le-champ subjugué par cette singulière petite personne aux yeux comme tout emplis d'une intense vision nouvelle du théâtre anglais.

Ce que moi je ne savais pas encore de lui, c'est qu'il était une des très belles voix de baryton de l'Angleterre, avait chanté maintes fois à Covent Garden, et se trouvait engagé sur la voie royale du succès. Pas une des jeunes filles présentes qui ne m'aurait volontiers arraché les yeux à me voir aujourd'hui recherchée par lui qui en avait sans doute déjà recherché plus d'une parmi elles. Je devais apprendre assez vite que j'étais loin d'être la première au profit de laquelle il ourdissait de si belles phrases.

Sans plus perdre de temps, il sortit son calepin d'adresses et me demanda la mienne. En bon seigneur, il m'apprit qu'il me ferait signe un de ces jours pour m'amener à quelqu'une de ces soirées musicales qui se donnaient dans les plus grands salons de Londres. Cela compléterait ma formation artistique en plus de me fournir un champ d'observation unique.

Moi, hélas, plutôt que d'avouer que j'habitais Lily Road, je fis la capricieuse, l'incertaine, disant: «Je suis sur le point de déménager... Je ne sais vraiment pas où j'irai... où je serai demain...» Puis, embêtée de savoir comment me tirer de ce pas, je ramassai mes livres, lui tendis la main, le remerciai pour son thé et partis presque à la course.

Quand je racontai cette scène à Gladys, elle me traita d'innocente et de folle, disant que ce beau grand Gallois était très connu à Londres, que l'on entendait souvent sa superbe voix à la BBC, que d'ailleurs tous les Gallois étaient gens doués musicalement et des plus attirants. Ce serait donc bien fait pour moi si je ne le rattrapais jamais.

C'était compter sans la ténacité de notre Gallois. Il eut peu de peine à obtenir mon adresse et même mon numéro de téléphone du régisseur de l'Ecole. Deux ou trois jours plus tard, je descendis de l'autobus droit comme toujours dans l'échoppe et presque dans les bras de Gladys qui m'attendait en proie à la plus vive excitation. Mon Gallois avait téléphoné. Il avait laissé un message. Il était bien celui qu'elle pensait qu'il était: une célébrité! Elle avait noté le numéro. Il me fallait rappeler au plus tôt du bureau de Geoffrey.

Ce qu'elle appelait le bureau de Geoffrey était un ancien pupitre à cylindre logé dans un coin de l'échoppe   encombré d'écrous, de vis, de boulons, de bouts de tuyau et d'une masse ancienne qui maintenait en place la pile de factures non acquittées. Le mal étant fait de laisser savoir où j'habitais, je rappelai le beau Gallois.

— Pourquoi ne vouliez-vous pas me donner votre adresse? me demanda-t-il.

— Parce que je n'avais pas envie que l'on sache que j'habite Lily Road.

J'entendis un rire énorme, qui semblait ne jamais devoir cesser, franc, sonore, roulant à couvrir le grondement de la rue.

— Petite folle! me dit-il. Savez-vous d'où je viens? Du fond d'une mine de charbon. Mon père est encore travailleur sous terre. J'y ai moi-même travaillé jusqu'à l'âge de seize ans. Venez-vous avec moi ce soir à l'ambassade d'Autriche? Tenez-vous bien, l'ambassadeur, ce n'est pas une blague, s'appelle le baron de Frankenstein.

Je fis signe que oui sans songer qu'il ne pouvait me voir, mais il dut interpréter correctement mon silence, car il me signifia:

— Je passe vous prendre à huit heures tapant.

On avait trouvé un coin pour ma malle garde-robe sur un bout de palier à côté de ma porte de chambre. J'en sortis ma robe longue en taffetas rouge clair, à laquelle Gladys tint absolument à donner un coup de fer. Je mis les souliers assortis. Gladys me remonta les cheveux en un tas de bouclettes sur le haut de la tête, ce qui me fit ressembler à un Reynolds dont elle avait une reproduction dans son sitting-room. J'avais, pour compléter ma toilette de grand soir, des gants blancs et une sorte de petite cape en velours noir. Prête longtemps d'avance, je vins attendre mon Prince, assise, au milieu de l'échoppe, sur une chaise à laquelle Geoffrey s'était hâté de donner un coup de torchon. Revêtu comme toujours, au travail, d'une longue blouse grise qui lui donnait l'air d'un prisonnier, il s'était lui-même assis auprès de la porte grande ouverte, incapable de se mettre au travail dans une pareille atmosphère de surexcitation.

Comment s'était répandue la nouvelle, je ne le sais trop, mais tout le coin de rue était au courant que «that nice little French lady at Gladys' is going out to night with the ringing Welsh voice one hears over the wireless...» Mais la sortie, dans l'imagination de nos voisins, était devenue un bal, peut-être à

Buckingham Palace, savait-on! et prenait de minute en minute de si grandioses proportions qu'il n'y en avait pas un qui ne fût sur le pas de sa porte à guetter l'apparition du Prince. Ils devaient s'attendre à le voir arriver en carrosse. Tout au moins en quelque resplendissante voiture conduite par un chauffeur. J'étais devenue leur conte de fée, la Cendrillon si chère au coeur du peuple qui va avoir accès par elle aux splendeurs.

L'heure approchait. Les gens, sur leur seuil, consultaient la grosse horloge au-dessus de Smith's Watch Repair.

A huit heures précises s'annonça dans un bruit de tonnerre, comme toujours, l'autobus venant de Knightsbridge. Les vitres tremblèrent. Le géant s'arrêta pile, sa porte ouverte devant la porte accueillante de Geoffrey Price's Bicycle and Radio Repair Shop. Mon Gallois en descendit droit dans l'échoppe pour se retrouver parmi les bicyclettes pendues au plafond, en habit du soir, le plastron immaculé, le haut-de-forme un peu incliné sur le front, ayant à la main une canne à pommeau d'or et traînant, retenue au cou par une agrafe et rejetée nonchalamment en arrière des épaules, une immense et superbe cape de velours noir qui d'un coup ramassa toute la poussière du plancher.

Le conducteur, intrigué par le personnage qu'il avait vu du coin de l'oeil quitter l'autobus, abaissa la vitre, sortit la tête pour le suivre du regard jusque dans la boutique, s'attarda. Mon grand Gallois me tendit la main, me tira de ma petite chaise à fond de paille et m'entraîna vers le marchepied de l'autobus. Le conducteur donna du gaz, et nous voilà repartis par le même autobus qui nous avait amené le Prince.

L'ironmonger, la marchande de fleurs, le mareyeur, l'apothecary, le green grocer, yeux ronds, ébahis, nous regardaient partir comme les plus simples des mortels et n'en revenaient pas de leur déception, n'en sont peut-être jamais revenus.

Je me faisais, vers ce même temps, d'autres amis qui devaient m'être plus chers que le beau grand Gallois entré de si spectaculaire façon dans ma vie, pour en sortir sans doute aussi vite, car passé la soirée chez Frankenstein, j'ai beau fouiller ma mémoire, je ne trouve plus trace de lui.

Je m'attachai alors beaucoup à une gentille jeune fille à qui ses parents payaient le cours en art dramatique au Guildhall, n'ayant jamais eux-mêmes de toute leur vie mis le pied au théâtre. Elle m'avait invitée chez elle, dans le South End, par-delà la Tamise, dans un lointain quartier de la ville — où, curieusement, ne m'avaient pas encore conduite mes randonnées en autobus — pour prendre le dîner un dimanche, en compagnie de sa famille, et sans doute comme dans toutes les maisons de Londres, à cette même heure, nous avons mangé de la côte de boeuf et du yorkshire pudding.

Phyllis et moi sommes allées voir ensemble d'innombrables pièces de théâtre. Nous prenions des places bon marché dans ce que Phyllis appelait «the gods», correspondant au poulailler à Paris, c'est-à-dire parmi les plus haut perchées. Dans certains théâtres il nous arriva d'être tellement en surplomb sur la scène que nous ne voyions plus des acteurs que leur crâne, chauve souvent, évoluant loin en bas. Nous avions peu de chance de leur voir jamais le visage à moins, m'expliquait Phyllis, qu'ils ne se mettent à jouer subitement «for the gods», comme l'avait fait un soir le grand Irving, d'illustre mémoire, qui, se rappelant sans doute sa jeunesse pauvre, ne s'entretint plus, tête renversée, regard au plafond, qu'avec les miséreux penchés de là-haut vers lui.

Quant à moi, il me semble que ce ne fut jamais qu'au moment des applaudissements que je vis se lever vers nous des regards peut-être d'ailleurs un peu quémandeurs.

Les places à vil prix — à un schilling — ne pouvaient évidemment être retenues, et elles étaient en grande demande. Nous devions donc arriver une bonne heure à l'avance, et déjà bien souvent une file d'attente s'était formée aux abords du théâtre. Nous y prenions place, et en un rien de temps elle s'allongeait jusqu'à se perdre dans quelque petite rue adjacente. J'en ai vu s'enrouler, selon le caprice des gens ou la commodité des lieux, en une espèce de lasso qui faisait deux fois le tour du théâtre. Les deux rangs qui paraissaient, l'un s'en aller, l'autre revenir, en se retrouvant, parfois très proches l'un de l'autre, conversaient entre eux. Quelquefois survenait un loueur de pliants. On pouvait s'en procurer un pour six pence, s'y asseoir très confortablement en rang de deux le long des murs. Ou bien l'on épinglait sur le pliant son nom écrit sur un bout de papier et l'on pouvait sans risque de se faire voler sa place s'en aller tranquillement manger une bouchée dans un casse-croûte avoisinant ou simplement se promener.

Pour ma part, j'aimais rester à ma place avec les gens serrés ensemble comme pour former une famille amie au milieu du trottoir. Pleuvait-il, des parapluies s'ouvraient assez grand pour abriter un voisin dépourvu. Souvent, après en avoir demandé l'autorisation du regard ou alors qu'elle m'était déjà offerte, je me glissais sous un parapluie à côté de moi et presque inévitablement, j'engageais une conversation avec l'obligeant voisin. Des gens lisaient tranquillement sous leur parapluie qu'ils tenaient d'une main, tournant des pages de l'autre. Des femmes tricotaient de longues écharpes qui pendaient jusqu'à terre, et nous les avertissions: «Votre belle écharpe traîne dans la poussière.» Quand les soirées étaient douces et sans pluie, ce qui arriva assez souvent au cours de l'hiver, des artistes de rue survenaient. Ils exécutaient pour nous leurs pas de danse, chantaient avec de vieilles voix brisées, dessinaient à la craie quelques scènes sur le ciment, puis ils passaient le chapeau. Nous leur donnions un penny pour leur peine.

Phyllis apportait presque toujours à manger pour deux, des brioches et des petits pains beurrés qu'elle partageait scrupuleusement avec moi. Il m'est resté de certaines de ces heures d'attente à la porte des théâtres, surtout quand la nuit se faisait amicale, des souvenirs d'un enchantement qui éclipsait même le spectacle dont il était le prologue. Le peuple de Londres s'y révélait le plus gentil, le plus délicat, le plus copain qu'on puisse désirer. Je me dis encore parfois que la meilleure pièce du répertoire londonien était celle qui se jouait sur le trottoir, offrant le spectacle d'une humanité parvenue à tout partager, son sandwich avec qui paraissait affamé, un pan de son manteau, quand le vent fraîchissait, avec l'imprudent d'à côté qui frissonnait, une colonne de son journal avec qui n'avait pas de lecture — que de fois j'ai lu par-dessus l'épaule d'un voisin qui m'y avait autorisé d'un sourire amusé.

331

Ces soirées qui émeuvent encore mon souvenir, j'en ai passé plusieurs en compagnie de Phyllis, quelques-unes dans la seule compagnie d'amis inconnus, quelques-unes avec Bohdan.

Son concert, qui avait eu lieu, avait été salué comme un triomphe. On l'avait longuement applaudi au Royal Albert Hall. Lui, d'apparence calme et réservée, s'était ce soir-là déchaîné, sorte de Paganini donnant enfin libre cours à son âme passionnée. Je n'en revenais pas de l'être frémissant que j'avais aperçu, et je comprenais pourquoi nous ne pouvions nous aimer d'amour ardent, lui déjà tout entier possédé par la musique, et moi tendue vers quelque exigence passionnée aussi, même si je ne la discernais pas encore.

Depuis le concert, sollicité de partout, réclamé pour jouer à Londres et en tournée, anxieux de se montrer à la hauteur, travaillant plus que jamais, il s'amenuisait, son regard me paraissait fiévreux, s'arrêtant souvent sur une vision qui devait lui être insoutenable car il murmurait alors, comme toujours, misérieux, mi-ironique:

— The gods do not wait. They do not wait.

Un jour au bord de l'angoisse, j'étais, le lendemain, portée vers la gaieté. C'est par ce côté de ma nature que je m'étais tellement attaché Phyllis, que je devais m'attacher beaucoup d'êtres au cours des années. Phyllis, toute seule, n'aurait pas trouvé de quoi rire dans les multiples petites aventures cocasses que pouvait saisir le regard en une journée à Londres, mais m'entendant en rire elle regardait et se prenait elle aussi tout à coup à en voir le côté comique. Elle m'avait une gratitude infinie de le lui révéler presque chaque fois que nous sortions ensemble.

Assez souvent, le spectacle auquel nous désirions assister nous entraînait dans quelque quartier difficile d'accès pour y chercher, par des rues à peine éclairées, des petites salles de théâtre quasi introuvables. Ce fut le cas pour *Mourning Becomes Electra* qui se donnait dans le Westminster, logé, à ce que je crois me rappeler, au fond d'une courte rue peu fréquentée débouchant sur une impasse au bout de laquelle battait faiblement la Tamise. La pièce étant très longue, la représentation se faisait en deux tranches; la première, commençant à sept heures trente, était suivie d'un entracte d'une demi-heure permettant aux gens d'aller prendre une bouchée; puis la pièce reprenait vers les dix heures trente pour ne se terminer qu'aux environs de minuit.

Depuis l'entracte, le brouillard déjà menaçant s'était totalement refermé sur les abords déserts du petit théâtre. Quand nous en sortîmes — une mince foule d'une cinquantaine de personnes peut-être — il n'y avait pas à distinguer à deux pas de nous, et c'est tout juste si nous nous apercevions l'un l'autre dans l'épaisse soupe aux pois que transperçait à peine la lumière du réverbère planté sur la petite place devant le théâtre. D'instinct, les quelque cinquante personnes, nous nous tenions ensemble pour avancer pas à pas et coude à coude. Peu familière avec ce quartier, aucune ne connaissait apparemment la direction à prendre pour aboutir à l'underground le plus proche. Comment se fit-il que ce fut moi qui pris la tête du groupe, allant d'un pas sûr vers un bruit que je croyais entendre devant moi et qui n'était apparemment que l'écho des pas derrière moi, projeté par le brouillard? Mais comment se fit-il surtout que la troupe entière m'emboîta le pas, ces Londoniens habitués aux traîtrises du brouillard me suivant comme un seul homme? Bientôt, je crus entendre, pas tout à fait étouffé sous celui des pas de ma suite, un autre bruit — en avant? en arrière? impossible de conclure — qui avait quelque chose d'inquiétant. Soudain, avec tout ce monde derrière moi, je me trouvai devant une haute grille donnant sur une courte pente raide descendant droit à la Tamise. Nous étions parvenus à un de ces petits embarcadères où, à marée basse, accostent les vedettes qui sillonnent le fleuve. La barrière eût-elle été laissée ouverte par l'oubli du gardien que nous aurions bien pu tous nous enfiler en riant dans l'eau sombre, sans même avoir eu le temps de comprendre ce qui nous arrivait.

C'est alors seulement que, me retournant, je distinguai, à quelque faible lueur de l'eau, la petite foule trop confiante qui m'avait suivie jusque-là aveuglément, c'est le cas de le dire.

Le fou rire me prit, qui gagna Phyllis, qui gagna tout le monde quand Phyllis, de sa jolie voix entraînée, eut appris aux gens dans le noir qu'ils s'étaient laissé avoir par une jeune Canadienne mettant pour la première fois de sa vie les pieds dans ce quartier. Au lieu de m'en vouloir, ils cherchèrent à se rapprocher pour m'entourer, me reconnaître et me souhaiter mille bonnes choses à venir. Puis un vieux Londonien prit la tête. En faisant la chaîne, main dans la main, en une sorte de farandole de fantômes gais, nous le suivions hors du plus épais du brouillard vers les lumières de la station de l'underground.

Cher Londres et chère Isle! que je les aimai à cette époque de ma vie et en ce temps de la leur. Plus tard, lors d'autres voyages, je ne trouverais pas en entier le charme débonnaire, cette promptitude à rire de soi dont j'avais le souvenir, peut-être parce que je m'étais moi-même trop assagie, peut-être parce que ce peuple anglais, qui cache une telle émotivité, un tel besoin d'aimer avait lui-même, avec les dures épreuves de la guerre, perdu un peu de sa douce folie.

Le temps malgré tout avait passé vite, je persévérais dans la ligne que je m'étais tracée, même si j'annonçais souvent que j'allais tout envoyer promener. Un jour, j'étais réconciliée avec le monde, le lendemain, reparaissaient ma vieille détresse et le sentiment que je perdais ma vie, et le temps filait et l'hiver s'achevait quoiqu'il n'y parût pas. Depuis trois mois que j'étais à Londres, avais-je vraiment vu le ciel, la Tamise, les quais autrement qu'en aperçus brefs et fugitifs? Mais peut-être était-ce justement ce qui les rendait inoubliables.

Ce matin-là, en me rendant à l'Ecole, j'avais vu au-dessus de ma tête, à la faveur d'une éclaircie, les branches encore nues du vieux tilleul sous lequel je passais presque chaque jour. N'ayant eu pour me guider que le bruit un peu sec de ses branches, je jurerais que mon vieil ami tilleul était toujours nu ce matin-là dans le vent encore un peu frisquet.

Au milieu de la matinée, pendant que j'étais à mes cours, l'air s'était brusquement réchauffé. Le soleil s'était montré, il avait même brillé clairement pendant quelques heures.

Quand je sortis, prenant seule mon chemin vers l'underground, il faisait nuit. Ce devait être le 15, peut-être le 16 février. Je ne suis plus sûre de la date exacte. Par ailleurs, le temps ne m'a rien dérobé de la délicate surprise qui me saisit le cœur lorsque, tout à coup, en passant sous mon tilleul, j'entendis le doux bruit inusité qu'il émettait. Je ralentis le pas, levai le regard et crus rêver. Mon vieux tilleul était couvert de feuilles. Oh, bien petites encore, à peine entrouvertes, tout juste venues au monde, mais c'étaient bien elles qui, toutes frêles qu'elles étaient, frémissaient dans la nuit tiède, s'essayant à consoler le cœur. Un ravissement me gagna qui ne me semble pas avoir eu d'égal à la naissance d'aucun autre printemps de ma vie. Sans doute c'était sa soudaineté qui m'avait tellement impressionnée. A peine quelques heures auparavant, le vieil arbre au bord du trottoir était comme mort. Et voici qu'à la lueur d'un réverbère proche, je pus capter le luisant de ses jeunes feuilles qui se retournaient vers ce peu de lumière. La joie qui m'inonda était elle-même une naissance, mon propre retour à la vie, et c'est en la recueillant que je sus à quel point j'avais été, à bien des égards, comme morte.

Dans les années à venir, alors que j'en serais à écrire *La Montagne secrète*, cette joie du printemps à Londres me serait un jour rendue et c'est elle qui me guiderait pour traduire l'ineffable bonheur de Pierre Cadorai lorsque, au terme d'un hiver en forêt, il entendrait, un soir, se détachant de la branche longtemps engourdie, une première goutte d'eau libre tomber sur le sol encore gelé en un tintement qui n'en finirait plus de résonner dans la nuit silencieuse.

Pour l'instant, cependant, ma joie, sans âme à qui la dire, me fut pour ainsi dire lourde. J'ai souvent trouvé la peine impossible à porter seule, mais la joie peut-être davantage. Tout de même, me suis-je dit au bout d'un moment, il y a Gladys, et je courus à la maison. L'on y entrait, soit par la boutique où Geoffrey, dans un éternel sarrau gris fer, travaillait tard, soit par une petite porte de côté, au pied de l'escalier qui menait à l'étage du propriétaire, la cuisine donnant sur le palier. D'en bas, entendant Gladys remuer des casseroles, je lui criai :

— It is Spring! It is Spring!

Elle vint en haut de l'escalier, les mains couvertes de pâte, en tablier de ménagère.

— So it is! So it is! And we are having a fine steak and kidney pie for that thrown-in-supper!

Aussitôt redevenue sérieuse elle me dit d'approcher et en chuchotements m'apprit que c'était demain la fête de Geoffrey, qu'elle avait l'habitude de lui envoyer par la poste une carte de souhaits qu'il aimait recevoir le matin de son anniversaire en même temps que le journal, tout cela déposé en compagnie d'une jolie jonquille sur le plateau du breakfast. Elle me demanda, puisqu'il faisait beau, si je ne ressortirais pas pour déposer la carte déjà adressée dans la boîte aux lettres du coin.

Je lui répondis que je le ferais sûrement, si elle y tenait, mais pourquoi y tenir! Ne serait-il pas plus simple, le lendemain matin, de mettre la carte sur le plateau avec la jonquille? Pourquoi lui faire faire le tour du quartier par la poste?

— Parce que... parce que... dit-elle, fortement agacée, car Gladys, de bon caractère d'habitude, s'irritait parfois pour un rien, parce que, finit-elle par lâcher à contrecoeur, Geoffrey aime ça ainsi. Demandez-moi pas pourquoi! La moitié de sa joie lui est ravie si sa carte ne lui arrive pas portant l'estampille de Fulham Post Office.

— Je veux bien aller la poster, dis-je, mais j'avoue trouver étrange que des gens vivant dans la même maison et sur un pied d'amitié s'envoient des mots par la poste.

— L'enveloppe est timbrée, dit-elle pour couper court. Tout ce que je vous demande, c'est de la jeter en passant dans une boîte aux lettres. Il y en a une à deux coins de rue d'ici.

Même dans ce Fulham de ciment, de pierre et de fenêtres à barreaux, sans beaucoup d'autres arbres que ceux du cimetière, le doux printemps se frayait un chemin. Il se manifestait par des signes presque imperceptibles qui me maintenaient dans un état de bien-être incroyable, comme si la vie était neuve, ardente, pleine et toute gonflée d'espoir. De quelques arbres le long de mon chemin s'échappait ce tendre et caressant murmure que m'avait fait entendre le tilleul. J'étais si grisée par cette nuit de printemps que j'aurais pu marcher indéfiniment. Je dus passer deux ou trois boîtes aux lettres avant de m'aviser que je n'étais plus loin de la Poste de Fulham, et que, dans l'intérêt de la carte de Gladys, pour être bien sûre qu'elle serait livrée à la première heure le lendemain matin, mieux valait sans doute aller la déposer au bureau chef.

Ensuite, ne pouvant encore me résigner à rentrer par cette si douce nuit, je fis un long détour par le cimetière puis au long d'une rue qui contenait quelques jardinets déjà en fleurs. Je mis bien une grande heure à revenir à la maison.

Toujours dans les dispositions les plus heureuses, le coeur chantant, j'ouvris la petite porte de côté, criai à Gladys que j'entendais chantonner :

— 'Tis done!

Elle apparut en haut de l'escalier, l'air heureux. Toutes deux, abaissant ensemble le regard vers le bas de l'escalier, nous avons alors aperçu sous la fente de la porte, au milieu du paillasson, la carte de souhaits que je venais de poster. Je me penchai, l'examinai. Elle était pourtant dûment estampillée. Venait-elle d'être déposée par le facteur que j'avais tout juste croisé comme j'arrivais? Je ne comprenais rien.

— Je vous avais dit de la mettre à la poste, me gronda Gladys. Pourquoi l'avoir rapportée vous-même?

— Mais je viens de la mettre à la poste. Pour être sûre qu'elle arriverait à temps, j'ai même été la déposer à la grande Poste.

— Il ne fallait pas, gémit Gladys. Ils ont un service ultra-rapide à la grande Poste. Et vous avez dû arriver juste à temps pour qu'elle reparte à l'instant même. Quel contretemps!

Elle était inconsolable. La fête de Geoffrey était gâchée, son bonheur fichu par ma faute, ou plutôt par celle de la redoutable efficacité de la poste de Sa Majesté.

Parfois, quand je suis trois à quatre jours à attendre une lettre postée dans le quartier voisin du mien, à Québec, ou que l'unique livraison quotidienne de courrier est suspendue à cause d'une «journée d'étude», d'une grève perlée, ou parce que la route est glacée ou qu'il a neigé... je me prends à rêver de cette foudroyante poste de Fulham qui nous avait, Gladys et moi, à jamais confondues.

VIII

Est-ce ce printemps magique qui fit naître en ma vie l'amour? Il se peut. Car si la brusque éclosion de la vie par cette nuit de février m'avait enivrée au-delà des mots, elle m'avait aussi révélé à quel point j'étais seule à Londres. Quelques amis, oui, mais de passage et pour un instant seulement. Aucun, sauf peut-être Bohdan, sur qui je pouvais compter véritablement aux jours durs. Ainsi, la joie si vive de cette nuit de février s'était retournée contre moi et m'avait démontré la tristesse d'être à l'étranger, sans personne à aimer ou qui m'aimait. J'avais tout remis en cause une fois encore, ma présence à Londres, ce que j'y faisais, pourquoi, à quoi me mèneraient des études d'art dramatique. Tout ce que j'avais entrepris me parut de nouveau vain, futile à côté de ce que je devrais entreprendre. L'ennui s'en mêla, persistant, corrosif, m'empêchant de prendre intérêt à ce que je tentais pour y échapper. Quand on s'ennuie, il est vrai que tout nous ennuie. Je cessai à peu près d'aller au théâtre, de me promener en autobus, même de lire. En vérité, je pense que j'étais tombée dans cet état d'attente qu'il m'est arrivé maintes fois dans ma vie de subir et où je ne fais plus rien d'autre justement que d'attendre de l'inconnu qu'il vienne m'en délivrer.

C'est dans ces dispositions d'esprit que je partis ce jour-là à la rencontre, si l'on veut, de mon destin. Malgré tout, je n'avais pas cessé, une fois par semaine ou à peu près, de me rendre rue

Cadogan, dans South Kensington, chez Lady Frances Ryder, cette généreuse femme qui mettait son appartement de Londres, tous les jours, à l'heure du thé, à la disposition des étudiants, de couleur ou non, provenant de tous les coins de l'Empire. Bohdan m'y avait amenée et présentée à Lady Frances Ryder. Les formalités accomplies, je pouvais maintenant revenir autant que je le voudrais.

Un thé abondant nous était servi qui pour un grand nombre d'étudiants était de loin le meilleur repas de la semaine. Ils se gavaient de crumpets saturés de beurre, de tartelettes recouvertes de crème du Devon, de petits fours au fromage. Dans ces salons spacieux régnait une bonne chaleur entretenue par le chauffage central, luxe dont la plupart d'entre nous avions dû apprendre à nous passer. A peine débarrassés des gros chandails que nous portions presque tout l'hiver, nous évoluions plus à l'aise, l'esprit en même temps que le corps dégagé et prêt à d'amicales conversations.

Lady Frances elle-même présidait ces réunions ou déléguait des dames pour nous y accueillir. Elles avaient toujours pour les distribuer parmi nous des billets de théâtre, de ballet, de concert, obtenus gratuitement d'impresario ou de propriétaires de salles en faisant vibrer leur sentiment d'allégeance à l'Empire. Elles avaient aussi souvent, pour l'un ou l'autre, une invitation à dîner chez quelque grand médecin de Harley Street, un week-end chez un châtelain en Irlande, une semaine dans quelque château du Shropshire ou du Monmouthshire. Cet empire à la veille de s'écrouler était encore si fraternellement imprégné de son grand rêve d'unité qu'il suffisait d'être étudiants venus de l'Afrique du Sud, de la Nouvelle-Zélande, du Canada, de l'Australie, pour voir s'ouvrir toutes grandes, à notre intention, les portes des nobles demeures comme des simples cottages.

J'étais la seule Canadienne française à faire partie du groupe que l'on appelait, je crois, l'*Oversea British Empire Students*. En cette qualité, j'avais droit, je ne sais pourquoi, à des égards extraordinaires. Lady Frances avait maintes fois insisté pour me faire accepter des invitations très recherchées, dans le pays de Galles, dans les Midlands, ailleurs encore. Une timidité folle me saisissait à l'idée d'affronter la vie des seigneurs anglais, et je reculais toujours. J'allais pourtant finir par accepter l'invitation pour un séjour d'une semaine dans le Monmouthshire, près des merveilleuses ruines de la vieille abbaye cistercienne chantée par Wordsworth. C'est peut-être le désir de les voir qui eut raison de ma réticence et me décida à venir chez Lady Curre où je vécus chasse à courre, dîners d'apparat, rencontre de personnalités célèbres, une aventure auprès de laquelle mes rêves de nuit les plus fantastiques ne sont que de pâles figures.

Pour l'instant, je n'en étais qu'à des sentiments de camaraderie envers quelques-uns des garçons que je rencontrais chez Lady Frances. Il y avait, entre autres, un Australien géant, coeur d'or, prêt à tout donner tout le temps, mais à l'effroyable accent cockney et qui terminait toutes ses phrases par «You see?» alors que, ne comprenant rien à ce qu'il disait, on ne voyait justement rien. Un autre de mes prétendants de ce monde, si l'on veut, était Néo-Zélandais, tout le contraire de l'Australien, un grand jeune homme réservé, poli, parlant un anglais impeccable et qui s'appliquait tellement à faire britannique avec son chapeau melon, son trench coat, son parapluie roulé fin-fin-fin, que tous nous trouvions qu'il en remettait. Il occupait un poste important à l'Amirauté. Sa mère étant venue de Nouvelle-Zélande pour lui rendre visite, il m'invita à les accompagner tous deux dans un voyage d'une dizaine de jours qui me fit connaître le sud de l'Angleterre, le splendide Devon au sol rouge, les Cornouailles avec leurs vieux châteaux de schiste et leurs délicieux petits ports de pêche, le Dorset, les landes, la New-Forest, le Gloucestershire, et enfin partout de si merveilleux petits villages qu'il me semble parfois ne les avoir vus que rêvés tellement ils émergaient parfaits des silences de la verdure, avec leur vieux pont à arche, leurs toits fleuris de roses et une douceur de vivre qui n'avait sans doute d'égal nulle part au monde. David m'invitait aussi quelquefois à dîner dans des restaurants huppés où je me sentais mal à l'aise. De plus il paraissait tout le temps occupé à m'examiner, à m'évaluer, à se demander peut-être à mon sujet si je ferais l'affaire, et quand sa mère vint, elle plus encore que lui parut me peser en toutes choses. J'en suis venue avec le temps à me demander si, à sa manière bizarre et froide, David ne me courtisait pas pour le bon motif comme on dit et s'il ne m'aurait pas un beau jour solennellement proposé le mariage, sa mère m'aurait-elle déclarée «suitable». Mais apparemment ce ne fut pas le cas, elle repartit pour la

Nouvelle-Zélande, David espaça ses invitations, m'envoya des roses, garda le silence, et tout est bien qui finit bien. Toutefois je devais le revoir encore assez souvent, plus tard.

C'était Lady Wells, agissant souvent comme hôtesse à la place de Lady Frances, qui m'avait présenté David, mais qui, un mois plus tard, nous ayant vus à deux reprises partir ensemble, m'avait mise en garde: «Ne vous attachez pas trop à ce garçon. Il est bien distingué, mais, sous son vernis, pas tellement intéressant. Attendez, j'aurai sûrement un jour quelqu'un de mieux que lui à vous faire connaître.»

Or comme j'entrais ce jour-là dans le grand salon bourdonnant, voici que Lady Wells vint à ma rencontre, les mains tendues:

— Dear, j'ai à vous présenter quelqu'un de tout à fait spécial. Venez.

Elle continuait à parler mais je ne l'entendais plus. Mon regard s'était porté vers une petite table au milieu du salon. Parmi une centaine de visages, je n'en voyais déjà plus qu'un, ou plutôt, que le feu sombre d'un regard qui m'appelait irrésistiblement. Et peut-être que mon propre regard, sans que je le sache, appelait aussi ce jeune homme inconnu, car ses yeux, dès que nos regards se furent rencontrés, ne se détachèrent pas des miens.

Je traversai le salon, la main dans celle de Lady Wells, et je n'étais que prière insensée: Pourvu que ce soit lui qu'elle entende me présenter!

A la petite table où il prenait le thé en compagnie de quelques autres jeunes gens, il se leva à notre approche.

Lady Wells dit simplement:

— Stephen, voici Gabrielle dont je vous ai parlé... et sans doute autre chose que je ne recueillis pas.

Il serra la main que je lui tendais et le feu de ses yeux sombres s'aviva. Nous avons pris place à cinq, autour de la table, Stephen ayant tiré une autre chaise pour moi. Les autres se remirent à causer entre eux. Nous deux ne disions rien. Nous continuions à nous appeler du regard comme si nous n'en revenions pas de la surprise infinie de nous être retrouvés l'un l'autre, après un si long chemin à travers le monde et à travers la vie.

Je ne me souviens de rien de l'heure qui suivit, sinon que bientôt, à peu près tous autour de nous nous regardaient avec étonnement nous regarder sans fin et toujours avec ce même appel des yeux.

Nous sommes partis ensemble en accord silencieux sans nous être consultés autrement, il me semble, que d'un coup d'oeil.

Au dehors, nous avons promené sur tout le même regard étonné, comme si nous nous attendions à trouver autour de nous, qui étions changés, un monde qui serait aussi devenu autre.

Stephen entrelaça ses doigts aux miens, et j'eus la curieuse sensation que nos mains aux doigts emmêlés n'en faisaient qu'une. Nous avons marché, sans savoir où nous allions, en balançant au rythme de la marche nos mains liées.

Il ne me posait aucune de ces questions que l'on pose d'ordinaire aux gens qui nous intéressent et dont on vient tout juste de faire la connaissance: d'où je venais, ce que je faisais à Londres, qui j'étais, rien de tout cela. Et moi non plus je ne l'interrogeais pas sur sa vie. En fait, je fus longue à apprendre, par bribes, qu'il poursuivait des études en science politique à l'Université de Londres, que, né au Canada, d'origine ukrainienne, il était toujours citoyen canadien, quoique séjournant depuis des années à New York, après des études à Columbia. Une grande part de sa vie allait longtemps me demeurer totalement cachée, avant que je ne songe à m'en étonner, et alors il serait bien tard pour revenir en arrière et reprendre autrement le début de nos relations.

Pour l'instant, nos doigts entrelacés, nous n'étions qu'à l'enivrement d'être l'un à côté de l'autre. Rien ne nous importait que de nous être retrouvés. Je pense que nous en tremblions — de peur, d'angoisse, de joie? le saurai-je jamais. Je sentais au bout de mes doigts qui tremblaient les siens trembler aussi.

Comme nous avions, dans notre promenade inconsciente, couvert beaucoup de chemin déjà, il finit par me demander:

— Où habitez-vous, chère? Il faudra pourtant que je me résigne à vous ramener chez vous, quoique cela soit la dernière chose au monde que je désire.

— Dans Fulham. Lily Road.

— Tiens! fit-il. J'habite non loin et j'ai un ami très cher qui habite aussi ce quartier, Bohdan Hubicki.

Ainsi c'était lui que Bohdan avait tant désiré me faire connaître! Pourtant, il y avait quelques jours, les yeux assombris, il m'avait confié au sujet de Stephen: «C'est un curieux garçon, d'une fascination qui m'inquiète un peu, car s'il fascine, on dirait que c'est pour faire oublier qu'il cache à peu près tout de sa vie. En vérité, je ne sais que penser de lui. Il est peut-être malgré tout un être d'une qualité rare et cependant!... Cependant!...

En me souvenant des propos de Bohdan si clairvoyant, je me sentis atteinte d'un malaise singulier. Je retirai mes doigts d'entre ceux de Stephen. Je crois avoir tenté de me montrer un peu distante, mais ce fut comme si je luttais contre vents et marées. Il entrelaça de nouveau ses doigts aux miens. Et ce simple entrelacement de nos doigts fit naître en moi des ondes qui tour à tour me brisaient et me ravissaient.

Il me proposa, bas à l'oreille:

— M'accompagnerez-vous demain entendre Boris Godounov?

Il fredonna d'une voix belle et juste quelques mesures du grand Air du Destin chanté par le moine Pimêne.

J'allais accepter tout de suite. Je ne voulais que cela, mais je parvins à me ressaisir. De quoi aurais-je l'air, que penserait-il de moi, si je sautais sur sa première invitation?

— Demain... je ne sais pas...

— Alors après-demain?...

— Après-demain, peut-être...oui...

Et déjà je regrettais amèrement d'avoir repoussé l'invitation à si loin, prête à me reprendre, Stephen aurait-il le moindrement insisté, mais il demeura silencieux, comme attristé lui aussi à la perspective que nous attendrions plus d'une journée pour nous revoir.

Après bien des détours, nous avons finalement atteint une station de l'underground.

Le train se mit en marche. Je voyais défiler le nom des stations en gros caractères sur les murs souterrains, peu à peu s'éclairant au fur et à mesure que nous approchions de l'arrêt. Et presque à chacune, comme quelqu'un en transe, je fixais l'annonce publicitaire de la Guinness représentant deux énormes verres de bière posés côte à côte. Dans leur mousse à chacun était dessiné un visage, l'un à mine grave, l'autre à mine réjouie. La légende au bas de l'un disait: «Sometimes I sits and thinks...» Au bas de l'autre: «Sometimes I only sits...» Je voyais des gens à l'air sérieux, long parapluie effilé à la main, serviette sous le bras, sortir, entrer. Je me demandais qui étaient les vrais vivants, de ces gens à l'allure pressée et importante, ou de Stephen et moi, dans notre flottante île d'où c'était la vie des autres qui apparaissait abominablement fixée dans la grisaille.

Devant la petite porte de côté qui donnait sur l'escalier montant à l'appartement de Gladys, puis, au-delà, à ma chambre, Stephen entra dans une sorte de contemplation.

— C'est donc ici que vous vivez. Au fond, cela ne m'étonne aucunement. Je ne pourrais vous imaginer ailleurs.

Il regarda les murs sans couleur, la rue sans beauté, avec une sorte d'amour qui les rendit chers à mes yeux.

Il ne chercha pas à m'embrasser ni même à porter à ses lèvres mes doigts qu'il gardait toujours entre les siens. Je ne savais pas alors, je ne sais pas encore aujourd'hui, s'il s'en est abstenu par un raffinement de l'expérience qui connaît que c'est à ses préludes que l'amour est inoubliable, ou parce qu'il se sentait déjà comblé et transporté. Je pense que ce fut plutôt ce qui se passait, car, soudain, il posa sa tête sur mon épaule, en silence, dans un geste d'abandon qui semblait me demander refuge. Et moi qui toute ma vie avais tant cherché refuge, je fus si bouleversée qu'un être en fût à chercher le sien en moi que j'aurais pu en pleurer comme à la découverte que la terre entière aspire à se reposer sur une tendre épaule. J'avais grande envie de caresser la tête aux cheveux d'un brun à reflet doré abandonnée tout près de mon visage, et je ne l'osais pas. J'osais à peine respirer. Enfin Stephen se releva, me jeta en toute hâte: «Adieu! A demain!...» et il avait tourné le coin de la rue.

Le lendemain, rentrant précipitamment d'une course que je n'avais pu différer, je m'informai, dès le bas de l'escalier:

— Est-ce qu'on a téléphoné pour moi?

L'espoir m'était venu, Stephen à peine parti, qu'il allait appeler pour me demander si je n'étais pas devenue libre pour ce soir même. Et dans l'histoire que je m'inventais je répondais que oui, et lui accourait, et nous partions aussitôt, les doigts entrelacés comme la veille, les oreilles encore bourdonnantes des moindres paroles prononcées entre nous.

Mais il n'appela ni ce jour ni le lendemain. Alors je me mis à avoir peur. J'eus peur que Stephen ne fût qu'une invention de mon esprit, qu'il n'existât pas dans la réalité. Je l'aurais rêvé, c'est tout, et jamais le rêve ne me le rendrait. Ou bien je me mis à avoir peur qu'il se jouât de moi et n'eût même pas l'intention de me revoir.

A huit heures, j'entendis d'en haut la sonnerie de la porte de côté. J'étais toute prête depuis des heures au cas, me disais-je, où il reparaîtrait dans ma vie. Je fus en bas en cinq secondes. J'ouvris. Il se tenait là, exactement comme il avait été l'avant-veille, au moment de me quitter, sauf que ses yeux sombres en me voyant apparaître s'emplirent d'une brillante lumière caressante :

— Ainsi, vous n'êtes pas un rêve, Dieu merci! J'en ai eu une peur horrible, si vous saviez comme j'ai eu peur que vous ne soyez qu'une création de mon imagination.

Il entrelaça ses doigts aux miens. Nous sommes partis à la course. Nous avons vu défiler, aux stations de l'undergroud, les annonces de la Guinness... «Sometimes I sits and thinks... Sometimes I only sits..» Et comment se fait-il que je les revoie encore si clairement, alors que tant d'autres détails de mes sorties avec Stephen se sont effacés à jamais? C'est peut-être parce que Stephen, les trouvant drôles, me les avait lues à haute voix pour que nous nous en amusions ensemble.

Au long de l'opéra, il garda entre ses doigts les miens qu'il ne cessait de porter à ses lèvres, déposant sur le bout de chacun un léger baiser. Je ne savais guère où j'étais. Je pense que ce dut être à Sadler's Wells, mais en suis-je absolument certaine? En unisson avec Warlam, Stephen se prit à fredonner à mon oreille quelques mesures du chant de Kazan — les cordes, les cuivres, les bois, le chanteur se déchaînaient — et je ne distinguais pas, de la voix sur la scène, celle de Stephen, et ce n'est plus qu'elle que j'entends parfois dans mon souvenir. L'opéra était donné en russe, et c'est dans cette langue qu'il fredonnait les paroles.

— Vous connaissez donc le russe aussi? lui ai-je demandé.

— Un peu de plusieurs langues de l'Europe orientale, me répondit-il brièvement, comme s'il ne voulait pas être entraîné plus loin dans le sujet.

Au retour, il me pria, au bas de l'escalier :

— Ne restons plus jamais deux jours sans nous revoir. Deux jours! Cela peut être une éternité. Promettez-moi que nous nous verrons tous les jours.

Je ne demandais moi-même que cela. J'apercevais à peine déjà vers quel degré de soumission et de dépendance me conduisait mon sentiment pour ce jeune homme que je connaissais si peu. J'en eus pourtant l'intuition ce soir-là et tentai de me reprendre, de remettre au moins à un peu plus tard notre prochain rendez-vous. Mais Stephen venait de me proposer une sortie qui déjà m'enchantait. Il s'agissait de nous rendre à ce vieux pub des docks, tout à l'autre bout de Londres, en plein quartier populaire, le *Prospect of Whitby* que les dandies et les excentriques de Park Lane avaient mis à la mode depuis qu'ils y allaient boire de la bière en fût, accoudés au bar, avec des ouvriers en casquettes et de pittoresques clochards. Le spectacle, me disait Stephen, en valait vraiment la peine, rien ne peignant sans doute mieux une certaine couche de la société anglaise que ses efforts de s'encanailler pour paraître sympathique au peuple et à sa misère.

L'underground m'était presque toujours un tapis magique, mais ne le fut jamais autant que ce soir-là où nous avons débouché en plein port de Londres, presque à l'estuaire de la Tamise, et avons atteint, par de sombres rues aux silhouettes inquiétantes, le vieux petit pub sur pilotis surplombant les eaux grises du fleuve que l'on entendait battre contre sa base. Le pub était rempli d'âcre fumée de pipe, de relents de bière, de rires hystériques et de jurons cockneys. Si je me tournais d'un côté, j'aurais pu me croire dans un tableau de Hogarth avec ses trognes populaires; de l'autre on aurait dit une scène où, à l'inverse de Pygmalion, c'était la haute société, casquette sur l'oreille, mégot aux lèvres, qui jouait à prendre l'allure des bas-fonds. Cette soirée avec Stephen, je m'en souviens parfaitement. Folle comme certains de nos rêves, elle s'accordait sans doute très bien avec l'état d'envoûtement dans lequel j'étais alors presque toujours plongée.

Par ailleurs, j'ai retenu très peu d'une visite que nous avons faite à la National Gallery. C'est d'une autre visite, au cours de mon deuxième séjour en Angleterre, alors que j'y étais venue seule, que je garde des souvenirs durables, particulièrement, pourquoi donc? du portrait d'*Arnolfini et sa femme* que je ne cesse de revoir presque à chaque jour de ma vie.

Pour l'instant, auprès de Stephen, je voyais mal les chefs-d'oeuvre. Nous étions toujours la main dans la main, un courant électrique ne cessait de passer entre nous, Stephen me chuchotait des tendresses à l'oreille, et finalement je n'entendais, je ne saisissais dans mes oreilles que le tumulte de l'émotion.

Maintenant, à la porte de côté, dans la rue paisible, nous nous attardions. Nos lèvres s'unissaient. Nous avions de plus en plus de peine à nous arracher l'un à l'autre. Parfois c'était lui qui me retenait, souvent moi qui ne pouvais souffrir de le voir partir.

Avons-nous été heureux alors? Je ne pense pas. Notre amour était trop fiévreux, agité et possessif pour nous laisser en repos, et quand il n'a pas d'îles où se poser pour des instants de calme, l'amour en vient vite à l'épuisement. Mon sentiment pour Stephen annihilait en moi presque tout pouvoir de réflexion. Il me donnait l'impression de vivre intensément, mais, en fait, il me soustrayait à presque tout de ce qui n'était pas sous sa domination. Je n'entrevoyais plus le monde qui nous entourait qu'en brèves éclaircies. De plus en plus il m'apparaissait lointain, étrange, insaisissable, alors que c'était nous, enclos dans notre passion, qui étions soustraits au reste du monde et comme seuls à jamais. Plus tard, quand je fus à même d'analyser quelque peu ce qui nous était arrivé, j'ai pensé que nous avions été, Stephen et moi, comme ces papillons, ces phalènes, ces mille créatures de l'air que des ruses de la nature, une odeur, des ondes, mènent à leur rencontre sans qu'elles y soient pour rien. Et je me demande si la foudroyante attirance que nous avons subie, de tous les malentendus, de tous les pièges de la vie, n'est pas l'un des plus cruels. A cause de lui, après que j'en fus sortie, j'ai gardé pour longtemps, peut-être pour toujours, de l'effroi envers ce que l'on appelle l'amour.

Près de la petite porte de côté, nous n'arrivions plus à désunir nos mains, nos lèvres. La tempête déchaînée en nous nous faisait nous retenir l'un à l'autre comme deux êtres emportés par une véritable tourmente.

Un soir, sans doute mal enclenchée, la porte à laquelle je m'appuyais céda dans mon dos. Elle s'ouvrit d'elle-même. Stephen m'interrogea du regard. Nous avons commencé à monter les marches sans nous détacher l'un de l'autre. Au premier palier, nous sommes restés longtemps immobiles, tête contre tête, abîmés dans un silencieux égarement au-delà, j'imagine, de toute pensée. Nous avons gravi les dernières marches en nous soutenant mutuellement comme si l'un sans l'autre nous n'eussions pu encore nous tenir debout.

A la vue de ma petite chambre, Stephen s'attendrit.

— Une petite chambre toute pleine des rêves de la jeunesse, me dit-il pensivement.

C'était vrai non seulement de cette chambre mais de toutes celles, je pense bien, que j'avais occupées seule depuis quelques années et qu'avait dû imprégner le grand rêve qui hante le coeur humain: Que sera l'amour? Me sera-t-il bon? Me sera-t-il néfaste?

C'est alors seulement que Stephen comprit qu'il allait être mon premier compagnon d'amour. Il en devint songeur, peut-être quelque peu effrayé. Me tenant doucement serrée contre sa poitrine, il me disait bas à l'oreille qu'il ne faudrait pas lui en vouloir s'il me décevait quelque peu, que l'amour rarement apportait autant qu'il donnait à espérer.

Puis, m'éloignant un peu de lui, il me considéra avec une grave expression d'étonnement et de tendresse.

— Comment se fait-il, cher coeur, que tu m'as attendu? Sûrement tu as été aimée bien des fois déjà et tu as dû aimer. Qu'est-ce qui t'a fait m'attendre, moi?

Nous nous sommes assis au bout de mon divan-lit, nos doigts entrelacés, et nous avons regardé, chacun devant soi, dans sa vie, mais sans rien voir de ce que l'autre, à côté, apercevait. Je fus effleurée par le sentiment que deux êtres ne pouvaient pas être plus étrangers l'un à l'autre que Stephen et moi réunis par quelque prodigieux hasard dans cette petite chambre presque de passage. Je croyais voir que m'avaient gardée de l'amour la peur qu'il m'inspirait, la certitude qu'il n'était presque jamais heureux, mais aussi que malgré tout il s'en trouverait peut-être un pour combler un jour ce désir aigu du parfait inconnu.

J'appuyai ma tête sur l'épaule de Stephen et lui confiai que j'étais sans doute vieux jeu, car à mes yeux l'amour n'était ni léger, ni passager, mais grave toujours. Que je l'avais toujours considéré en quelque sorte comme irrévocable. Qu'au fond l'on ne revenait pas de l'amour. Pas plus que l'on ne revenait de la mort. Et c'est pourquoi sans doute il m'avait fait si peur tout en m'attirant invinciblement.

Stephen, d'un doigt sous mon menton, me fit relever le visage qu'il sonda longuement. Son regard était inquiet.

— Tu crois vraiment, me demanda-t-il, que l'amour est à ce point grave que l'on n'en revient jamais tout à fait?

— Il me semble qu'il ne peut être qu'inoubliable.

— Puisqu'il en est ainsi, me dit Stephen avec douceur, il vaudrait peut-être mieux nous en tenir pendant quelque temps encore à des relations d'amitié, attendant de voir plus clair en nous, évitant surtout, ne penses-tu pas, de nous trouver seuls dans ta petite chambre si accueillante au pèlerin fatigué que je suis, que tu es, qu'est chacun de nous sur terre...

Mais, en même temps, il me retenait tout près de lui dont j'entendais le cœur battre à grands coups. La flamme dansante et folle de nos yeux nous renvoyait l'un à l'autre notre image frêle et délicate. Nous sommes partis vers une sorte de naufrage... peut-être bienheureux... du moins nous étions deux à sombrer ensemble.

Nous avons connu nos jours peut-être les plus heureux dans les quelques semaines qui suivirent, sans savoir qu'elles étaient les dernières de ce temps de confiance qui nous serait accordé. Stephen avait loué deux bicyclettes et entendait me faire traverser à vélo à côté de lui de grands pans de Londres. A bicyclette, je ne m'étais jamais risquée jusqu'alors que sur des pistes sauvages ou dans de petites rues paisibles de ma ville natale. L'idée d'affronter la lourde circulation de Londres m'épouvantait. Jamais, disais-je, je ne le pourrais. Mais Stephen, patiemment, me rassurait. Il prendrait les devants. Partout où il y aurait obstacle, il passerait le premier. Il me frayerait un chemin. Je garderais les yeux fixés sur son dos, m'interdisant de regarder ailleurs, et le suivrais sans penser à autre chose.

Nous sommes partis par une tiède journée de mai. Tout alla bien au début, Stephen ayant tracé un itinéraire qui de petite rue en petite rue nous éviterait la plupart des grandes artères. Mais il fallut bien en franchir quelques-unes. Avant de nous élancer, Stephen m'encourageait du geste et de la voix. Je côtoyais en tremblant les hauts autobus qui m'avaient tellement ravie au temps où je parcourais la ville montée sur l'impériale. A les frôler de près, sur mes frêles roues, je les découvrais quatre fois plus énormes que je n'avais pensé. Une fois, nous fûmes séparés, Stephen et moi, par l'un de ces monstres qui s'était glissé entre nous. Je fus si effrayée que je pensai tout abandonner et en rester là. Mais c'était impossible. En avant de moi, un monstre me barrait la route. En arrière, en venait un autre qui avait l'air de vouloir me passer sur le corps. Il fallait avancer avec le flot impitoyable.

Un peu à droite, au devant de l'autobus qui nous séparait, presque en pleine rue surgit alors Stephen qui, de la main, me fit signe que j'avais le champ libre. Je ramassai mon courage, m'élançai, n'ayant d'yeux que pour son geste qui me guidait. Je doublai le géant qui allait pourtant vite. Je rejoignis Stephen, me plaçai tout juste derrière lui qui me mena aussitôt dans une rue calme pour y reprendre mon souffle. J'eus le sentiment, je l'ai encore, d'avoir réussi ce jour-là un exploit. Et j'en garde de la gratitude à Stephen qui avait le don rare, en accordant confiance aux êtres, de leur en faire trouver en eux-mêmes.

Je tremblais encore un peu tout de même de la frayeur que j'avais éprouvée, mais Stephen me dit que j'avais aujourd'hui vaincu la peur et que jamais plus je ne la ressentirais comme avant.

D'étape en étape, arrêtés assez souvent pour me donner le temps de me reposer, nous avons gagné, en moins de deux heures, Richmond Park. C'était un jour de semaine, il y avait peu de monde, nous eûmes le magnifique parc presque à nous seuls avec ses bêtes en liberté, faons, chevreuils et biches.

Nous leur avons donné du pain que plusieurs vinrent manger dans la main de Stephen. Je le regardai leur distribuer des morceaux et tout à coup il me parut d'un naturel doux et bon. Je dus en être étonnée, car je lui en fis la remarque: «Tu as l'air tendre, au fond, dis-je, comme si jusqu'ici j'avais pu en douter.

351

L'es-tu donc?»

Il sembla un peu ennuyé par ma question.

— Pas trop, fit-il. Il faut se garder en ce monde de la tendresse. Elle nous expose trop.

Par habitude cette fois, plutôt que spontanément, me parut-il, il enlaça alors ses doigts aux miens pour m'entraîner à marcher à côté de lui.

— Vois-tu... commença-t-il, et soudain il s'interrompit comme s'il percevait que justement il allait s'exposer. Changeant de sujet, il me proposa:

— Allons nous asseoir là-haut sur le talus.

Poussant nos bicyclettes devant nous, nous avons monté la pente herbeuse. Tout en haut se détachait un immense arbre aux branches largement déployées qui formait un parasol contre l'ardeur du soleil. Nous avons appuyé nos bicyclettes au tronc puissant. Nous nous sommes allongés sur l'épais gazon, à moitié dans le soleil, à moitié dans l'ombre du très vieil arbre. Nous nous étions disposés de manière à former sur le sol une sorte de croix, la tête de Stephen reposant sur mes genoux.

Il regardait fixement le ciel d'une pureté parfaite au-dessus de cette immense île de verdure qu'était Richmond Park dans le Londres d'alors.

Ainsi a passé un quart d'heure, davantage peut-être. Nous n'avions nul besoin, pour l'instant, d'échanger des regards, des caresses. En croix sur l'herbe, nous nous contentions de contempler le ciel serein, et il nous en venait assez de bonheur pour ne rien désirer d'autre.

Les yeux toujours fixés sur le ciel clair, Stephen murmura, comme si l'aveu lui en était arraché par une sorte de bonté infinie partout répandue autour de nous ou par sa propre conscience bouleversée:

— Je pense que je t'aime.

Des années, des milliers d'années, me semble-t-il parfois, ont passé depuis cette heure paisible sous le grand arbre de Richmond Park. De notre liaison si pleine de l'affolement des sens et de leur tyrannique pouvoir sur nos vies, il ne me reste rien de plus troublant que le souvenir de Stephen me fredonnant à l'oreille un air de Boris Godounov et, peut-être encore plus émouvant, celui de l'aveu prononcé à la face du ciel.

IX

Il m'avait quittée ce soir-là au bas de l'escalier, fatiguée à ne
plus tenir debout, lui-même l'air très las, et ayant encore à ramener les deux bicyclettes. Il s'était éloigné sans m'avoir lancé
comme à l'accoutumée: «A demain», et il ne s'était pas non plus
retourné pour m'adresser un dernier petit salut de la main. A la
lumière crue du réverbère proche de l'entrée, son visage m'avait
un instant paru préoccupé, ou est-ce après coup, à cause de ce qui
suivit, que je m'imaginai l'avoir vu ainsi?

Le lendemain, je n'eus de lui aucune nouvelle. Il ne se
passait pourtant pas de jour sans que d'en bas Geoffrey ne me
criât: «Your friend on the phone...» Et je descendais les marches
quatre à quatre pour prendre, toute pantelante, l'écouteur dans
lequel j'entendais d'abord battre mon propre sang, ses cogne-
ments sourds dans mon oreille, après quoi, au son de la voix de
Stephen, mon coeur se calmait quelque peu et battait sur un
rythme moins affolé. C'était comme si chaque fois je redoutais
que le miracle ne se reproduisît pas — la preuve que Stephen était
de ce monde — et, le miracle produit, je pouvais me remettre à
vivre peu à peu.

Le surlendemain, toujours rien! Le jour suivant, ayant eu à
faire une course, je m'imaginai que Stephen avait choisi cette
heure même pour m'appeler, et je rentrai en toute hâte demander
s'il n'y avait pas eu d'appel pour moi.

Geoffrey aux yeux compatissants me regarda avec une peine si évidente pour moi que je me sentis humiliée. Je n'allai plus jamais m'informer dans la boutique si on m'avait demandée au téléphone. Je restai dans ma chambre à attendre, et les heures défilèrent comme elles doivent défiler pour ceux qui sont au cachot. De ce temps-là — mais je pense que je le connaissais déjà — date ce bouillonnement de colère que j'éprouve lorsqu'on me fait attendre et qui provient, j'imagine, de ce que je suis alors réduite à ne rien faire d'autre, y perdant mon temps, y perdant ma vie.

C'est à peine si je lisais. J'avais l'oreille tendue à capter la sonnerie du téléphone, et que de fois je crus l'entendre à travers des bruits de la rue, et j'accourais sur le seuil de ma chambre pour guetter, le souffle suspendu, la voix de Geoffrey qui allait lancer comme naguère: «Your friend...» et je serais en bas avant qu'il n'eût fini sa phrase, et de nouveau le ciel s'ouvrirait pour moi.

A la fin, je me décidai à appeler un numéro que m'avait donné Stephen avec une certaine hésitation, m'avait-il semblé, un jour que je lui représentais que je ne saurais l'atteindre, pour l'en aviser, s'il survenait quelque changement à notre programme de sorties. C'était le numéro des gens chez qui il logeait et où je n'avais jamais mis les pieds. Une voix de femme me répondit. Stephen, me dit-elle, était en voyage — Pour combien de temps? — Elle n'en avait aucune idée. — Où était-il allé? — Elle ne le savait pas. — Qu'est-ce qui l'avait contraint à partir précipitamment? — Avec une nuance cette fois d'irritation, elle répondit qu'elle ne se reconnaissait pas le droit de répondre à cette question.

Je remontai dans ma chambre, tout à fait désemparée. Un gouffre s'ouvrait devant moi. Pire encore que la découverte du mystère qui entourait la vie de Stephen me fut la découverte de mon propre sentiment à son égard. Au milieu de ce qui m'avait tenue captive depuis plus de deux mois et m'avait paru ne pouvoir être que de l'amour, poussait quelque chose d'affreux et de corrosif qui ressemblait à du ressentiment. La méfiance avait commencé en moi sa guerre contre l'amour, dont je ne devais jamais tout à fait me remettre. Ce que j'éprouvais en fait était mille fois pire que la longue peur que j'avais eue d'aimer; c'était l'hostilité de qui s'est fait prendre au piège en toute bonne foi.

Pourtant, je m'aperçus alors que j'étais bien à blâmer puisque, même maintenant, je ne savais toujours à peu près rien de la vie de Stephen, hormis qu'il fréquentait — pas très assidûment — l'Université de Londres, qu'il parlait couramment sept ou huit langues, qu'il connaissait bien la musique. A creuser mes souvenirs, je me rappelai aussi de nombreuses allusions faites à des villes qu'apparemment il connaissait: Paris, Prague, Munich, Vienne, Budapest, Zagreb, bien qu'il ne m'eût jamais spécifiquement dit y avoir séjourné.

Je me résignai à téléphoner de nouveau à la dame chez qui habitait Stephen et dont je ne savais si elle était une amie, une connaissance ou simplement une logeuse. Cette fois, un homme me répondit. — Non, Stephen n'avait laissé aucun message. Mais il rentrerait sûrement avant longtemps et me fournirait alors une explication de son départ qui m'enlèverait toute raison de me tracasser.

Cet homme avait un peu le léger accent slave de Stephen. Je lui demandai s'il n'était pas aussi Ukrainien. Il me dit que lui et sa femme, chez qui logeait Stephen, étaient en effet d'origine ukrainienne, quoique établis en Angleterre depuis la révolution russe. Puis il m'encouragea à me garder l'esprit tranquille. Stephen allait revenir d'un jour à l'autre et il m'appellerait, tout aussitôt rentré.

Je fus assez naïve pour me laisser quelque peu rassurer par ces propos. Je me décidai même à sortir prendre l'air. Je m'aperçus avec stupeur que l'été était venu, que mille bons contacts avec la vie et avec la nature m'avaient échappé pendant que je vivais claustrée dans l'attente d'un mot de Stephen. Alors j'éprouvai pour lui quelque chose que je n'avais encore jamais éprouvé à l'égard de personne et qui était, je pense bien, de l'aversion, peut-être même le désir de le faire souffrir à mon tour et plus encore qu'il ne m'avait atteinte.

Mais, tout à coup, je l'imaginai mort à la suite d'un accident, ou mourant seul en quelque pays étranger, et je lui rendis tout l'amour qui me gonflait le coeur. Peu après, cependant, l'ayant imaginé, tout au contraire, bien vivant, joyeux, passant de bonnes vacances au bord de la mer ou en montagne, ma rancune envers lui me revint entière et plus armée que jamais. Je n'en pouvais plus d'aimer et détester tour à tour le même être.

L'absence de Stephen dura près d'un mois. Un soir, Geoffrey cria d'en bas : « Your friend on the phone... » Je descendis, le coeur tremblant comme au jour où je m'étais sentie appelée des yeux, à travers le grand salon de Lady Frances. Mais à l'émotion tremblante de ce jour-là se mêlait je ne sais quelle poignante tristesse que j'en fus réduite à accourir ainsi soumise à son coup de fil.

Je l'entendis me parler sur le ton habituel de nos conversations quotidiennes quand rien d'exceptionnel ne s'était passé pour nous depuis la veille.

Il me disait que le temps lui avait paru long, qu'il avait fait chaud, qu'il avait hâte de me revoir. Est-ce que ce serait demain ? Ou peut-être même ce soir si je trouvais qu'il n'était pas trop tard ? Il ajouta :

— Tu m'as manqué, tu sais.

Je fus si longtemps silencieuse qu'il demanda :

— Tu es toujours là ?

Où étais-je en vérité ? Très loin et en tout cas très seule sur une espèce de grève dépouillée comme celle où nous laisse l'amour en se retirant, après que ses flots ont chanté et qu'ils ont prédit la félicité. Il avait suffi de ce « Tu m'as manqué... » pour faire apparaître à mes yeux la désolation où m'avait conduite, main dans la main, coeur contre coeur, ce qui avait été le plus cher amour de ma vie. Mais je ne voulais pas en convenir. De longtemps encore je ne voudrais en convenir. Voir clair en soi est souvent la dernière chose que souhaite l'amour.

— Très bien, dis-je. Je pars à l'instant. Peux-tu aussi partir tout de suite. De cette manière, nous nous retrouverons à mi-chemin à moins que tu ne marches très vite.

Il eut l'air déçu que je ne veuille pas le recevoir chez moi, mais accepta de partir sur-le-champ en se conformant au plan de parcours que nous avions établi, selon lequel nous ne pouvions nous manquer en cours de route.

Quand je l'aperçus d'assez loin encore sous la lumière d'un réverbère qui lui donnait mauvais teint, je lui trouvai le visage amaigri, tiré et comme marqué longtemps d'avance par l'usure qui lui viendrait avec l'âge, lui encore si jeune et resplendissant de vitalité. J'en eus si mal au coeur que je courus l'enserrer de mes bras comme pour le garder jeune à jamais. Nous sommes restés un long moment, joue contre joue, à nous bercer ensemble d'un mouvement accordé du corps comme dans la danse, tout en nous jetant des: cher coeur!... Stephen dear!

Le sortilège me reprenait. Sur la grève déserte, les flots tentaient de remonter et j'aurais pu vite leur céder si, comme nous nous remettions en marche, Stephen n'eût enlacé ses doigts aux miens dans un geste que tout à coup je compris être d'habitude, appris pour d'autres que pour moi et peut-être longtemps pratiqué avant d'atteindre au charme, à l'air de spontanéité de maintenant. Je lui retirai ma main blessée par ce que l'habileté et l'adresse en amour trahissaient tout à coup à mes yeux d'expérience... et peut-être d'une certaine inconstance. Il me la reprit et commença à me questionner sur ce que j'avais fait durant les semaines précédentes, étais-je allée au théâtre? à la cabane de Gladys? étais-je au moins sortie profiter un peu des beaux jours?... toujours sans souffler mot de ce qui avait pu lui arriver à lui pendant tout ce temps.

Soudain je m'entendis lui demander d'une voix qui se contenait mal pourquoi il m'avait si longtemps laissée sans nouvelles.

Il se dépouilla du coup de son air faussement enjoué et parut à bout de nerfs et de fatigue. Ses yeux que j'aimais tant, d'un brun chaud, toujours un peu pétillants et ensorceleurs, se vidèrent de leur étincellement.

— Je pensais aussi qu'un jour ou l'autre viendrait où il me faudrait te parler sérieusement.

Nous avions atteint une sorte de petit square au bout d'une rue où il y avait un banc, quelques arbres, une fontaine peut-être. Nous avons pris place sur ce banc. Stephen regardait au loin. Il eut l'air si malheureux, si à la gêne que je souffris pour lui, me disant qu'il allait me fournir une explication plausible et satisfaisante de sa conduite et que c'est moi qui allais avoir honte de mes soupçons. Déjà je tendais la main pour lisser, dans un geste de réconciliation, une mèche de ses cheveux qui lui retombait souvent sur la tempe. Il prit alors une grande aspiration et commença à me dévider une histoire dont aujourd'hui encore je me demande si je l'ai vraiment entendue tomber de ses lèvres.

Eh bien voilà, puisque j'y tenais et l'y obligeais, me disait-il, il allait me dévoiler une partie secrète de sa vie, encore qu'il eût mieux valu pour moi n'en rien savoir. Je devrais donc garder strictement pour moi ce qu'il me raconterait ce soir et qui ne serait qu'une part de ce qu'il se reconnaissait le droit de me révéler. Je devrais lui faire confiance pour le reste.

Je me sentais déjà comme plongée dans quelque invraisemblable roman et voilà qu'il me mettait en garde d'une voix passionnée que je ne lui connaissais pas.

— Il vaudrait mieux évidemment, me dit-il, et j'aurais dû t'avertir avant, que tu n'attendes pas trop de moi, car je ne suis pas libre en un sens et ne le serai pas pour quelques années à venir. J'ai engagé ma vie — une partie de ma vie — à lutter dans l'intérêt de mon pays martyrisé par l'Union soviétique, et je n'aurai de repos et de vie personnelle tant que je n'aurai pas vengé les crimes commis contre mes frères malheureux.

Je l'écoutais, pensant: c'est une histoire qu'il invente, ce n'est pas possible que Stephen soit un agent secret, mais je vis le sérieux de son visage et lui lançai:

— Mais de quel pays malheureux parles-tu? N'es-tu pas né au Canada? N'est-ce pas là ton pays? Ou à la rigueur ne serait-ce pas les Etats-Unis que tu considères comme ton second pays?

— Je parle de l'Ukraine, fit-il, que Staline a réduite à une des plus cruelles famines de l'histoire, parce qu'elle résistait au bolchévisme. Sais-tu combien des miens sont morts de faim en une seule année à Kiev seulement, par exemple?

— Les tiens, je veux bien, lui dis-je. Mais à ce compte-là tous ceux qui souffrent sont les tiens, sont les nôtres. Pourquoi, plutôt qu'un autre pays, l'Ukraine que tu ne connais pas toi-même personnellement?

Je compris, à son regard, que c'était pure perte de lui parler ainsi, de tâcher de le raisonner. Une farouche exaltation lui fermait l'âme à toute autre voix.

Il me raconta que son récent voyage l'ayant conduit dans un pays sous la domination soviétique pour y établir une liaison avec un agent de l'Association ukrainienne de Londres, il avait été filé par la Guépéou qui était sur ses traces depuis longtemps déjà, qu'il avait dû rester caché dans la grange d'un paysan pendant près d'une semaine, presque sans nourriture, et que c'était miracle s'il en était sorti vivant. Ainsi il n'avait pu me donner de ses nouvelles au cours du voyage. De toute façon, il était interdit aux agents de liaison de communiquer, de l'étranger, avec qui que ce soit hors du réseau pour éviter de mettre des vies en danger. Même en me parlant comme il le faisait, il m'exposait au péril. Il me priait donc instamment de garder strictement pour moi ce que j'apprenais ce soir.

Je croyais toujours, à l'entendre, être la proie d'un mauvais rêve.

Peu à peu, à mesure qu'il me livrait par bribes des aspects de son autre vie, j'en venais à comprendre qu'il adhérait à un groupe de militants ukrainiens que subventionnaient des patriotes Ukrano-Américains, et dont le but était ni plus ni moins que le renversement du pouvoir soviétique en Ukraine et la restauration de l'indépendance que ce pays avait connue pendant un jour au temps de la Première Guerre mondiale.

J'avais déjà eu le pressentiment que Stephen m'était profondément étranger par des aspirations, des rêves, des réticences singulières, mais ce soir-là, sur le banc du petit square, j'eus la certitude que pour l'essentiel nous n'avions rien en commun.

Ce n'était d'ailleurs pas seulement la révélation de ne pas occuper la première place dans sa vie qui me blessait tellement après que j'eus tant souffert par lui. J'étais encore plus ébranlée d'apprendre la nature de la passion qui l'éloignait de moi. Aurais-je pu la partager que peut-être je me serais sentie moins trahie. Mais elle me paraissait absurde, insensée, et me le parut davantage quand il m'avoua que ses études à l'Université de Londres étaient en partie du camouflage, car sans occupations avouées à Londres il aurait été encore bien plus suspect aux yeux de la Guépéou qui y avait un poste d'observation.

Mais je ne dis rien de plus de mes pensées ce soir-là à Stephen. J'en étais d'ailleurs incapable sous l'effet du choc que je venais de recevoir. Car sur ce banc, ce soir-là, au murmure d'un feuillage s'agitant au-dessus de nous, tout comme à Richmond Park il n'y avait pas longtemps, mon amour était mort... ou «morte», aurait dit le cher Rutebeuf. Je le sus en un instant bref, décisif. Ce que je ne savais pas, c'est combien longtemps, après avoir été frappé à mort, tente encore de revivre, demande encore à vivre l'amour. La ténacité qu'il y met, l'âme ne voulant plus de ce que veut encore le corps — elle-même, la pauvre âme, se leurrant aussi — est bien de toutes les aventures qui nous arrivent l'une des plus terrifiantes et incompréhensibles.

Nous nous sommes remis en marche. Quelle douce soirée d'été c'était ! Le commencement, la fin d'un amour, deux instants pour ainsi dire immortels, restent à jamais dans la mémoire, alors que s'est effacé beaucoup de ce qui a eu lieu entre ces deux extrémités. Je respire encore le parfum des fleurs qui nous a accompagnés un moment comme nous longions le vieux cimetière de Fulham. Je me rappelle l'odeur des pelouses arrosées. J'entends toujours résonner le bruit de nos pas dans la silencieuse nuit. Tout cela me parvenait d'un monde perdu, comme si en perdant l'amour j'avais aussi perdu tout ce qui rend le monde aimable et exaltant.

Stephen, sans doute allégé de s'être ouvert le cœur, me parlait des promenades que nous ferions. Dans sa joie de retrouver les choses comme il pensait qu'elles seraient encore, il se prit même à siffloter pendant un moment un air plutôt joyeux. Il me parla ensuite de Cambridge qu'il nous faudrait aller voir un jour, mais, avant tout sans doute, le fameux Magdalene College d'Oxford. Il y avait un ami qui nous le ferait visiter. Il ne faudrait pas manquer non plus de nous rendre à Canterbury, le cœur de la vieille Angleterre de Chaucer. Il faisait même des projets pour bien plus longtemps en avant de nous, quand il reprendrait sa liberté, après trois, quatre, cinq années au maximum données à la Cause. Il reviendrait au professorat, à New York peut-être. Et, me laissa-t-il entendre, si je le désirais, alors nous pourrions unir nos destinées.

Je ne le croyais plus. Jamais plus je ne le croirais. Il m'avait révélé ce soir-là une âme beaucoup trop prise par sa passion politique pour que l'amour pût y occuper une place chaude et vivante.

Pourtant, à la petite porte de côté, quand il m'ouvrit les bras, m'appelant du regard, je vins m'y réfugier contre la déception et la peine qu'il m'avait apportées. Et nous avons cherché le remède au mal d'aimer dans l'amour qui ne pouvait que nous éloigner de plus en plus l'un de l'autre.

J'en conçus du mépris envers moi-même. Je commençai à lutter de toutes mes forces pour me détacher de lui. Je faisais répondre au téléphone que je n'étais pas là. Je m'échappais à l'heure où il pouvait venir. Je rentrais très tard pour le retrouver parfois, à la porte de côté, qui m'attendait et, d'épuisement, du désir de faire renaître ce qui avait été, je revenais vers lui. Pour me haïr ensuite encore plus fort.

Entre-temps, je ne faisais plus rien et mesurais de mieux en mieux la force destructrice d'un amour comme celui qui m'avait tenue. Je n'étudiais presque plus. Je ne voyais personne. J'étais redevenue un être solitaire, mais de surcroît toujours pourchassée maintenant par ma propre désapprobation.

Le pire, c'est que je dus, à mon tour, laisser un être aimé longtemps presque sans nouvelles, car je crois me rappeler, datant de ce temps-là, des lettres angoissées de ma mère dans lesquelles elle me faisait reproche de ne pas écrire du tout, ou de n'envoyer que de petits bouts de lettres n'en disant guère long. C'est sans doute que, ne pouvant ou ne voulant rien avouer de ce qu'elle eût désapprouvé, je m'en tenais à des banalités, la portant à s'apercevoir que je devais taire ce qui importait.

Vers la fin de juin, Stephen dut partir en vitesse pour un autre de ces périlleux voyages secrets. Je sus plus tard qu'il était allé cette fois remettre des tracts à un agent de liaison dans quelque pays des Balkans. Il n'y eut pas d'appels téléphoniques ni de lettres. Seulement un petit mot glissé sous ma porte pour s'excuser de ne pouvoir me mettre au courant. Moins j'en saurais sur ses agissements et mieux ce serait pour ma propre sécurité. Peut-être disait-il vrai !

Du temps passa dans ce silence total. Mais, petit à petit, cette fois, je commençai à m'y habituer, même à respirer un peu plus librement. Je m'ennuyais pourtant à périr. Phyllis avait gagné le Dorset. Gladys était presque tout le temps dans sa cabane de Hampton Court où je n'avais plus de goût pour aller la rejoindre. Même Bohdan était absent de Londres, en tournée dans le Nord. Si c'était lui, affectueux, droit, brave, que j'aimais, combien meilleure serait ma vie, me suis-je dit bien des fois. Mais était-ce si sûr ? Dans la vie de Bohdan la musique avait toujours eu, aurait toujours la première place. Même dans la mienne je pressentais souvent devoir garder la place à quelque chose d'autre que l'amour, peut-être encore plus exigeant, et qu'ainsi je serais déchirée, comme était déchiré Stephen. Pourtant je voulais être aimée d'un amour exclusif et sans partage.

On n'apprend pas beaucoup sur l'amour en vivant. Mais

aujourd'hui je crois comprendre que si j'exigeais tellement de Stephen et ne pouvais souffrir qu'il eût ailleurs un aussi grand intérêt, c'était un peu par représailles contre l'asservissement où m'avait plongée mon sentiment pour lui. Tôt ou tard, je me serais retournée contre un envahissement aussi complet de ma vie. J'aspirais sans doute déjà à l'amour qui serait tendresse, rêve, havre, refuge. Mais l'amour est-il jamais repos!

X

J'avais fini par prendre en grippe ma petite chambre que j'avais trouvée apaisante au moment où j'étais moi-même à peu près paisible. En juillet, sous le toit chauffé à blanc, elle devint étouffante. C'est curieux comme au temps de ma pire solitude, j'eus souvent de petites chambres que le soleil de l'été, en y tapant trop fort, rendait inhabitables. J'en aurais une toute semblable, à peine un an plus tard, au bout de la rue Dorchester, à Montréal, dont je m'échapperais tôt le matin pour gagner les bords du fleuve y chercher de la fraîcheur.

L'agitation populaire de Fulham, ses cris, ses fortes odeurs, le grondement incessant des lourds autobus qui faisaient trembler l'immeuble de bas en haut à leur arrivée ou à leur départ devant la porte, presque tout en somme de ce que j'avais plutôt aimé il n'y avait pas si longtemps, me devenait insupportable maintenant que la grande chaleur s'abattait sur ce quartier pauvre en arbres et en espaces verts.

Je pris l'habitude de courir à Trafalgar Square où je passais des journées entières. L'eau des fontaines remplissait les bassins qui en débordaient et entretenait sur la grande place une certaine tiédeur. Comme d'innombrables touristes qui passaient par là, comme bien des pauvres gens de Londres qui n'avaient pas d'autre endroit où goûter le plaisir de l'eau, je plongeais les mains, parfois les bras jusqu'à l'épaule dans les bassins ruisselants. Et je me souviens mieux aujourd'hui du bienfait de cette eau que de beaucoup de bains de mer en des étés pleins de vagues et de jeux.

Je mangeais une bouchée sur place, achetée au petit commerce ambulant que l'on voyait alors surgir partout à Londres où il y avait foule. Je lisais ou faisais semblant. Je voyais s'élever autour de la colonne Nelson des nuées de pigeons. Nulle part ailleurs ils ne sont aussi gras, je pense, qu'à Trafalgar Square où l'on nourrit ces parasites de ce qu'il y a de meilleur. En retour, ils roucoulent sans trêve. Je voyais passer des couples aux doigts entrelacés et parfois fermais les yeux pour ne plus les voir, parfois les suivais d'un regard de pitié. Ne savaient-ils donc pas qu'ils couraient à leur malheur? Tout amour me paraissait destiné à mourir de déception, de souffrance, d'épuisement. Du moins je m'imaginais en être moi-même sortie et bien armée pour ne plus jamais m'y laisser prendre.

Jour après jour, je revenais m'asseoir dans le square. La foule qui s'y pressait en tout temps se composait autant de Londoniens — gens du quartier ou employés des bureaux avoisinants — que d'étrangers, un guide à la main, le kodak en bandoulière. Je me sentais m'apaiser en leur compagnie changeante et toujours pareille comme les vagues de la mer. Tant de fois dans ma vie les foules étrangères m'ont tenu lieu d'amis et de famille.

Sans que je le sache encore consciemment, j'avais pourtant commencé à rêver d'une autre sorte de compagnie. Au milieu du square grouillant, venaient me relancer des visions d'arbres en forêt, de sentiers écartés, d'eau vivante courant parmi des herbes. Mais tant il me semblait avoir été privée longtemps des bonheurs de la nature, les visions rafraîchissantes me venaient comme d'un monde et d'un temps que j'avais à jamais perdus.

Or un jour que mon esprit se fixait un peu mieux sur ce qui m'entourait, je finis par remarquer qu'aux demi-heures, venant tantôt d'un côté, tantôt de l'autre, de petits autobus vert forêt, après avoir accompli le tour du square, stoppaient à leur poteau d'arrêt, également vert forêt, et après avoir déchargé et pris des passagers, repartaient comme allégrement pour une destination qui, je ne sais pourquoi, me parut heureuse. Moi qui avais tant erré par les autobus de Londres, comment n'avais-je donc pas eu connaissance plus tôt de cette Green Line qui effectuait autour de la ville des trajets dans un rayon de cinquante kilomètres, en sorte que l'on pouvait faire l'aller-retour dans une journée, peut-être même une demi-journée?

C'est ce que j'appris ce jour-là d'un vieux cockney qui était venu s'asseoir sur un bout du banc que j'occupais. La Green Line, m'avait-il dit, portait on ne peut mieux son nom, ses autobus ne parcourant que des chemins verdoyants aux environs de Londres, laissant la vitesse et le vacarme au Great West Road, au Great East Road, à toutes les grandes voies malodorantes. Eux n'allaient que vers de ravissants villages à demi oubliés, des choses d'autrefois, «the lovely old England».

A peine quelques instants plus tard arriva, tout pimpant, un des petits autobus vert forêt. Il vint se ranger sous l'enseigne de la Green Line. De ma place, je pus aisément lire les hautes lettres, à l'avant, qui annonçaient sa destination: Epping Forest. Et pourquoi mon cœur a-t-il bondi comme si la guérison m'attendait en cet endroit et que je devais à l'instant y accourir? Tout ce qui me revient en effet de ce moment qui devait avoir sur ma vie une si ardente répercussion, c'est le désir fou qui me surprit de partir par cet autobus. Il ronronnait à l'étouffée. Il allait repartir d'une minute à l'autre. Tout à coup, je m'élançai à travers le square. Je sautai sur le marchepied de l'autobus en marche. Le conducteur détacha une main du volant pour me la tendre. Il me tira à l'intérieur. Tout en manœuvrant pour sortir du rang, il me reprocha avec bienveillance de lui avoir donné un coup en me précipitant presque sous les roues du véhicule.

— For we are not yet in forest to run around like a hare... without a look to the left or to the right...

Nous avons quitté le square résonnant. Sans le savoir, j'étais déjà en route vers un de ces havres bénis tels que la vie m'en a ménagés quelques-uns au cours des années et qui me furent chacun la halte où retrouver mes forces et l'élan pour repartir.

— Where to ma'm? me demanda le chauffeur-distributeur-de-tickets avec cette affabilité de tant de Londoniens envers les étrangers, comme s'ils pressentaient mieux que personne leur vulnérabilité.

Cramponnée des deux mains à la barre, je répondis candidement :

— Epping Forest.

— La forêt d'Epping est vaste, me fit-il remarquer. N'avez-vous pas en tête un endroit particulier où vous arrêter?

— Je ne connais pas la forêt, dis-je. Pourriez-vous m'indiquer un joli coin où je pourrais me promener un peu sans trop m'éloigner du trajet de l'autobus que je reprendrai au bout de quelques heures de marche?

— Vous allez donc là-bas sans but, juste pour la promenade? approuva-t-il en souriant.

Nous avions parlé un peu haut. Plusieurs passagers nous avaient entendus. Ils n'étaient pas de l'espèce des habitués des autobus de ville, qui, serviables comme ils le sont souvent, n'en sont pas moins gens plutôt pressés et préoccupés. Il s'agissait plutôt de demi-campagnards rentrant chez eux avec soulagement après une épuisante journée à la ville, ou encore de petits employés dont les vacances se bornaient à quelques randonnées aux abords de Londres. A ma grande surprise, presque tous se mirent en frais de nous aider, le conducteur et moi, à me trouver l'endroit qui me conviendrait le mieux.

— Beechwood est un joli coin, exposa une dame âgée assise trois ou quatre rangées en arrière du chauffeur. Notre grand poète Tennyson y allait chercher paix et inspiration, le saviez-vous, apprit-elle aux autres à la ronde.

— Beechwood est un joli coin, en effet, approuva une autre dame qui s'était arrêtée de tricoter pour donner son avis, mais il n'est pas sur ce parcours-ci. La jeune Miss pourrait avoir de la difficulté à faire la correspondance, s'égarer et se fatiguer outre mesure en cherchant le repos.

— Ce que nous faisons tous, murmura quelque part une voix d'homme.

Quelqu'un d'autre tenait à m'envoyer à la petite ville d'Epping où je pourrais prendre le thé dans une auberge pas chère sise à l'orée d'un chemin forestier. Là j'aurais tout le temps qu'il faut pour me remettre, au frais, du mauvais air de la ville.

J'écoutais ces bonnes âmes et aurais voulu, tellement elles se donnaient de la peine à mon sujet, pour à mon tour leur faire plaisir, accourir à tous les endroits qu'elles me désignaient.

La dame qui tenait à Beechwood revint à son idée.

— Il existe là-bas des hêtres qui datent du temps où, déjà grands, ils donnèrent leur nom à la petite localité qui se trouvait à cet endroit il y a plus de trois cents ans.

Ce n'était pas la première fois que je me faisais à l'instant des amis d'une petite foule étrangère, et ce ne serait pas la dernière. Des dons que j'ai peut-être reçus dès ma naissance, aucun ne m'a sans doute apporté plus de joie. Mais cette bienveillance à mon égard d'êtres qui me sont inconnus, j'ai toujours su que je ne pouvais l'obtenir de mon gré. Il me fallait la mériter par un si pressant besoin de l'âme qu'il leur devenait, j'imagine, perceptible. Et sans doute, ce jour-là, mon appel aux autres était visible sur mon visage au point de m'attirer la sympathie dès que j'eus mis le pied dans l'autobus.

Vers le milieu du car, un vieil homme, les deux mains nouées sur le pommeau recourbé de sa canne, proposa que je fasse une correspondance pour Waltham Abbey... the oldest church in England you know... started by Harold, the last King of the Saxons... a rare gem, you know...

Il insistait de la curieuse voix forte et métallique des gens un peu sourds.

— Voyons, est-ce que cela aurait du sens, protesta une voix moqueuse, d'envoyer cette pauvre jeune fille étrangère, qui ne connaît même pas la forêt, courir chercher la plus vieille abbaye du pays... Et d'ailleurs est-ce la plus vieille?

Nous avions traversé Charing Cross que les gens n'étaient toujours pas d'accord entre eux sur l'endroit où m'envoyer. Le chauffeur finit par trancher le débat en faveur de Wake Arms.

— Il n'y a là qu'une auberge, m'expliqua-t-il, mais accueillante. Vous pourrez y rester, si le cœur vous en dit, jusqu'à ce que je repasse deux heures plus tard. Ou bien vous trouverez sur la gauche un chemin tranquille, pas trop désert cependant, en forêt la plupart du temps, mais d'où l'on aperçoit, à intervalles, quelques fermes au loin, et tiens, aussi, une magnifique lande de bruyère rousse!... Je me propose toujours d'explorer moi-même plus à fond cette petite route invitante un de mes prochains jours de congé.

Ainsi en fut-il. Je pris mon billet pour ce Wake Arms dont la résonnance n'en finira jamais de m'atteindre, et je m'émerveille toujours que d'une décision minime, le simple fait de m'être laissée aller à accepter Wake Arms plutôt qu'Epping ou Beechwood, ait pu découler un si extraordinaire prolongement que je me perds aujourd'hui à vouloir en suivre la trace.

Je m'étais assise immédiatement derrière le chauffeur que j'importunai, je crois bien, en le priant je ne sais combien de fois de ne pas m'oublier quand nous arriverions à Wake Arms, car tout à coup j'étais si éprise de ce lieu inconnu que j'y tenais à l'exclusion de tout autre.

Le chauffeur m'avait rassurée d'un bon regard que j'avais saisi par le jeu du petit miroir placé devant lui. Et enfin je m'étais calmée. Ou du moins je commençais, malgré un reste d'angoisse long à se dissiper tout à fait, à goûter ce qu'il y a toujours eu pour moi de réconfortant à me laisser emporter dans un mouvement régulier. Nous ne prenions plus beaucoup de monde maintenant sur notre route, et l'autobus filait à bonne allure. La dame assise près de moi me demanda de quel pays je venais.

— Du Canada, lui dis-je.

— Du Canada, fit-elle sur le ton d'une affection sincère; je ne savais pas si c'était pour moi ou pour le pays, mais bientôt je fus fixée car elle conclut:

— Un pays à nous, le Canada.

Je lui rendis son sourire par un bien curieux sourire sans doute de ma part où il y avait de la gratitude pour la chaleur qu'elle m'avait montrée et en même temps le reproche de nous croire à elle, moi et le pays. Puis je me laissai aller au plaisir de rouler.

Assez curieusement, après avoir tant discuté entre eux à mon sujet, les passagers m'avaient abandonnée à ma rêverie pour poursuivre sans doute la leur en toute quiétude, et nous allions, cet autobus plein de monde, dans un silence presque total et comme heureux, à la fois délivrés les uns des autres et cependant unis par l'attention de chacun à ses propres échappées nostalgiques.

La ville était longue toutefois à nous laisser partir, à se laisser distancer. Elle n'en finissait pas de nous rattraper. Au cours de mes interminables randonnées, grimpée à l'impériale des autobus, je n'étais pas venue de ce côté. Je découvrais une ville encore bien plus étendue que je n'avais cru, s'étirant en une banlieue inépuisable qui, alors qu'on la croyait sur le point de céder enfin à une sorte de campagne inculte plantée de panneaux-réclame géants, tout à coup repartait de nouveau avec son High street toujours le même, ses boutiques resserrées, son éternel ABC tea-shop. C'est ce jour-là seulement que Londres m'apparut être comme une prison à vie pour des millions d'êtres humains. Je voyais au passage des visages mornes, accablés, amorphes. Mais, il est vrai, c'était la première fois que je traversais de ses boroughs parmi les plus crasseux et les plus sinistres.

Mon allégement n'en fut donc que plus intense à nous voir rouler tout à coup entre des jardinets pleins de hautes fleurs et des cottages à colombage dont la façade, souvent, disparaissait à moitié sous une masse de clématites grimpantes. Je n'en avais jamais vu avant qu'en images et je tournai les yeux pour retenir longtemps celles-ci du regard.

Aujourd'hui, à retrouver tant de jolis paysages inattendus, cueillis en passant aux quatre coins du pays, là souvent où je m'y attendais le moins, j'en viens parfois à me dire que ce sont les Anglais qui ont inventé la campagne, la douce campagne en mille petits recoins éparpillés — encore que ce soit eux sans doute qui aient inventé les villes grises les plus inhospitalières à l'homme. Est-ce donc pour avoir fait si grand mal à la nature qu'ils se sont ensuite acharnés à la soigner et à la préserver?

Subitement nous étions en forêt. Elle s'était tenue pendant quelque temps à petite distance, invitante, fraîche, quelque peu inaccessible encore. Et soudain elle s'était rapprochée. Maintenant elle nous enserrait de ses hautes branches qui se nouaient au-dessus de la route et nous faisaient une merveilleuse voûte toute pleine de l'étincellement, dans l'ombre, des milliers de clins d'œil du soleil. Ces grands arbres, ces troncs moussus, ce vert si profond me semblèrent venir jusqu'à nous d'une lointaine époque. Rien n'y avait sans doute beaucoup changé depuis que Robin des Bois et sa bande y surgissaient pour piller les diligences et, ainsi que le relatent les légendes, détrousser les riches au profit des pauvres.

Quelque chose de mon émerveillement dut transparaître aux yeux du chauffeur qui, par le rétroviseur, me regardait regarder la forêt, car, tournant les miens de son côté, je vis naître chez lui cette sorte de bonheur que l'on prend à voir quelqu'un en ressentir pour ce que l'on aime aussi.

— N'est-ce pas merveilleux? me dit-il, en réponse à mon regard qui, toute fatigue et toute tristesse pour l'instant dissipées, s'attachait, plein de gratitude, à l'immense voûte empreinte de recueillement.

L'autobus ralentit.

— Wake Arms, annonça le chauffeur.

L'auberge se trouvait absolument seule dans une petite éclaircie en forêt, au bord de la route. Pour l'instant, avec son pub fermé, ses chambres à l'étage aux volets clos, elle paraissait ou déserte pour la journée ou abandonnée à un profond engourdissement. Son enseigne, très belle comme toutes les enseignes d'auberge à cette époque en Angleterre, s'avançait, bien dégagée de la façade, sur son armature de fer forgé. Que signifiait-elle? J'ai dû pourtant le savoir mais voilà! je ne me le rappelle plus.

Le chauffeur me tendit une feuille d'horaire. Il y avait souligné de son crayon gras les heures de retour, et me pria de prendre garde que, passé sept heures, le service était au ralenti.

Je pense n'avoir plus porté très attention à ce qu'il me disait, avertie par une sorte de prémonition que je ne rentrerais pas ce soir même.

Il leva la main en signe de salutation. Il me souhaita une bonne promenade, une belle journée. Il referma la porte. L'autobus repartit. Derrière les vitres, je distinguai des mains qui s'agitaient vers moi, même celles, ai-je cru, du vieil homme à la canne à pommeau... ou était-ce sa canne qu'il élevait à mon intention? Parfois, dans mes songes errants, sans raison aucune, je revois cet autobus qui s'éloigne de moi pour toujours, m'abandonnant au bord d'une route inconnue, et, dans le vert brouillé des vitres assombries par les arbres, des mains à moitié distinctes qui m'adressent des signes n'en finissant plus, au long des années, de me rejoindre.

Je n'eus même pas l'idée de déranger — pour un renseignement ou quoi que ce soit — l'auberge sommeillante. Je m'engageai aussitôt dans l'étroite petite route partant de cet embranchement pour s'enfoncer dans la forêt. En fait, ce n'était qu'une route pour cyclistes et piétons. Je ne devais d'ailleurs y faire aucune rencontre. Et tout d'abord je trouvai plaisant d'être livrée si complètement à la seule nature. Par contre, je voyais passer d'innombrables essaims de papillons, de guêpes et d'abeilles dans cet air alangui et chargé de parfum. Et je continuais, ne pouvant m'arracher à cette petite route, attirée vers plus loin toujours, au moins jusqu'à cette prochaine courbe, car cette espèce de piste devant moi inclinait tantôt d'un côté, tantôt de l'autre, toujours exposée cependant en plein soleil qui se trouvait à briller à cette heure au beau milieu du ciel, et l'ombre projetée par les arbres ne m'atteignait pas. Je me sentis bientôt très fatiguée, brisée par le grand air, la chaleur, et sans doute par une détente trop brusque de mes nerfs si longtemps tendus. Je me disais aussi qu'il était imprudent de m'aventurer si loin en forêt déserte et que déjà je n'aurais plus la force de refaire le trajet pour retourner à l'arrêt d'autobus si, comme je commençais à m'y attendre, cette route ne menait vraiment nulle part.

Pourtant, je ne pouvais me retenir d'avancer encore et encore un peu, animée par cet espoir fou, ce goût de la surprise heureuse, que m'ont toujours communiqués les routes inconnues. Celle-ci ne pouvait, en tout cas, être celle dont m'avait parlé le chauffeur. Ni fermes lointaines, ni landes de bruyère ne m'étaient apparues. Ou bien il s'était trompé, ou bien je l'avais mal interprété. Sauvage à l'extrême, ma petite route ne s'ouvrait sur aucun horizon, enserrée tout au long par des arbres touffus, petits, drus et enchevêtrés. C'était apparemment une partie de la forêt laissée à repousser après quelque maladie ou calamité, aucune coupe n'y ayant été pratiquée depuis quelques années. J'aurais aussi bien pu être dans une brousse de mon Manitoba qu'en un des pays les plus peuplés du monde. Elle me plaisait beaucoup cependant, en entretenant maintenant en moi le rêve que je n'étais jamais partie de chez moi, ne m'étais pas imprudemment lancée sur les routes du monde et qu'ainsi toutes mes chances d'avenir et d'amour étaient toujours inentamées.

Traînant les pieds, à bout de fatigue, à demi consciente de l'heure et du pays où je me trouvais, j'avançai encore assez long-temps devant moi sans plus réfléchir. Apeurée pourtant à la longue par un si persistant silence, à la limite aussi de mes forces, j'allais enfin rebrousser chemin lorsque, à peu de distance, pres-que dissimulé entre des arbres, m'apparut un lieu habité. A une minute près, j'aurais donc tourné le dos à ce qui me paraît aujourd'hui l'un des plus singuliers rendez-vous que m'ait jamais fixés mon sort — à moins que tout n'ait été, ce jour-là, qu'effet du hasard. Mais croire cela m'est encore plus difficile à tout prendre que croire à une intrusion dans ma vie du merveilleux.

La maisonnette était toute basse entre les arbres et les fleurs, de géantes roses trémières et de hautes dauphinelles bleu clair qui lui allaient presque jusqu'au toit. Elle semblait faite, plutôt que pour y vivre, pour jouer seulement à la vie. C'était l'humble petit cottage saxon de la vieille Angleterre tel qu'on le voyait repro-duit, quand j'étais enfant, sur des boîtes de biscuits fins que ma mère achetait, je crois bien, surtout pour la boîte, car nous la conservions avec soin pour y mettre, au fil des années, d'autres biscuits moins chers et d'autres encore.

J'éprouvai en l'apercevant le sentiment d'être encore comme en ce temps lointain dans un climat d'enfance, de sécurité et d'apaisement. Une pancarte clouée à un arbre — je la revois dans tous ses détails alors que j'ai oublié tant de choses plus impor-tantes — annonçait, tracé gauchement à la main: Fresh cut flo-wers, tea, scones, crumpets... one schilling. A côté, sous une tonnelle, il y avait une table de bois brut avec ses chaises de jardin. Et tout l'entourage bourdonnait du bourdonnement exultant d'essaims d'abeilles, de guêpes et de frêlons que le jardin de fleurs devait attirer depuis des milles à la ronde. Ceux qu'en venant j'avais vus me dépasser étaient peut-être tous en route vers cet endroit et ne m'avaient devancée que de quelques minutes.

Je frappai à la porte basse sous le toit peu élevé. Une jeune bossue au doux regard implorant de certains infirmes m'ouvrit. Je lui demandai s'il était trop tôt pour le thé et elle me dit que non, qu'elle était justement sur le point de mettre la bouilloire sur le feu. A peine un quart d'heure plus tard elle ressortit, chargée d'un plateau si lourd pour ses frêles bras que je me hâtai à sa rencontre afin de l'aider à le porter. Voyant tout ce qu'il y avait là à manger à prix aussi modeste, je ne pus m'empêcher de lui demander si, loin comme elle était, il lui venait au moins assez de gens pour que cela vaille la peine des préparatifs. Elle me répondit que c'était surprenant comme il lui venait du monde.

— Ils partent de Londres, avides d'air et de liberté, du moins je le suppose, me dit-elle. Ils ne savent pas toujours où descendre. Un chauffeur que je ne connais pas leur conseille apparemment assez souvent Wake Arms. Il est peut-être venu lui-même un jour par ici et rêve de retrouver le chemin. Les gens sont ainsi, ne trouvez-vous pas, pleins de sentiment pour des choses dont ils savent qu'elles existent mais qu'ils n'ont jamais vues. Après tout, il en est de même pour moi de la mer que je désire connaître depuis que je suis au monde. En tout cas, des gens prennent le sentier inconnu que vous avez suivi. Quelques-uns s'y engagent par méprise, j'imagine. Le bon Dieu en fin de compte m'amène passablement de monde.

Avec un évident plaisir elle s'attarda encore un peu à me regarder entamer mon thé avec le plus bel appétit, puis se retira dans la maisonnette.

En un rien de temps j'eus dévoré presque tout le contenu du plateau, y compris un petit pot de confiture aux groseilles que les guêpes vinrent me disputer avec acharnement jusqu'à ce que j'eusse l'idée de leur en mettre une cuillerée de côté qu'elles se prirent alors à manger délicatement sans plus du tout chercher à en prendre dans le pot. Et depuis lors je sais que l'on peut goûter ensemble en paix, au jardin, guêpes et humains, si on leur en donne de bon cœur une petite part.

Alourdie par la chaleur et un si copieux repas, je venais de m'assoupir lorsque revint la jeune bossue avec un grand pot d'eau bouillante pour allonger mon thé.

— Dormez, dormez, me dit-elle avec une douce autorité. J'enlève seulement le plateau afin que les mouches ne vous importunent pas.

Sous mes paupières lourdes à ne presque plus pouvoir les soulever, je distinguais encore vaguement où j'étais. Aurais-je seulement la force de me lever, repartir, refaire le chemin jusqu'à Wake Arms? Cela me paraissait impossible. Mais surtout je me sentais bien ici à ne vouloir jamais m'en aller. Nul mal, me semblait-il, ne pouvait plus m'atteindre. La paix de cet endroit retiré me couvrirait tant que j'y resterais. Je rappelai la jeune fille bossue.

— Je me suis aventurée bien trop loin à pied, lui dis-je, pour refaire aujourd'hui le même chemin. Ne pourriez-vous pas me faire une petite place pour la nuit?

— Je le voudrais bien, fit-elle en m'indiquant la maisonnette d'un geste désolé, mais voyez comme c'est petit chez nous. C'est à peine déjà s'il y a place pour le père, la mère depuis des années paralysée, dont je prends soin, et mon frère, un pauvre innocent qui rentre parfois tard quand on ne l'a pas gardé à coucher dans une ferme où il a pourtant trimé dur en retour du souper et d'un peu de compassion.

Soudain, j'étais bien éveillée, l'écoutant passionnément comme si une des plus belles pages d'un des romans anglais que j'avais tant aimés m'était dite à l'oreille par l'être même qui en avait été la source et l'inspiration. Se pouvait-il donc que de moi-même, à vingt milles seulement de Londres, guidée par ma seule bonne étoile, j'eusse abouti à cette atmosphère si particulière d'âge et de paysage, telle qu'elle m'avait été révélée par les œuvres de George Eliot et de Thomas Hardy? Il n'y avait donc pas que la chaumière à faire partie d'un temps que je croyais perdu à jamais, si ce n'est dans les livres qui en avaient recueilli les voix.

La jeune bossue continuait à se tracasser à mon sujet.

— Ecoutez, dit-elle, il me vient une idée. Si vous croyez pouvoir marcher encore un peu, pas très loin, vous arriverez, à un mille à peine, par cette même route, à un très petit village: Upshire. Ne vous arrêtez pas à l'auberge. Elle ne vaut pas cher. Cherchez plutôt Century Cottage. Frappez. Demandez Esther, Esther Perfect. Dites-lui que vous venez de la part de Felicity. Je serais bien étonnée qu'elle ne vous accueille pas à bras ouverts. Elle, elle a de la place. Century Cottage est grand.

Il n'avait pas été nécessaire d'en entendre plus pour me faire retrouver en moi des forces toutes fraîches. Déjà j'étais debout. Je déposai un schilling et quelques piécettes au coin de la table. Dans la chaleur encore pesante du jour, les pieds lourds mais soutenue par le singulier espoir qui ne m'avait pas longtemps manqué ce jour-là, je m'engageai en direction du village que m'indiquait Felicity tout en m'encourageant de sa voix un peu fluette que j'entendis plusieurs fois encore répéter derrière moi: «Vous ne le regretterez pas. Ah, sûrement, vous ne le regretterez pas.»

XI

Le village, pour qui l'abordait comme moi du côté sud, se présentait en légère pente douce allant se perdre dans un beau ciel dégagé. En arrière, la forêt l'accompagnait en le serrant d'assez près, mais, en face, il avait pour lui le large, et c'est sans doute à cause de tout cet espace s'ouvrant à mes yeux de façon inattendue que j'aimai instantanément Upshire.

En fait, ce qui doit être plutôt rare en Angleterre, il était aligné en entier, cottages de pierre, douce vieille petite église avec son cimetière entre des ifs, autres cottages moins anciens, poste, pub, pastorage, sur un seul côté de la rue. Tout comme cet horizon de l'Ouest canadien que je décrirais dans *Où iras-tu, Sam Lee Wong*, il se trouvait à contempler sans fin une vaste étendue de plaine. Elle roulait en larges, souples et magnifiques ondulations. Est-ce pour les avoir aperçues comme j'apercevais naguère, au sortir du bois chez mon oncle, la plaine ouverte, qu'elles me soulevèrent d'un élan en quelque sorte égal à leur propre élan? Il se peut. Ce qui est certain c'est que sont incomparables ces downs de l'Essex: une haute houle de terre qui court et court comme sous un même vent qui la pousserait dans le même sens depuis des temps immémoriaux. De la forêt, conquise patiemment de ce côté, il ne restait, très au loin, qu'une mince ligne sombre se confondant avec l'horizon. Entre elle et le village émergeaient à peine au regard, comme tout juste esquissées, quelques fermes

377

perdues et des troupeaux qui se déplaçaient si lentement qu'on aurait pu à certains instants les prendre pour de grosses roches semées dans les champs. Au creux d'un vallonnement, beaucoup plus proche, se dressaient ce qui m'eut l'air d'un petit château à façade georgienne, et, au sommet d'un tertre, une étrange stèle de caractère ancien qui m'intrigua. Je n'en revenais toujours pas d'avoir atteint, à guère plus d'une heure de Londres, un long passé encore si intact.

C'est que tout ici, ainsi que j'allais bientôt l'apprendre, terres, fermes, pâturages, village, chasse gardée à même la forêt, le petit château, même jusqu'à un certain point l'église et son cimetière, appartenait au seigneur des lieux et que celui-ci réussissait encore à empêcher — mais pour combien de temps? — l'expansion vers Upshire du grand Londres métropolitain qui, à quelques milles seulement, piaffait de l'impatience d'y répandre d'autres lotissements étroits, des High Streets pareils à ceux d'en arrière, rang sur rang de cottages identiques et assurément des ABC tea-shops à la douzaine.

Quelque temps encore allait donc onduler librement la puissante houle de terre et pareillement, au-dessus d'elle, certains jours, la masse des grands nuages blancs accourant vers la Manche ou en revenant.

Je trouvai sans peine Century Cottage. Quoique à un étage et beaucoup plus élevé que la maisonnette de Felicity, il ne m'en parut pas moins enfoui lui aussi dans un fouillis de fleurs. Je suivis un sentier dont la course semblait avoir été déterminée par les fleurs elles-mêmes, leur volonté de pousser et de se répandre là où il leur plaisait. Je devais disparaître entre les dauphinelles élancées, les passeroses géantes et des canterbury bells comme nulle part je n'en ai vu d'aussi bien fournies de clochettes toutes larges et somptueuses. Curieusement, à travers ces fleurs altières en poussaient de toutes menues à leur pied, qui semblaient s'y trouver à l'aise. Un tenace parfum de menthe se dégageait de quelque coin du jardin, allié peut-être à celui du romarin. Et comme chez Felicity, l'air vibrait littéralement du bourdonnement d'insectes qui ressemblait à un brouhaha de voix s'élevant autour d'une table de banquet.

J'arrivai à une porte de bois sombre. Je tendis la main vers le heurtoir. Et, tout à coup, comme si je n'avais eu de force que pour me rendre jusqu'à ce seuil, je me laissai aller contre le chambranle. N'en pouvant plus, les larmes, je pense bien, me montèrent aux yeux. Mon épuisement était si complet qu'il me parut que j'arrivais ici non pas de Wake Arms, de Fulham, d'un amour qui me laissait plus seule encore qu'il ne m'avait trouvée, de la cruelle incertitude où j'avais vécu si longtemps, des mille et une erreurs de ma part, mais de bien plus loin encore, comme depuis le commencement peut-être de ma vie. C'est le sentiment que je ressentis en tout dernier lieu alors que je laissai aller ma tête contre la porte, ne parvenant même plus à garder les yeux ouverts. Et c'est ainsi que dut me trouver Esther, à moitié endormie sur son seuil.

Comment la retrouver dans mon souvenir telle que je l'ai vue pour la première fois quand se dissipa la brume de fatigue devant mes yeux? Je ne sais si j'y parviendrai. Durant les vingt-cinq années où je l'ai connue, elle me parut avoir toujours le même âge et toujours aussi presque le même visage, comme si elle était de la nature des choses que le temps ne saurait abîmer.

Plutôt long et mince comme celui de tant d'Anglaises, qui leur donne leur air si pensif souvent, son visage était encadré de bandeaux noués bas sur la nuque. Ils auraient été sévères si mille cheveux follets ne s'en fussent échappés pour voltiger sur son front, ses joues, dans son cou mince, l'auréolant d'une sorte de floraison capricieuse à l'image de son petit jardin échevelé.

Ce qui me frappa pourtant le plus chez elle, dès l'abord, ce furent ses magnifiques yeux couleur noisette. Bienveillants, accueillants, ils n'en fouillaient pas moins l'âme en profondeur. Des yeux plus perspicaces qui cherchaient aussi loin dans un visage, j'en ai rarement vus, mais ils cherchaient avec bonté, et il m'apparut que ce qu'ils devaient trouver c'était à coup sûr ce qu'il y a de souffrant dans chacun et qui sans même que nous le sachions appelle à l'aide.

J'avais à peine commencé à voix faible à raconter que, partie de Londres sur un coup de tête, je m'étais aventurée beaucoup trop loin pour y retourner ce soir… mon récit emmêlé de propos sur le Canada et ce que j'étais venue faire en Angleterre… qu'elle me tendit les deux mains et du même geste m'attira à l'intérieur.

— Et moi, dit-elle, qui à l'instant encore me plaignais à Dieu qu'il ne m'eût envoyé depuis longtemps aucune de ses créatures à secourir. Et vous voilà comme un oiseau qui a fait long voyage pour choir, du ciel, juste sur mon seuil. Venez! Venez! Bien sûr qu'il y a ici de la place pour vous.

A peine quelques minutes plus tard, comme si j'étais une visite attendue chez elle, elle me proposa:

— Voulez-vous voir votre chambre?

Je montai derrière elle un escalier un peu raide. Elle ouvrit une porte. Ah! l'avenante chambre de campagne avec son grand lit en cuivre, sa table pour la toilette munie du bock à eau et du savonnier, et l'âtre, sous un manteau de cheminée garni de petites photos anciennes… «Celle de ma mère morte il y a tant d'années déjà, m'expliqua Esther… celle de notre John mort, les poumons brûlés lentement par les gaz de la Première Guerre mondiale…» puis d'innombrables keepsakes: un brin de bruyère d'Ecosse… «la plus colorée du monde…», un caillou cueilli au bord de la mer d'Irlande, des fleurs séchées sous verre. Mais surtout, en façade, cette chambre possédait deux hautes et grandes fenêtres qui donnaient sur les downs. Encadrées, nullement obstruées par le léger tulle des rideaux blancs au reste écartés du centre de la fenêtre, les grandes vagues de terre me parurent encore plus harmonieuses vues de cette petite hauteur que d'en bas. Je les voyais rouler jusqu'au plus loin, recommencer sans cesse dans l'immobilité silencieuse leur course vers l'horizon distant. Et je distinguai mieux aussi, enfin, la stèle qui m'avait intriguée.

— Qu'est-ce donc, Miss Perfect?

— Un monument érigé à la mémoire de Bodicea.

— Bodicea?

— Notre chère reine saxonne des temps lointains. Fuyant ici dans son chariot les Romains qui allaient l'atteindre, plutôt que de tomber vivante entre leurs mains, elle absorba une dose mortelle de poison. On dit qu'elle rendit l'âme à peu près à l'endroit où s'élève la stèle.

Je ne savais plus ce qui me ravissait le plus de ce que je découvrais aujourd'hui: un passé si présent ou un présent à ce point enfoncé dans le passé. Mais un ravissement même le plus rare, pas plus qu'un torturant souvenir, n'eût encore réussi à me garder réveillée. Je tombais de sommeil.

Esther retira la courtepointe, la plia et la déposa au pied du lit.

— A vous regarder, j'ai l'impression que vous êtes arrivée ici tout d'une course de votre lointain Canada et sans avoir nulle part repris votre souffle. Vous êtes épuisée. Allons, couchez-vous. Reposez-vous. Je viendrai vous avertir quand le thé sera prêt.

Je protestai d'une voix sûrement à moitié défaite par le sommeil qui me gagnait:

— Je viens d'en prendre un énorme chez Bodicea... non, chez Felicity.

— On dit ça... on dit ça... Mais je fais des biscuits chauds, et quand vous en aurez humé la bonne odeur, vous serez comme tout le monde, vous me les mangerez à la douzaine... De toute façon, le thé ne sera pas encore prêt avant une grande heure encore. Père et moi prenons ce que nous appelons le high tea. C'est un peu plus substantiel et servi un peu plus tard que le thé ordinaire. En fait c'est plutôt une sorte de supper avancé. Père aime se coucher tôt. Je lui sers donc cette espèce de repas un peu plus tôt que le souper et un peu plus tard que le thé.

— Je pensais, dis-je à moitié endormie, qu'il n'y avait que l'église anglicane à se partager en High et Low.

Pour la première fois je vis apparaître sur ses traits ce doux sourire à la fois tendre et réprobateur que j'aimerais tant et qui était chez elle, je crois bien, la seule expression de blâme qu'elle se permettait.

— Ne vous moquez pas. La High Church a sûrement ses bons côtés. Après tout la Reine y adhère. Mais nous, nous sommes Low Church. Nous estimons que Dieu est trop grand pour que nous en cherchions sa représentation en des images et des statues. Il convient d'aller à sa rencontre dans notre propre cœur seulement.

— Pourtant, lui dis-je, vous le cherchez bien à travers la musique, vous qui possédez les plus beaux hymnes du monde.

381

Je ne lui tins pas tête plus longtemps. Je vis à peine la porte se refermer sur elle qui s'en allait sur la pointe des pieds. Et comme à Dauphin, chez le chef de gare, je venais tout juste, il me semble, de perdre pied que déjà on me réveillait.

— Dear Gabrielle. Le thé est prêt. Il fait beau encore. Nous le prendrons au jardin.

Aujourd'hui, si loin de ces moments enchantés, je me fais l'impression, en les évoquant, de narrer quelque féerie. Pourtant ils me furent bien donnés tels quels. Mon imagination, que j'ai peine parfois à retenir de vouloir intervenir pour retoucher, améliorer peut-être mes souvenirs, ici ne trouve rien à changer. Tout était selon le désir le plus parfait du cœur.

Le petit jardin arrière était peut-être encore plus charmant que celui d'en avant, avec un potager où alternaient des fleurs et des herbes fines, avec un cabanon de jardinage couvert de vigne et un verger de cinq ou six arbres. La table était dressée tout au fond dans une éclaircie mi ensoleillée, mi à l'ombre, sous un vieux pommier tordu dont la branche maîtresse était si basse que j'eus à me pencher pour passer en-dessous et prendre ma place à table. Un grand vieillard aux traits souriants, à la barbe et à la tête également blanches, se leva de la sienne pour m'accueillir. Esther avait dû lui apprendre — en autant qu'elle-même le savait — qui j'étais, car elle dit simplement: «Father, our dear new friend just arrived, Gabrielle.» Et tout aussi simplement, en gardant ma main entre les siennes, il me souhaita: «Puissiez-vous être heureuse parmi nous.»

Par la suite, m'adressant à lui je le nommai évidemment Mr Perfect, alors qu'Esther, d'une voix toute pleine de tendresse, disait Father, et je reconnus bientôt que mon appellation faisait cérémonieuse et détonnait dans l'atmosphère toute chaleureuse qui nous unissait autour de la table sous le pommier protecteur. Je ne pouvais pourtant pas me mettre à l'appeler aussi Father. Tout à coup, spontanément me vint aux lèvres l'expression: Father Perfect.

Le vieillard eut un fin sourire qui plissa ses pommettes ridées en mille petits replis serrés et jusqu'à ses yeux eux-mêmes dont le bleu ciel n'étincela plus qu'à travers une mince fente des paupières.

— D'habitude, dit-il, c'est Dieu le Père que l'on nomme ainsi. Lui seul est le Père Parfait. Mais vous le dites sans irrévérence, et je veux bien essayer d'être pour vous une sorte de Père Parfait, ma très chère enfant.

Il ne devait pas l'être longtemps pour moi seule. Comment le nom que je lui avais trouvé dans un élan d'amitié allait lui rester et se répandre, je ne sais, mais au bout de peu de temps personne au village, au manoir et dans les alentours ne le nomma plus autrement. Je crois même que c'est ce qui est écrit sur sa tombe, dans le petit cimetière entre les ifs.

Quelques minutes après que nous eûmes pris place tous les trois à la table à thé, Father Perfect, s'étant soigneusement essuyé les doigts, ouvrit au hasard, comme c'était son habitude, la vieille Bible de famille que venait de lui apporter Esther. Il en lut à voix haute un passage qui avait trait, je crois me rappeler, au séjour de Joseph en Egypte. L'air autout de nous bourdonnait du chant de grâce des insectes butineurs. Il embaumait des trois herbes précieuses, le thym, le romarin, la marjolaine, dont Esther m'apprendrait que l'une était pour la fidélité et les deux autres liées à je ne sais plus, ma foi, quelles vertus. Sa lecture terminée, le vieillard ferma les yeux, joignit les mains et improvisa comme chaque jour une prière. Il demanda d'abord au Seigneur d'éloigner de nous la menace de guerre qui avait paru un moment peser sur l'Europe.

Je me rappelai alors le vent de panique qui avait passé sur Londres il y avait peu et dont au vrai j'avais eu à peine conscience, absorbée comme je l'étais par ma propre détresse égoïste. C'est donc au fond du petit jardin fleuri, saturé du bourdonnement de l'été et de ses odeurs les plus fines, que m'atteignit enfin vraiment la grande ombre terrifiante qui s'avançait sur le monde. Mais le vieillard continua sa prière et la paix nous enveloppa de nouveau de son frêle secours.

— Notre Seigneur, disait Father Perfect du ton de quelqu'un qui parle à un ami tout près de lui, toi qui nous as amené aujourd'hui du lointain Canada, que notre John, tu t'en souviens, rêvait tellement de connaître, une jeune amie dont le cœur est peut-être dans l'angoisse, accorde-nous, très doux Sauveur, de savoir comment lui être secourable. Elle aurait pu aller à mille autres endroits, frapper à bien d'autres portes. C'est à la nôtre qu'elle est venue. Nous ne pouvons donc pas nous empêcher d'y voir un signe que tu la destinais à notre sollicitude. Maintenant qu'elle est de la maison, étends sur elle, Seigneur, la même protection que sur ma chère Esther, que sur moi-même.

Le silence retomba. Je ne distinguai plus très bien le lointain encore lumineux sous les branches du pommier. Pendant que priait Father Perfect, les souvenirs des mois derniers depuis le jour où j'avais rencontré Stephen m'étaient remontés à la gorge en un flot pressé à m'étouffer, mais ils n'avaient plus tout à fait l'amer goût des semaines passées. Ils cherchaient même à se dissoudre en larmes dont il me vint quelques-unes que je parvins, je pense, à dissimuler. Mais je mis quelque temps à retrouver au bout de mon regard brouillé le consolant paysage.

En fait, comme nous nous trouvions au sommet de la pente sur laquelle était bâti Upshire, nous avions ici aussi une vue plongeante sur les environs. Tout juste passé le vieux pommier qui délimitait le petit jardin d'en arrière, commençait une suite de pâturages et de champs en friche moins harmonieux que les downs d'en avant mais qui offraient aussi un vaste espace à peine clos par la faible ligne de la forêt qui reprenait dans le lointain.

Au-delà, le ciel jusque-là si pur se montrait teinté de sombre, obscurci et comme atteint d'une sorte de maladie ou de tristesse.

— Qu'est-ce donc là-bas qui charge ainsi le ciel?

Esther me répondit:

— Londres.

— Londres!

Déjà c'était comme si je m'en étais éloignée depuis des années. J'avais toujours présent à l'esprit d'y avoir été fiévreusement accaparée, puis malheureuse à ne plus tenir à la vie, mais j'éprouvais aussi le sentiment que ce souvenir emmêlé était pour l'instant assoupi et ne me ferait pas trop de mal tant que je resterais dans cet abri qui m'en protégeait.

Esther, partie en vitesse vers la cuisine, revint apportant sur un plateau la théière fumante encapuchonnée de laine pour la garder chaude et une assiettée de ses hot biscuits cueillis tout brûlants du four. Elle avait bien eu raison de prédire que leur odeur m'ouvrirait l'appétit. J'en dévorai trois ou quatre d'affilée, recouverts de beurre et par là-dessus de miel du pays ou de confiture de prunes. Les guêpes avaient reçu leur petite part dans une soucoupe déposée à quelque distance de la table. Soudain je sentis un être vivant et chaud me frôler la jambe. Je soulevai la nappe. Une petite chatte noire aux yeux incroyablement tristes me regardait.

— Votre chatte, Esther?

— Oui et non. Elle est arrivée tout juste un peu avant vous et venant d'on ne sait où. Elle n'appartient pas en tout cas au village ni aux environs. Il y a des gens cruels. Parfois il en vient jusque de Londres pour abandonner en forêt leurs bêtes dont ils ne veulent plus. Elle a miaulé à la porte avant. J'ai été voir. Elle paraissait affamée. Elle a l'air de vouloir rester avec nous.

— C'est que votre seuil est accueillant, Esther. Lui avez-vous trouvé un nom?

— Pas encore. Je n'en ai pas eu le temps. Lui en donneriez-vous un?

Je me penchai et flattai la petite chatte perdue.

— Guinevere lui irait, il me semble.

— Guinevere! C'est un nom bien distingué pour une petite chatte qui provient peut-être des quartiers les plus misérables de Londres. Et cependant pourquoi pas en effet un nom qui la rehausserait?

La petite bête égarée se leva sur ses pattes arrière, appuyant celles d'avant sur mes genoux et s'y frotta la tête en murmurant au fond de sa gorge une sorte de remerciement.

La grande chaleur était tombée. Par instants nous arrivait en dessous des pommiers une bouffée d'air rafraîchi de son passage sur les vastes champs ouverts au-delà du jardin. Rassasiés, nous restions à causer paisiblement dans le crépuscule qui avançait. J'apprenais que Father Perfect avait été garden-boy puis aide-jardinier avant de devenir le chef jardinier du châtelain des lieux. Il avait été attaché longtemps au château que le seigneur possédait dans le Norfolk pour être ensuite affecté au petit manoir de Upshire. Depuis quelques années à la retraite, il avait la jouissance pour Esther et lui-même, leur vie durant, du cottage en plus d'une petite rente et de certains droits comme, par exemple, de ramasser le bois mort et de prendre du petit gibier dans la partie de la forêt qui relevait toujours du manoir. Il aimait y faire encore son tour presque quotidiennement, un peu pour venir en aide au garde-forestier qui ne suffisait plus à la surveillance, un peu aussi pour son plaisir. Il en rapportait des champignons, de bons fagots secs qui flambaient vite, parfois seulement des fleurs. A l'écouter, je comprenais enfin d'où venait à ce vieillard sa bonté paisible, sa douceur rare, quelque chose en lui comme d'une innocence à jamais préservée. C'est qu'il n'avait apparemment rien fait d'autre au long de sa vie que de prendre soin de ce qui embellit le monde. «Les roses de notre roseraie de Norfolk... j'aurais voulu que vous les ayez vues, me disait-il... Elles se tenaient comme des reines alignées à attendre le jour. Et l'on n'aurait pas été tellement surpris au fond de les voir lui faire la révérence... savez-vous!... encore que les roses sont orgueil-leuses... et ne plient pas beaucoup même sous l'orage...»

A la fin, tout alangui pour être retourné à ses plus vieux souvenirs et peut-être ébranlé aussi par l'émotion de mon arrivée, il eut l'air épuisé. Il se leva, nous souhaita le bonsoir, nous bénit toutes deux et entra se retirer pour la nuit.

Je m'offris à aider Esther à desservir.

— Oh non! Pas encore! dit-elle vivement. Restons plutôt à causer encore un peu. J'aime bien écouter père. Vous avez vu, il est adorable. Mais c'est chaque soir la même histoire: les roses du Norfolk, les poules faisanes de la forêt réservée qui le reconnais-saient et le suivaient pas à pas... Que voulez-vous! Il a vécu dans une sorte de jardin d'Eden, et le malheur des hommes ne l'a pas touché autant qu'il atteint la plupart. Et de l'Eden il n'y a pas grand-chose à dire au fond, ne trouvez-vous pas, une fois qu'il a été raconté. Restez un peu... Il y a si longtemps que je n'ai eu quelqu'un avec qui parler de choses et d'autres à l'heure où l'on dirait que les mots viennent d'eux-mêmes aux lèvres... vers le crépuscule... par exemple.

Pour moi, il était plutôt l'heure du silence et du rêve s'épa-nouissant en cercles de plus en plus paisibles jusqu'à disparaître en une surface lisse comme une nappe d'eau à la nuit. Mais ainsi tout serait bien entre nous. Esther raconterait à cœur ouvert, et moi je l'écouterais en silence.

En fait, elle parla peu, quelques mots seulement à la fois, entre de longs moments de méditation. Mais chaque petite phrase sonnait si juste, provenait d'une réflexion si appropriée, résumait tant de sagesse, était énoncée en termes si parfaits que chaque fois j'en dressais l'oreille.

— Où donc avez-vous appris tant de choses, Esther?

— Certainement pas à l'école, en tout cas. Je l'ai quittée à l'âge de douze ans pour entrer en service chez nos maîtres. Eux avaient beaucoup de livres. Les demoiselles assises au jardin dans leur chaise longue les laissaient parfois tomber de leurs mains. En ramassant derrière elles leurs affaires, j'avais le temps parfois d'ouvrir un livre, de lire quelques lignes et je m'étonnais déjà qu'elles fussent si peu retenues par de pareils trésors. Plus tard, les demoiselles m'en donnèrent, peut-être pour s'en débarrasser. Je lisais souvent à la flamme de ma bougie, dans mon coin de mansarde, jusqu'à ce que je tombe de sommeil.

— Qu'avez-vous donc lu ainsi, Esther?

— Ah! que j'ai été chanceuse! Nos maîtres tenaient à ce que leurs demoiselles lisent le meilleur, ce qu'ils n'avaient pas eux-mêmes lu... et les gouvernantes y voyaient... J'ai lu tout *Paradise Lost*. J'en sais encore de longs passages par cœur. J'ai lu aussi *Pilgrim's Progress* que j'ai trouvé un peu ennuyeux par bouts, je l'avoue à ma grande honte. Puis Jane Eyre, les Brontë, *Gulliver's Travels*, presque tout Tennyson, Browning, les deux, lui et Elizabeth, et surtout, bien entendu, la Bible, le Livre des livres, tout y est, dearest Gabrielle, de ce qu'il importe de savoir. Mais j'aime bien aussi, de même que la Bible, ouvrir chaque jour, au hasard, mon Shakespeare. Il est rare que je ne tombe pas sur une phrase qui ne me porte pas au ravissement et ne m'accompagne pas pour ainsi dire toute la journée. Ou ne m'apprenne pas à moi-même ce que je pensais sans le savoir, et que je ne suis donc pas la seule à penser comme je pense. Alors ma pauvre vie solitaire s'entrouvre, et je deviens comme riche et entourée et je suis loin tout à coup d'être seule. En est-il de même pour vous, dear Gabrielle?

Le cœur troublé de si précieuses confidences, je ne savais que répondre. A mes pieds s'était couchée Guinevere qui, tout en sommeillant, repartait, de temps à autre, à ronronner. Au loin, là où une heure auparavant j'avais vu la souillure du ciel, apparaissaient, faibles encore, des lumières, et tout était changé. Londres avait perdu sur moi son pouvoir d'effroi comme Paris le sien quand, du haut d'une chaise, par la tabatière ouverte, je l'avais contemplé pour ainsi dire à mes pieds, dans sa bénignité. Ah, que j'ai aimé les grandes villes, à peu de distance, à l'heure assombrie, alors que s'allument leurs lumières qui disent comme rien d'autre

387

au monde la fraternité des hommes. De minute en minute crois-saient celles de Londres. Maintenant elles étaient innombrables.

— Je n'aurais jamais cru, dis-je, que j'en viendrais à veiller avec Londres, à distance, comme avec une connaissance silen-cieuse et douce.

— J'y vais une fois par année avec Père, me confia Esther. Nous allons rendre visite à ma sœur Heather. Vous ne pouvez imaginer sœurs plus dissemblables qu'Heather et moi-même. Elle, elle est partie jeune faire sa vie à Londres. Elle est délurée, pimpante, toujours mise à la mode, porte des chapeaux extrava-gants, marche dans des souliers à talons hauts, va au spectacle, lit des revues un peu effrontées à mon goût. Je me sens bien vieux jeu à côté d'elle. Pourtant je ne changerais pas plus de vie avec elle qu'elle sans doute n'en changerait avec moi... A part notre visite à Londres dont je rentre toujours terriblement brisée, nous allons aussi une fois par année, Père et moi, à la mer. Une journée par année à la mer, il faut bien cela, n'est-ce pas, pour n'en pas perdre le souvenir dans notre tête et dans nos oreilles. Père se fatigue vite. Nous allons donc au plus près, à Bradwell on Sea. Nous n'y allons d'ailleurs, remarquez, que pour nous asseoir face à la mer, la regarder et l'écouter.

Enfin nous sommes rentrées. Esther refusa que je l'aide pour ce soir-là.

— Vous êtes comme quelques-unes de mes fleurs qui crou-lent soudain à la fin d'une journée qui équivaut pour elles à presque toute la vie pour nous sans doute.

Elle m'alluma une bougie. A sa lueur tremblante, en traver-sant le sitting-room je pus distinguer, dans leur rayonnage, quel-ques titres des livres qu'elle m'avait dit avoir lus. Ils semblaient faire partie de cette pièce comme des hôtes de longue date toujours fréquentés.

— Est-ce que ce sont les livres que vous ont donnés les maîtres?

— Pas tous. Père et moi, sur notre petite rente, en économi-sant un peu sur le charbon l'hiver, un peu sur les sorties autres que le voyage à Londres et à la mer, nous avons réussi à nous en acheter quelques-uns de plus récents, pour nous tenir tout de même un peu au courant du monde d'aujourd'hui. Nous vivons une belle vie malgré tout, comme vous le voyez, sauf pour une chose qui continue à me manquer peut-être... C'est que je n'ai jamais vu jouer, figurez-vous, une seule pièce de Shakespeare. Comment est-ce? Très beau, n'est-ce pas?

— Inoubliable, Esther!

— Ah, je m'en doutais!

Nous montions l'une derrière l'autre l'escalier qui aboutissait au palier étroit sur lequel s'ouvraient nos trois chambres, celle de Father Perfect, celle d'Esther et la mienne qui était la plus spacieuse et la mieux orientée.

Esther me passa la bougie.

— Il y a une lampe toute prête et des allumettes à votre chevet, ainsi que des livres si vous désirez lire un peu. Mais je vous engage à dormir au plus tôt. J'aimerais vous voir meilleure mine demain et surtout voir disparaître ces traces de peine qui vous restent dans les yeux.

Elle me posa un baiser sur le front.

Et comme chaque soir tant que je serais sous son toit, cette fois-ci, et plus tard quand j'y reviendrais presque heureuse et, plus tard encore, quand de nouveau je reviendrais, moins heureuse, elle me souhaita tendrement:

— Night-night, Gabrielle.

Je soufflai ma bougie. Le temps de m'émerveiller que ma barque errante eût atteint si bon port, et je dormais à la brise qui venait des downs roulant leurs crêtes à la rencontre des crêtes de la mer.

XII

Je m'éveillai l'âme en paix comme jamais depuis la Petite-Poule-d'Eau peut-être, mais non, depuis bien avant, depuis le temps des vacances à la ferme, chez mon oncle, quand au réveil, le premier matin, n'ayant pas su tout de suite où j'étais, je le reconnaissais aux odeurs qui flottaient vers moi du dedans et du dehors et que je me découvrais sûre d'être à nouveau heureuse dans la chère maison où je n'avais connu que calme et félicité.

Du grand lit en cuivre, je pouvais suivre le déferlement des downs qui me parurent plus attirantes encore que la veille sous la douce lumière du matin qui en tirait des éclats d'un vert soyeux. Je retrouvai du regard la stèle qui marquait l'emplacement de la mort de la reine saxonne. En étirant un peu le cou, je pus apercevoir le petit château dont Esther m'avait appris qu'il servait maintenant d'orphelinat, les seigneurs l'ayant légué à une œuvre de bienfaisance, pour aller habiter, tout au bout du village par lequel j'étais arrivée, mais au long d'une autre route que celle que j'avais suivie, une demeure presque dissimulée dans la forêt.

Or en même temps que cette paix si longtemps absente revenue m'habiter, je découvris en moi, ce matin-là, le vif désir d'écrire, né tout aussi instantanément. Cela m'était déjà arrivé: je m'éveillais heureuse de vivre, dans des dispositions de tranquillité, de disponibilité, et, du même coup, surgissait dans mon esprit une histoire pour ainsi dire toute prête, que j'avais grande envie de raconter. Mes meilleures moissons d'idées, d'images, de récits, je les ai presque toujours cueillies au réveil, comme si elles provenaient du repos, du sommeil, de l'ombre ou de quelque longue poursuite, menée à mon insu, à travers mes rêves. Mais il m'avait toujours fallu être prompte à les saisir si je ne voulais pas tout perdre, car si rien n'est aussi précieux que ces dons du réveil, rien aussi n'est pareillement fugitif. Je courus à une petite table sous l'une des grandes fenêtres où il y avait de quoi écrire. Je détachai avec précaution quelques pages du milieu d'un cahier d'écolier afin de ne pas l'abîmer s'il servait de livre de compte à Esther, comme cela paraissait le cas, car c'était manifestement là son coin d'écriture. Je pris un crayon et retournai dans le lit me mettre à écrire, adossée à la pile des oreillers, les merveilleuses downs sous mes yeux.

L'histoire que je me mis à écrire, ce matin-là, d'un tel cœur, aujourd'hui ne compte guère. Si je m'y attarde, c'est qu'elle était tout de même mieux que ce que j'avais écrit jusque-là, qu'elle venait bien et surtout qu'elle m'entraînait dans un mouvement irrésistible, me soustrayant à tout ce qui n'était pas elle, et ainsi me rendait au bonheur que je n'avais connu depuis longtemps. Aujourd'hui que je raconte ces choses, je m'aperçois enfin comme il est curieux que ce soit seulement lorsqu'on est en quelque sorte ravi à soi-même que l'on puisse être heureux, et pourtant c'est bien ainsi, je crois, que cela se passe pour tous.

Or, cette histoire que j'avais découverte m'attendant pour ainsi dire au réveil et qui venait si bien, elle me venait dans les mots de ma langue française. Pour moi qui avais parfois pensé que j'aurais intérêt à écrire en anglais, qui m'y étais essayée avec un certain succès, qui avais tergiversé, tout à coup il n'y avait plus d'hésitation possible: les mots qui me venaient aux lèvres, au bout de ma plume, étaient de ma lignée, de ma solidarité ancestrale. Ils me remontaient à l'âme comme une eau pure qui trouve son chemin entre des épaisseurs de roc et d'obscurs écueils.

Je ne m'étonnais pas d'ailleurs que ce fût en Angleterre, dans un hameau perdu de l'Essex, chez des gens hier inconnus de moi, que je naissais enfin peut-être à ma destination, mais sûrement en tout cas à mon identité propre que jamais plus je ne remettrais en question.

C'est que tout, au fond, de l'événement de ce matin-là, me paraissait d'une évidente et parfaite clarté. J'étais arrivée la veille, par une sorte de miracle — mais il allait se reproduire bien des fois dans ma vie — chez des gens qui d'instinct m'aimèrent. Or là où je me suis sentie aimée et portée à aimer, je me suis trouvée en sécurité. Et là où je me suis trouvée en sécurité, j'ai retrouvé le courage. Seule l'affection, je le sais maintenant depuis long-temps, peut me porter à ce degré de confiance où je ne crains plus la vie. Et alors j'ose m'élancer dans ce travail sans fin, sans rivage, sans véritable but, au fond, qu'est l'écriture. Appuyée comme je me sentais l'être ce matin-là par l'amour gratuit du vieil homme et d'Esther, je sentais peut-être aussi de mon devoir de le leur rendre à ma manière. J'avais sept ou huit pages d'écrites quand Esther entra avec le plateau du breakfast.

Elle me le déposa sur les genoux en repoussant un peu les feuillets qui encombraient la couverture.

C'était un si énorme repas que je protestai, sûre de ne pou-voir jamais en venir à bout mais pour m'entendre aussitôt prêcher exactement comme rue Wickendon:

— Toute bonne journée commence par un substantiel breakfast.

Alors, l'esprit détaché pour un instant du déroulement de mon récit, je mesurai le long chemin que j'avais malgré tout parcouru depuis cette rue de malheur, alors que si souvent je me reprochais de n'avoir en rien avancé. En cours de route, je dus buter toutefois sur un souvenir qui réveilla en moi la lancinante douleur toujours prête à surgir à la moindre évocation de Ste-phen, car subitement les downs, l'admirable paysage que je fixais, tout disparut à mes yeux pour me laisser me voir seule, sans soutien, démunie. Prompte à interpréter les variations d'un visage humain comme celles du ciel, qu'elle consultait sans cesse pour établir des pronostics, Esther me reprocha:

— Vous voilà repartie dans vos mauvais chemins. Tantôt vous étiez tout bonheur comme une enfant dans ses jeux. Revenez-y. Mais avant tout goûtez ce beau kipper que j'ai été chercher exprès pour vous ce matin chez le mareyeur à Walthams-tow. Ensuite, s'il le faut absolument, vous continuerez quelque temps encore vos gribouillages. Mais n'oubliez pas: les belles journées que Dieu vous donne ne durent pas indéfiniment.

Après-midi, si vous le voulez, nous irons nous promener en forêt... ou sur les downs... comme vous préférerez.

— Oui, sûrement, Esther. Mais j'ai le sentiment qu'il me faut mériter mes joies. Et ce matin, en m'éveillant sous votre toit, j'en ai trouvé une des plus grandes de ma vie.

La vaisselle du lunch lavée et rangée, Father Perfect à sa sieste, nous sommes parties, Esther et moi, du côté des downs. A peine franchies une clôture et une petite élévation, nous étions livrées à une étendue qui semblait ne plus appartenir qu'au vent et aux nuages. De lointains bruits de ferme, l'aboiement d'un chien, le cri d'une poulie, un chant de coq, nous parvenaient de temps à autre, juste assez perceptibles pour nous relier plaisamment au monde habité. Je ne pouvais revenir de ma surprise de ce qu'un pays que l'on dit petit et surpeuplé pût offrir de si grands et beaux paysages, pour ainsi dire perdus sauf pour la contemplation.

Les landes du nord étaient infiniment plus rudes, m'apprit Esther. Plus rudes, plus envoûtantes aussi. Elle s'en ennuyait toujours. Elle se rappelait y avoir marché pendant des heures, l'âme curieusement heureuse et délivrée au sein de ces farouches étendues grises, tristes... et cependant nobles, me dit-elle.

Elle connaissait tout des downs et jusqu'à ses herbes les plus modestes. A tout instant elle se penchait, cueillait à mon intention un brin d'herbe, une graminée, une toute petite fleur, m'en disait le nom et à quoi elle pouvait servir, comme fourrage, comme remède ou simplement à composer un bouquet d'hiver alors que manquent les fleurs fraîches pour égayer la maison. Poussée à agir par ce que j'apprenais si facilement, je me déterminai dès cet après-midi-là à me faire enfin, pour la première fois de ma vie, un herbier. Rien qu'avec ce que nous rapportions de cette première promenade, j'avais de quoi couvrir plusieurs pages. Dès que je m'y serais mise, Father Perfect n'allait plus cesser de m'apporter jour après jour une abondante moisson : de l'ivraie, un exemplaire du Shepherd's Purse — qui devient si curieusement en français de la bourse-à-pasteur — de l'herbe à chat... Le vieillard allait prendre presque autant de goût que moi à voir représentées dans mon livre les plantes les plus spécifiquement anglaises ou les plus rares. Hélas, mon bel herbier auquel je travaillai avec tant de plaisir, soir après soir, sous la lampe du parlor, aidée d'Esther qui me montrait comment sécher puis coller les fleurs et les tiges, je devais l'égarer dans un de mes nombreux déplacements. Je le regrette encore. Avec lui me semble perdu le témoin d'un temps où je fus occupée le plus innocemment du monde.

Nous sommes revenues par un sentier dans la forêt. Par habitude d'économie, Esther, plutôt que des fleurs, ramassait maintenant, çà et là, des bouts de bois mort. Ils suffiraient, dit-elle, à faire bouillir l'eau de thé et même à réchauffer les premières soirées d'automne tout juste un peu fraîches. C'était toujours ça de pris sur l'achat du charbon, très cher, et même sur les bûches dont il fallait remplir le cabanon, l'hiver. Et puis, sans grand effort de sa part, elle soulageait ainsi son père qui se croyait obligé, revenant de la forêt, de se charger de bois beaucoup plus qu'il n'aurait dû. Sujette comme je l'ai toujours été à l'esprit d'émulation, je me mis de mon côté à ramasser du bois tombé. J'en cherchai de plus en plus gros, jusqu'à en venir à m'attaquer à des moitiés d'arbres que j'avais peine à tirer et dans lesquelles je me prenais les pieds et m'empêtrais. Nous sommes rentrées au village par sa partie haute, moi chargée à l'égal de ces bourricots de misère que l'on ne distingue même plus sous leurs faix qui les débordent de tous côtés. Nous nous sommes trouvées à passer devant le pastorage d'où sortait justement la châtelaine qui salua Esther, à ce qu'il me parut, d'un salut plutôt bref, puis attacha sur moi un regard perplexe. J'ai souvent pensé que j'avais pu, ce jour-là, mettre Esther dans l'embarras par mon excès de zèle qui pouvait donner à croire que nous étions, à Century Cottage, réduits à l'extrême pauvreté. Elle ne me dit pourtant absolument rien à ce sujet pour ne pas gâter sans doute le grand plaisir que j'avais eu à me croire utile. A l'avenir cependant, quand nous rentrerions encore bien des fois chargées, à moins qu'il ne fît nuit noire, nous reviendrions par les champs arrière et la petite barrière donnant sous les pommiers. J'avais tout de même dû piquer à vif la curiosité de la châtelaine qui nous envoya bientôt porter une invitation à prendre le thé au manoir. Esther s'en montra plutôt ennuyée.

— Je vais avoir à ressortir ma robe déjà démodée il y a trois ans, que j'avais un peu rafistolée pour ma dernière invitation au manoir, alors, comme c'est curieux! que j'avais justement à la maison quelqu'un que milady ne parvenait pas à situer comme appartenant à mon monde.

A peine de retour au cottage, pendant qu'Esther mettait l'eau du thé à bouillir sur la flamme de nos fagots, je courus à ma chambre rattraper le fil de mon histoire. J'étais animée par un feu inextinguible. Peu m'importait qu'il ne donne encore naissance, malgré son ardeur, qu'à bien peu de chose. Mais je suppose que je ne savais pas alors que ce que j'écrivais était peu de chose. J'écrivis plusieurs pages avant de prendre conscience qu'Esther m'appelait d'en bas.

Je descendis prendre ma place au jardin. Le crépuscule montait doucement comme une marée tranquille du fond du pâturage. Bientôt s'allumeraient dans le lointain un peu brumeux les myriades de lumières de Londres. Mais en deçà, j'avais appris à distinguer les groupes de feux de quelques petites villes plus près de nous: Walthamstow où Esther allait souvent à bicyclette aux emplettes, Waltham Cross et peut-être quelque peu Waltham Abbey où j'irais avant longtemps visiter sa vieille petite église trapue, l'une des plus rares en Angleterre.

C'est ce soir-là seulement que je m'aperçus tout à coup avoir oublié, dans mon trop grand bien-être, d'apprendre à Gladys où j'étais et qu'il me vint enfin à l'esprit qu'elle pouvait être mortellement inquiète à mon sujet, n'ayant pas eu de nouvelles de moi depuis deux jours.

Je courus aussitôt à la cabine téléphonique qui se trouvait devant la poste, tout à côté de chez Esther.

Peut-être Gladys avait-elle été réellement affolée par ma disparition. Mais en apprenant que j'étais vivante et apparemment bien portante, elle piqua une colère épouvantable, ne me laissant pas placer un mot et m'abreuvant des plus cinglants reproches.

Quelle sorte de fille étais-je donc pour être partie ainsi sans même laisser un mot derrière moi? Aurait-ce été vraiment un trop grand effort que d'avertir au moins les voisins? Elle n'avait pas fermé l'œil de la nuit dernière. Geoffrey avait été partout demander si on ne m'avait pas vue. Et à cette heure où je daignais enfin téléphoner, ils étaient sur le point de faire appel à la police.

J'aurais pu dire, à ma décharge, que Geoffrey, absorbé par une réparation ou en course pour la journée, et elle-même terrée à Hampton Court sans donner signe de vie, avaient bien souvent passé plusieurs jours sans même s'apercevoir si j'étais là ou non. Mais je me sentais malgré tout assez coupable pour ne pas chercher à me défendre. Je dis simplement que je regrettais vivement d'avoir été pour elle et Geoffrey une telle cause d'ennuis et d'inquiétude et que je serais bientôt à la maison pour y prendre mes effets.

Le lendemain je partis tôt pour Wake Arms par un raccourci que m'avait enseigné Esther. Au bas de la pente du village, je devais prendre le chemin à droite, à un carrefour peu évident et qu'il fallait faire très attention de ne pas manquer. Je longerais le mur de pierre qui entourait le manoir. J'arriverais à un immense champ labouré. Je devrais me tenir sur le côté où il y avait une sorte de sentier battu à la longue par les gens qui connaissaient ce raccourci. Autrement j'enfoncerais à chaque pas dans la terre grasse et ce serait épuisant. Avant d'atteindre la route principale, il ne me resterait plus qu'un petit bout à faire en forêt plutôt solitaire et je devrais le franchir en chantant à tue-tête, car rien, selon Esther, n'éloignait mieux les vilains que le chant montant en pleine solitude d'un cœur serein ou qui cherche à le paraître. Je ne me rappelle pas si j'ai chanté en traversant ce bout de chemin sombre, sinon quelquefois peut-être, de bonheur, en revenant de Londres, à la pensée que je rentrais à ce qui était alors pour moi mon véritable, mon seul chez-moi dans le monde.

Gladys n'avait toujours pas décoléré. Pendant que je ramassais mes affaires, elle me suivait pas à pas en me rabâchant que j'avais perdu Bohdan par ma faute et sans doute aussi Stephen, un jeune homme si attachant, que je perdrais sans doute ainsi tous ceux qui avaient le malheur de m'aimer. J'étais une nature ingrate, me disait-elle. Ainsi quelle gratitude lui avais-je marquée à elle qui avait tant fait pour moi!

Cependant, lorsque j'eus à peu près tout enfoui dans mes deux valises, sauf mon béret que j'avais oublié d'y mettre et que je posai sur ma tête, apparaissant ainsi aux yeux de Gladys à peu près telle qu'elle m'avait vue pour la première fois, elle changea totalement d'attitude. Une larme lui vint à l'œil.

Qu'allais-je donc devenir, pauvre enfant! me demanda-t-elle, et elle me proposa de rester, que tout serait oublié, que d'ailleurs elle était bien plus à blâmer que moi, m'ayant si souvent laissée à me débrouiller seule pendant qu'elle cherchait elle-même la paix et l'oubli.

Je lui représentai que je n'avais pas les moyens de payer à deux endroits à la fois. Elle me dit que je pouvais rester quelque temps au moins pour rien. Je lui rétorquai que je ne pourrais jamais accepter pareil marché. Elle fut sur le point de se retourner encore une fois contre moi, puis de nouveau se radoucit et s'offrit à m'accompagner jusqu'à l'autobus pour m'aider au moins à y charger mon bagage. J'eus tellement peur qu'elle aille se mettre en tête de venir jusque chez Esther que je refusai net, l'assurant que j'étais parfaitement capable de me débrouiller seule. Alors elle vira encore complètement d'humeur.

Eh bien que j'aille au diable! Si j'étais venue seule du Canada, si j'avais couru à l'aventure en forêt d'Epping, je devais bien être capable en effet de me charger de mes deux valises.

Geoffrey vint cependant à ma rencontre à mi-chemin de l'escalier pour les prendre et me les porter jusqu'au taxi qui m'attendait. Quant à ma malle garde-robe, il la garderait dans un coin de la boutique jusqu'à ce que je l'envoie chercher.

— Bye bye, me souhaita-t-il assez aimablement. Ne prenez pas trop à cœur les violences de Gladys. Au fond elle est comme le vent et change sans cesse de cap, mais elle est incapable de ressentiment.

Elle accourait en effet justement pour me prier d'écrire, de donner au moins mon adresse, de m'arrêter quand je repasserais par Lily Road, prendre une tasse de thé.

Sans aucun regret, à ce que je crus alors, je quittai ce quartier où je devais pourtant revenir tant de fois en pensée vers des souvenirs parmi les plus insistants de ma vie.

Cette course en taxi était pour moi le plus folle extravagance, mais j'avais trop hâte d'être de retour à Upshire pour risquer, en prenant l'autobus, de rater la correspondance avec le premier Green Line en direction d'Epping Forest. Ce qui m'arriva pourtant. Je descendis du taxi tout juste pour voir filer au bout du square mon cher petit autobus tout fringant de s'élancer vers les verdoyants espaces. Je m'assis sur le même banc que j'avais occupé le jour où j'avais pris ma course vers l'autobus en marche. J'aurais pu pleurer de chagrin. Je n'étais pourtant retardée que d'une heure mais cette heure avant la paix retrouvée me paraissait devoir être l'éternité. A supposer que l'autobus que je venais de voir disparaître eût été le dernier de la journée à destination d'Epping Forest, je me demande parfois si je n'aurais pas été assez possédée pour me mettre en route à pied, comme autrefois vers la ferme de mon oncle, dans la neige et sous la pluie, à l'appel sur nous de l'endroit de ce monde où nous avons connu ne serait-ce qu'un instant de tranquille bonheur.

Ce que je vis en tout premier lieu en descendant à Wake Arms me poigna le cœur. Sous le ciel déployé, ses fins cheveux blancs voltigeant au vent, Father Perfect m'attendait depuis des heures sans doute, avec à ses côtés une grossière brouette que j'imaginai faite jadis par lui-même, sur laquelle nous allions charger mes affaires. Nous nous sommes aussitôt mis en route, presque sans parler, le vieillard gardant son souffle pour pousser la brouette en terrain raboteux. Il me dit seulement qu'au moment de partir à ma rencontre il avait eu l'idée de la prendre pour le cas où je rapporterais des choses de Londres. Je m'offris de l'aider à la pousser mais il refusa d'un mouvement de la tête.

Nous atteignîmes le vaste champ labouré. Le crépuscule l'envahissait. Ce n'était plus qu'un grand espace tout empli d'une vague matière bleutée, fluide et si légère qu'elle évoquait bien plus le monde d'au-delà du perceptible qu'une parcelle de ferme mise en repos. Enfin le vieillard abaissa les brancards. Il regarda longuement le champ inondé d'une telle douceur qu'elle paraissait être l'enveloppe à demi transparente du bonheur, malgré tout proche et accessible si nous savions seulement en trouver le chemin. Il me dit que la journée leur avait paru longue à Esther et à lui, qu'ils s'étaient languis de moi, qu'il y avait certains êtres auxquels on s'attachait ainsi très vite et qu'on devait regretter cependant toute la vie peut-être, si on avait le malheur de les perdre. Il reprit les brancards, nous avons marché un bout encore et de nouveau le vieillard s'arrêta pour se reposer et, cette fois, après avoir retrouvé son souffle, il me confia sur un ton gai qu'Esther me gardait au chaud, dans le four, ma part de shepherd's pie qu'elle avait particulièrement bien réussi aujourd'hui.

Nous avons atteint l'extrémité du champ et allions attaquer le sentier qui longeait le domaine du châtelain. Tous deux nous nous sommes arrêtés pour jeter un dernier regard en arrière sur cet espace étrange à moitié dissous maintenant dans la nuit qui approchait. Ce champ, je l'ai vu aux toutes premières clartés du jour quand je partais tôt pour Londres, je l'ai souvent vu presque à la nuit ou encore sous le plein soleil. Je pense bien maintenant que ce devait être un champ tout à fait ordinaire. J'en ai certainement vu ailleurs de plus grands et de plus admirables. D'où vient qu'aucun autre ne m'ait pareillement émue et que j'en porte toujours le souvenir en moi comme un des dons précieux et rares de la vie? C'est peut-être parce qu'en y arrivant, sans que je puisse en connaître la raison, je me sentais aussitôt allégée, purifiée.

Nous avons débouché de l'ombre épaisse des arbres pour nous trouver dans la faible lumière que projetaient les deux réverbères d'Upshire... ou étaient-ils trois? Du pub, assez loin encore, nous parvinrent, réunies en une sorte de grondement, des voix d'hommes. Ils y étaient pourtant rarement plus de douze à quinze, venus des fermes d'alentour, les soirs de semaine, mais vite échauffés par la bière, ils parlaient très haut et apparemment tous ensemble.

Faisant écho à ce rude concert, s'élevait de la petite église entre les ifs alignés, la veille du dimanche ou des jours de fête, la chorale répétant, strophe après strophe, des hymnes tout pleins du plus délicat amour pour Dieu et ses créatures.

Des voix éméchées et des voix angéliques, voilà vraiment les seuls bruits que j'aie jamais entendus à Upshire, passé huit ou neuf heures du soir.

A la barrière nous attendait Esther, Guinevere se frottant à ses jambes.

— Elle vous a cherchée toute la journée, m'apprit Esther. J'ai dû lui parler un peu fort. Elle n'arrêtait pas de me demander la porte d'en avant pour guetter votre retour.

Nous avons pris place à la grande table de la salle à manger doucement éclairée par la lampe à abat-jour écru. Sur le dressoir brillait le meilleur service de table tout disposé pour le repas. Pour fêter mon retour Father Perfect, quoique épuisé, remettait à plus tard de se retirer, tenant à prendre avec nous le souper.

Au bout de la table, il ajusta ses lunettes, ouvrit la Bible, en lut un passage, puis, les yeux fermés et joignant les mains, il dit simplement :

— We thank Thee, O Lord, to have brought back to us, safe and sound, our Gabrielle.

Désormais je n'en pourrais plus douter : j'étais chérie de ces êtres comme moi-même les chérissais. Mais en vertu de quoi et comment avais-je pu mériter le don si entier de leur confiance ?

Le lendemain je repris aussitôt le rythme de la journée tel que je m'y étais engagée avant mon voyage à Londres. Je me levais tôt, m'aspergeais le visage de quelques gouttes d'eau froide puisée dans mon broc, courais à la fenêtre admirer les downs, tout en me démêlant les cheveux. Revenue dans mon lit, adossée à mes oreillers empilés, je me jetais avec frénésie dans mon écriture. Je tapais sur ma petite machine à écrire rapportée de Londres, une portative légère, posée sur mes genoux.

Mes phrases peu exigeantes, plus piquantes que profondes, ne me donnaient pas grand mal. Elles venaient à moi bien plus que je n'avais à aller les chercher. Si l'une d'elles parfois se faisait un peu attendre, je levais machinalement les yeux sur les downs et en recevais, il me semble, de l'encouragement, même si dans mon état d'absorption je les voyais à peine. Il en fut d'ailleurs toujours ainsi dans ma vie. J'ai toujours eu besoin, pour travailler, de faire face à une fenêtre et que cette fenêtre donne sur un aperçu de ciel et d'espace — j'allais dire : d'espérance. Appliquée à ma tâche, je ne vois plus le paysage. N'importe! Il suffit que je le sache là pour me sentir réconfortée, emportée, soustraite peut-être à la condition de servitude qui est le lot de tout être, mais encore plus sans doute, quoi qu'on en pense, de l'écrivain, interprète des songes des hommes, mais qui n'y a pas accès à son gré et reste souvent à la porte, à attendre comme un pauvre.

Quand Esther surgissait avec le plateau du breakfast, j'avais souvent déjà une dizaine de pages d'écrites, répandues autour de moi sur le lit.

Elle me grondait, disant que ce n'était pas sain de travailler ainsi sur un estomac vide.

Je lui reprochais à mon tour de se fatiguer à me monter le breakfast et lui annonçais que dès le lendemain je descendrais déjeuner avec elle au coin de la table.

Elle me l'interdisait sous prétexte que, le matin, elle aimait bien avoir à elle seule la maison toujours un peu en désordre pour ranger à son aise et commencer sans hâte les préparatifs du lunch.

Disait-elle vrai? A la lumière claire du matin, si je prenais vraiment le temps de sonder son visage, Esther m'apparaissait plus âgée que la veille, à la lueur douce du crépuscule, et même parfois l'air très fatiguée. Mon déjeuner déposé sur mes genoux à la place de la machine à écrire repoussée plus loin, elle ne s'attardait pas comme les premiers matins à causer assez longuement, voyant bien que j'étais davantage «dans vos histoires, m'avait-elle dit, que dans le vif de la vie».

Je m'étais indignée.

— Mais c'est la même chose, Esther!

— La même chose! Dans certains livres très rares, presque, oui! Mais, en dépit de ce que j'ai beaucoup reçu des livres, il me faut convenir que peu m'ont parlé comme me parle la vie elle-même.

Sa perspicacité me jetait dans le désarroi et la confusion, tellement je ressentais qu'elle disait vrai. En étais-je donc encore à perdre mon temps? A courir après des illusions? Ragaillardie par trois ou quatre tasses de thé bues d'affilée, je reprenais malgré tout confiance dans mes inventions qui n'avaient d'autre mérite, si c'en est un, que d'être enlevées.

Après avoir terminé la longue nouvelle que j'avais commencée presque dès mon arrivée chez Esther, j'en mis une autre en marche. Il me semblait qu'il n'y avait pas de fin à ce qui se présentait à mon esprit et que j'allais continuer à vivre dans cette griserie. J'attaquai une série de courts articles sur le Canada dont le sujet m'était venu en répondant à des questions d'Esther sur la vie là-bas, comment elle se déroulait, comment étaient l'hiver, l'été, la population... A peine en eus-je terminé trois, écrits du même souffle, qu'en un coup de tête je les adressai au directeur d'un hebdomadaire parisien que je connaissais seulement pour en avoir acheté un exemplaire à Londres, à l'occasion, et je courus aussitôt les jeter à la poste par peur de changer d'idée si j'attendais seulement une heure.

Parfois, je frémis encore de mon audace de ce temps-là. N'ayant personne pour me guider, me corriger, me relisant d'ailleurs à peine moi-même, mes textes devaient avoir à peu près l'allure de ce que je considère aujourd'hui comme un premier jet et n'oserais montrer à personne. Peut-être, après tout, faut-il aborder dans une certaine inconscience le rigoureux chemin où je m'engageais sans presque m'en apercevoir... Car autrement, qui prendrait cette route sans fin?

Après le lunch, toujours copieux, que j'avalais avec peine, car j'étais encore tendue par l'effort de quatre ou cinq heures de travail, Esther m'envoyait me reposer pendant qu'elle ferait la vaisselle, refusant encore une fois mon aide, sous prétexte, cette fois-ci, qu'elle aimait bien profiter de cette tâche qui laissait l'esprit libre pour revoir dans sa tête des bouts d'hymnes inscrits à l'office du dimanche suivant, ou encore élaborer le menu de la prochaine journée. Ensuite elle montait s'allonger elle-même dans la chambre voisine de la mienne. Environ trois quarts d'heure plus tard, elle donnait un faible coup de jointure dans ma porte en demandant à voix basse au cas où j'aurais dormi: «Ready?»... et nous partions pour des promenades des plus heureuses. Dans la vie d'Esther toute de prière, de sérieux et de dévouement, elles devinrent, je pense, une sorte de récompense, et à moi aussi elles apparaissent de même aujourd'hui.

Nous prenions le plus souvent par le côté des downs comme la première fois, mais pour aller beaucoup plus loin, si loin parfois que nous sommes revenues très en retard pour le thé, trouvant à la barrière Father Perfect inquiet et affamé.

— Pardonne-nous, dear Father, disait Esther, mais tu dois te rappeler le temps où la promenade t'entraînait plus loin que tu ne voulais.

Nous sommes allées jusqu'à une des fermes que je n'avais située dans la distance et l'atmosphère vaporeuse qu'aux aboiements d'un chien. Nous y avons pris du beurre doux et de la crème fraîche. Mais je pense encore que l'idée première d'Esther en m'emmenant là était de me faire admirer un aperçu de pays particulièrement gracieux. Il surgit à nos yeux du bout d'une large ondulation. En bas, une vieille maison au toit d'ardoises bleutées était blottie presque dans les bras d'arbres géants, auprès d'un ruisseau vif où tournait une roue amenant l'eau à un moulin moussu. Assis dans l'eau, un jeune enfant joufflu, à moitié nu, jouait avec le chien aboyeur.

Je vis enfin la lande de bruyère rousse dont m'avait parlé le chauffeur, bien connue d'ailleurs d'Esther qui ne manquait pas d'aller au moins une fois l'an l'admirer, lorsqu'elle était à son plus beau, mais elle se trouvait beaucoup plus loin que je n'avais pensé, à près de quatre milles de la maison, et cette fois nous sommes rentrées presque à la nuit.

Certains jours Esther était retenue à la maison pour surveiller son incomparable pudding au suif si long à cuire, ou pour écrire de ces «ramblings», interminables lettres, telles qu'elle en écrivait à sa vieille tante de Malvern, à une amie qu'elle s'était faite, trente ans plus tôt, au cours d'un voyage en Ecosse, à un missionnaire quelque part en Zambie, telles qu'elle m'en écrirait plus tard à moi-même un grand nombre, toutes, dans mon cas, puisqu'elles viendraient par poste aérienne, composées de quatre feuillets minces couverts des deux côtés et de bord en bord d'une fine écriture serrée presque impossible à déchiffrer. Ce qui devait le mieux m'y aider, c'est que j'avais découvert que chaque paragraphe, et toujours dans le même ordre, traitait d'un sujet particulier, à commencer par celui du temps qu'il faisait à Upshire. Et c'est vraiment inimaginable tout ce qu'elle trouvait à en dire, surtout du vent qu'elle disait parfois «soft and balmy, a sweet breath laden with the scent of the hay fields...» ou souvent, à l'automne, «a nasty, vindictive soul shrieking across the land...» Dans cette vie où on aurait pu croire qu'il ne se passait rien, elle avait mille nouvelles à donner, par exemple de chacune de ses fleurs: «La grande dauphinelle bleu clair devant la porte montait jusqu'à rejoindre le heurtoir; un seul pied de canterbury bells avait donné dix-huit campanules.» Des oiseaux aussi, dont elle connaissait le chant de chacun, le transcrivant en syllabes qui l'imitaient bien. Et presque dans chaque lettre il y avait des nouvelles du prunier damson qui décidément se faisait très vieux. Il n'avait presque rien donné cette année. Mais ni elle ni Father Perfect ne pouvaient se décider à le remplacer par un jeune arbre, en souvenir des milliers de pots de confitures qu'ils en avaient tirés et dont il s'en trouvait encore dans la réserve. Une parabole dans l'Evangile, rappelait-elle à ce propos, lui avait toujours paru incompatible avec la bonté du Seigneur, celle du figuier stérile abattu alors qu'il avait fait son possible tout de même, quelle injustice! A la toute fin de sa lettre, Esther en venait à aborder justement la question de Dieu et de ses mystérieux desseins sur nous et le monde. Mais comme elle en était maintenant au bout de son dernier feuillet, elle enroulait sa phrase finale autour du texte presque sans marge, en une mince ligne se rétrécissant, se faufilant, se tortillant dans les interstices pour aboutir tout en haut, par-dessus d'autres mots déjà tracés, parmi lesquels je finissais par repérer, à la loupe, la signature d'Esther. Ce qu'elle pensait toutefois de Dieu, dans ses lettres tout au moins, je ne suis jamais parvenue vraiment à le déchiffrer. Je suis restée avec le curieux sentiment qu'en dépit de sa foi, quand elle en venait à vouloir y faire de la clarté, elle se découvrait confuse et empêtrée.

A travers les champs d'en arrière qui jouxtaient le verger où nous prenions le thé, Esther m'avait enseigné un autre raccourci par lequel gagner une route vicinale où passait, une fois l'heure, un autobus desservant les petites villes avoisinantes. J'allai ainsi de moi-même à Walthamstow, puis à Waltham Cross où je découvris, sous son toit à fine colonnade, une réplique exacte de la croix de Charing Cross et, du reste, des neuf autres élevées par Edouard I à la mémoire d'Eleanor de Castille, «sa chère Reine» dont il ramena la dépouille à travers l'Angleterre, commémorant d'une de ces croix chaque halte du cortège funèbre pour la nuit; à Lincoln, Granthan, Stamford, Diddington, Northampton, Stoney, Shatford, Dunstable, St. Albans, Waltham, Tottenham et enfin Charing Cross, le mot Charing étant, selon une interprétation que j'avais entendue à Londres, une déformation de «Chère Reine».

Seule aussi, je me rendis à Waltham Abbey. La vieille, vieille église était déserte quand j'y entrai. Je m'y assis et demeurai des heures, sous les voûtes basses, dans un apaisement comme je n'en ai pas ressenti même dans la pénombre séculaire des nefs romanes en Provence. Ici, quelque chose de plus âgé encore, de plus fruste aussi et de plus naïf, à la recherche de Dieu, m'étreignait le cœur, mais sans lui faire de mal, le rassurant au contraire. Finalement je courus à Beechwood contempler les superbes hêtres sur lesquels Tennyson avait peut-être un jour levé un regard rêveur.

Ainsi passait le temps, si bien rempli et si heureux que je ne le voyais pas paser.

Dès mon retour de Londres, j'avais conclu avec Esther une sorte d'entente au sujet du prix de ma pension. Je lui avais dit que j'étais presque au bout de mon argent, et que je ne pouvais guère lui offrir plus d'une livre et quelques schillings par semaine.

Pouvait-elle me garder pour ce prix ridicule? Si jamais plus tard cela m'était possible, m'étais-je engagée, bien loin de croire que cette promesse, j'allais pouvoir la tenir, je doublerais et triplerais cette somme.

— Bien sûr, m'avait dit Esther. Une guinée suffit amplement pour la nourriture et l'éclairage dont vous n'abusez pas. Et même si vous n'aviez rien à offrir, vous pourriez rester et nous nous tirerions d'affaire. Après tout, Père pourrait prendre des lièvres au collet. Il aurait des œufs en échange des champignons de la forêt. Et là où l'on peut en nourrir deux, on peut toujours en nourrir trois.

Et le temps continuait à s'écouler dans une telle douceur que je me surprenais à penser que je ne pouvais pas être dans la vie courante, mais dans quelque représentation des choses telles que je les avais inconsciemment souhaitées. Parfois me transperçait encore, pourtant, le souvenir des jours heureux et des jours torturants que j'avais connus avec Stephen. Celui des jours heureux me faisait peut-être le plus mal. Ainsi donc, me disais-je avec une certaine naïveté, le bonheur prépare sa place au malheur. Or cette peine que j'avais jugée un instant si grande, elle m'était enlevée parce que je retrouvais en moi l'élan, le plaisir de raconter. Ou parce que me frappait tout à coup en plein cœur la splendeur des downs telle que je ne l'avais pas bien vue un instant seulement auparavant.

Je ne devais pas avoir tout à fait rompu avec mes études d'art dramatique, tout au moins avec mes cours chez madame Gachet, car je crois me rappeler que je me rendais à Londres environ une fois par semaine et qu'au retour j'allais clamer en forêt des vers de Racine et des tirades de Molière. Au lieu de tombes, lorsque je m'arrêtais enfin et jetais les yeux sur ce qui m'entourait, c'étaient d'immenses arbres noueux que mon regard rencontrait, tout étonné de ce qui semblait, de leur part, un sévère jugement de mon comportement.

Un jour, de sa maison voisine de Century Cottage, Mrs Stone, la postière, me cria: «A letter from Canada for you, dearie.» Et elle vint me la tendre par-dessus la palissade qui séparait les deux propriétés.

Elle était de ma mère. Aussitôt en reconnaissant son écriture, je me mis à trembler. Je tremblais à la réception de chacune de ses lettres, non parce que je craignais d'y lire des reproches ou des plaintes — elle ne m'en adressa jamais — mais parce que la seule vue de son écriture suffisait à ouvrir en moi un passage au souvenir de la douleur dont j'étais l'aboutissement, et dont il me semblait que je n'avais pas le droit de me tirer moi seulement. Ainsi je m'y sentais condamnée comme à un devoir.

J'ouvris en toute hâte sa lettre. Cette fois, maman n'arrivait pas à me cacher tout à fait l'anxiété que je lui causais. Qu'étais-je donc allée chercher dans ce petit village de rien du tout? me demandait-elle. Etais-je découragée? Ou tout à fait au bout de mon argent? Ah, si seulement elle en avait un peu à m'envoyer!...

Sa lettre lue et relue, je levai les yeux dans le vague et, tout à coup, par une sorte de miracle, j'imagine, comme il s'en accomplit plus souvent qu'on le pense dans le quotidien, véritablement je vis, à l'autre bout du monde, ma mère assise à une table de bois, la bouteille d'encre à sa portée, ses lunettes tombées sur le nez, qui m'écrivait, son visage marquant la souffrance de ne pouvoir m'aider et le désir infini de ne pas au moins m'accabler. Alors la honte d'avoir pu être heureuse alors qu'elle était si triste m'accabla. Je m'en allai à pas lents, entre les grands arbres qui hier m'avaient vue gesticuler pour, cette fois, pleurer en silence.

Que je mettais donc de temps à me faire à ma nature — ou était-ce à la vie elle-même? — un jour, chant et délivrance, le lendemain, tourment et détresse!

Peu de temps après, la postière me cria par-dessus la palissade:

— Another letter for you, dearie! This time from Paris. My, but you are popular!

Cette lettre-là contenait de quoi me faire sauter: un chèque et trois lignes qui m'électrisèrent. Le premier de mes articles était accepté — pour une publication prochaine — et les deux autres allaient également l'être sous peu. Je crus que j'allais mourir d'émotion. Je ne pense pas m'être jamais autant sentie écrivain connu et reconnu que ce jour-là dans la courette aux pissenlits. Je courus agiter le chèque sous les yeux d'Esther, et je pense avoir été vexée qu'elle ne se montrât pas aussi folle que moi d'excitation. La somme n'était pas bien grande, environ cinq dollars. Mais jamais aucune de celles que je recevrais plus tard ne m'apparaîtrait aussi fabuleuse et surtout n'arriverait aussi à point. Faute d'êtres humains autour de moi pour apprécier l'étendue de ma gloire, je m'en fus dans la forêt tourner, chantonner, essayer peut-être une cabriole entre les arbres austères. Je pense bien avoir une fois pour toutes compris ce jour-là que, de tout ce qui peut nous arriver, le triomphe est le plus difficile à endurer quand on est seul. Privé de témoins, il se dégonfle sans tarder.

C'est vers ce temps heureux que commença pourtant à pénétrer dans Century Cottage, si bien à l'abri du monde, la menace d'une Deuxième Guerre mondiale.

Un soir, Father Perfect rentra de sa tournée en forêt, la mine grave. Il avait parlé avec le garde-chasse et avec le seigneur, également croisé en route. Tous deux étaient du même avis: la guerre semblait imminente. De jour en jour croissaient les demandes d'Hitler et les alliés n'allaient plus y souscrire longtemps.

Avant le thé, ce soir-là, au fond du petit jardin qui embaumait très fort le thym et le romarin, Father Perfect, la voix brisée, implora le Seigneur d'éloigner des hommes le fléau de la guerre, qui lui avait pris, dear Lord, our John, my only son, gone away from us so soon!... so soon!... Alors, tout proche, peut-être du vieux damson, s'éleva un chant d'oiseau si pur, si délicat, qu'il ne pouvait qu'ajouter à la peine d'un coeur broyé. Cherchant à se cacher le visage de la main, Esther pleura, en silence, par cette tendre soirée d'été.

Mais le lendemain, le soleil se leva pour éclairer une journée d'une beauté radieuse. Tout ruisselait de lumière, les ifs taillés auprès de l'église, les herbes des premières pentes de la plaine ondulante, la ligne frémissante des peupliers aux abords du vieux petit château. Nous ne croyions déjà plus la guerre possible.

— In such a beautiful world, it cannot be, décréta Esther. God will not have it.

En tout cas, nous allions profiter de cette journée sans pareille pour courir enfin, apportant nos sandwiches, car c'était loin, jusqu'à Copped Hall dont les jardins — entretenus depuis des siècles longtemps après qu'eut disparu, au milieu d'eux, le château d'Henri VIII — devaient être à leur plus magnifique.

C'était de ce fameux Copped Hall, m'apprit Esther comme nous y trottions, que, selon une légende, l'affreux homme aurait impatiemment attendu l'arrivée du messager venu à toute bride l'assurer que la pauvre Anne — Dieu aie son âme! — avait bel et bien eu la tête tranchée. Et maintenant, comme nous avons pu le reconnaître avec une certaine stupeur, dans ce lieu depuis lors inhabité sauf du souvenir sanglant, fleurissaient les plus belles roses peut-être du Royaume.

Ainsi donc, malgré les rumeurs de guerre s'amplifiant de jour en jour, malgré de lancinants souvenirs qui me venaient parfois, rien n'était parvenu à rompre l'enchantement dans lequel je vivais depuis plusieurs semaines, comme si toute la terre s'était arrêtée de souffrir à quelque distance de moi, lorsque, de ma fenêtre, un matin, proche déjà sur la route, je vis venir Stephen.

XIII

Il avait dû, tout comme moi la première fois, prendre à partir de Wake Arms la longue route en forêt qui passait par chez Felicity, car il paraissait las et alourdi par la chaleur qui, à l'approche de midi, se faisait accablante. De surcroît, lui qui détestait porter des paquets en était encombré jusqu'au cou. Ils semblaient m'être destinés. Parmi ces boîtes et sacs provenant apparemment de confiseries et pâtisseries, il tenait maladroitement une petite gerbe de fleurs à moitié écrasée par ses autres paquets.

Tout comme moi quand j'étais arrivée à Upshire pour la première fois, il cherchait des yeux, au-dessus de la porte des cottages, leur nom, seul à les identifier.

Il arriva à notre barrière, y posa ses bras pleins de paquets pour reprendre haleine. Il avait eu auparavant un sourire ou plutôt un éclat des yeux à l'endroit du petit jardin exubérant. Maintenant il paraissait parti au loin dans ses pensées.

D'où je me tenais, j'avais directement sous les yeux son visage, alors que lui ne se savait pas observé. Et comme il arrive presque toujours en pareil cas, je voyais ce que je n'aurais jamais pu voir autrement. Il me sembla même un moment que ce n'était pas le visage de Stephen que je tenais ainsi sous mon regard tellement il me livrait d'expressions que je ne lui connaissais pas. J'y vis

411

naître de la tristesse, peut-être à la pensée qu'il m'avait perdue, peut-être pour une toute autre raison, comment savoir? J'y vis de l'irrésolution, chez lui que j'avais toujours connu si volontaire, et peut-être même une sorte d'amer et poignant regret. J'aurais voulu l'avertir que je le voyais à nu et ne pouvais plus le supporter, mais je n'y parvenais pas à cause même du saisissement que j'éprouvais à le voir en quelque sorte livré à moi. Il me paraissait amaigri, presque épuisé, lui toujours si étincelant de vitalité. Mais ce qui me causa encore plus d'étonnement, ce fut de découvrir ce qu'était devenu mon propre sentiment à son égard. En ce moment où je l'épiais, pour ainsi dire, de la fenêtre, il n'y avait plus guère en moi de cette attirance pathétique qui nous avait fait nous lancer, à travers le salon de Lady Frances, des appels d'êtres traqués. Mais il n'existait plus trace non plus du si dur ressentiment que j'avais eu envers lui. Il me parut que ce que j'éprouvais à présent pour lui, c'était de la compassion, du regret qu'il eût souffert à cause de moi, une toute nouvelle indulgence, le commencement peut-être de la tendresse, enfin. Dans mon allégement de trouver en moi ce sentiment meilleur, j'avançai la tête hors de la fenêtre et le saluai joyeusement:

— Stephen! Hello, there!

Il leva le visage. Un rayonnement si magnifique en émana qu'il devint aussi beau à mes yeux que les downs sur lesquels il se détachait.

Je descendis à la course l'enserrer dans mes bras, lui et ses paquets mal ficelés. Nos premiers baisers furent doux et reconnaissants. Il n'en revenait pas de bonheur que je l'accueille si bien tout de suite, et moi de même qu'il fût si heureux de me retrouver.

Je le débarrassai d'une partie de ses paquets et l'entraînai par la main à travers la maison, à la recherche d'Esther. Nous l'avons dénichée, qui lavait des légumes dans le petit réduit à l'arrière de la cuisine, qu'elle appelait the scullery, destiné aux travaux ménagers qui eussent trop sali ailleurs. Je lui avais dit un jour: «À quoi bon? Il faudra bien le nettoyer lui aussi...» Et elle avait répondu: «How right! It's most annoying how often you are right!»

Stephen lui plut aussitôt. Je le vis à la tendresse de son sourire, au pétillement de ses yeux gris vert. Et lui, je pense bien, aima dès ce jour et presque à l'adoration la douce vieille fille qui lui rappelait, m'avoua-t-il, une de ses chères grand-tantes d'Ukraine dont il avait un petit portrait qui ne le quittait jamais.

Au bout d'un moment, elle pourtant toujours si naturelle, se dit intimidée de se montrer à la visite en tablier de ménage, et nous envoya tous deux au jardin, pour lui donner le temps, dit-elle, d'en finir avec ses légumes et de se nettoyer un peu elle-même. «Mais revenez pour le lunch, rappela-t-elle, dans une heure, une heure et demie au plus tard.»

En si peu de temps, elle s'était passé une robe fraîche, avait refait ses bandeaux légers, fleuri la table avec soin, y apportant comme nous entrions un odorant gigot d'agneau à la menthe comme je n'en ai mangé que chez elle.

Le lunch fut enjoué. Father Perfect vint serrer la main de Stephen avec la même spontanéité bienveillante qu'il avait eue pour m'accueillir. Il lui demanda des nouvelles du monde, du pays, de Londres, avec déférence, comme à quelqu'un de bien au courant et qui avait sûrement des vues intelligentes sur ces sujets. Innocemment, lui et Esther se réjouissaient de me découvrir moins seule au monde que j'avais pu leur paraître, et leurs yeux ne cessaient de se porter de moi à Stephen, de Stephen à moi, comme pour essayer de me faire comprendre qu'ils approuvaient mon choix. Sans doute il était facile à Stephen, enjôleur, charmeur comme il savait se montrer, de conquérir ces deux êtres. Cependant, ce jour-là, une affection vraie, plus que le talent je pense, lui inspira comment plaire dans cette maison.

A la fin du repas, passant devant le vieil harmonium au fond de la salle, il en effleura les touches puis s'assit sur le banc et, actionnant des pieds les pédales au feutre usé, il se prit à exécuter à la lecture l'hymne qu'il avait sous les yeux dans le livre ouvert sur le porte-musique. Je connaissais bien ce chant naïf. L'avant-midi, les cheveux enveloppés d'une serviette pour les protéger de la poussière, Esther, tout en se livrant à son dusting, le chantonnait et allait à tout instant à l'harmonium retrouver le ton, car elle le perdait facilement. J'entendais bien tout cela de ma chambre. Or voici que de sa place à table, elle souriait et bientôt joignit sa voix, comme sans s'en apercevoir, à celle de Stephen. Father Perfect avait fermé les yeux pour mieux apprécier cet instant qui devait lui paraître ineffable. Et moi, je croyais rêver en entendant ces deux voix, l'une de piété et de ferveur, l'autre sincère peut-être pour l'instant, chanter ensemble :

The cows... i - i - n... the meadows...
The sheeps... i - i - n... the pasture...
God is... i - i - n... his heaven...
All's right... w - i - th... the world...

Brusquement Stephen cessa le chant pieux. Ses mains semblèrent aller à la recherche d'un air qui lui était venu à la mémoire. Soudain, dans cette pièce chaude et simple, jaillit le splendide et lugubre Chant du Destin. Un frisson me glaça les épaules. J'eus le pressentiment de malheurs à venir, immenses, insondables, sans visage à quoi j'eusse pu les reconnaître. Mon trouble passa. Stephen avait entamé un autre air, celui-là vif et plaisant malgré la solennité de l'instrument, et c'était drôle d'entendre l'harmonium poussif rendre des sons presque entraînants. Guinevere, affolée par ces bruits, avait couru se tapir sous une vieille armoire. Et Father Perfect avait cette fois aux yeux des larmes de rire. Stephen passa les jambes d'un preste mouvement par-dessus le banc et tourna vers nous un visage souriant.

— Par un si bel après-midi, vous deux devriez maintenant vous hâter d'aller vous promener dans la forêt, proposa Esther.

Les yeux de Stephen me lancèrent leur éclat de feu. Je baissai le visage, tellement il me semblait impossible que leur expression ait pu échapper à Esther. Mais son bon cœur prenant le dessus, Stephen s'offrit à laver d'abord toute la vaisselle pendant qu'Esther et moi irions au jardin.

— Ce serait bien le comble, dit-elle, que vous soyez venu de Londres pour passer le plus beau de la journée à récurer des casseroles. Allez plutôt chercher la fraîcheur des arbres.

Moi, j'avais ma petite idée en tête et pensai que le moment était venu de montrer à Stephen ma première nouvelle terminée et surtout le chèque reçu de Paris.

Quand je le lui eus mis sous les yeux il manifesta une exaltation presque plus grande que la mienne. Ce chèque, me dit-il, était à conserver à jamais, il marquait mon entrée dans la vie littéraire. Il se chargeait, si je le voulais, de le faire encadrer.

— Es-tu fou! Moi qui ai besoin de cet argent pour mille choses. Et d'abord pour des chaussures si je ne dois pas bientôt aller pieds nus.

Il se calma un peu, encore attristé tout de même à la pensée que ce chèque mémorable allait finir banalement comme tous les autres en argent qui lui aussi disparaîtrait sans laisser de trace.

Je tirai alors mon manuscrit de sous mon bras en lui disant que j'avais mieux à lui montrer, et tel était mon besoin de recueillir enfin une opinion sur mon travail que j'en tremblais, je pense bien, d'effroi et d'espoir.

Stephen me prit le manuscrit des mains, en parcourut quelques lignes, et se montra aussitôt plus enthousiaste encore qu'il ne l'avait été à la vue du chèque.

Esther nous offrit de nous installer dans le parloir où nous serions au frais pour travailler, le soleil ayant tourné maintenant à l'arrière de la maison. Nous sommes entrés un peu contraints dans cette pièce pour ainsi dire religieusement gardée. Mais il y faisait bon en effet, le petit salon, sa fenêtre grande ouverte, se trouvant de plain-pied avec le jardin parfumé d'en avant. Nous avons débarrassé une table de ses photos et reliques, et nous y sommes installés, nos chaises côte à côte, pour lire ensemble mon manuscrit.

D'abord Stephen chercha à m'embrasser entre chaque phrase, puis, bientôt pris par l'histoire, il m'oublia en faveur de ce que j'avais accompli, et j'en fus rendue heureuse comme jamais encore je ne l'avais été par lui.

Il lisait à voix haute, crayon en main, corrigeant en passant les fautes de frappe et, bientôt, avec ma permission, mes fautes de grammaire ou d'inadvertance. Je savais qu'il connaissait admirablement le français, comme d'ailleurs plusieurs langues, mais pas au point de pouvoir relever dès une première lecture toutes sortes de petites fautes et jusqu'à des expressions maladroites pour lesquelles il proposait un substitut si bien en accord avec mon texte que j'en étais contente comme si je l'avais moi-même trouvé.

Il en vint à me faire remarquer que j'employais vraiment beaucoup trop d'adjectifs. Le substantif, selon lui, étant le terme fort de la phrase, il pouvait se dispenser, lorsqu'il était adéquat, de tout qualificatif. J'étais loin de penser en ce moment que c'est en rédigeant ses tracts de style rude et percutant qu'il avait acquis une manière d'écrire tout à l'opposé de la mienne. Mais je fus tellement subjuguée ce jour-là par son point de vue que je devais m'appliquer longtemps à bannir presque tout adjectif de mes écrits. Jusqu'au jour où je m'aperçus que j'asséchais ainsi mon écriture, l'adjectif bien employé étant ce qui donne à la phrase sa vibration, son prolongement intérieur.

Stephen ne suspendait pas sa lecture que pour me proposer des corrections. Bien plus souvent, c'était pour s'écrier avec une fierté qui me soulevait comme sur une haute vague: «C'est très bien, très bien!» Il ajouta sur le ton de quelqu'un qui aperçoit une part de l'avenir, tout comme l'avait dit Bohdan une fois: «Tu as vraiment du talent. Tu écriras sûrement un jour quelque chose de remarquable...» Et je le crus, tellement sa confiance en moi m'en mettait dans le coeur envers moi-même.

Plus tard, je devais m'apercevoir que ce qu'il avait le plus loué en moi, ce n'était peut-être pas mon meilleur mais plutôt ce que j'avais de moins bon, de facile, un côté piquant mais dépourvu de prolongement, un ton un peu folâtre, une légère tendance à la caricature, toutes choses dont je m'appliquerais à me départir. Quelle répercussion immense n'en devait pas moins avoir sur ma vie cette heure de travail dans le petit parloir vieillot, au cri intermittent d'un grillon proche, parmi les hautes fleurs qui semblaient presque entrer dans la pièce. J'y découvrais le bonheur de travailler à deux à une tâche que les deux aiment également, et qu'il n'y a pas de plus grand bonheur. Qu'étaient en effet les caresses des yeux et des mains, presque les mêmes chez tous les amoureux, auprès de la rencontre de ce qu'il y a en nous de plus intime et qui se garde le plus farouchement? Je pense aussi avoir été infiniment consolée par le sentiment que, toute solitaire que fût ma voie, il ne serait pas tout à fait impossible, à l'occasion, d'avoir quelqu'un avec qui faire au moins un bout de route. Nous n'avons jamais été aussi unis, Stephen et moi, qu'à l'heure où nous nous étions apparemment oubliés l'un l'autre au profit du but à atteindre. Les yeux brillants de tout autre chose que du désir, Stephen n'arrêtait plus de m'encourager: «Tu es vraiment douée. Tu verras, tu seras un jour un auteur connu...» Je riais pour faire semblant de ne pas le croire et aussi parce que je trouvais qu'il exagérait. Mais j'étais enhardie par son approbation à vouloir faire cent fois mieux pour la mériter davantage.

Vers trois heures trente, Esther vint nous chasser presque de force, disant que c'était un crime de rester à nos gribouillages alors que l'après-midi d'été nous appelait de toute sa ferveur.

D'abord nous sommes restés sagement à nous promener d'un bout à l'autre du village, mais j'eus vite montré à Stephen le peu qu'il y avait à voir. Il faisait très chaud sur la route. Près de l'entrée du domaine seigneurial s'amorçait un sentier qui après un assez long détour en forêt revenait en arrière du village, pour aboutir presque dans les champs rejoignant le petit verger d'Esther. C'était par là que j'étais allée, entre les arbres insensibles, pleurer sur la déchirante lettre de ma mère. C'était par là que j'étais allée crier mon triomphe qui avait si vite tourné en une sorte de creux. Stephen m'y invita du regard. Je résistai, proposant que nous allions à Waltham Abbey. Nous en avions encore le temps avant le thé, et vraiment, lui dis-je, la visite en valait la peine.

— Une autre fois, plaida-t-il.

Je m'engageai avec lui dans le sentier en forêt. Il y faisait bon et frais. J'essayais de me rappeler le mal que m'avait fait Stephen, j'essayais de me souvenir d'avoir pourtant découvert que, si de la chair découle parfois du bonheur, il en découle sûrement tout le malheur possible. Mais Stephen avait réussi à m'inspirer aujourd'hui une telle confiance en ses sentiments qu'il me semblait impossible d'en douter jamais.

Il prit ma main. Il enlaça ses doigts aux miens. Tout ce que j'avais connu de triste, de désespérant dans l'amour humain s'effaça de mon esprit. Nous sommes parvenus entre les plus vieux arbres. Sous leurs gestes figés dans la pénombre, soudain nous étions enlacés à nous étreindre comme si nous étions les seuls êtres de notre espèce à être restés ensemble sur la terre.

Tout sembla avoir changé à l'heure du thé. Des pâturages, au bas de notre verger, qui s'étendaient en direction de Walthamstow, s'éleva une buée presque froide. Esther ramena plus étroitement autour d'elle le chandail qu'elle avait jeté sur ses épaules en sortant. «Ce sera bientôt la fin de l'été, dit-elle avec une mélancolie que je ne lui connaissais pas, tout en parcourant des yeux le paysage environnant. Il a été si splendide. Nous devrions rendre grâce de l'avoir eu en partage, et pourtant, bientôt, nous allons plutôt nous plaindre de ce qu'il nous a été enlevé.»

Elle songea alors à nous demander si nous avions fait une belle promenade. Les yeux de Stephen en se posant sur moi brillèrent d'une telle manière qu'il ne pouvait plus être possible à Esther d'en ignorer le sens. Elle abaissa son visage qui se colora légèrement. Son expression n'était pas de blâme. Je crois qu'elle était plutôt inquiète à mon endroit, et elle devait m'avouer plus tard qu'elle avait en effet éprouvé très fortement en ce moment même le sentiment que Stephen et moi allions nous causer beaucoup de mal l'un à l'autre.

Même Father Perfect, si vivant et loquace à l'heure du lunch, nous parut accablé. Il se pencha vers Stephen et lui demanda s'il était vrai que les nations en étaient encore une fois à se préparer à s'entretuer. Etait-il possible qu'elles fussent sur le point de recommencer les tueries de la Première Guerre mondiale?

Stephen aussi changea de visage. Je ne lui avais jamais vu avant, sauf lorsqu'il m'avait avoué pour la première fois ses activités politiques clandestines, cet air soucieux et ravagé bien au-delà de son âge. Et je ne pus m'empêcher de penser alors qu'il devait être souvent malheureux ni de le plaindre plus que je ne m'étais trouvée moi-même à plaindre par sa faute.

— Oui, l'entendis-je répondre au vieillard, la guerre est possible. En tout cas, les Allemands s'arment en conséquence. Quant aux alliés, la tête dans le sable, ils feignent d'ignorer le danger, ce qui ne peut mieux faire l'affaire d'Hitler aujourd'hui, demain sans doute de Staline.

— Hitler, Staline, murmura le vieillard, sont-ils donc si mauvais? N'ont-ils pas un bon côté par lequel on pourrait les atteindre? Dans toute ma vie je n'ai connu personne chez qui il n'y avait pas accès au cœur, si on le cherchait. Hitler, Staline... et cet autre dont on dit aussi du mal... Mussolini... est-ce cela? Ne pourrait-on pas en venir à une entente avec eux?

Les yeux de couleur pervenche, dans ce vieux visage, n'avaient jamais autant évoqué deux fleurettes ingénues poussées sur une terre craquelée.

Stephen sourit à leur innocent appel et fit effort pour rassurer maintenant le vieil homme. Les jeux n'étaient pas encore entièrement faits, dit-il. Les choses pouvaient encore s'arranger et la menace de guerre s'éloigner, du moins pour quelque temps.

Prompt à s'affliger, Father Perfect le fut tout autant à se remettre, et bientôt nous l'avons entendu parler avec affection de son vieux damson, on avait pensé l'abattre à l'automne, mais on allait le garder encore, ce vieux compagnon de leur vie, et les oiseaux qui l'aimaient reviendraient de nouveau y faire leur nid.

A plusieurs reprises, j'avais vu Stephen jeter un coup d'oeil hâtif à sa montre. Il se leva d'un bond et annonça qu'il devait partir sur-le-champ s'il ne devait pas rater le dernier autobus pour Londres.

Esther lui offrit pour la nuit le sofa du parloir, étroit et plutôt dur, mais elle l'offrait de bon coeur s'il pensait pouvoir y dormir. Stephen dit que rien ne lui plairait autant que de passer la nuit dans la bonne odeur du jardin, bercé par le chant du grillon qu'il aimait mieux qu'aucune musique, mais des affaires pressantes le rappelaient à Londres où il lui faudrait se trouver demain à la première heure.

Esther me consulta du regard et me demanda si je ne trouvais pas que ce serait une bonne idée d'aller avec Stephen jusqu'au bout du village lui indiquer le raccourci par lequel il pourrait gagner Wake Arms en moins d'un quart d'heure, lui évitant de faire le grand tour par chez Felicity, tout au long dans la forêt qui allait bientôt être sombre et inquiétante. Je pense qu'elle voulait nous assurer l'occasion d'être seuls tous deux quelques moments encore, ayant le sentiment que nous avions quelque sujet important à régler entre nous.

En traversant le petit jardin devant la maison, Stephen se pencha, cueillit parmi les plus petites une fleur bleue qu'il mit à sa boutonnière.

Le village reposait dans une paix totale. Sans doute les voix des buveurs au pub s'étaient tues ensemble comme cela arrivait quelquefois. Nous avancions, la main dans la main, sans faire nous-mêmes de bruit, dans une pénombre d'un bleu doux qui se fonçait un peu plus loin, au-dessus des downs.

Tout à coup je m'avisai de demander à Stephen comment il avait pu me retrouver.

— Est-ce Gladys qui t'a donné mon adresse? Je le lui avais pourtant interdit.

C'était bien plus simple, dit Stephen. Il n'avait eu qu'à s'informer à la Maison du Canada, par les soins de laquelle je faisais suivre une partie de mon courrier.

Nous avons dû rire de nous-mêmes assez fort, j'imagine, car je me rappelle encore le son de notre gaieté résonnant incongrûment dans l'austère silence d'Upshire.

Pourtant, aussitôt passé cet accès de gaieté, l'angoisse nous envahit. Stephen se tourna vers moi comme nous passions sous un des réverbères à l'éclairage falot. Il me saisit aux poignets. Son visage était défait.

— Pars, me dit-il. Quitte l'Angleterre. Retourne au Canada. Je n'ai pas voulu en parler à fond devant Esther et le vieillard trop émotif, mais je ne vois pas comment nous allons éviter la guerre. Elle est presque certaine, et pour très bientôt.

— Mais toi?

— Ah moi! Encore citoyen canadien, je risque fort d'être enrôlé tôt ou tard dans l'Armée canadienne pour combattre l'Allemagne. Je m'enfuirai avant s'il le faut, car un jour ou l'autre, tu verras, Staline plus encore qu'Hitler sera l'ennemi à détruire. Ils feront peut-être entre eux un semblant de pacte, pour le rompre certainement peu après. Et quoique je ne sois pas l'ami des nazis, je le suis encore moins des bolchéviques. Alors, s'il y a guerre entre ces deux camps, je ne serai pas pour les Soviets mais, malgré tout, avec Hitler qui, pour servir ses desseins et mettre l'Ukraine de son côté, concédera des garanties de liberté à mon malheureux pays.

— Tu ferais confiance à Hitler?

— Pour un temps du moins — ou je ferai semblant. Il nous armera contre les Russes. C'est commencé d'ailleurs. Ces armes nous serviront ensuite à nous libérer également des nazis.

Je l'écoutais, replongée dans l'horreur et l'aversion qu'il m'avait inspirées quand sur ce banc du petit square à peine éclairé il m'avait pour la première fois dévoilé son militantisme. Le choc cette fois était pire encore. Il me surprenait dans ma confiance revenue, après que j'eus été recapturée à neuf. Ainsi il était venu me jouer le jeu de la passion, ai-je pensé dans ma trop grande indignation, alors qu'il n'en a jamais éprouvé que pour une folle utopie. Je considérai sans pitié son visage ravagé. Je lui lançai:

— Tu pourrais même, je suppose, te livrer au terrorisme.

Ses yeux flambèrent d'une courte flamme sauvage.

— S'il le fallait... peut-être... oui... Les miens ont vraiment trop souffert depuis des siècles.

Mais il me voulait moi aussi et plaida pour que je lui garde encore ma confiance... jusqu'au jour où, si cette mêlée sanglante ne s'achevait pas en apocalypse, il remuerait ciel et terre pour me retrouver, n'ayant plus alors en tête que de vivre heureux avec moi.

Pour toute réponse, je lui signifiai que s'il ne partait pas bientôt il allait manquer son autobus et peut-être, demain, son alliance avec les nazis.

Ses yeux me lancèrent un blâme douloureux.

Je l'accompagnai quelques pas encore sans plus lui parler. À cette minute, je croyais vraiment le haïr et ne devoir jamais cesser de le haïr. Je lui indiquai d'un geste bref le départ du sentier qui longeait le mur du domaine seigneurial.

Il s'y engagea. Il se retourna plusieurs fois en levant chaque fois la main vers moi qui restais immobile à le regarder s'en aller de ma vie. Je perdis de vue sa silhouette dans l'ombre plus épaisse des arbres. Je restai un moment à attendre je ne sais quoi. Je n'entendis plus son pas. Au bout d'un moment, je l'imaginai atteignant le vaste labour qui m'avait si mystérieusement consolée. Les premières étoiles, toutes pâles encore, devaient briller un peu mieux là-bas au-dessus de cette étendue à découvert. Stephen en avait-il aussi le coeur touché? Ressentait-il encore la beauté du monde? Est-ce qu'il y aurait place dans un cœur d'homme pour une passion politique dominante, des larmes, le rire et de l'attachement incompréhensible pour un bout de champ isolé en forêt? C'est curieux combien de fois dans ma vie je me suis demandé si ce champ que j'aimais tant ne me reliait pas de quelque manière et pour toujours à Stephen, même si lui devait être à jamais perdu pour moi.

Maintenant, ai-je pensé, il doit déboucher sur la route. Il atteint Wake Arms. Il prend peut-être son autobus à l'instant même. Jamais plus, je le savais, je ne le reverrais.

XIV

Il n'y avait plus à se le cacher: la guerre approchait. On s'imaginait parfois entendre déjà son souffle d'horreur traverser le ciel pourtant si serein de ces dernières semaines d'août. David avait aussi obtenu mon adresse, peut-être également de la Maison du Canada. Il m'envoya un mot, se disant inquiet à mon sujet et m'invitant à venir prendre le lunch avec lui le surlendemain. Lady Frances se faisait aussi du souci pour moi, écrivait-il, et le chargeait de me faire savoir qu'à son avis je devrais rentrer au Canada. Nous en reparlerions. Il me demandait de lui téléphoner à l'Amirauté pour confirmer notre rendez-vous devant le magasin Selfridge.

J'y étais à l'heure dite. Je portais ma robe de toile bleu marine parsemée de fleurs blanches que David avait déjà vue, mais c'était la seule que je possédais qui puisse convenir à une sortie avec lui. J'avais un petit sac à main de grosse paille, également marine et qui allait très bien avec ma robe. Pour compléter mon ensemble, je venais de sacrifier presque les derniers pennies de mon argent du mois à l'achat de fins souliers du même bleu exactement, faits de lanières de rafia entrecroisées et qui allaient, sous la première grosse pluie, se détricoter sous mes yeux, me laissant presque pieds nus en plein Oxford street.

Je vis venir, pareil à mille gentlemen de la City à cette heure, un élégant et long monsieur en tweed discret, de coupe parfaite, faisant sonner à coups légers sur le ciment du trottoir le bout métallique de son parapluie roulé fin - fin - fin. Je me demandai pour la centième fois dans ma vie ce que cet impeccable produit de la civilisation britannique pouvait bien voir en moi. Mais qui sait si lui-même ne se posait pas la même question à mon sujet. En tout cas, une camaraderie nous unissait qui semblait satisfaire une part de nous-mêmes, car nous la retrouvions sans peine, avec son ton léger, ses reparties faciles, telle que nous l'avions laissée quelques mois plus tôt.

En me repérant parmi la foule massée à l'entrée du magasin, il me salua d'un:

— Ah, I say, Hello, you dear!

Et il ne perdit pas une seconde pour m'entraîner vers un restaurant réputé, je me demande si ce ne fut pas au Trois-Pruniers, à moins que le repas au Trois-Pruniers ne se situe à un autre moment, car de cette rencontre avec David, de même que de presque tout ce qui se passa en ces semaines tourmentées, mes souvenirs restent confus.

A peine étions-nous attablés qu'il me marqua à sa manière une vive sollicitude. Il m'avait fait venir à Londres pour me revoir sûrement, dit-il, mais d'abord et avant tout pour m'amener à me réserver immédiatement une place sur un bateau faisant route pour le Canada. Les places allaient très vite être prises. Il ne fallait pas courir le risque d'avoir à rentrer sur un transatlantique transformé en baraque à l'usage des troupes. Ou le risque d'un torpillage en cours de route.

En écoutant David, si mesuré dans ses propos, me parler sur ce ton, je croyais rêver.

— Voyons, David, c'est un conte que vous me faites là. Je viens tout juste de lire dans le journal qu'il n'y a aucune raison de s'affoler.

Il se pencha pour me parler très bas.

— Ecoutez: la consigne est d'éviter à tout prix l'hystérie collective. Car si les Londoniens apprenaient à l'instant combien ils sont vulnérables, ils perdraient la tête. Vous avez vu dans le ciel de Londres ces ballons que nous avons fait suspendre supposément pour servir de barrage aérien. Eh bien, ce pourraient être aussi bien des ballons de fête foraine, qu'un coup d'épingle dégonflerait. La vérité est que nous n'avons pas un seul canon antiaérien qui fonctionne, pas l'ombre d'une arme le moindrement efficace pour nous protéger d'une attaque surprise. Si elle survenait cette nuit, la ville pourrait être anéantie.

Le repas fin, le décor précieux, les cristaux étincelants, le maître d'hôtel attentif, le murmure des voix auquel se mêlaient les paroles de David composaient une atmosphère brouillée dans laquelle je me sentais m'enfoncer comme dans un brouillard.

— Remarquez, me dit David, que je n'ai pas le droit, faisant partie du personnel de l'Amirauté, de vous parler ce langage. La consigne est de rassurer la population à tout prix. Mais je pense qu'il est de mon devoir de mettre en garde ceux qui du moins peuvent partir... et dont le sort m'importe... Je me suis fait du mauvais sang pour vous, me reprocha-t-il avec un bref sourire. De même que Lady Frances, qui me disait encore la dernière fois que je l'ai vue: «Il faut tâcher de rejoindre notre jeune Canadienne française et l'engager à partir...»

J'éprouvai enfin du remords d'avoir laissé sans nouvelles de moi des gens qui m'aimaient bien et qui avaient pu s'imaginer le pire à mon sujet alors que j'étais avant tout préoccupée, en évitant le moindre contact avec l'extérieur, le moindre geste, de préserver le fragile enchantement qui me tenait lieu de refuge — grave manquement de ma part envers les autres et dont je devais maintes fois au cours de ma vie me rendre coupable.

Nous avions à peine touché aux mets raffinés. David hâta la fin du repas en avalant son café avant le dessert. En autant que cela pouvait paraître chez lui, il était nerveux. A la sortie, il s'excusa de ne pouvoir m'accompagner là où j'irais. Il lui fallait rentrer au plus tôt à l'Amirauté. On y travaillait nuit et jour de ce temps-ci. Et pour rien, me chuchota-t-il à l'oreille. Pour éviter que la panique s'empare des gens et les transforme en un pauvre troupeau livré à lui-même.

A son signe, un taxi s'était rangé au bord du trottoir. Il y prit place, abaissa la vitre et me dit:

— Si jamais nous ne devions pas nous revoir, n'oubliez pas de me laisser votre adresse dans votre pays.

Moi, pensant alors que si j'y retournais ce serait pour retrouver le Manitoba, je lui dis, faisant allusion à la plaine et m'efforçant au ton si souvent badin entre nous :

— If so, will you ever come to visit me in my steppes?

Il me posa un léger baiser sur la joue. C'était le premier qu'il me donnait.

— I shall come and sit on your steps.

Son taxi s'éloigna. Je remarquai enfin dans la foule dense autour de moi l'air accablé, stupéfié de chacun. Je partis de mon côté errer seule dans Londres.

A Hyde Park, on creusait des tranchées. A courte distance, on ne voyait pas les hommes qui y étaient enfoncés jusqu'à la tête, seulement leurs pelles rejetant à bout de bras des paquets de glaise puisés loin sous les doux gazons les mieux soignés du monde. Des mottes lourdes allaient parfois s'écraser parmi des plates-bandes fleuries. Les enfants s'amusaient de voir transformé en champ de guerre le jardin où les amenait leur nanny. Ils jouaient à se jeter, en guise de grenades, des mottes au visage. Les adultes passaient silencieux, sans rien voir. Maintenant j'étais toute attention à ce spectacle des plus étranges de gens allant encore à leurs affaires sans plus y croire. En fait, toute la ville était comme sans regard. Cette absence de regard était pire à voir qu'un regard douloureux qui du moins est encore rattaché à la vie.

Dans Mayfair, comme ailleurs, comme partout où j'allai cet après-midi-là, je vis à chaque coin de rue des affiches destinées à remonter le moral et aussi des flèches indiquant la direction de l'abri antiaérien le plus proche. Dans le ciel très beau, sans nuages, exceptionnellement clair, je vis de ces ballons dont m'avait parlé David, qui n'avaient d'autre but que de faire accroire aux gens qu'ils étaient protégés. Des placards enjoignaient les Londoniens de se rendre au plus proche dépôt prendre leur masque à gaz. On en ajustait même à des bébés. J'allai, je me demande aujourd'hui pourquoi, chercher le mien. J'errai des heures encore par des rues tellement silencieuses que l'on entendait venir de loin le moindre pas. Les automobilistes ne klaxonnaient plus. De retour dans les quartiers d'affaires, je m'aperçus enfin qu'on ne voyait personne entrer dans les magasins ni en sortir. Entrée moi-même un instant par curiosité chez Selfridge, je parcourus une dizaine de rayons sans voir âme qui vive, sauf, derrière les comptoirs, à ne pas bouger, vendeurs et vendeuses comme frappés d'hypnose. Même Piccadilly Circus, à la foule et à la circulation toujours aussi denses, mais tournant aujourd'hui au ralenti, faisait penser à un vieux manège sur le point de plier bagage. Cette ville que j'avais découverte, il y avait à peine un an, si affable, rieuse et blagueuse, je n'en avais recueilli aujourd'hui pas même un sourire, pas même un regard.

Je rentrai tard à Upshire pour en repartir le surlendemain avec quelques-uns de mes effets en attendant de venir prendre le reste petit à petit. Londres m'appelait, je pense, par la fascination extrême qu'exerce sur l'esprit l'approche de la tragédie. Et je venais de comprendre que la tragédie à son sommet, c'est la guerre.

Ainsi donc Londres, où je faisais connaissance avec le plus profond malheur, me devenait le lieu de la solidarité humaine telle que je ne l'avais jamais encore éprouvée.

Je louai une chambre dans Chiswick. Pourquoi dans ce quartier lointain, à l'extrémité ouest de Londres? Peut-être parce que la rue où j'allais vivre se trouvait à deux pas de Kew Gardens que j'avais longtemps désiré visiter fréquemment et tout à mon aise, tellement j'y avais pris plaisir quand j'y étais venue quelque-fois de Fulham, et maintenant j'allais effectivement m'y prome-ner presque tous les jours, apprenant le nom, l'origine, le carac-tère de mille arbres transplantés ici de tous les coins du monde — et pourtant presque tout de ces choses apprises alors avec amour m'est aujourd'hui ravi. Quel gaspillage que la vie! J'ai dû mettre des jours et des jours à acquérir mille connaissances fascinantes sur des arbres rares que je n'aurais plus jamais la chance de revoir, sur d'autres moins singuliers, sur des fleurs du bout du monde, et que m'en reste-t-il, sinon le souvenir un peu douloureux d'avoir été émerveillée sans que je puisse me rappeler maintenant au juste pourquoi.

Peut-être aussi ai-je choisi Chiswick parce qu'il était desservi par la Green Line, et que la ligne Epping Forest était inscrite parmi quelques autres sur le panneau d'arrêt au bout de ma rue. Ainsi je pourrais être chez Esther sans faire de correspondance en cours de route, peut-être plus vite que si je partais d'un point moins lointain. Et enfin ce devait être aussi parce que la vie était moins chère ici qu'au coeur de Londres.

La maison où je pris chambre était propre, claire, située dans une rue paisible, la chambre elle-même était grande et confortable, quoique manquant de soleil, mais mes logeurs étaient du genre de ceux que j'avais connus rue Wickendon. S'ils étaient sur le pas de leur porte ou dans leur petit bout de jardin quand je rentrais ou sortais, ils me saluaient assez cordialement, ajoutant quelques mots au sujet du beau temps qui persistait — car cette fin d'été dramatique se déroulait sous un ciel invariablement béni. Je ne les revoyais pas autrement ni ne voyais non plus les trois autres locataires de la maison. Je reprenais peu à peu mes habitudes sauvageonnes de la rue Wickendon.

En vérité, je ne me rappelle plus trop comment je vivais alors. Je lisais beaucoup, je pense, m'approvisionnant à la Bibliothèque municipale aussi bien garnie que celle de Fulham. Je parcourais Kew Gardens à coeur de jour, apprenant là presque tout ce que j'ai su des arbres. Je crois me rappeler un coin du jardin merveilleux où se tenaient ensemble les plantes de la Malaisie et combien je m'y sentais agréablement dépaysée. Mais j'étais la plupart du temps comme endolorie, seulement à moitié présente au monde environnant, et peut-être même aux livres et aux arbres, et c'est peut-être pourquoi j'en ai gardé un si pauvre souvenir. Le vaste malheur en route emportait sur son passage les malheurs personnels. Mais il emportait aussi au loin et comme à jamais toute joie de vivre et même semblait enlever tout sens à la vie.

On arriva en septembre. Dans cette maison, on déposait mon plateau du petit déjeuner à la porte tout en m'annonçant: «Your breakfast, lady!» Si j'avais le malheur de me rendormir, je le trouvais tout froid une demi-heure ou une heure plus tard. Ce matin-là cependant on tambourina à ma porte en m'annonçant d'une voix joyeuse: «Great news! Chamberlain and Daladier are gone out there to meet Hitler. They still may come to terms.»

Je descendis vivement pour en apprendre davantage, et mes logeurs, devenus presque des amis, m'invitèrent à écouter avec eux leur petit poste de radio. J'entendis de mes oreilles que Chamberlain et Daladier allaient s'entretenir avec Hitler et chercher des compromis en faveur de la paix.

J'eus l'impression que la ville entière, ce jour-là, se retenait de respirer par peur d'effaroucher le timide espoir qui se laissait pressentir. Puis s'étala à la une de tous les journaux la nouvelle que la paix était obtenue en retour de la cession à l'Allemagne du pays sudète.

Et ce fut une explosion de joie dans Londres comme je n'en ai vu la pareille nulle part au monde, si on peut appeler joie ce retour terrible à soi-même, à sa vie personnelle, à ses intérêts propres, alors qu'en un autre pays des pleurs y faisaient écho.

Des étrangers s'embrassaient en pleine rue. Des femmes se jetaient au cou des marins éméchés. On formait des farandoles qui encerclaient de leur chant et de leurs cris aigus des parcs jusque-là réservés au recueillement. Les bars ne désemplissaient pas. Quelques êtres pleuraient en silence. «Pauvres, pauvres malheureux Tchèques!...» les plaignaient à voix haute des femmes riches à leurs réunions mondaines. Elles s'enlevaient des doigts, des poignets, bagues et bracelets pour les déposer dans des paniers que l'on passait de table en table dans les restaurants chics pour les vendre au profit des «pauvres, pauvres Tchèques». Quelques voix crièrent dans le désert que l'Angleterre s'était couverte de honte en abandonnant ses amis d'hier, ne faisant ainsi du reste qu'encourager Hitler dans ses exactions et retarder de peu l'échéance redoutable.

Est-ce alors — ou un peu plus tard — que la grande voix de Churchill prophétisa: «Si, pour éviter la guerre, on accepte le déshonneur, on aura le déshonneur... et la guerre.»

On riait de lui à l'époque. On l'appelait le purple-orator. On disait qu'il se complaisait dans une atmosphère de désastre et de catastrophe, qu'il n'était jamais aussi à son aise que lorsque les événements tournaient au noir et donnaient créance à ses oracles. Et l'on continuait à danser, à s'enivrer, à festoyer. C'est depuis lors, je pense bien, que le spectacle d'une ville en liesse m'a toujours plus ou moins plongée dans le malaise. J'y ai trop souvent vu qu'elle se réjouissait avant toute chose d'avoir échappé au malheur des autres. Londres, dans sa douleur, plus tard, m'apparut autrement noble.

La menace de guerre, tout en paraissant s'éloigner, ne m'avait pas délivrée de l'angoisse qu'elle m'avait communiquée. J'avais été trop impressionnée par la première perception que j'eus du monstre pour en être quitte de sitôt. Assez souvent aussi me revenaient des souvenirs de cette journée d'abord si riche que j'avais connue avec Stephen à Upshire et de notre brutale rupture. Ses traits commençaient pourtant à s'estomper dans ma mémoire. Je n'entendais plus aussi bien le son de sa voix à l'intérieur de ma tête. Tout en sachant que je resterais sans doute blessée pour toujours par cet insuffisant amour, je savais aussi que je pouvais maintenant envisager la vie sans lui — et c'était peut-être ce que je trouvais de plus affreux à accepter.

Au fond je n'avais plus de coeur à rien. Je n'arrivais plus à écrire une ligne. Les histoires que j'aurais pu raconter ne m'intéressaient pas moi-même. Et je n'avais presque plus d'intérêt pour l'art dramatique — même si j'allais encore de temps à autre au théâtre. Est-ce que je poursuivis, l'automne venu, mes cours chez madame Gachet? Quelque temps peut-être. J'ai la curieuse sensation de ne me rappeler presque rien de cet automne-là. Pourtant, il m'en revient, alors que je ne les cherche plus, des souvenirs malgré tout assez nombreux, mais ils sont comme imprécis et douteux. Je devais passer le plus clair de mon temps, quand il faisait assez doux, à me promener dans Kew Gardens entre les arbres de Ceylan, des forêts tropicales ou des oasis au désert, chaque plante, chaque arbre vivant dans un peu du sol apporté de son pays. Et je les aimais, ces arbres, au point de les reconnaître à une petite distance, comme des amis, eux qui ont pourtant fui ma mémoire.

Je m'ennuyais à chaque instant du jour de Century Cottage. Mais Esther m'avait écrit que la châtelaine avait décidé de faire peindre le cottage à l'intérieur et à l'extérieur avant qu'il ne perde trop de valeur. La maison était donc sens dessus dessous. Puis elle m'annonça la visite de Heather, rare à se montrer mais difficile à dissuader de venir au moment où ça lui chantait et qui, bien entendu, occuperait «ma» chambre. Je pense que je m'en allais à la dérive. Je pris peur. Je luttai pour trouver un courant qui me porterait à une rive quelconque. Je me forçai un jour à retourner à Cadogan Garden. Le salon était archicomble comme au jour si loin, si loin, où mon regard, dès en entrant, avait été happé entier par les brillants yeux sombres de Stephen, et je faillis rebrousser chemin, tellement mon coeur bondit de peur à l'idée qu'il pourrait être là parmi les autres et que tout serait à recommencer, la torture de l'extase et du doute. Mais Lady Frances venait vers moi, les mains tendues.

— Mon petit! Enfin! Vous nous avez beaucoup manqué! Pourquoi n'être pas venue vous réchauffer l'âme ici avec nous pendant ces cruels jours d'avant Munich? Maintenant, écoutez-moi. Il vous faut sortir de cette solitude dans laquelle vous vivez beaucoup trop, si vous me permettez de vous le dire. Votre séjour en Angleterre s'achèvera sans doute avant bien longtemps, j'imagine. Et comme tant de vos compatriotes, vous partirez sans avoir vu beaucoup de notre pays. J'ai deux superbes invitations pour vous — du moins vous les recevrez en bonne et due forme quand vous aurez accepté en principe. L'une est de Lady Curre dans le Monmouthshire. Il vous faudra une robe longue pour le dîner... Mais ne vous tracassez pas. N'importe quoi, un sac fera l'affaire, pourvu que ce soit long. Au retour, vous vous arrêterez chez une charmante vieille femme dans le Dorset. Vous recevrez sous peu de chacune d'elles une lettre vous précisant la date où vous devez arriver et la durée du séjour auquel vous êtes conviée.

J'étais ébahie — et j'allais l'être davantage — par le fait d'être invitée, en amie pour ainsi dire, chez des gens qui ne me connaissaient pas plus que je ne les connaissais.

J'acceptai, par manque de volonté pour refuser, par amitié envers Lady Frances qui avait l'air de tellement tenir à m'envoyer en visite dans la gentry, peut-être abasourdie au point de ne plus trop savoir à quoi je m'engageais.

XV

Par un matin de novembre, encore beau et tiède, je pris le train pour Chepstow. J'avais avec moi une valise. Ma malle garde-robe, tenant bon malgré les coups reçus, voyageait, elle, dans le fourgon à bagages. C'était une bien grande malle pour contenir ma petite robe de taffetas rouge qui avait été à la soirée du baron Frankenstein et n'était pas ressortie depuis, mon autre robe du soir en mousseline pêche avec son petit boléro, les souliers assortis, quelques autres menus effets. De plus, je pourrais avoir l'air assez peu au courant des usages en arrivant avec tant de bagage pour un séjour, disait la lettre, du 7 au 14 au soir, et Lady Curre devait, en effet, en l'apercevant, mais au départ seulement, ouvrir grand les yeux. Surtout, c'était me donner beaucoup de peine pour rien que de trimballer cette lourde malle presque partout où j'allais pendant si longtemps, et je ne sais vraiment plus pourquoi j'y tenais tellement, à moins que ce ne fût parce que je l'avais payée cher et que je voulais en avoir pour mon argent. Peut-être aussi me conférait-elle une sorte de courage, comme si à nous deux nous faisions un peu plus important.

Je débarquai en fin d'après-midi dans la très jolie et ancienne ville de Chepstow. Les grosses tours massives du château démantelé de Guillaume le Conquérant demeurent encore debout.

Devant la gare était stationnée une longue, longue auto noire. Un chauffeur en livrée en descendit, vint à ma rencontre, porta la main à sa casquette.

— You the young lady for Itton Court?

Je pensai que oui et le lui dit.

Alors il se nomma: Ward, et m'exprima les excuses de milady pour n'être pas venue en personne à ma rencontre. «She had been requested at the very last minute to attend as judge of one of those county exhibits one just cannot escape.»

En un rien de temps l'historique petite ville était derrière nous. La voiture s'engageait dans la vallée de la Wye, un des fleuves les plus étonnants qu'il me fut jamais donné de voir. A marée basse, c'est une horrible fosse vaseuse, presque asséchée, morne et grise et comme pleine de l'empreinte de grands animaux étranges qui y seraient venus se vautrer. Mais que la marée revienne et la Wye parcourt sa vallée d'une grande eau tranquille qui lui donne un air doux et pastoral.

A travers de hautes arcades anciennes, du ciel, au loin, apparaissait. Je demandai ce qu'étaient ces magnifiques arcades découpant l'horizon.

— Tintern Abbey, répondit Ward. They say it's the oldest in Great Britain.

Des vers de Wordsworth au sujet de Tintern Abbey, la vieille abbaye cistercienne, appris à l'école, me revenaient à la mémoire, et je saisis le merveilleux de ma vie comme je ne l'avais encore jamais saisi, hier me demandant ce que c'était que cette abbaye dont le poète anglais était si amoureux, aujourd'hui contemplant ses ruines par lesquelles commençait à pénétrer le rouge du soleil couchant.

Sur un piton, au milieu d'une large étendue de prés encore verts, je distinguai un château de grande allure. En fait, il dominait tout le paysage.

— Et ce château? ai-je demandé à Ward.

— Our castle, dit-il fièrement. Itton Court we are heading for, Miss.

Le coeur me manqua alors complètement. Je crois que s'il avait été possible de soudoyer Ward, de le supplier: «Ramenez-moi à la gare...» ou «Laissez-moi en chemin...» je l'aurais fait. Mais son regard me disait qu'il n'y avait rien de ce genre à tenter auprès de lui. Et je m'abandonnai à mon sort avec une appréhension comme je n'en ai guère ressenti depuis lors de plus affolante.

Nous avions pris par une longue route bordée d'arbres qui montait au château. De face, il me faisait un peu penser à Versailles, du côté des jardins. Mais nous l'avons abordé par l'arrière et sa grosse tour ancienne qui formait angle. Sous une voûte basse s'ouvrirent simultanément deux poternes, une petite par laquelle s'engouffrèrent, tirées à l'intérieur par un serviteur que je n'eus pas le temps de voir, ma valise et ma pauvre vieille malle, et une autre par laquelle moi-même entrai, accueillie par le butler qui, tout en m'indiquant le chemin d'un superbe geste, s'informait avec une sollicitude qui me paraissait presque sincère si j'avais fait bon voyage, si je n'étais pas trop brisée par ces pénibles trajets en chemin de fer dans ces parcours secondaires des plus misérables.

Il m'abandonna au seuil d'une vaste pièce — le sitting-room, le drawing-room ou le music-room, je ne sais trop. Je mis tellement de temps à les démêler l'une de l'autre, sauf du morning-room parce que celle-là, le matin, était inondée de soleil, qu'au vrai je n'étais pas encore très fixée lorsque vint le temps pour moi de m'en aller, comme j'étais venue, par la poterne.

Une vieille petite créature assise de dos dans un si haut fauteuil que je n'avais encore rien aperçu d'elle, se leva, s'avançant vers moi à pas menus et en clignotant des yeux comme pour me distinguer dans de la brume.

Moi, pensant que ce devait être mon hôtesse et que ce serait gentil de lui témoigner aussitôt de la gratitude et de l'affection, je fis vers elle une partie du chemin et me forçai, la voix tremblante, à la saluer aussi cordialement que possible :

— So glad, so glad, dear Lady Curre!

Sur quoi la petite créature chiffonnée, qui n'était que lectrice ou vague dame de compagnie ou cousine pauvre comme presque tous les châteaux du genre d'Itton Court en hébergeaient une, murmura sur un ton de réprimande :

— Lady Curre will be here later, child. Please follow me. I am to show you your room.

Nous avons marché par d'interminables corridors coupés d'autres corridors, coupés eux aussi de corridors un peu moins larges, pour aboutir à ma chambre. Elle était à elle seule presque aussi vaste qu'aucune demeure que j'ai jamais habitée. A un bout, se consumait dans une énorme cheminée presque tout un tronc d'arbre. Devant moi, par-delà de hautes fenêtres, se déroulait le parc avec fontaines et statues, car je me trouvais logée du côté Versailles.

La petite créature me dit :

— Hope you like your room. Dinner is at eight. We dress here for dinner. The gong will be heard shortly before. To find the dining-room, just follow the sound. Now try to have a nap...

Et elle disparut.

Restée seule, je commençai par m'asseoir tout au pied du vaste lit à colonnes. La femme de chambre était passée avant moi. Elle avait défait ma valise et étalé mes pauvres petites affaires, ma brosse à cheveux au poil usé, mes pantoufles et ma robe de chambre, dont je n'avais jamais vu avant qu'elles étaient si défraîchies. J'avisai dans une encoignure le plus joli secrétaire que j'eus jamais de toute ma vie à ma disposition. En autant que je puisse me fier à mes souvenirs bousculés de ce jour-là, je dirais que ce devait être un Sheridan.

J'y trouvai de l'encre, des plumes et un admirable papier à écrire gris perle chiffré d'une couronne. Je m'installai pour écrire à presque tous les gens que je connaissais, en commençant tout de même par maman à qui je disais de ne pas s'inquiéter pour moi, que j'allais bien, que pour le moment je vivais la vie de château.

Si j'en avais le temps, il ne me déplairait pas de m'essayer à décrire ce que fut ma vie durant la semaine que je passai à Itton Court. Un soir dans ma robe taffetas, un soir dans la mousseline pêche à fleurs rouges, un autre soir agrémentant la pêche d'un ceinturon rouge, le lendemain d'un boléro également rouge, je me figurai donner le change et créer l'impression d'avoir une garde-robe assez variée. J'étais tout de même mieux partagée que la petite créature effacée — lectrice? cousine pauvre? dame de compagnie? je ne l'ai pas su — que je ne vis apparaître au dîner, soir après soir, que dans le même long sac couleur prune.

Nous prenions place, les douze convives — dont j'ai oublié les noms, sauf deux si appropriés à la chasse qui était à Itton Court l'occupation première: les capitaines Wolfe et Fox — à une immense table au centre d'une immense pièce à chaque bout de laquelle brûlaient des arbres entiers engouffrés en des foyers plus grands qu'une chaumière.

Nous avions d'autant plus hâte d'y arriver que nous devions, venant chacun d'une aile lointaine, geler tout ronds dans les interminables corridors glacés. La première fois je m'y étais d'ailleurs perdue, mal guidée par le son du gong qui, résonnant encore après s'être tu, semblait venir de tous les côtés à la fois, mais je m'y étais fait l'oreille et surtout je m'étais fabriqué des repères à partir des lords à perruque et des ladies à petit bonnet de dentelle qui jalonnaient le chemin de la salle à manger.

Derrière nous, à table, veillaient le maître d'hôtel et ses aides, si pleins de sollicitude à notre égard qu'à peine avions-nous trempé nos lèvres dans notre verre qu'une main se tendait pour nous en remettre une goutte.

Lady Curre, tout le contraire de la petite créature desséchée pour qui je l'avais prise, était une grande femme statuesque, à larges épaules, marchant à longues enjambées, parlant haut, du genre que l'on appelait dans le milieu, je crois me le rappeler, a horse woman, non pas, grands dieux! parce qu'elle ressemblait à un cheval mais parce qu'elle vivait pour ainsi dire dans la compagnie des chevaux autant que celle des humains et les aimait probablement mieux aussi. Elle assistait à toutes les chasses à courre de la région, en donnait fréquemment et m'entraîna à l'une d'elles afin, dit-elle, que je puisse un jour, de retour au Canada, raconter comment cela se passait. Je possède toujours, parmi mes souvenirs de ce temps-là, une petite photo représentant la meute, les cavaliers, les serviteurs avec leur plateau apportant le verre à boire, avant le départ, aux invités en selle, tout cela inscrit sur le côté Versailles du château.

Comment j'étais tombée dans ce milieu, un soir à dîner —alors que les deux écrivains invités, se disant amis de Chesterton et l'appelant G.K., causaient avec la poétesse aux cheveux teints mauve pâle — me parut soudain si surprenant que je pense avoir en esprit complètement quitté les lieux pendant plusieurs minutes. Souvent ma propre vie m'a étonnée — et à qui donc au fond sa propre vie ne paraît-elle pas la plus étonnante de toutes! — mais ce soir-là, elle me confondit. J'eus l'impression d'être en dehors de moi, quelques pas en arrière, de me voir assise au milieu de ce beau monde et de n'en pouvoir croire mes yeux. Quelque chose d'ahuri dut se faire jour sur mon visage car Lady Curre, coupant soudain la parole à la poétesse, me lança assez fort, de son bout de table éloigné:

— Child! Lost again in your reverie! A penny for your thoughts.

J'aimais l'expression que m'avait souvent adressée Esther quand elle me voyait perdue dans «the stories of that wandering mind». Je ne pus m'empêcher de faire un sourire à Lady Curre, même s'il était un peu désemparé. Je crus comprendre qu'elle n'était pas si épeurante qu'elle pouvait en avoir l'air et qu'à cette femme personne n'avait peut-être jamais parlé langage humain. Pour ses serviteurs, elle était milady et ils ne lui parlaient que sur un ton d'obséquiosité qui cherchait à avoir l'air affranchi. Ses convives pique-assiette qu'elle gardait parfois longtemps, faute de mieux, lui donnaient des «dear Geneva» à tour de bras qu'elle accusait, j'avais remarqué, d'un léger froncement de sourcils. Je ne sais ce qui m'amena à lui avouer ce que j'avais vraiment ressenti.

— Je me suis vue ici, lui dis-je, comme du lointain de ma vie, depuis ma petite ville des plaines de l'Ouest canadien, et c'est que je n'arrivais pas à me croire chez vous, Lady Curre. Et je n'en suis même pas encore sûre.

Elle sourit et dit aux autres qu'elle entendait enfin sous son toit une parole qui n'était pas juste du chit-chat et que j'avais dit juste, personne au fond ne croyant vraie sa propre vie.

Elle s'attacha tellement à moi à partir de ce soir-là que je pris peur, car elle parla de me garder, ma semaine finie, pour un bal qu'elle donnerait dans une dizaine de jours et où je pourrais rencontrer la jeunesse du pays. Je me dis attendue dans le Dorset pour la semaine qui venait, ce qui d'ailleurs était la stricte vérité.

Avant de quitter, j'avais envoyé la femme de chambre, une jeune Allemande qui s'occupait de moi, déposer avec mon Thank you note un petit cadeau d'adieu dans la chambre de Lady Curre. A Cadogan Garden, Lady Frances m'avait gentiment fait comprendre que je serais bien vue de laisser, en partant, à qui m'avait invitée, un petit rien en guise de gratitude, n'importe quoi faisant l'affaire, c'était l'intention qui comptait. J'avais erré des heures chez Harrod's à la recherche d'un cadeau de deux dollars au plus et qui ne ferait pas trop mesquin. J'avais fini par acheter un brin de muguet fait main à porter au revers d'un tailleur ou comme fleur de corsage. Je l'avais trouvé, ma foi, assez beau, et l'avais fait emballer dans une gentille boîte. Mais depuis le moment où j'avais enfin fait connaissance avec mon hôtesse à l'allure de cavalière, je doutai fort qu'elle pût être entichée de mon présent.

Je devais donc presque choir de surprise lorsque, de retour à Londres, j'y trouverais, m'attendant, un mot de Lady Curre dans lequel, en lettres hautes de six pouces au moins, elle me remerciait infiniment de mon charmant cadeau, disant qu'elle le garderait précieusement et le chérirait toute sa vie, «as the one and only gift of the kind — so sweet of you, child! — that I have ever been presented with».

Je crus quelque temps qu'elle se moquait peut-être un peu de moi, ou encore enfilait des mots, n'importe lesquels, à mon intention pour en remplir une feuille de son beau papier gris perle, mais, petit à petit, j'en suis venue à me demander si elle n'était pas en quelque sorte enchantée d'avoir reçu une fois dans sa vie des fleurs qui n'étaient pas vraies.

«Only an imaginative girl like you, disait-elle, would have thought of such a gift.»

Pour me rendre de Chepstow en Dorset, il aurait été presque plus simple de retourner à Londres et d'y prendre un train en direct pour Weymouth ou quelque ville du sud. Mais je préférai voyager across country, toujours encombrée de ma malle, changeant de train dans des petites gares perdues, perdant du temps dans chacune à attendre la correspondance, mais j'obtins ainsi un aperçu de l'Angleterre profondément rurale que je n'aurais jamais connue autrement, et je garde malgré tout un souvenir émerveillé de cet ahurissant voyage.

Conduite par son chauffeur — qui était aussi le jardinier et l'homme à tout faire — mon hôtesse m'attendait à la gare de Bridgeport. C'était une vieille petite femme en gros souliers de marche, habillée de tweed informe, le visage plein de verrues et portant un énorme chapeau de peluche enfoncé jusqu'aux oreilles. Elle me parut si laide, si mal fagotée que je me disais tout en roulant en silence auprès d'elle dans le fond de la voiture: «Ce n'est pas possible, je ne pourrai jamais faire la semaine en compagnie de cette personne.» Mais comme elle levait un peu le visage sous le bord de son vaste chapeau, j'aperçus son regard et je fus si frappée par la bonté, la grâce souriante, la finesse et l'intelligence qui s'en dégageaient que je cessai tout net de la trouver laide.

D'origine anglaise, elle avait été élevée en Australie, son père y ayant fait fortune dans l'élevage des moutons. A sa mort, elle était revenue s'établir en Angleterre et avait choisi le Dorset tout bonnement parce qu'elle avait pu y trouver, offert en vente, un vieux cottage de pur style élisabéthain tel qu'elle en avait souhaité un toute sa vie. Avec l'aide d'une cuisinière et de son jardinier-chauffeur, elle menait une vie paisible, recevant de temps à autre quelques invités comme moi pour l'égayer et aussi pour faire sa part dans l'édification d'un bon sentiment à travers l'Empire.

Comme nous roulions vers Matravers Cottage, c'est à peu près ce que me raconta Miss Shaw, tout en m'appelant de temps à autre «my lamb», ce que je pensais d'abord être une pure habitude de sa part, assez naturelle d'ailleurs pour une personne qui avait été élevée parmi les moutons. Mais bientôt je saisis que c'était plutôt chez elle un terme affectueux qu'elle remplaça d'ailleurs bientôt, à mon usage, par «my niece», celles de ses lambs qu'elle aimait le mieux devenant de la famille, m'expliqua-t-elle, car décidément la sienne propre ne faisait pas le poids, se ramenant en tout et pour tout à une seule vraie nièce.

Et telle quelle, comme sa nièce, elle me présenta au pasteur, au squire du village, à celui des hautes terres que nous avons croisé à cheval, partout où elle me mena me faire voir et entendre.

Nous arrivâmes au plus charmant cottage que je pense avoir vu en Angleterre. C'est une des rares habitations — avec peut-être un mas à grosses tuiles rousses au bas des Antiques près de Saint-Rémy-de-Provence, et une autre vieille maison, cette fois en Gaspésie — où je m'imaginai, dès que je les aperçus, que je pourrais y vivre toute ma vie sans désirer aller jamais chercher mieux ailleurs.

De proportions harmonieuses, en pierre grise adoucie par le temps, la pluie, les vents, coupé à intervalles parfaits de fenêtres à croisillons qu'encadrait un trait blanc, il s'élevait sur l'herbe un peu rude d'une sorte de plate-forme naturelle pour dominer une échappée de downs peut-être plus beaux encore que ceux d'Upshire car, tout au bout, on apercevait le fil brillant de la mer qui étincelait au soleil. J'ai même parfois cru l'entendre battre, là-bas, le rivage d'où Stevenson aurait fait partir le voilier à la recherche de l'Ile au Trésor.

Ma chambre était magnifique, spacieuse, mais pas trop. De la fenêtre à croisillons et doubles battants, je découvris une immensité de vagues terrestres atteignant cette fois, à vue d'oeil, les vagues océanes. Je me couchai pour la première fois de ma vie dans des draps de lin. La cuisinière-femme-de-chambre y avait déposé une ancienne bouillotte en grès enveloppée d'un petit manteau de laine pour qu'elle ne me brûle pas les pieds. Miss Shaw, accompagnée de son scotch terrier au regard, derrière tout son poil, presque aussi fin que celui de sa maîtresse, vint voir s'il ne me manquait rien. A combien d'oasis heureuses suis-je donc arrivée au long de ma vie, dont il me semble aujourd'hui que je n'avais qu'à marcher devant moi avec confiance pour les découvrir à l'horizon et m'y sentir aussitôt à l'aise?

Miss Shaw tenait absolument à ce que je voie Bath, la ville d'eau célèbre au temps du Régent, bien que ce ne fût pas du tout la saison propice. Peut-être tenait-elle elle-même beaucoup à revoir un endroit où elle avait été dans sa jeunesse. Toujours est-il que nous voilà en route, un beau matin, conduites par Jeremish qui s'occupait aussi de nous trouver nos chambres d'hôtel, de poster nos cartes postales et de nous prodiguer mille soins. De Bath, nous avons poussé une pointe jusqu'à Bristol où Miss Shaw avait une amie qu'elle tenait à saluer et qui nous garda à coucher. En face, c'était le pays de Galles que Miss Shaw me surprit à tâcher d'apercevoir au loin avec une certaine envie d'y aller sans doute, car elle me dit que ce serait pour la prochaine fois.

Au retour, elle me demanda si je préférais rentrer par le chemin de la côte ou par les landes. J'avais déjà fait une bonne partie de la côte lors de mon voyage avec David et sa mère si critiqueuse. J'optai pour les landes. Nous avons fait un long détour pour rattraper Broadmoor puis Exmoor. Ces étendues sauvages à herbe rude, sans habitations, sans cultures, hantées par un vent fou sous d'immenses ciels tourmentés me soulevaient d'exaltation. D'où vient que de stériles paysages, nus et poignants, me rendent tout à coup à une sorte de libération, qu'ils délivrent en moi une souffrance retenue? Il en fut ainsi en Bretagne à la vue des landes de Lanvaux que je m'imaginai ne vouloir jamais quitter, restant à contempler leur désolation dans une fascination sans fin. Egalement, quand, du col de Vence, je découvris l'étendue d'herbe sifflante livrée au vent des hauteurs et qu'habitent seuls des blocs de pierre noire dressés dans les poses les plus énigmatiques. Et pourquoi ces paysages comme malheureux m'ont-ils été presque toujours plus consolants que ceux que l'on dit riants, harmonieux ou enchanteurs? Miss Shaw, élevée dans de sauvages régions de l'Australie, semblait en tout cas comprendre mes goûts et les approuver. Que de fois, en cours de route, avant même que je le lui demande, elle pria Jeremish d'arrêter la voiture pour me permettre d'aller marcher seule, par quelque sentier dans les ronces, vers un horizon poignant.

A peine de retour à Matravers, elle me mena voir la ville de Dorchester où le sanglant juge Jeffrey envoya des gens par milliers au gibet. Nous sommes revenues par la jolie ville de Weymouth. A propos de chaque endroit, Miss Shaw avait quelque histoire à me raconter qui ne me paraissait pas très exacte. N'importe! Je regardais s'animer, pour me faire plaisir, cette vieille dame qui m'avait paru si laide à mon arrivée et qu'à présent j'en étais venue à trouver belle avec ses yeux pétillants de la joie qu'elle éprouvait à avoir auprès d'elle quelqu'un de jeune à travers qui retrouver l'enthousiasme de sa propre jeunesse. «Those half dead old souls», disait-elle de ses voisins pourtant plus jeunes qu'elle pour la plupart, «ils ne vibrent plus à rien, ne lisent rien, ne sentent plus rien».

Voyant que je me plaisais à errer par les downs, elle finit par me laisser partir seule, le matin, avec des sandwiches pour le lunch, mais à deux conditions: je devais être de retour sans une minute de retard pour le thé; je devais aussi me munir d'une canne en guise d'arme de défense pour le cas où je ferais une mauvaise rencontre. Elle me montra même comment m'y prendre — elle l'avait appris jeune dans le ranch isolé, en Australie —pour avoir raison d'un assaillant en lui assénant un coup sec sur la tempe.

Je pense avoir été fidèlement de retour pour le thé qu'elle aurait éprouvé trop de désolation à prendre seule. Quant à la canne, à peine étais-je hors de vue que je l'enfouissais au bout d'une haie pour la reprendre au retour. Et je m'appuyais sur elle lourdement à chaque pas si je voyais poindre à la fenêtre le visage de Miss Shaw. Elle, en se portant à ma rencontre, se montrait réjouie et me félicitait:

— Rien comme une canne, hein, pour aider la marche en terrain raboteux. Good girl! Good girl!

En retour d'une si généreuse hospitalité, que me demandait la vieille demoiselle sinon de l'écouter me raconter les heures glorieuses de sa jeunesse quand elle accomplissait vingt milles d'une traite à cheval, pour se rendre à la ferme voisine. Elle aimait bien aussi que je la fasse rire en imitant, avec mon accent déjà curieux, le curieux accent des gens du pays. «Give me a lilt out of your youth, disait-elle, you have some to spare...» C'est d'elle en partie que j'ai appris comme nous sommes nécessaires les unes aux autres, les vieilles âmes que la jeunesse autour d'elles console de la perte de leurs années ardentes, les âmes jeunes qui s'effraient moins de la vieillesse lorsqu'elles la voient encore capable de s'émerveiller et de se réjouir à leur vue.

Miss Shaw aimait bien aussi, après le plantureux dîner, que je fasse avec elle une partie d'australian rummy qu'elle m'avait enseigné. Nous tirions la table à cartes presque dans les flammes du foyer, le petit scotch-terrier venant s'y installer le nez collé au feu, ce qui était mauvais pour ses yeux, disait sa maîtresse, mais il n'y avait pas moyen de le chasser, la vue des flammes le fascinait lui aussi, et nous commencions notre partie. Presque chaque soir je battais Miss Shaw et elle se fâchait.

— May you be thoroughly bedeviled! me lançait-elle.

Dans ses brousses australiennes, si elle y avait appris beaucoup sur la nature elle-même et sur celle des hommes, elle avait par ailleurs acquis des habitudes de langage qui la singularisaient quelque peu dans son milieu du Dorset assez guindé. De sous la jupe de sa maîtresse, le scotch-terrier grognait à sa manière comme s'il m'en voulait de l'avoir battue aux cartes.

C'était là l'unique ombre au tableau de bonne entente que nous formions, Miss Shaw et moi, dans notre habitation isolée au milieu des downs. Le petit chien rébarbatif ne me disait ni bonjour ni bonsoir. Si je l'invitais à la promenade avec moi, qu'il adorait pourtant, il secouait rageusement la tête avec un air de dire: «Tiens tes distances si tu veux que je garde les miennes.» J'étais d'autant plus affectée par ces manières bourrues que Miss Shaw le déclarait le meilleur juge des humains qu'elle eût connu. «Jamais, me disait-elle, il ne s'est trompé. Quand est venu ici quelqu'un à qui il a refusé de donner la patte, je pouvais être sûre que j'en apprendrais de belles sur cette personne un jour ou l'autre. J'ai ainsi découvert bien des faux amis. Par ailleurs, s'il fait bon visage à l'invité sous mon toit, je peux dormir tranquille. Je sais que j'ai affaire à quelqu'un de franc et d'honnête.»

— Ce qui n'est pas de bon augure pour moi, ai-je protesté.

— Ah! mais Alec est loin d'avoir dit son dernier mot sur vous. Il prend son temps. Il met plus de temps à former son opinion sur certaines gens que sur d'autres. En outre, il ne faut pas l'oublier, Alec est un Scotchman. He is dour. And cautious. All this time, he is studying you deeply, don't you doubt it.

Ce qui me mettait encore plus mal à l'aise vis-à-vis du scotch-terrier que j'avais rebaptisé Alec-the-intellectual, à la joie de sa maîtresse.

— C'est justement ce qu'il est, dit-elle. Un intellectuel! Je cherchais depuis longtemps le qualificatif qui lui conviendrait et voici que vous l'avez trouvé. Viens près de moi, Alec-the-intellectual!

Vers neuf heures, neuf heures et demie au plus tard, Miss Shaw, toute somnolente, se retirait. J'ignorais son âge. Plus tard, j'ai su qu'elle devait alors avoir près de quatre-vingt-sept ans. Elle disait: «Allons, viens mon vieux Alec, nous avons de l'âge tous deux, c'est le temps d'aller nous coucher.»

A mi-chemin dans l'escalier, elle s'arrêtait pour me regarder, pelotonnée dans un fauteuil avec un livre que je venais de prendre dans un rayon à côté de moi. Elle possédait une extraordinaire collection de livres traitant des plus effrayantes affaires criminelles de tout temps et en tout pays. En ayant commencé la lecture, j'étais tellement empoignée que j'avais presque hâte de voir Miss Shaw se retirer pour me plonger dans cette atmosphère d'horreur qui me tenait en haleine.

Miss Shaw s'en doutait et m'en voulait un peu, tout en comprenant mon engouement, car elle avait dû lire toute la collection, ayant pris la peine de la rapporter d'Australie, trente volumes en tout, dorés sur tranches, à épaisse couverture rouge.

C'était l'heure où le vent des downs et le vent de la mer se rencontraient sur notre piton isolé pour se livrer un combat rugissant.

Miss Shaw l'écoutait, une main sur la rampe de l'escalier.

— J'ai habité dix maisons en ma vie, presque toutes isolées, me confiait-elle. Et c'est la seule où les vents accourent se jeter contre elle de tous les côtés à la fois. Il y a là un mystère insondable. Le malheur a sûrement habité un jour cette vieille maison au cours de ses quatre cents ans d'existence. Savez-vous, je ne serais pas surprise qu'elle recèle un squelette quelque part entre ses murs épais.

Je comprenais bien qu'elle en remettait avec l'idée de me faire quitter mon livre et monter me réfugier avec elle à l'étage. Mais ce vent de malédiction ajoutait au bien-être que j'éprouvais à lire ma sinistre histoire auprès d'un feu qui pétillait doucement.

445

Alors elle me jetait, comme en anathème, du haut des marches:

— May you be thoroughly frightened. Shaken to the bones.

Bien des heures après qu'elle m'eut quittée, un soir, alors que je m'étais laissée emporter à lire jusqu'au milieu de la nuit, je crus entendre un léger bruit. Une seconde plus tard, je sentis une langue douce me lécher la main. Alec-the-intellectual, à travers les poils de son visage, me considérait d'un air de bonté, de douceur, d'infinie affection, mais aussi avec une certaine malice très fine comme s'il eût cherché à me faire entendre: «Il ne faut pas le lui dire. Elle veut être la seule aimée de moi. Elle n'a pas beaucoup d'autres amis, au fond. Et c'est aussi que je l'aime trop moi-même pour risquer de lui faire la moindre peine.» Et il appuya son museau sur mes genoux avec confiance pendant que je flattais son front, essayant d'en bannir les soucis.

Ma semaine terminée, Miss Shaw m'en avait accordé une autre et, celle-ci à peine entamée, m'offrait de rester jusqu'à la fin du mois. Cette fois, il m'apparut que je ne devais pas abuser d'une hospitalité si large et que d'ailleurs il était temps pour moi de rentrer à Londres. Pourquoi? Personne au fond ne m'y attendait. J'en avais même peur, comme si l'ennui, le chagrin que j'y avais connus, n'attendaient que mon retour pour se jeter de nouveau sur moi, alors que j'étais ici à l'abri, à Matravers Cottage, et même, en quelque sorte, heureuse. Ce qui, à mon sujet, m'a causé le plus d'étonnement, c'est peut-être que, malgré ce fond de détresse qui ne m'a guère quittée, j'ai si souvent pu être heureuse et laisser penser à beaucoup que j'étais, que je suis d'une nature gaie et rieuse — et sans doute ai-je été ainsi, au-delà d'une tristesse qui souvent alors se laissait oublier.

Il se passa avant mon départ une petite scène que je donnerais cher pour qu'elle n'eût pas eu lieu, encore qu'elle m'ait laissé un souvenir attendrissant. The Intellectual et moi avions bien observé nos conventions, moi ne le flattant jamais et lui poussant son rôle jusqu'à prétendre gronder à mon passage.

Pourtant, quand ma malle et ma valise furent descendues en bas de l'escalier par Jeremish, et qu'il me vit moi-même descendre dans mon manteau, il perdit soudain tout contrôle sur lui-même. Il se jeta à mes pieds qu'il embrassa, il essaya de grimper à mes genoux, il pleurait d'un chagrin comme inconsolable, et je croyais entendre à travers ses pleurs sa plainte: «Qu'est-ce qu'on va devenir, moi et ma maîtresse, tous deux bien vieux et seuls dans cette maison exposée à tous les vents?» J'aurais voulu le consoler et ne l'osais pas.

Je rencontrai le regard de Miss Shaw. Il exprimait une sorte de satisfaction de se voir confirmer par The Intellectual qu'elle avait eu raison de placer sa confiance en moi. Il disait aussi la stupéfaction et la peine de voir partagé avec une autre le sentiment que son petit chien n'eût dû éprouver que pour elle.

A la fin, elle prit le parti de rire de tout cela, quoique peut-être pas d'un coeur entier:

— Il nous a joué le tour, il nous a bien eues, ce petit Ecossais du diable!

XVI

Rentrée à Chiswick, ce fut pire encore que je ne m'y attendais. Tout me manqua à la fois de ce qui m'a toujours le plus aidée à supporter de vivre: la vue du ciel, d'une étendue de pays ouvert, la voix du vent même triste ou déchaîné qui hante les arbres. Ma mélancolie me revint et s'empara de moi bien plus profondément qu'avant. Tous mes efforts pour en sortir, mon séjour à Itton Court et chez Miss Shaw ne semblaient avoir abouti qu'à me faire me sentir plus désemparée que jamais.

Il pleuvait presque interminablement en cette fin de novembre. Nous n'avons pas vu le ciel pendant deux semaines d'affilée. Je ne pouvais plus aller me consoler auprès de l'inouïe beauté de l'existence végétale dans mon cher jardin de Kew. Il pleuvait, il pleuvait! Je ne voyais presque plus Bohdan. Il est vrai que j'étais allée me loger bien loin de mes amis. Il me le reprochait lorsque nous nous rencontrions encore quelquefois, à mi-chemin pour ne pas trop le retarder alors que, son violon sous le bras, il était en route pour une émission à la BBC, ou courait à une répétition avec l'orchestre symphonique de Londres. Parfois, il prenait le temps de m'inviter dans un ABC au passage pour prendre une tasse de thé, et il faisait de son mieux pour m'encourager, lui à qui il restait alors à peine trois ans à vivre, et on eût dit qu'il en avait le sentiment, l'air fiévreux, agité, jamais en repos. De Stephen, nous n'avions aucune nouvelle. Bohdan pensait qu'il devait être parti en ses visites clandestines à des militants de pays voisins de l'Ukraine et qu'un jour il y laisserait sa peau. Lui-même Ukrainien d'origine et fort attaché à la culture de ses ancêtres, il jugeait dérisoire le rêve de la libération de ce pays par une poignée, me disait-il, d'exaltés. Après ces brèves rencontres, je le perdais de vue pendant des semaines. J'avais retrouvé Phyllis, et nous sommes allées encore quelquefois au théâtre ensemble. Que je ne me souvienne plus des pièces que nous avons vues alors en dit long sur l'état d'esprit où je devais être. Il y a des pans entiers de ma vie qui ont ainsi disparu de ma mémoire, tout simplement, je suppose, parce que j'étais alors moi-même comme disparue du monde. Je ne faisais plus que glisser à la surface des choses, ne retenant rien. Et pourtant comme à Paris et à mon insu, je devais enregistrer certains moments de cette partie de ma vie, car il m'en revient quelques-uns parfois comme s'ils remontaient d'un rêve très profond. Mais Phyllis et moi habitions chacune à une extrémité opposée de Londres et, pour nous retrouver à Kensington, à mi-chemin, il nous fallait déjà compter chacune sur un interminable trajet. Du reste, Phyllis était très prise par ses cours. Tenace, elle les poursuivait au Guildhall sans faire montre, je crois bien, de plus de talent. Je me suis souvent demandé, après que j'ai cessé d'avoir de ses nouvelles, si elle était parvenue malgré tout à faire carrière — si on peut appeler carrière une existence consacrée à interpréter le genre de petits rôles ingrats qu'il faut bien que quelqu'un joue quoiqu'ils passent pour ainsi dire inaperçus, et si Phyllis avait conscience, au bout de tout cela, d'avoir en quelque sorte réalisé son but. Après tout, pourquoi pas? Il y a bien des écrivains qui tout au long de leur vie n'écrivent que d'habiles banalités. Pourtant, ils ont peut-être mis autant d'effort, autant de persévérance que d'autres à écrire leurs grandes œuvres, et ce serait juste qu'ils ressentent un peu de fierté tout de même de leur semblant d'accomplissement.

Pour ma part, j'avais entendu parler d'un théâtre expérimental non loin de Chiswick où l'on garantissait aux élèves inscrits de petits rôles sous la direction d'un metteur en scène professionnel, et l'apprentissage d'à peu près tout ce que l'on peut acquérir en assistant aux répétitions d'une pièce en chantier. C'était à peu de chose près ce que j'aurais eu gratuitement chez ces Pitoëff mais qu'ici l'on faisait payer cher. Je commis la bêtise de m'y inscrire et ne tardai pas à m'apercevoir que je m'étais laissée exploiter. Quelques autres Canadiens dans le même cas et moi-même sommes allés ensemble nous plaindre à la Maison du Canada et nous avons obtenu le remboursement de la moitié de la somme payée à cette supposée école d'art théâtral.

Je n'écrivais pour ainsi dire plus. Je ne voyais même pas que j'aurais jamais quelque chose à dire. Un seul tenace désir persistait en moi à travers ce dernier mois que je passai à Londres, et c'était de retourner à Upshire. Je savais que le cottage, en cette saison, était humide et froid. Esther m'avait dit y être enrhumée tout au long de l'hiver, ne parvenant pas à chauffer convenablement la maison. Son père était repris par sa vieille bronchite qui s'aggravait d'année en année. N'importe! J'étais incapable de me représenter Century Cottage autrement qu'entouré de ses fleurs et face aux downs perpétuellement ensoleillées. Et même s'il devait faire froid et triste là-bas, j'y serais mieux avec ceux qui m'aimaient et que j'aimais que n'importe où au monde. Je finis par écrire à Esther en lui demandant si je pouvais venir passer quelques semaines.

Deux jours plus tard, elle m'appela au téléphone. Dans cette maison où j'habitais maintenant, je n'avais pas souvent entendu quelqu'un me crier d'en bas que j'étais demandée au téléphone. Je frémis d'angoisse comme si l'appel ne pouvait signifier qu'une terrible nouvelle. Je fus encore plus inquiète quand je reconnus la voix d'Esther, elle qui ne pouvait téléphoner que de la cabine en face de la poste, détestant tellement la chose qu'elle ne s'y résignait que dans les plus graves circonstances. Je l'entendis comme du bout du monde, peut-être à cause de la résonance de sa voix dans la cabine fermée, qui me disait:

— Très chère, il n'y a rien au monde qui j'aimerais mieux que de vous recevoir, mais la sœur de Père, ma chère vieille tante de Malvern, est au plus mal. Nous partons tôt demain, Père et moi, pour aller vers elle. J'ai hésité. Père n'est pas bien. Il tousse beaucoup. Il fait même un peu de fièvre le soir. Mais il insiste pour aller au secours de sa sœur. C'est la seule qui lui reste de leur famille. Ils ont besoin l'un de l'autre à cette heure.

— Mais Esther, ai-je protesté, votre père est trop fragile pour ce voyage, surtout par ce temps humide. Il arrivera malade et de quel secours sera-t-il alors?

— Je le couvrirai de tant de laine, je veillerai si bien sur lui qu'il ne prendra pas plus froid en voyage qu'ici. De toute façon, c'est un risque qu'il faut courir. Père ne se pardonnerait jamais de n'être pas allé à l'appel de sa sœur mourante.

Qu'est-ce qui me prenait de lui tenir tête alors qu'elle devait être toute frissonnante de froid dans la cabine glacée?

— Mais Esther, ne m'avez-vous pas dit cent fois que nos âmes immortelles se rencontreront dans le bonheur ineffable, cette vie terminée. Puisqu'ils se retrouveront sûrement, Father Perfect et sa chère vieille sœur, pourquoi l'exposer à la fatigue, à l'émotion du voyage? Il pourrait lui-même en mourir.

Le silence dura alors si longtemps que, tout apeurée, je me pris à appeler: Esther! Esther!

J'entendis enfin sa douce voix me reprocher:

— Certainement nous nous retrouverons dans le bonheur, autour du Seigneur, nos peines oubliées. Mais j'ai beaucoup réfléchi à tout ceci, sachez-le, Gabrielle, et il me semble important que les êtres qui s'aiment et vont être séparés se rencontrent une fois encore en cette vie... avec toutes leurs peines...

— Mais puisqu'elles seront oubliées à jamais, ainsi que vous disiez!...

Elle répéta doucement avec une infinie pitié:

— Avec toutes leurs peines... And also to say good-bye properly... on this earth.

Je remontai dans ma chambre et songeai à ces paroles qui n'en finissaient pas de résonner dans ma tête. Je ne parvenais pas à les chasser. Je n'y suis jamais parvenue. Elles me reviennent chaque fois qu'un être que j'aime va m'être enlevé.

... Nous rencontrer une dernière fois... en cette vie... avec toutes nos peines... et nous faire convenablement nos adieux...

Mais pourquoi, si elles doivent être effacées par le bonheur final? Peut-être afin qu'il en reste trace quelque part dans la conscience.

Je songeai à ma mère qui, à cette heure même peut-être, la plume à la main, cherchait les difficiles mots qui, tout en me laissant ma liberté, me ramèneraient à la maison. Depuis l'affaire de Munich, je voyais bien qu'elle n'avait cessé de craindre pour nous deux. Elle ne le disait pas en toutes lettres, mais elle croyait que la guerre allait éclater bientôt, que je serais peut-être empêchée de rentrer au pays, que nous ne nous rencontrerions pas une dernière fois, elle et moi, avec toutes nos peines... et elle avait apparemment plus de chagrin de cela que de toutes les peines souffertes au cours de sa vie.

Finalement je tombai malade. Etait-ce de vraie maladie ou de renoncement à tant d'efforts qui semblaient ne me mener nulle part? Sans doute des deux à la fois. Je faisais un peu de fièvre le soir. J'avais très mal à la gorge. Je ne sortais plus pour aller manger dans les casse-croûte des environs, et ma logeuse ne m'apportait pour ainsi dire rien. Phyllis traversa Londres maintes fois pour m'apporter un grand pot de bouillon, des biscuits, des fruits, des remèdes. J'aurais pu rire parfois au spectacle de ma propre vie. Hier dans un château à me laisser dorloter par une femme de chambre attachée à moi presque exclusivement, qui faisait couler l'eau de mon bain, disposait ma robe repassée pour le dîner... et aujourd'hui abandonnée à moi-même dans une chambre glaciale.

Phyllis insista pour que je consulte un médecin. Je finis par céder, à bout de résistance. C'est elle, je crois, qui prit le rendez-vous. Connaissait-elle un nom en particulier parmi ceux des célèbres médecins de Harley street? Je n'en sais plus rien. Tout ce que je me rappelle, c'est qu'un beau jour je me trouvai dans le cabinet de consultation d'un des très grands spécialistes de Londres en oto-rhino-laryngologie. Il m'examina longuement la gorge, l'arrière-gorge et les sinus comme on le faisait alors au miroir de tête.

Il m'apprit que j'avais les muqueuses très endommagées, les sinus probablement infectés depuis longtemps, et il me demanda avec une certaine sévérité comment j'avais pu en venir là à mon âge. Je pensai aux chambres glacées où j'avais dormi, surtout à Cardinal où je devais casser la glace de mon broc pour me laver, mais aussi dans notre maison de la rue Deschambault au temps le plus dur de notre vie, quand maman devait baisser le feu au minimum par des nuits de moins trente degrés Fahrenheit.

Le grand homme de Harley street me dit qu'il ne voulait pas m'alarmer outre mesure, mais que, si je ne faisais pas attention, j'allais me préparer pour plus tard de bien vilains troubles respiratoires.

Que j'étais loin, ce jour-là, encore à peu près indemne, de prendre son avertissement au sérieux et d'imaginer que des petits maux d'alors découlerait la terrible maladie qui me rattrapa enfin, il y a six ans, et qui n'a cessé depuis lors de me faire souffrir. Souvent, quand elle m'éveille la nuit, au bord de l'étouffement, je me dis que c'est d'elle sans doute que je mourrai comme est mort de l'asthme mon frère Joe et aussi mon frère Rodolphe. Et surtout, en me rappelant sans cesse que je suis mortelle, c'est elle qui m'a poussée à écrire ce livre que j'écris maintenant, elle qui m'a révélé tant de choses que je n'avais pas vues avant, comme si la vie menacée — mais quand donc ne l'est-elle pas? — projetait sur elle-même une lumière qui l'expose de part en part.

— Mais encore, poursuivit mon médecin spécialiste, vous avez dû user impitoyablement votre gorge. A quel genre de travail vous êtes-vous donc livrée pour l'avoir si fatiguée?

Je lui dis que j'avais été institutrice pendant huit années. Il me fit un sourire où il y avait de la compassion et davantage, me sembla-t-il, de la satisfaction d'avoir vu juste. Et par la suite j'ai souvent vu ce curieux mélange d'expressions sur le visage de bien des médecins.

— Eh oui, fit-il, huit années à parler presque sans arrêt du matin au soir, sur un ton presque toujours un peu surélevé à cause du bruit, j'imagine, et dans la poussière de la craie, voilà qui est dur à la gorge.

Evidemment, on écrivait beaucoup au tableau noir au temps où je fus institutrice.

— Et maintenant, me demanda-t-il, quelles sont vos activités à Londres? Le climat, vous ne l'ignorez pas, est un des plus mauvais au monde pour les voies respiratoires. Qu'est-ce qui vous y a amenée?

J'avais l'impression bizarre et douloureuse, au fur et à mesure qu'il me questionnait, que toute ma vie avait été une fausse route. J'avais exercé le mauvais métier, j'étais dans la mauvaise ville...

Je lui appris que j'y poursuivais des études d'art dramatique.

Il tressaillit d'une sorte d'incrédulité, mais, après m'avoir longuement regardée, concéda que j'étais peut-être douée pour le théâtre... d'une certaine manière si...

— Vous n'aspirez pas, fit-il avec brusquerie, à une carrière d'artiste, j'espère?

Je lui dis que j'y avais peut-être un peu pensé... de loin... sans savoir si je le voulais vraiment.

— Abandonnez l'idée à tout jamais, dit-il catégoriquement. Votre gorge ne supporterait pas ce métier. Votre voix vous manquerait en peu de temps.

Il chercha ensuite à adoucir ses propos, me croyant attristée par le coup qu'il croyait peut-être m'avoir porté.

Or c'était tout le contraire. Ses paroles venaient de me soulager d'un poids énorme dont je n'avais jamais su tout à fait que je le portais. Ainsi se fermait devant moi à jamais cette fausse route que je m'étais crue tenue d'explorer maintes et maintes fois après pourtant qu'elle m'eut indiqué que je n'étais pas faite pour elle. Il ne me restait donc plus maintenant que l'autre, la plus terrible au fond.

Pendant que je la considérais en esprit, toujours vague à mes yeux après de si nombreuses incursions, mon médecin tentait à sa manière de me venir en aide.

— Comptez-vous rentrer bientôt dans votre pays? Le climat ici, je vous le répète, est des plus néfastes pour vous.

— Bientôt sans doute, lui dis-je, car je vais être au bout de mon argent.

— En auriez-vous assez, me demanda-t-il, pour aller d'abord passer quelques semaines dans un pays de soleil et de douceur? En Provence par exemple?

L'aimait-il lui-même pour l'avoir vue ou en avoir seulement rêvé au milieu des océans de brume qui assaillent Londres? Il ne pouvait en tout cas trouver mieux pour me repêcher au bord de l'indifférence totale où je glissais que ce rappel d'une attirance venant de mon enfance et de ma première lecture de Daudet. Il dut voir un éclair de vie s'allumer au fond de mon regard qui avait obstinément fixé le tapis pendant qu'il me parlait de climat néfaste et de métier que je n'aurais pas dû exercer.

— Allez-y, m'encouragea-t-il. On y vit presque pour rien. Vous vous y débrouillerez sans peine, j'en suis sûr. Le soleil et la joie de vivre vous guériront mieux que tous les remèdes que je pourrais vous prescrire.

Je me retrouvai dehors dans un bien curieux état d'esprit. Les impressions d'Alexandre Chenevert telles que je les décrirais longtemps plus tard, à sa sortie du cabinet de consultation, seraient exactement celles que j'éprouvai en quittant mon célèbre médecin de Harley street. Il m'en avait coûté une livre — une somme énorme pour moi — pour m'entendre conseiller d'obéir à mon désir le plus cher.

Je courus à l'agence Cook. Ce qu'il me restait à la banque — et cette fois presque tout allait y passer — suffisait à assurer mon trajet aller-retour, en troisième classe, Londres-Nice et un séjour de deux semaines dans une pension de famille à Beaulieu-sur-mer. Pourquoi là? Sans doute parce que j'eus affaire à un employé de l'agence très persuasif ou peut-être très obligeant, comme c'était le cas dans ce temps-là, à l'agence Cook, et qui avait lui-même, au cours de vacances, essayé cette pension pas cher, pouvant en toute bonne foi me la recommander.

Au début de janvier 1939, je partis, accompagnée de ma malle garde-robe qui allait encore m'être source d'ennuis bien plus qu'utile, mais je n'arrivais pas à me résoudre à m'en départir, sans doute parce qu'elle me paraissait trop liée à mon sort, à ses traverses et à ses bonnes fortunes. Deux employés la chargèrent dans le fourgon à bagages. De ma place, dans le train, je les surveillais étroitement, ayant toujours pris grand soin, lorsque je voyageais avec elle, de m'assurer qu'elle suivait.

En début d'après-midi, je m'embarquai pour la traversée Douvres-Calais. Temps plus triste, gris et mouillé, on ne saurait en imaginer. A plein ciel brumeux appelaient des mouettes, comme elles avaient appelé lorsque j'avais quitté les côtes de France, un peu plus d'un an auparavant, et leur cri renforçait mon sentiment de n'avoir pas avancé d'un pas depuis, d'en être toujours, dans ma vie, comme en ce jour désolé, à chercher un chemin impossible à travers le brouillard, la pluie et d'étranges cris étouffés dont je n'arrivais pas à saisir d'où ils venaient et contre quoi ils essayaient de me mettre en garde.

XVII

La Manche était livrée à une des pires tempêtes de l'hiver. Notre petit navire à fond plat montait à la crête de vagues monstrueuses qui nous laissaient choir brusquement comme au plus profond de la mer. Je n'ai jamais subi pareil tangage sauf peut-être en mer Egée, quand l'on nous prit, du bateau de croisière, pour nous conduire en de frêles caïques, contre les vents les plus tumultueux du monde, à la visite des îles Délos et Mykonos. Mais c'étaient là des traversées de dix à quinze minutes tandis que celle de Douvre-Calais, au temps dont je parle, prenait plus de deux heures.

En un rien de temps, presque tous furent malades. On voyait les passagers pâlir, verdir, sortir précipitamment de la salle à manger, la main à la bouche. Attenante à cette salle s'en trouvait une toute remplie de petits lits de camp qu'on aurait pu croire dressés dans l'attente d'un foudroyant mal de mer. J'y fus bientôt allongée au milieu d'êtres gémissants. Le petit bateau craquait de toutes parts. A ses plaintes se mêlaient celle des humains et cette autre encore, si hallucinante, du vent errant captif dans les coursives.

Je me crus un moment enfermée dans une de ces affreuses coques d'autrefois qui mettaient des mois à passer d'Europe en Amérique, immigrante hoquetante, soupirante, qui n'arriverait sans doute pas vivante au terme du voyage, et j'entrevis enfin un peu de quelle inimaginable souffrance s'était constitué notre pays, chacun de ses petits postes gagné sur la silencieuse intensité de côte et de forêt.

J'étais partie de Londres malade d'une bronchite et sans doute déjà fiévreuse. Une toux tenace, de terribles nausées, l'étau qui m'enserrait la tête, l'ensemble de ces maux et peut-être encore plus le sentiment que j'étais un être incapable de me prendre en main achevèrent de m'abattre. Bénin, il se peut, le mal de mer n'en est pas moins un mal qui nous porte à croire que nous allons en mourir, et en venir à le souhaiter. Je n'étais plus que morne détachement. Pourtant, au fond de cette indifférence, je me rappelle avoir perçu avec tristesse que la vie ne serait donc en fin de compte que gaspillage de rêves, d'efforts, d'élans, d'espoirs. Qu'en aurait-il été de moi ce jour-là, me suis-je parfois demandé, s'il ne s'était subitement trouvé quelqu'un, comme en tant d'autres fois où j'en eus le plus grand besoin, pour me porter secours? J'aurais tout aussi bien pu, j'imagine, me laisser ramener en Angleterre par le même traversier ou y rester tant qu'on ne m'en eût pas fait descendre de force. A travers les gémissements qui m'entouraient, une voix calme me parvint:

— Allons! Un petit effort! Avalez une gorgée de ce cognac. Vous allez voir, rien ne remet mieux le cœur d'aplomb.

J'ouvris les yeux. Je distinguai auprès de moi la jeune fille dont j'avais tout juste fait la connaissance, sur le pont, avant le départ. Je l'avais entendue à quelque distance parler avec un porteur et l'avait identifiée à son accent comme une compatriote de langue anglaise, de Toronto. Je m'étais approchée la saluer. Nous avions échangé quelques phrases. Elle m'avait appris son nom que j'ai retenu sans peine, celui-là, tellement je le trouvai bizarre, Ruby Cronk; qu'elle était infirmière de son métier, et que, venant d'achever un stage de perfectionnement à Londres, elle s'en allait pour l'heure prendre de courtes vacances sur la Côte d'Azur avant de rentrer au pays. Nous nous étions quittées pour aller chacune à nos affaires, sur un «Bye, bye now! See you later...» qui aurait bien pu n'avoir jamais de suite. Et voilà qu'elle était près de moi à vouloir me soigner de force s'il l'eût fallu. Je ne pense pas lui avoir rendu la tâche trop difficile. Sans espoir comme je me croyais l'être, je dus mettre ma confiance dans la jeune fille au bon et rond visage placide et avaler les remèdes qu'elle tenait à me faire prendre.

A peine un peu plus tard, à ce qu'il me parut, elle me secouait pour me faire me lever. «Nous allons bientôt débarquer. La traversée s'achève. Il faut nous préparer.» Je tentai de me soulever mais la tête me tourna et je retombai sur le misérable petit lit que maintenant je ne voulais plus quitter pour rien au monde. Ruby ouvrit alors mon sac, y trouva mon passeport. Elle se chargea de mes affaires en plus des siennes et, tout en me soulevant, m'entraîna à passer la douane. Curieusement, au lieu de mille autres soucis qui eussent pu alors m'atteindre, le seul qui se faisait jour jusqu'à mon esprit brouillé avait encore trait à ma malle que j'ai tant de fois craint de perdre et qui de tous mes entêtements m'a été un de ceux qui m'a causé certainement le plus d'ennuis. Je parvins à en dire quelques mots à Ruby. Elle la récupéra, en trouva les clés, l'ouvrit pour l'inspection.

Nos bagages chargés à bord du rapide pour Paris, nous sommes parties en milieu d'après-midi mais déjà il n'y avait à peine plus de jour. Il pleuvait à torrents. Des traînées d'eau sillonnaient les vitres que la venue de la nuit, en effaçant derrière elles toute trace du paysage sombre, rendit encore plus navrantes et pareilles à des flots de larmes. Ruby m'avait fait prendre un autre cachet et je m'endormis contre son épaule comme auprès de l'être le plus cher au monde.

Cette tendresse, ces bons soins, ces marques de bonté que tant de fois dans ma vie je reçus de la part d'étrangers, leur souvenir me cause toujours une poignante émotion. Il m'apporte une confiance renouvelée dans l'être humain, mais aussi une douleur. Car je crois avoir recueilli plus de marques d'affection de passants d'un jour que de beaucoup de mes proches qui, eux, il est vrai, ont eu à me subir longtemps. Peut-être en est-il de même dans toute vie.

A Paris, nous devions changer de gare, récupérer nos bagages dans l'une, les transporter dans l'autre. Avec les trois ou quatre mots de français qu'elle connaissait, comment Ruby se débrouilla-t-elle, je n'en sais trop rien, j'étais tout juste en mesure de la suivre. J'ai comme un vague souvenir de l'avoir entendue crier à tue-tête, dans son fort accent qui faisait se retourner tout le monde sans pour autant que personne se porte à notre secours:

«Porteur!... Porteur!...» et de l'avoir vue, à la fin, faire faire un bout de chemin à ma malle en la tournant sur elle-même, jusqu'au taxi rangé au bord du trottoir. Tout s'emmêlant dans ma tête, je pensai que j'arrivais à Paris pour la première fois et que c'était ma payse d'alors qui me tirait d'affaire.

Dans l'express Paris-Nice, Ruby réussit à s'emparer d'un compartiment libre. Elle me fit m'allonger sur une des banquettes, me fabriqua un oreiller d'un chandail roulé, me couvrit de mon manteau et du sien. Je n'eus plus connaissance de rien de toute la nuit. Elle, à la porte, à ce qu'on m'apprit le lendemain, montait la garde. Des passagers tentaient-ils d'entrer, elle me désignait, tout endormie, d'un air apitoyé et sévère, les enjoignant de se montrer compatissants: «Poor girl! Very sick! Perhaps contagious!» Les gens battaient en retraite. Ils essayèrent de se caser comme ils pouvaient dans les compartiments déjà complets. Plusieurs restèrent debout dans le passage, les bras posés sur la barre d'appui, à voir fuir la nuit ténébreuse. Ceux-là, j'ai encore leur souvenir sur le cœur. Passé Lyon — notre seul arrêt, je crois, en cours de route — où Ruby eut à repousser les dernières tentatives d'invasion, elle s'allongea sur l'autre banquette et dormit elle aussi comme une bûche. Entré par deux fois pour poinçonner nos tickets, le contrôleur lui-même n'avait pu se résoudre, comme il nous le dit au matin dans son délicieux accent chantant, à réveiller «ces deux belles dormeuses si profondément enfoncées dans les bras de Morphée».

Quand j'ouvris les yeux, il faisait grand jour. La lumière inondait le monde. La mer, toute proche, étincelait. Je crus être le jouet d'un rêve et me pris à me frotter les yeux. J'avais quitté Londres sous une sale bouillie épaisse. Je n'y avais pas vu le ciel pendant des mois, et, au fond, l'avais-je vraiment vu depuis que, mon Manitoba quitté, la nostalgie de son haut ciel infini s'était installée en moi pour faire paraître indistinct à mes yeux presque tout autre ciel. J'ôtai mes mains de devant mes yeux. Le grand bleu était toujours là, unissant ciel et eau dans un éclat qui m'éblouit. Entre des tamaris que je reconnus d'après mes promenades dans Kew Gardens, des agaves au long cou portant haut leur fleur unique, des palmiers, des orangers et les premiers mimosas en fleur, j'apercevais de coquettes villas de couleurs ravissantes enfouies dans leur jardin comme si elles allaient être toujours à l'abri de la pauvreté, de la peine, de la difficulté de vivre.

La maladie avait-elle fait son cours? La médecine de Ruby produit son plein effet? Ou est-ce que je ne fus pas à l'instant guérie par le bonheur et la vue du monde tel qu'il devrait être? Aujourd'hui je suis à peu près sûre que c'est bien le bonheur, ce matin-là, qui me rendit à la vie.

A son tour Ruby s'éveilla et marqua elle aussi la plus vive stupéfaction à se voir transportée comme sous l'effet de la magie dans un monde si beau. Un lent bonheur, plus contenu que le mien, en accord avec une nature moins démonstrative, se fit jour sur son bon et large visage. Nous nous sommes regardées dans l'ivresse de nous découvrir, les pèlerines d'hier trempées de pluie, giflées par le vent, parvenues dans la douceur du Midi. Je me sentais déjà attachée à elle et pas seulement par gratitude. Elle, de son côté, paraissait portée vers moi comme on l'est souvent dans la vie envers qui on a soigné, ramené à la santé. De plus, elle me découvrait, à peine remise, joyeuse, exubérante, et je l'enchantai, j'imagine, comme j'avais enchanté Phyllis et en enchanterais tant d'autres sur ma route, qui, ne possédant pas mon don de voir, de rire, de s'extasier, ne m'en aimèrent que davantage comme si, en m'approchant, ils m'en avaient pris une petite part. Et Dieu soit à jamais loué si j'ai pu la leur passer!

Je ne sais plus si nous avons été au wagon-restaurant ou si l'on nous apporta à nos places le café et les croissants. Je me rappelle seulement que nous buvions et mangions avec goût tout en regardant défiler sous nos yeux le jardin continu de la Côte d'Azur. J'étais enivrée par le gracieux rivage, ses anses, ses calanques, ses petits ports de pêche et surtout par la clarté du ciel que je voyais répandue comme je ne l'avais encore vue nulle part ailleurs aussi éclatante et abondante. Je sentais mon cœur de minute en minute s'éprendre d'un tel amour de cette terre qu'il envahirait toute ma vie. Mais j'étais dans la crainte en même temps que dans la joie, sous le coup de ce bonheur trop instantané, et je confiai à Ruby que j'avais une grande peur de m'en réveiller, comme d'un songe, pour me retrouver dans l'étroite réalité d'il y avait quelques heures seulement. Elle m'avoua connaître le même sentiment et redouter pour sa part de se retrouver d'un instant à l'autre à Toronto, les pieds dans la neige salie, à patauger parmi la foule dans Bloor street, sous l'aigre vent venu du lac Ontario. Alors nous avons bien vu que nous avions mis le pied en paradis et qu'il était tout aussi vrai que les lugubres endroits où tant d'hommes ont choisi ou ont dû accepter de vivre.

Nous en sommes venues à parler, elle de l'hôtel à Nice où elle se retirerait parce que, surtout fréquenté par des Anglais, elle s'y sentirait moins perdue, ne connaissant pas le français, moi de ma pension à Beaulieu-sur-mer, et tout à coup je m'écriai:

— Mais nous sommes folles, Ruby! Nous allons nous embêter à mort, vous dans votre hôtel avec ces vieilles Anglaises à larges chapeaux et souliers plats, moi dans ma pension distinguée.

— Que pourrions-nous faire d'autre? me demanda-t-elle, étonnée.

Je fis un geste embrassant les attirants villages des Alpilles, les pins parasols, la route, la plage... les pentes que semblaient gravir au pas des rangs de vieux oliviers.

— Mille choses, Ruby! Tout est à nous, si nous nous mettons seulement en frais de le prendre. Il n'en tient qu'à nous de nous approprier toute la Provence.

— Mais comment? dit-elle.

— En la parcourant à pied.

— A pied?

L'idée m'en venait tout juste, mais elle m'emballait déjà tellement que je sus la présenter à Ruby avec passion.

— On ne s'encombre de rien. Rien ne nous retient. Il n'y a pas de meilleure manière de voyager. On voit tout, on entend tout. Au reste, sans qu'il nous en coûte grand-chose. Voyez, le pays est bon, chaud, accueillant. Nous logerions presque pour rien chez l'habitant. Nous vivrions d'olives...

Elle m'arrêta en plein élan:

— Oh, mais j'ai besoin de bien manger, moi, pour me soutenir...

Je lui concédai cela.

— Nous mangerons et même en mangeant bien je suis sûre qu'avec l'argent que nous dépenserions, vous dans votre hôtel, moi à Beaulieu, nous aurons de quoi tenir un mois, deux peut-être...

Je la voyais ébranlée mais rétive encore au sujet de la marche.

— Je n'ai jamais marché de ma vie, dit-elle, et j'ai les pieds plutôt malades à force de m'être tenue debout depuis des années sur le dur à l'hôpital.

— Eh bien, lui dis-je, il est plus que temps de les remettre d'aplomb ces pauvres pieds, et, vous le savez mieux que moi, Ruby, pour y arriver, rien ne vaut la marche. D'ailleurs, nous irons très progressivement: trois ou quatre kilomètres par jour... pour en venir à vingt, trente...

— Trente kilomètres!

— Mettons dix... quinze... N'oubliez pas: un kilomètre c'est tout de même beaucoup moins qu'un mille.

— Combien moins?

— Oh, infiniment moins!...

Je la sentais mollir entre mes mains. Ferme et déterminée comme elle l'était quand il s'agissait par exemple de soigner, elle m'apparut peu résistante dès lors qu'on avait le dessus sur elle par l'imagination et l'esprit d'aventure. Et j'en débordais, surtout grâce aux bons soins qu'elle m'avait prodigués. Peut-être était-elle de ces natures incapables elles-mêmes de se jeter dans les routes du hasard mais qui dans le fond du cœur en ont toujours eu un peu envie et sont prêtes à suivre du moment qu'il y a quelqu'un pour prendre les devants. En ce cas, elle serait ma compagne rêvée. Sa confiance en moi, déjà visible, m'entraînait à oser encore plus, de minute en minute.

— Evidemment, lui dis-je, vous pouvez envisager de passer vos vacances à jouer aux cartes avec vos vieilles dames de Nice. Pendant ce temps nous pourrions tout aussi bien courir faire la connaissance des pâtres, des cueilleurs de violettes, explorer les collines, le bord de mer, voir les bruyères, la montagne, Avignon, Arles, Tarascon. C'est sans fin ce que nous pourrions connaître, une fois lancées sur la route.

Tant et si bien que, peu avant l'arrivée à Nice, elle était convertie à mes idées. Nous descendrions à son hôtel pour une nuit seulement et y laisserions nos bagages. Le lendemain, libres comme l'air, nous prendrions la route sous le soleil du bon Dieu et irions là où appellerait le vent. Mon sauveteur de la Manche était devenu mon fidèle Sancho.

Avais-je su particulièrement bien m'y prendre ou bien Ruby

était-elle prête inconsciemment depuis longtemps à entrer dans la peau de ce personnage? Elle en était en tout cas apparemment heureuse comme de rien de ce qu'elle avait entrepris jusqu'alors.

XVIII

Tôt le lendemain nous sommes allées nous équiper à bon compte au marché de la vieille ville. Ruby était émerveillée par les friperies qui pendaient au long des ruelles étroites et sombres. Nous avons acheté de solides souliers de marche et à chacune, pour faire plus vite, une jupe pareille et des blousons identiques en plus d'un havresac à porter sur le dos à l'aide de bretelles passées autour des épaules. Là-dedans nous avons mis une carte routière très détaillée, des tablettes de chocolat, une baguette de pain, du fromage, un chandail en surplus, et à peine plus entravées que des chèvres, nous sommes parties par la micheline d'abord, pour en descendre presque aussitôt la ville quittée, et continuer à pied, enchantées de tout ce que nous voyions, sans doute parce que nous allions au pas et avions le cœur à tout embrasser.

Sur nous brillait un soleil bienfaisant, nous réchauffant tout juste assez à travers nos blousons. Elle plutôt grassette et forte, moi plutôt menue, nous devions avoir l'air, dans nos vêtements pareils, de jumelles mal assorties, et tout le long du chemin les gens nous souriaient. L'air embaumait le thym, la sauge, le romarin. Au passage, le facteur, un pâtre, deux vieilles femmes en noir nous saluèrent cordialement, et nous leur rendîmes leur salut: «Jour sieurs-dames».

Je ne le savais pas encore, mais ce matin-là commençait ma vraie jeunesse que je n'avais pas encore eue aussi totale, trop accaparée avant par les soucis et l'inquiétude, et que je n'aurais plus jamais tout aussi grisante. Pour la première fois de ma vie, j'étais loin de tout le mal qui m'avait atteinte ou atteignait les autres. Si j'ai tellement aimé ce cher pays de Provence, c'est peut-être avant tout parce que là seulement j'ai vraiment été libérée d'angoisse, libérée d'ambition et peut-être même de souvenirs — l'être bienheureux qui vit au jour le jour.

Vers la fin de l'avant-midi, ayant atteint je ne sais plus trop si c'était Saint-Tropez ou Sainte-Maxime, je levai les yeux et, haut dans la petite chaîne des Maures, perché sur un piton rocheux, j'aperçus mon premier village sarrasin aux maisons formant rempart. J'eus instantanément envie d'y être. Nous avons pris des renseignements à un café. Il y avait bien un car pour monter là-haut, mais il était parti depuis une heure, et il n'y en aurait pas d'autre avant le surlendemain. J'étais incapable d'attendre tout ce temps-là. Je piaffais d'impatience.

— Montons, Ruby!

— A pied?

— Pourquoi pas! On ne peut guère en être à plus de cinq ou six kilomètres. Nous irons lentement. Nous avons amplement de quoi manger en cours de route. Nos coucherons là-haut ce soir. La vue doit y être merveilleuse.

Et pour mieux l'allécher, car je commençais à la savoir gourmande, je lui proposai:

— Ce soir, s'il le faut, nous crèverons notre strict budget quotidien et nous nous paierons un de ces repas fabuleux. Que dirais-tu d'un steak au poivre ou d'une sole amandine, avec des choux à la crème pour dessert?

La pauvre grosse Ruby, déjà éreintée, se laissa persuader d'attaquer le rude chemin montant au cours duquel nous ne devions voir ni habitation, ni passant, seul un ermitage depuis longtemps désert. Au pire du chemin pierreux, elle geignit un peu. Je faisais de mon mieux pour la remonter.

— Attends seulement de voir l'air que nous allons respirer de ce promontoire.

Hélas, le village que j'avais estimé être à cinq ou six kilomètres de la côte devait bien en être à une quinzaine au moins. Au fur et à mesure que nous nous traînions vers lui, il apparaissait d'ailleurs reculer dans sa montagne et même s'y cacher à nos yeux qui ne le trouvaient plus par instants, peut-être sous l'effet de la fatigue ou parce que la route tournante nous le dérobait.

Ruby commença à boiter. Nous avons découvert, ses bas enlevés, qu'elle avait à chaque talon une énorme ampoule sur le point de crever. Heureusement que j'avais pensé à me munir de diachylon. Je lui fis des pansements adhésifs, lui trouvai à boire de l'eau fraîche et même un bâton de route. J'en vins de bon cœur à lui céder ce qui me restait de chocolat quand je découvris qu'elle avait dévoré tout le sien en cachette. Que n'aurais-je fait pour retenir mon Sancho sans lequel l'aventure eût perdu presque tout son piquant? Elle-même n'était-elle pas d'ailleurs déjà attachée à son tourmenteur au point de le suivre à ses risques et périls? En tout cas, elle se leva pour me suivre sans trop protester quand je lui exposai que nous n'arriverions pas avant la nuit au train où nous allions. Que nous soyons devenues en si peu de temps inséparables, encore aujourd'hui, des années après que j'ai perdu Ruby, m'étonne toujours et toujours me ramène vers elle avec plus d'amitié encore.

En fin d'après-midi, échevelées, les chevilles tordues, la plus forte s'appuyant de tout son poids sur la plus frêle, nous avons atteint Ramatuelle et presque du même pas le seuil accueillant de son unique auberge: Chez Henri.

Lui-même, Henri — et finalement tous ceux du village — à voir arriver ces créatures poussiéreuses, crurent ferme comme roc avoir affaire à d'excentriques filles de milliardaires. Qui d'autre aurait pu, pour le plaisir, se lancer en pareille équipée? Certainement pas, en tout cas, de vraies pauvres! Ainsi naquit autour de nous, dès notre apparition, une sorte de légende devant donner lieu au plus extravagant malentendu qui allait nous fournir, à Ruby et à moi, de quoi rire à n'en plus finir.

A cette auberge logeait depuis trois mois un lord irlandais, Sir John Henry Dunn Bart, qui, n'ayant pas d'argent pour payer sa note, ne pouvait s'en aller puisque Chez Henri, s'il était d'usage de ne payer qu'au départ, on n'en était pas pour autant exempté à la fin des fins, et le pauvre lord ruiné, plus le temps filait et moins il avait les moyens de s'acquitter. En nous voyant poindre, il crut peut-être enfin venue l'heure de son salut. Il nous invita à un de ces plantureux repas comme nous n'en aurions pas rêvé même dans nos rêves les plus alléchants. Il ne lésinait pas sur la dépense. Il n'avait pas plus que le reste à s'acquitter pour l'instant de ce repas, et ce pauvre grand lord avait apparemment été élevé à penser que ce que l'on n'a pas à payer aujourd'hui, on serait bien gauche de se le refuser. Ruby fut immédiatement réconfortée par le régal qu'elle termina par deux savarins englou-tis coup sur coup. Je n'en revenais pas de tout ce qu'elle pouvait avaler et qui apparemment se transformait tout aussitôt chez elle en bonne humeur, en bonnes dispositions. J'entrevis la manière de la faire m'accompagner jusqu'au bout du monde si me man-quaient les autres moyens.

Ce soir même, il y avait bal musette sur la placette du village, au son de l'accordéon. Notre lord nous y conduisit, une à chaque bras. Au centre de la petite place, la remplissant presque en entier, s'élevait un très vieil orme, sept fois centenaire, l'aïeul ici de toute vie, ceint d'un énorme banc au bois de longtemps adouci. Les plus vieilles gens y avaient déjà pris place, les femmes ensemble, les hommes à fumer leur pipe dont la fumée se perdait dans la voûte épaisse des branches sous l'autre voûte, étoilée, de la nuit douce. Jeunes et vieux vinrent à notre rencontre, pour voir de près et féliciter ces braves créatures ayant grimpé à pied l'abrupte montagnette pour être de la fête avec eux. Sans comprendre grand-chose à ce qu'ils disaient, Ruby suivait le mouvement des lèvres, les jeux de physionomie, souriait et se montrait charmée. Elle devait me confier plus tard qu'elle qui se savait sans charme, sans beauté, sans attrait — hé oui, elle le savait trop bien! — pour la première fois de sa vie, ce soir-là, elle s'était sentie accueillie, acceptée, aimée. Et qu'elle avait eu besoin presque à chaque instant de se pincer pour croire que c'était bien elle qui créait cet effet.

L'accordéoniste entama un air entraînant. Je fis un tour de valse entre les bras de Sir John Henry Dunn Bart. Il dansait admirablement. Il savait aussi tourner de belles phrases. Il célébra mon regard qui déjà, dit-il, dès en m'apercevant, lui avait transpercé le cœur. Et maintes choses de ce genre. Je l'aurais bien laissé continuer encore un peu sur ce ton, mais je voulais l'amener à faire danser aussi Ruby qui se tenait pour l'instant assise sur le banc circulaire, parmi les gens sages, déjà toute contente d'être au mieux avec eux.

— Ruby, lui dis-je, est bien plus belle.

— L'Anglaise! Elle est laide, la pauvre, le nez trop gros, trop court, la lèvre épaisse.

— Mais elle a de beaux yeux, vous verrez si vous prenez la peine de les regarder, et c'est un cœur d'or.

Sans avoir encore appris qu'il était à l'affût d'une bonne fortune, même d'une dot peut-être, qu'est-ce qui me prit d'inventer:

— Et puis... ce qui ne gâte rien... elle est riche, très riche...

— Ah oui! dit-il avec un intérêt mal dissimulé.

Il dansa la danse suivante avec elle, et le visage fleuri de son plus enchanteur sourire, il lui conta apparemment à elle aussi quelque romance. Plus prompte que moi à le voir venir, elle me souffla avant le prochain tour:

— C'est de toute évidence un type qui cherche une héritière. Il te trouve très belle, m'a fait de toi mille compliments, et ne cesse de tâcher de savoir si tu es riche pour courir ainsi le monde avec rien sur le dos. Je lui ai raconté que ton père est propriétaire des Canadian Pacific Railways. Ne va pas me démentir. A ton tour maintenant!

Je trouvai le jeu un peu cruel, mais elle me lança:

— Hé quoi! ce pourrait être une pauvre fille nigaude qu'il chercherait à prendre dans ses filets!

Au prochain tour que je fis avec lui, le lord laissa tomber comme négligemment:

— Vous disiez donc riche en plus de tout son charme votre délicieuse amie Ruby, si amusante d'esprit.

— Et comment donc! Son père est propriétaire des trois plus importantes pulperies-papeteries canadiennes. Je crois qu'à lui seul il approvisionne le *Chicago Tribune.*

Entre les danses nous courions l'une vers l'autre nous mettre d'accord sur ce que nos pères possédaient et jusqu'où nous pourrions faire marcher notre prétendant.

Pauvre Sir John Henry Dunn Bart, dans la douceur étonnante de cette nuit de janvier sur la montagnette, sous les étoiles pétillantes, sous le regard également pétillant des vieux autour de l'arbre, l'avons-nous assez tourné, retourné!

Ruby était à la fête! A la voir si recherchée par le lord dédaigneux, les jeunes hommes du village avaient fini par la trouver désirable et se présentèrent tous pour lui demander une danse. Elle ne manqua pas de cavaliers jusqu'aux petites heures. Les yeux vifs, les traits animés, elle était presque belle, telle que je me la rappelle en ces moments.

Quelques heures plus tard, ayant commandé à notre intention un superbe pique-nique, Sir John nous conduisait, par un sentier de chèvres, vers un autre nid sarrasin blotti plus haut encore dans les Maures, l'incroyable Gassin où nous fûmes peut-être, Ruby et moi, les premières femmes étrangères à mettre pied, tant l'éloignement l'avait jusque-là préservé.

De ces hauteurs, la vue était saisissante — bordée au loin par le fil de la Méditerranée — des crêtes sauvages, des forêts, des cultures en terrasses, et l'air, si léger, si enivrant à respirer qu'il me rendit heureuse comme si je n'avais encore sur ma route croisé le malheur.

Cette découverte, je la devais tout de même au lord irlandais, et je ne pouvais me résigner à le laisser sur une mauvaise impression de nous deux. Nous avons passé un jour encore à Ramatuelle pour donner aux pieds de Ruby le temps de guérir avant de prendre le car pour Sainte-Maxime, laissant derrière nous un Sir John tout décontenancé, car, voulant le délivrer de son pénible suspense, je lui avais avoué n'avoir pas le sou pour demeurer même une heure de plus dans sa trop luxueuse auberge. Pour mieux réparer, je lui lançai au départ:

— Pourquoi ne pas profiter de votre séjour ici pour écrire vos mémoires? Vous avez tout votre temps. Et les mémoires d'un prince en exil sont toujours très populaires.

Je recueillis de sa part un pétillement des yeux spécifiquement irlandais. Notre lord allait peut-être me prendre au mot.

Deux jours plus tard, je ne me rappelle plus comment cela se fit, nous étions à Porquerolles. Ruby ne désarmait toujours pas à l'égard de notre prétendant. Elle prédisait qu'il allait rester à jamais captif dans son village sarrasin tout comme le Masque de Fer dans son cachot que nous allâmes visiter dans une des petites îles de Lérins. Et que ce serait bien fait pour lui!

La joie, mystérieuse visiteuse, dont la présence en nous après que nous avons été si durement frappé par le chagrin est bien, de tout ce qui nous arrive, le plus étonnant, continuait toujours à m'habiter. Par moments, comme le rauque cri d'un oiseau blessé, me traversait le souvenir de mon torturant amour pour Stephen, ou du temps de la rue Deschambault quand ma mère luttait pas à pas pour nous permettre d'entrevoir au moins un peu au loin le bonheur... que je possédais maintenant si amplement. Alors me venaient des larmes de honte d'avoir pu être joyeuse. Ruby en était désemparée, s'accrochant à mon être heureux comme à sa seule bouée.

Elle faisait connaissance, elle, pour la première fois de sa vie, avec la joie. Se croyant incapable de l'avoir atteinte par elle-même, elle disait que c'était moi qui la lui avais obtenue par je ne sais quelle magie, et m'en gardait une gratitude dont je ne mesurai que beaucoup plus tard l'étendue incroyable. Mais déjà j'avais peu de peine à entraîner mon Sancho presque partout où le caprice me soufflait d'accourir. C'est tout juste si parfois je l'entendais maugréer un peu quand je proposais d'allonger nos randonnées à vingt-deux kilomètres par jour.

Après un tour à Agay où, cette fois, c'est la volonté de Ruby qui prévalut, pour la bizarre raison qu'elle avait à Peterborough, Ontario, une cousine du nom d'Agay, où donc sommes-nous allées courir? Il m'est impossible aujourd'hui de me rappeler notre itinéraire capricieux, si on peut appeler itinéraire ce vagabondage à pied, en micheline, en car, nous amenant un jour à Hyères, le lendemain à Grasse et Vence, le surlendemain aux gorges du Var. Même les lièvres dans leurs sauts frénétiques n'eussent pu accomplir trajet plus erratique.

Je me souviens qu'un jour de furieux mistral nous nous étions mis en tête, contre l'avis de tous, de louer des bicyclettes et que nous avons dû pédaler des heures sans avancer d'un pouce, toujours devant la même propriété à haute haie de bambous qui se tordaient de détresse. Deux hommes en passant sur la route, la cape envolée, nous jetèrent des regards ahuris. A la fin, de la maison aux contrevents rabattus, d'où l'on nous observait sans doute par quelque fente, l'on vint nous offrir de partager la soupe et de nous mettre à l'abri pour la nuit, nous et nos vélos.

Est-ce parce que j'y fus le cœur avide d'être consolé, et l'ai été au-delà de ce que j'espérais, que j'ai tellement aimé la Provence? Ou est-ce elle avec sa gaieté pétillante, sa changeante nature, comme mon propre cœur tournant au drôle, tournant au grave, qui m'a conquise et donné du bonheur comme nulle autre terre au monde? Je pense avoir là seulement vécu d'instant en instant sauf peut-être aussi à la Petite-Poule-d'Eau, mais là je travaillais beaucoup. Mon passé s'était comme aboli avec ses vieilles angoisses qui m'avaient si longtemps entravée. L'avenir ne m'importait plus. J'étais sans souci de ce que je deviendrais. Ai-je jamais été si libre?

Un soir, au crépuscule avancé, nous avons abouti à Mouans-Sartou, insignifiant village, mais une certaine dame Viscardi y tenait, à prix modique, une si excellente pension que nous avons décidé d'y établir nos quartiers généraux, rayonnant à partir de là selon notre penchant, pour revenir le soir retrouver un lit douillet, la chaleur d'un gros poêle et la sympathie aimable d'une demi-douzaine de pensionnaires sur-le-champ devenus pour nous une sorte de famille. Car alors j'avais presque persuadé Ruby que nous ne quitterions jamais la Provence, nous faisant plutôt pâtres ou gardiennes de chèvres, que ce serait la pire folie, ayant enfin trouvé une terre heureuse, de la quitter, puisque ni bonheur, ni argent, ni promotion, ni diplôme ne nous apporterait ce que nous avions ici pour rien. Dans ce «rien» mon ignorance de la vie ne me laissait pas voir qu'il y a pourtant presque tout : l'élan du coeur, son bondissement de chaque instant, l'élasticité du pas, et surtout, surtout, cette profonde injustice, parce que l'on est jeune, bien portant et l'air heureux, de se faire partout aimer dès le premier regard.

Comment donc, ce jour-là, parties de bon matin pour une simple promenade et ayant averti madame Viscardi que nous serions de retour pour le dîner, avons-nous pu, de petite route déserte en petite route encore plus déserte, telles que toujours elles m'attirèrent, finir par nous égarer en un paysage farouche et si complètement inanimé que le seul signe d'habitation que nous y avions recueilli, à la croisée de deux chemins de poussière, était un mince écriteau fait main annonçant : *Château de Besançon, 8 kilomètres.* Nous en avions déjà parcouru davantage en tournant sans doute sans cesse sur nous-mêmes pour trouver une issue à cette lande de silence impénétrable, tout autour fermée par des bois sombres.

— Nous ne sommes plus en Provence, ai-je dit à Ruby. Par un tour du diable, nous voilà dans quelque coin maudit de l'Asie.

Mais elle me boudait et n'entendait plus à rire. Ce fut une des rares fois où elle entra en révolte ouverte contre moi, prédisant que ce qui devait arriver arriverait, et que je finirais bien, d'inspiration en inspiration, par nous mener droit à quelque inextricable situation. Pour l'instant, nous semblions bien y être. Au bord du misérable chemin, dans les hautes herbes tristes, il y avait une assez grande pierre plate. Ruby s'y assit, se déchaussa, frotta ses pieds endoloris et m'avertit qu'elle ne ferait pas un pas de plus en ma compagnie. Je m'assis auprès d'elle dans les herbes. Nous avions enfilé ce matin-là nos deux pulls rouge flamme identiques qui auraient pu être vus à des milles dans ces champs monotones, quelqu'un serait-il seulement venu à y passer. Je ne savais comment amadouer Ruby. J'arrachai une tige d'herbe que je suçai mélancoliquement. Qui aurait pu croire qu'à ce moment même une chance inouïe était en route vers nous, qui allait donner un démenti aux noires prédictions de Ruby et prouver que, tout au contraire, je portais bonheur.

Une auto avait surgi au bout de la petite route. Nous la guettions comme deux vautours, de la tête et du buste — tout rouge — dépassant les herbes. A notre hauteur la voiture stoppa, son conducteur avançant vers nous un visage aimable.

— Mesdames?... mesdemoiselles?... Pardon! Seriez-vous du pays?

— Du pays! Bien sûr! dis-je dans ma meilleure imitation de l'accent provençal.

— En ce cas, mesdames?... mesdemoiselles?... auriez-vous connaissance d'un château de Besançon situé quelque part dans les environs? Depuis deux heures que je tourne sans rien trouver, il doit être bien caché. Je suis de Nîmes, se crut-il obligé de nous expliquer, avec cette obligeance des gens du pays à satisfaire la curiosité par eux-mêmes soulevée, agronome de mon métier, et je m'en retournerais chez moi sans plus chercher, si ce n'est qu'ils ont la maladie de la vigne à leur château de Besançon et m'ont fait demander d'urgence.

— Besançon! lui dis-je, comme ça se trouve bien, je connais justement! Continuez par où vous allez. A moins d'un kilomètre, vous verrez l'indication. Faites attention: elle est en petits caractères, à la main. Il faut de bons yeux pour la déchiffrer.

Et pour faire encore plus local, je dis avec conviction ce que je m'étais entendu dire mille fois en France:

— Pouvez pas le manquer! C'est tout droit devant vous!

Après coup, le fou rire me gagna. Ruby, plus curieuse que rancunière, demanda à savoir ce que nous avions pu nous raconter, l'automobiliste et moi.

— Il s'était égaré, il cherchait son chemin.

— Et alors?

— Alors... je l'ai remis sur son chemin.

Le fou rire la prit elle aussi.

La bonne humeur était complètement revenue entre nous et nous en étions à contempler l'idée d'aller quémander un repas à Besançon, lorsque, deux heures plus tard, toujours assises au même endroit, nous avons vu resurgir la voiture de l'agronome. Il stoppa.

— Mesdames?... mesdemoiselles?... vous n'êtes pourtant pas égarées. Comment se fait-il que je vous retrouve au même endroit toujours, dans vos beaux chandails rouge vif qui mettent une si belle tache de vie dans le paysage?

— Eh oui! le rouge c'est gai, dis-je, et je lui demandai des nouvelles des vignes.

— Ah, très malades, les pauvres! Ils ont trop longtemps attendu pour les faire soigner. Mais c'est que les châtelains eux-mêmes ils sont pauvres, les pauvres!

— Eh aussi que je m'en doutais!... dis-je avec compassion.

— Vous avez quelque chose comme l'accent du pays, observa-t-il, mais pas tout à fait, d'où venez-vous donc?

— De celui-ci... C'est-à-dire, d'à côté... de Marseille...

— Marseille! Ah non! Je le connais celui de Marseille, allons! Seriez-vous de Norvège? De la Suède? Non?

Je finis par lui dire la vérité.

— Le Canada! Le pays des neiges! De Maria Chapdelaine! Et maintenant que j'y pense, de Montcalm, aussi! Votre Montcalm! Notre Montcalm! Car avant d'aller se faire tuer au Canada, vous le savez sans doute, il était de Nîmes, le pauvre! Enfin, de tout près de Nîmes. Allons! Mesdames?... mesdemoiselles?... vous n'allez tout de même pas repartir sans être venues saluer la patrie de Montcalm. Allons, montez mesdames?... mesdemoiselles?... Je vous emmène à Nîmes.

— Qu'est-ce qu'il a à être si surexcité? me demanda Ruby, in English.

— Il veut nous emmener à Nîmes saluer le souvenir de Montcalm.

Elle, elle aurait plutôt souhaité aller saluer Wolfe. Mais elle n'avait rien contre Nîmes et même, me dit-elle, elle aurait voyagé avec le diable en personne plutôt que de refaire à pied l'invraisemblable trajet jusque chez madame Viscardi.

— Ce n'est pas le diable, l'assurai-je. Les agronomes, ce sont gens sérieux. Et vois donc par toi-même quelle bonne physionomie a celui-là!

Nous sommes parties toutes deux assises sur la banquette avant à côté de monsieur Didier Laroche qui nous mena par les plus charmants villages, que je n'ai plus jamais revus dans mes autres voyages en Provence, ils devaient être situés sur un parcours un peu à part. Il fit un détour pour nous montrer, enjambant le ciel flamboyant, rang sur rang d'arches légères, le vieil aqueduc romain, dans la radieuse campagne de Nîmes. En ville, il nous fit voir les arènes, peut-être les plus intactes d'Europe, plusieurs monuments, et il nous convia, un verre à la main, à nous recueillir en mémoire de Montcalm, à la terrasse d'un café recevant les derniers rayons d'un après-midi doré. Et tout à coup, il nous proposa de passer la nuit à Nîmes. Il nous trouverait un hôtel pas cher. Le lendemain, il nous reprendrait tôt pour visiter le Languedoc où il avait des vignes à soigner. C'était bien tentant, mais il fallait, si nous restions, en avertir madame Viscardi. Le garçon de table nous apporta une plume, de l'encre et une sorte de carte exprès destinée à voyager comme l'éclair. Je rédigeai quelques mots à l'intention de madame Viscardi, l'assurant que nous ne pouvions être en meilleures mains pour voir le plus possible du doux pays de France — celles d'un médecin des vignes du Seigneur, et lui disant de ne pas nous attendre pour un jour spécifique.

Aujourd'hui, quand je pense à tout ce que j'ai pu voir en voyage, sans le sou, je prends conscience que je le dois presque en entier à de bons messieurs Didier comme il s'en trouva tellement sur ma route.

Notre carte postée, il nous déposa à la porte d'un hôtel si piteux que nous hésitions à y pénétrer.

— T'as envie d'entrer là-dedans? me demanda Ruby. Je suis sûre que c'est plein de puces.

Nous avons attendu que l'auto de monsieur Didier eût tourné le coin, puis nous sommes parties chercher ailleurs.

En cours de route, Ruby me confia:

— Je donnerais je ne sais pas quoi pour me coucher ce soir dans mon bon lit de madame Viscardi après avoir mangé son potage à l'oseille, son loup au fenouil et sa mousse au chocolat.

— Penses-tu que nous pourrions encore arriver à temps?

— En courant tout le long jusqu'à la gare si on attrape la prochaine micheline...

Elle allait partir comme nous arrivions à bout de souffle. Le contrôleur nous happa de justesse entre les portes qui allaient se refermer. C'était le même qui avait poinçonné nos tickets la veille, l'avant-veille aussi. C'était un Corse, un bel homme au visage basané et à l'air mélancolique. Il attacha sur moi le feu de son regard à la fois brûlant et désespéré.

— Ecoutez, me dit-il, je n'en peux plus. Je vous ai aimée à la folie dès que je vous ai vue, vous le savez, je vous l'ai dit. Je cherche comme je peux à vous oublier. Mais il n'y a rien à faire. Vous montez. Vous descendez. Vous revenez. Il n'y a pas de jour où vous ne surgissez devant moi. Vrai, je n'en peux plus. Mariez-vous avec moi. Je vous le jure, je vous ferai un bon mari.

Brusquement, à le regarder, mon envie de rire me passa. Le malheureux disait vrai. Je l'avais envoûté par je ne sais quel sortilège, sans qu'il y eût de ma part effort ou jeu. Il ne devait pas être le seul. Un soir, dans une auberge où nous terminions notre repas, un jeune homme assis en face de moi, qui n'avait pas cessé de me dévorer des yeux, déchira une page de son calepin, y écrivit en hâte quelques lignes qu'il m'envoya porter par le garçon. Je lus: «Je suis libre, électricien de mon métier, gagne assez bien ma vie. Je la mets à vos pieds. Je sens déjà que je n'aimerai que vous. Ne le savez-vous donc pas? Vous exercez sur les êtres une fascination irrésistible.»

Même si je tiens compte du tempérament méridional excessif, il me faut convenir que je fis plus souvent qu'à mon tour des conquêtes au long de ce voyage étrange que Ruby avait drôlement dénommé «the trail of the broken hearts».

Que m'arrivait-il au juste? D'où me venait ce pouvoir accru sur les êtres, hommes ou femmes d'ailleurs, car partout, à longueur de journée je me faisais des amis des gens rencontrés? Il y avait la spontanéité provençale, cet accord entre elle et moi, mais autre chose encore, qu'était-ce?

A Londres aussi je m'étais fait de combien d'étrangers des amis chers, même s'ils n'avaient été qu'entrevus et aussitôt perdus, mais il me semble que c'était à l'heure de la détresse, de la solitude, de l'ennui auxquels sont peut-être particulièrement sensibles les coeurs londoniens. Tandis qu'ici!

Aujourd'hui, si loin de celle que j'ai été alors, la regardant aller, vivre, rire et courir, sans presque croire que ce fût moi cette créature légère, je crois comprendre que je rayonnais du bonheur d'être aimée à chaque pas et que ce rayonnement, m'attirant encore plus d'amour, me faisait davantage rayonner.

Ayant également couru tout le long du chemin depuis l'arrêt de Mouans-Sartou jusqu'à la pension, nous y entrions essoufflées, à peine la nuit tombée. Réunis sous la lampe à abat-jour, madame Viscardi et les pensionnaires lisaient notre carte tout juste arrivée avec une rapidité encore plus surprenante que celle de la poste de Fulham.

J'entends encore la voix à l'accent comique de madame Viscardi lisant à voix haute: «Partons avec le bon monsieur Didier pour un tour du Languedoc... Peut-être des Cévennes... Ne nous attendez pas trop avant un jour ou deux... Ou trois ou quatre... Peut-être pas avant la fin de la semaine...»

Elle s'écria, à propos de nous, les bras levés au ciel: «Avez-vous jamais vu pareil diable au corps, surtout la petite qui parle français? C'est celle-là qui entraîne l'autre...»

Se retournant, ils nous aperçurent alors sur le pas de la porte, en demeurèrent un moment pétrifiés, puis nous ouvrirent les bras pour nous fêter et nous embrasser comme si nous avions été parties cent ans.

XIX

Telle fut notre vie pendant un peu plus d'un mois, si heureuse qu'aujourd'hui, après tant de deuils et de peines qui m'ont rejointe, j'en rougirais pour un peu, encore que je sache maintenant que, si l'on n'a pas été pleinement heureux au moins pendant quelques instants, on ne connaît rien non plus à la souffrance du monde. Je pense que c'était l'imprévu qui donnait tant de prix à nos journées. Nous ne savions jamais la veille où nous irions le lendemain. Nous confiant à elle, chaque journée, comme la vie elle-même, nous prenait presque invariablement par surprise, surprise joyeuse alors, et elle nous était ravissement ininterrompu.

Au bout de deux semaines, Ruby avait pourtant parlé de partir, arguant qu'il lui faudrait bientôt se résigner à reprendre la «vraie vie», et autant maintenant qu'un peu plus tard alors que ce serait encore plus difficile. J'étais parvenue à l'en dissuader.

— Une semaine encore! l'avais-je suppliée, puis après: encore une, Ruby!

Je l'avais amenée avec plus de peine, toutefois, à quitter le nid douillet et la bonne table de madame Viscardi pour, de gîte en gîte précaire, finir par en trouver un presque aussi accueillant, à l'autre bout du pays, en Languedoc, dans le petit village de Castries chez une dame Paulet-Cassan formant maisonnée avec sa soeur, une vieille fille timide qu'elle ne nommait jamais autrement que ma-de-moi-selle Thérèse. Un gendarme complaisant à qui nous avions demandé où trouver pas cher et bon nous y avait envoyées tout droit: «Chez madame Paulet-Cassan, voyons! Ça fait pas de doute!... Mais ne dites pas que c'est moi qui!... Car, vous comprenez, à l'hôtel ils pourraient me faire des histoires...»

Tout au bout du village, dans la grande maison de crépi rose aux volets bruns, nous eûmes chacune une chambre non chauffée mais vaste, avec de généreuses fenêtres s'ouvrant sur un panorama de plaines, de jardins et de vignes montant à flanc de collines. C'est là, par un matin frisquet, pieds nus sur le carrelage glacé, qu'en ouvrant les volets je reçus droit dans les yeux le spectacle de mon premier amandier fleuri. Je verrai toute ma vie se profiler contre le ciel clair du Midi ardent ce jeune arbre aux fleurs d'un rose tendre toutes frémissantes encore de leur naissance avec le jour.

Pour le coucher dans de grands lits en cuivre, sous l'édredon de duvet, et le café du matin — si odorant! — il nous en coûtait à chacune environ vingt-cinq cents par jour de notre monnaie. A loger chez les gens notre argent s'étirait, au reste bien plaisamment, puisque chez eux nous apprenions leurs manières et à vivre leurs douces vies sans tracas superflus.

Madame Paulet-Cassan possédait à un kilomètre du village une petite vigne qu'elle allait presque tous les jours soigner, pour le plaisir. Un bon matin, nous sommes parties tôt, le petit âne agitant ses sonnailles, Ruby, moi, madame Paulet-Cassan portant la serpe, et sa soeur, des bouteilles de vin dans un panier, enveloppées de serviettes, le chien Fidèle trottant en arrière, et, passé les merveilleuses arches de l'aqueduc romain, nous avons gagné, entre des garrigues embaumées, le champ de ceps que nous avons aidé à nettoyer, à dégager. Au crépuscule, des plus doux en cette région, l'âne chargé des fagots de sarments, nous sommes repassées sous les arches délicates, hélées par quelques vieilles qui prenaient l'eau dans des cruches à la prise communale: «Hé ben! Hé là! Vous voilà maintenant madame Paulet avec des invitées payantes!...»

Sur les sarments que nous avions rapportés, madame Paulet-Cassan, accroupie devant l'âtre, s'appliqua à faire rôtir des «bouchées», morceaux d'agneau et de lard entremêlés de cèpes et saupoudrés de thym, le tout enfilé sur une fine broche qu'elle tournait à la main lentement, avec une patience infinie, sur un feu doux. Il s'en répandait une odeur à vous mettre l'eau à la bouche jusqu'à la fin de la vie.

— Madame Paulet-Cassan, gardez-nous à dîner, l'ai-je priée. C'est tellement meilleur chez vous qu'à l'hôtel.

— Je le comprends. Ils n'ont plus le temps ni le tour, à l'hôtel, de cuisiner au feu de sarment.

Elle nous proposa:

— Vous irez chez la boulangère, chez l'épicier, acheter de petites choses, un bout de fromage, une galette. Vous direz bien haut partout que je vous permets de faire votre cuisine sur mon feu. Ils ne peuvent rien redire à ça, les jaloux, et prêts comme ils sont tous à m'envoyer le gendarme sous prétexte que je n'ai pas le permis. Le permis! Le permis! C'est ça qui vous donne le don! Allez, mes petites! Faites comme je dis! Et des bouchées, je vous en ferai de telles que vous vous les rappellerez encore quand vous n'aurez plus de dents.

Au bout de peu de temps, elle trouva trop élevé le prix de la pension qu'elle avait fixé à la journée. Puisque nous passions la semaine, elle l'abaissa considérablement. Plus nous allions et moins il nous en coûtait pour manger d'ailleurs de mieux en mieux chez madame Paulet-Cassan car bientôt, en plus des bouchées, elle nous régalait de crêpes fines qu'elle faisait sauter d'un tour de main sur le poêlon réchauffé dans l'âtre.

— A ce train, madame Paulet-Cassan, si nous restons tout un mois, qu'est-ce qu'il pourra bien nous en coûter pour être si bien chez vous?

— Mais rien du tout, voyons! Puisque vous serez de la famille. Et d'ailleurs déjà vous en êtes. Vous aidez aux champs.

Mon aide? Il fallait être bien indulgent pour m'en attribuer. A peine avions-nous gagné la vigne que je m'éloignais dans la garrigue proche. Elle était chaude, odorante, bruissante du premier chant pas encore très stridulant des cigales. Je m'allongeais sur la pierraille chauffée par le soleil. Je suivais de l'oeil le passage des nuages légers. Je rêvais sans but, sans désir, sans objet, sans regret, peut-être même sans souvenir. J'étais la douce proie innocente de l'heure qui passe. Ce pauvre champ pierreux m'a été, de même que le labour à la sortie d'Upshire, l'un des endroits au monde les plus chers et de ceux qui se présentent encore le plus souvent à mon esprit quand je le laisse vagabonder et que j'essaie de me représenter le meilleur en cette vie. Pourtant, je ne peux m'y rattacher par aucun autre souvenir que celui d'un bien-être apparemment sans cause en soi, indéfinissable, aussi vaste et calme que la plaine ou la mer.

Mais mon bonheur rayonnant commençait à s'épuiser. Déjà il se teintait à certains moments de mélancolie. J'aurais encore bien des heures heureuses dans ma vie — plus que j'en ai peut-être méritées, mais jamais comme alors. Et c'est pourquoi sans doute, dans les derniers jours, je me tins si souvent cachée dans la garrigue comme si elle pouvait me préserver dans sa paix engourdissante.

Un jour enfin, il n'y eut plus moyen de retenir Ruby. Elle s'était attachée à la vie que nous menions peut-être même plus que moi, car, à elle qui n'était pas d'une nature rêveuse, cette vie devait paraître magique et encore plus ensorcelée qu'elle ne m'apparaissait à moi qui en un sens n'en attendais pas moins. Mais elle avait un fort sentiment du devoir et se représentait qu'elle n'avait pas le droit de rester plus longtemps éloignée de son poste.

Nous sommes retournées à Nice y prendre nos effets. Nous nous sommes quittées à la gare. A la toute dernière minute, Ruby, abaissant la vitre de son compartiment, me cria sur un ton de lyrisme tout à fait inhabituel chez elle:

— Take care! Take care! And, oh, Gabrielle, thank you, thank you for the lovely time! And mostly for having made me feel young at least once in my life.

Nous ne devions jamais nous revoir. Nous nous sommes écrit assez longtemps. L'une de nos lettres s'égara-t-elle? Ruby changea-t-elle d'adresse sans m'en avertir? Je cessai de recevoir de ses nouvelles et moi de lui en donner des miennes. Des années passèrent. Quand *Rue Deschambault* parut en traduction anglaise, le magazine *Maclean* de Toronto publia une photo de moi en page couverture. Ruby la vit et m'adressa une lettre aux soins de ce magazine. C'était une bien touchante lettre. Ruby me disait avoir gardé un souvenir attendri de mon visage ébloui du temps de la Provence, mais peut-être encore mieux aimer celui d'aujourd'hui que ma photo montrait marqué déjà par l'usure —

et qui n'avait pas d'illusions détruites à l'âge que nous avions maintenant! Elle s'était mariée, avait vécu, à ce qu'elle croyait voir enfin, une vie plutôt terne, sans grandes épreuves, sans grande joie non plus, «a life of days all ordinary». N'eût été notre équipée en Provence, elle pourrait douter avoir jamais eu de vraie jeunesse de coeur. Après, tout avait pris la couleur du banal. Elle me savait donc gré encore et pour toujours de l'avoir entraînée «on the side roads of enchantment». Malheureusement, quand elle racontait nos folles expéditions, personne ne croyait qu'elle avait pu les vivre, elle qui était sans élan, et encore moins avec moi devenue depuis un «auteur célèbre». Le plus triste, c'est qu'elle-même en venait à en douter. Les aurait-elle seulement rêvées ces aventures à Ramatuelle, à Castries, à Nîmes? La chère madame Paulet-Cassan n'aurait-elle pas vraiment existé? Tout cela: le nid sarrasin dans les Maures, le bon monsieur Didier, le ciel du bleu le plus clair, ne serait-il né que d'un long désir frustré? Est-ce que je ne viendrais pas un jour en reparler avec elle pour qu'elle retrouve la certitude d'avoir été au moins une fois si heureuse de vivre que cela n'avait plus l'air dans sa tête que d'une invention? Elle viendrait bien elle-même à ma rencontre, disait-elle, mais sa santé se détériorait. Tout juste à la fin, elle glissait vite, vite, comme si c'était sans importance, qu'elle était atteinte d'un cancer et ne savait combien de temps il lui restait à vivre.

Je répondis à l'instant que je viendrais prochainement. Y ai-je mis un peu trop de temps? La maladie de Ruby était-elle plus avancée qu'elle ne me l'avait dit? Elle mourut le jour où je me disposais à partir pour aller la rassurer sur le bonheur qu'elle avait connu naguère. Je savais pourtant bien, depuis la mort de ma soeur Anna, de Dédette surtout, que tout être avant de mourir a terriblement besoin de savoir qu'il a été heureux quelquefois, et comment et où et pourquoi. Il ne lui importe plus tellement de savoir qu'il a souffert. Ce qui compte alors c'est d'avoir un moment tenu entre ses mains le bonheur comme s'il était la clé de l'amour et du mystère de notre existence. Et meurent les plus seuls ceux qui ne se rappellent pas avoir été heureux au moins un instant sur la terre.

Souvent, le souvenir de Ruby rôde autour de moi comme l'ombre d'un grand oiseau, aux sombres ailes déployées, qui plane sur une vallée aride.

Sancho parti, Don Quichotte ne fut plus la moitié aussi entreprenant. Je restai pourtant encore un peu en Provence à courir à Nîmes, à Montpellier, ailleurs. Je finis par retourner chez mes vieilles de Castries. Madame Paulet-Cassan m'accueillit comme son enfant retrouvée, et je l'étais peut-être devenue en un sens, car sa propre fille, vivant à Marseille, ne venait presque jamais la voir et seulement pour la gronder de faire encore la cuisine dans l'âtre avec une marmite en fer et des poêlons de l'ancien temps. Le visage tout plissé de joie de mademoiselle Thérèse, en m'apercevant, me fit peut-être encore plus grand plaisir que l'empressement de sa soeur, car c'était la première fois que je voyais ce visage ratatiné comme une pomme reinette se prendre à sourire.

Des années plus tard, quand le besoin me viendrait de repasser par où j'avais été heureuse — une hantise incroyable dans ma vie — j'irais présenter mon mari à mes deux vieilles dames qui, m'ayant tout de suite reconnue, se prendraient à l'examiner, lui, sur toutes ses faces, le faisant tourner, pleines de curiosité à son égard: «Hé Hé! on se demandait souvent, mademoiselle Thérèse et moi, qui vous prendriez de vos adorateurs! Eh bien! on peut dire que vous l'avez choisi grand.» Et de s'empresser d'ouvrir l'armoire aux liqueurs y choisir la plus fine, à l'orange, fabriquée par elles-mêmes et réservée aux plus douces retrouvailles. Une heure plus tard, elles avaient déjà trouvé moyen de faire courir à travers le village «jaloux» la nouvelle que j'étais bel et bien revenue, avec mon mari en plus pour le leur montrer, et que si ce n'était pas là la preuve d'un coeur bien placé et de la fidélité, où se trouvait-elle donc!

Que d'amis inattendus je me suis faits aux quatre coins du monde pour avoir cherché l'affection des gens simples, qui rarement, celle-là, m'a été ôtée.

Le mistral apaisé, je louai une bicyclette et courus en tous sens, jusqu'à Béziers, jusqu'à Sète y contempler le cimetière marin. De retour de mes trottes, j'en faisais le récit à mes vieilles qui s'en délectaient, ne connaissant pas leur propre pays qu'elles apprenaient un peu par moi, et ce fut là une des grandes joies de ma vie que d'enseigner aux autres, assez souvent, leur propre horizon, leurs propres bonheurs, leurs rêves parfois.

J'allai, tout un jour, sans en descendre, me promener sur les remparts de Carcassonne. Ruby me manquait sans bon sens. Pour me consoler, je lui racontais en esprit mes découvertes les plus drôles, et me prenais parfois à rire toute seule sous le regard de passants éberlués, ce qui m'arrive d'ailleurs encore aujourd'hui souvent, quand je fais mes courses dans la rue Cartier à Québec, et qu'au lieu de saluer mes connaissances je leur éclate distraitement de rire au nez, provocation dont quelques-unes me tiennent grief. Hélas, comment leur faire comprendre que ce n'est pas exprès!

Par car, un jour, je descendis à Perpignan. C'est là que devait me rattraper le sentiment du malheur des hommes, infiniment plus lourd et répandu que leur éphémère bonheur. Pourtant depuis deux mois je l'avais à peine vu, je l'avais oublié.

Je savais, bien sûr, que la guerre civile ravageait l'Espagne, que les alliés d'un camp et de l'autre y semaient le feu et le sang. Elle m'avait paru irréelle dans la douceur chaque jour renouvelée de mon tour de Provence. Mais voici que, éclaté le front catalan, des flots de réfugiés, par une passe des Pyrénées, déferlaient à raison de dix, quinze, vingt mille par jour, dans le village frontalier de Prats-de-Mollo, non loin de Perpignan. J'y courus. Si je m'estime fortunée d'avoir côtoyé assez souvent des gens dont la joie de vivre a rejailli sur moi, il me faut aussi tenir pour un privilège — très haut et très douloureux — d'avoir approché quelquefois le plus grand malheur du monde.

A peine arrivée à Prats-de-Mollo, je me fis des amis de jeunes instituteurs du village qui offraient leur aide bénévole à la Croix-Rouge. Grâce à un petit insigne qu'ils me passèrent pour m'identifier comme une assistante, je pus pénétrer partout à leur suite.

Ah Dieu! le spectacle que j'eus sous les yeux, dont le souvenir hante encore mes nuits avec des fragments d'horreur comme dans Guernica!

A l'école communale transformée en hôpital, les malades gisaient par terre, enroulés dans leur seule couverture et, des yeux, nous suivaient sans se plaindre jamais. Je me rappelle une toute petite fille qui tenait par la main sa mère mourante, l'appelant à voix basse comme pour ne pas la réveiller malgré tout. Derrière les barbelés c'étaient les hommes, des milliers et des milliers, encore valides — enfin, pouvant se tenir debout — émaciés, squelettiques, nous regardant les regarder dans notre curiosité effrayée sans qu'aucune plainte ne leur vînt aux lèvres, eux non plus. Ce qui me frappa le plus et dont je me souviens encore avec le plus de saisissement, c'est bien le silence qui régnait sur cette assemblée de damnés de la terre. Seule une vieille femme à la recherche de son fils, dont elle ne savait même pas s'il était mort ou peut-être encore vivant parmi ces foules denses de faces méconnaissables, allait inlassablement d'un camp à l'autre, fouillant des yeux ces masses indistinctes et appelant: «Alfonso, es-tu là? Vis-tu encore, mon fils Alfonso? Quelqu'un a-t-il vu Alfonso mort ou vivant?»

Toute une journée nous l'avons entendue jeter dans le silence farouche, comme une pierre dans un puits sans fond, son appel si monotone à la fin.

Le gouvernement français distribuait un pain par jour par personne aux hommes derrière les barbelés. Des gens du village ajoutaient en vivres à partager avec les malheureux presque tout ce qu'ils avaient. C'était une goutte dans la mer.

A la nuit, froide encore aux pieds des monts enneigés, les réfugiés derrière les barbelés se faisaient de petits feux autour desquels on les voyait essayer de se réchauffer, leur couverture sur le dos, immobiles, en rond comme des êtres figés qui eussent cherché dans le spectacle de la flamme les invraisemblables fils du destin.

Et chaque jour continuait à descendre par le défilé de montagne le flot grossissant des misérables: les grands blessés portés sur des civières de branches réunies, quelques-uns jetés en travers du dos d'une mule, d'autres clopinant, la tête ou le moignon d'une jambe ceints d'un pansement sanglant, des femmes qui avaient accouché là-haut, la nuit précédente, sur la neige, portant leur enfant encore quelquefois vivant dans les plis de leur jupe. Tous avaient ce regard de qui a vu la mort de près et l'a trouvée moins intolérable que la vie. Mes jeunes amis de la Croix-Rouge m'affirmaient que ce troupeau humain jusqu'à la frontière avait été poursuivi et bombardé par les avions de Franco, peut-être d'Hitler.

En dernier lieu venait leur misérable cheptel, des vaches aux os saillants, des brebis épuisées, des agnelets peut-être tout juste aussi de la nuit précédente, des chevaux aux yeux remplis d'épouvante. J'en vis un, tout blanc, aveugle, les yeux rongés de plaies, qui se tenait bien au milieu du troupeau comme pour être sûr de ne pas être abandonné. Elles seules, les bêtes, gémissaient, que l'on avait rassemblées en toute hâte, emmenées pour être égorgées à tour de rôle en cours de route, cuites à petit feu, et servir à nourrir encore un peu de temps la douleur, et elles en ressentaient le pressentiment dans leur obscure conscience.

A Prats-de-Mollo étaient parqués en deux camps distincts les hommes à peu près indemnes: ceux qui demandaient, avec le secours de la France, d'être embarqués et déposés sur la côte d'Espagne aux environs de Barcelone pour y rejoindre les forces de Négrin qui tenait encore; et ceux qui ajoutaient foi à l'armistice promise et choisissaient de rentrer immédiatement au pays. Ceux-là on les voyait, par petits groupes, remonter par où ils étaient descendus, désarmés, avec pour tout bien leur couverture sur le dos. Mes amis de la Croix-Rouge affirmèrent tenir de bonne source qu'aussitôt arrivés à la frontière ils étaient abattus. Ce qui est sûr c'est que de toute la nuit on ne cessait d'entendre, venant de là-haut, le tir des mitraillettes.

J'allais, moi une étrangère, en toute liberté au milieu de cet inimaginable bouleversement, et je me demande encore comment cela a été possible. Je crois me rappeler qu'il y eut jusqu'à cent mille réfugiés d'entassés, certains jours, dans ce village de Prats-de-Mollo qui ne devait pas compter plus de deux mille habitants à demeure. On faisait des prodiges. Les villageois hébergeaient des orphelins, des mères avec leurs petits. De pleins convois de grands blessés partaient sans arrêt. J'apportais ma petite aide. Le malheur était trop vaste pour que la meilleure volonté du monde y pût grand-chose. J'errais à travers ces errants un peu comme Pierre Bouzoukow de *Guerre et paix* sur le champ de bataille, incrédule, confondue, ne croyant pas au fond de mon âme à ce que je voyais. J'ai mis beaucoup de temps à croire l'avoir vu. Je prenais pourtant des photos avec mon petit appareil Brownie. Mes amis, les instituteurs et institutrices, m'en passèrent des leurs. J'en ai encore quelques-unes. Elles me surprennent toujours quand je les revois. J'imagine avec peine avoir été un témoin — privilégié? — de ces terribles heures de l'Histoire.

Enfin arriva la Garde mobile faisant refluer au loin toute personne qui comme moi n'avait rien à faire ici. Je regagnai Perpignan.

Dans ma chambre glaciale, car le vent, comme la misère profonde venant des Pyrénées, avait tourné à l'aigre, je me lançai à écrire mes premières pages dictées par l'indignation, la pitié, la grande souffrance d'appartenir à l'espèce humaine. Je pense y avoir mis tout mon coeur mais cela tout seul n'a jamais donné un écrit de marque. Ne sachant que faire du mien, je finis — ô curieuse décision! — par l'envoyer avec quelques photos à *La Presse* de Montréal. Ces quelques pages, sous une signature inconnue, sympathiques à l'Espagne rouge à l'heure où à Montréal même Malraux n'avait pu obtenir l'autorisation de se porter en public à sa défense, j'imagine avec quelle alacrité celui qui les a lues a dû les envoyer rouler dans le panier.

Je n'avais plus rien à faire en Provence. C'est peu de dire que je ne reconnaissais plus et ne reconnaîtrais plus de longtemps le bonheur. Regardant à quelques jours à peine en arrière de moi, il me paraissait incroyable d'avoir pu être émue à la vue d'un amandier en fleur. Que venait faire l'arbre aux tendres fleurs roses dans mes souvenirs? J'étais ici encore plus profondément atteinte par le souffle de la guerre que je ne l'avais été à Londres au temps de Munich. Désormais l'on ne pouvait plus s'empêcher de la sentir s'approcher inexorablement. D'ailleurs, eussé-je eu le coeur de m'attarder encore un peu que je ne l'aurais pu. Je n'avais presque plus le sou. Sans les quelques dollars que Ruby avait glissés en cachette dans mon sac et que j'avais trouvés, elle partie, je n'aurais même pas pu tenir jusque-là.

Je pris le train pour Paris, revoyant tout au long du trajet tant de moments qui avaient été gais et ne m'étaient plus déjà que des souvenirs incongrus. Il m'a fallu des années, presque toute une vie pour retrouver dans leur beauté mes joies de la Provence. On met du temps à se pardonner en ce monde d'avoir pu être heureux.

Je logeai quelques jours, en passant, chez madame Jouve, partageant la chambre de Charlotte qui piochait toujours son piano dès huit heures du matin. Elle, je crois bien que c'est tout juste si elle avait entendu parler des malheurs de l'Espagne. Rien ne semblait avoir beaucoup changé à la pension, et j'en marquai comme de l'égarement. Madame Jouve m'observait avec bienveillance, avec perspicacité aussi.

— Mon petit, vous allez, vous venez, vous apparaissez, vous disparaissez, comme incapable de vous fixer. Sans doute vous écoutez, regardez, apprenez, assimilez, mais dans quel but? Vers quoi tendez-vous donc?

Est-ce que je le savais — du moins avec certitude et pour toujours? L'ai-je jamais su au reste? En dehors des mois, des années au cours desquels j'ai été attelée à la tâche d'écrire un livre, est-ce que je me sentais encore un écrivain? Je n'étais alors, me semble-t-il, qu'une sourde attente, une disponibilité inconsciente, quelqu'un qui attend le train. Quelquefois, dans l'attente, la liberté m'était un moment rendue, j'étais presque heureuse, puis l'ennui de ne rien faire me reprenait. Je m'ennuyais de ne pas écrire, ou bien j'étais dans l'angoisse, souvent, d'avoir à recommencer, sans assurance de faire mieux cette fois qu'avant.

Pourtant madame Jouve devait tenir elle-même un jour une sorte de réponse à sa question à mon sujet, lorsque, après mon Femina, au bout de longues recherches je finirais par la redécouvrir dans une misérable petite chambre, devenue à son tour hôte d'un foyer pour êtres seuls ou âgés. Elle, tellement réservée, me prit aux épaules, m'embrassa avec tendresse.

— Mon petit, vous êtes la seule de mes charmantes jeunes filles d'autrefois à m'avoir recherchée au bout de ma vie et, ce qui est plus, à l'heure où vous triomphez. Au fond, je n'en suis pas surprise. J'ai toujours su que vous iriez loin, car vous ne saviez pas où vous alliez. J'avais peur toutefois que vous perdiez courage sur une route si mal indiquée.

Au printemps de 1939, c'est bien perplexe justement que je repartais.

J'atterris à Londres sous le même ciel bas chargé de brouillard et de suie que j'avais quitté depuis près de trois mois. Ici non plus rien n'avait guère changé. Après la fièvre de Munich, c'était comme si la vieille Angleterre s'était de nouveau assoupie auprès de son feu de coke, sa cup of tea à la main.

J'avais longtemps débattu d'écrire ou non à Stephen auquel je m'étais reprise à penser de plus en plus au fur et à mesure que je me rapprochais des lieux où nous nous étions si follement aimés. J'avais fini par lui écrire un mot bref lui disant que j'allais bientôt rentrer au Canada. Eut-il ma lettre? Parvint-elle à son adresse alors qu'il était parti pour une de ses folles incursions en territoire sous contrôle soviétique? Ou bien craignit-il autant que je l'avais craint de rouvrir la blessure à peine fermée?

Je me réfugiai pour quelques jours à Century Cottage. Oh, le spectacle affligeant! Le petit jardin que j'avais connu débordant d'odeurs et de couleurs, à présent dégoulinant d'eau froide, gisait à moitié couché, tiges broyées et fleurs mortes dans la boue. Il s'en exhalait une senteur de marais.

Le cottage aussi suintait l'humidité. Esther ne parvenait plus avec ses petits feux par-ci par-là à en assécher l'atmosphère. Nous nous tenions, toutes portes closes, pour ne pas laisser échapper la moindre chaleur, enfermés près du poêle, dans la salle qui me parut maintenant étroite et sombre. Father Perfect toussait. Sa soeur était morte. Après la lecture de la Bible, chaque soir sa prière était pour moi encore, ses larmes pour sa chère défunte Norah. Il se félicitait d'être au moins allé l'accompagner aussi loin que l'on peut en ce monde, jusqu'au seuil inconnu, et de lui avoir dit adieu sur cette terre, sans quoi l'âme de sa soeur ne serait pas partie avec la même confiance vers le Père. Il me disait, ces jours-là, des paroles de grande sagesse, sous leur apparente simplicité, que je voudrais bien me rappeler toutes aujourd'hui. Par exemple, qu'il fallait se sentir aimé des hommes pour se sentir aimé de Dieu et ne plus craindre la mort. Parfois, rarement, je réussis encore à le faire rire et même à amener un sourire sur les lèvres d'Esther avec mes histoires de Provence que je faisais aussi drôles que possible pour les distraire.

Le matin où je pris place avec ma malle et mes valises dans le taxi qui allait me conduire à la gare Victoria, en tournant la tête une dernière fois vers eux je vis, au-delà du jardin ruisselant, leurs visages crispés qui essayaient de sourire et de m'encourager. Sous la pluie abondante, ils agitaient la main vers moi comme d'un monde diluvien et déjà à moitié englouti. Nous pensions bien alors ne jamais nous revoir.

Et pourtant!... pourtant!... Que la vie qui nous malmène tant a parfois pour nous de douceur, nous ramenant par d'imprévisibles chemins vers ce que nous croyions perdu.

Neuf ans plus tard, après *Bonheur d'occasion*, lasse du trop grand bruit qu'il fit autour de moi, de Paris je reviendrais voir si la paix, la sécurité, l'affection que j'avais ici connues y étaient toujours.

Et ce serait encore une fois l'été! Les dauphinelles bleu ciel et celles du bleu plus accentué de l'horizon lointain auraient repris possession du jardin d'en avant. Nous prendrions le thé dans celui d'en arrière à côté du vieux prunier, pour cette fois encore épargné, et verrions, au-delà des pâturages, s'allumer les lumières de Londres. Je retrouverais Father Perfect pas trop vieilli malgré tout, encore capable de tendre ses collets et ramener de la forêt des bolets ou des fleurs; Esther, le visage à peine chargé entre ses bandeaux lisses; et Guinevere, était-ce donc possible, encore de ce monde, se frottant à ma jambe sous la table à thé.

Je réintégrerais ma spacieuse chambre aérée aux fenêtres grandes ouvertes sur les downs qui me paraîtraient encore plus exaltantes que dans les images que j'en avais gardées. Par-delà la stèle élevée à la mémoire de Bodicea, je les reverrais rouler comme jadis sous les grands nuages accourant vers la Manche ou en revenant.

Et en moi-même, un matin, en m'éveillant tout apaisée dans le grand lit en cuivre, je trouverais, prêts pour en faire un livre, filtrés et transfigurés par le temps, mes souvenirs de la Petite-Poule-d'Eau, devenus, par la grâce des profondeurs dormantes et sans que j'en eusse eu connaissance, des éléments de fiction, c'est-à-dire, sans doute, de vivante vérité.

Esther entrerait avec le grand plateau du breakfast qu'elle poserait sur mes genoux en écartant un peu les feuillets épars. Elle me demanderait:

— Etes-vous contente de votre travail ce matin, ma très chère?

Je dirais, mi-souriante, mi-distraite:

— Je ne le sais pas, Esther!

Et c'est bien là la seule chose que j'ai jamais tenue pour certaine, à savoir que je ne savais pas et ne saurais vraiment que penser de ce qui venait de moi.

XX

Je m'embarquai à Liverpool. Au dernier instant, un garçon de cabine frappa à ma porte. Il m'apportait un long carton de fleurs. Je dénouai en tremblant la ficelle. Mon pauvre coeur que j'avais cru si bien guéri de Stephen bondissait vers lui parce qu'il n'avait pu me laisser partir sans un signe témoignant des sentiments qui nous avaient liés. Je saisis la carte. Elle était de David à qui j'avais téléphoné pour un simple adieu en passant par Londres. Il me souhaitait une bonne traversée de l'océan et de la vie, mille choses tendres, et me disait son espoir de venir un jour me retrouver au Canada. Je déchirai la carte en menus morceaux. J'en voulais au pauvre David d'avoir fait ce que j'aurais voulu voir fait par Stephen.

Déjà les eaux de la Mersey nous ballottaient abominablement bien avant que nous ayons même gagné son estuaire. Il faisait un temps horrible; pluie, brouillard, vent hurleur. A travers ses clameurs, on entendait presque à chaque minute sonner la cloche sur bouée, au son effroyablement lugubre, qui marque sans doute la passe entre des écueils. C'est sur cette note de fin du monde que j'ai quitté la côte anglaise. J'entends encore parfois, dans cette arrière-mémoire étrange que nous avons au fond de nos souvenirs conscients, résonner ces grands coups de battants de fer que j'associe, je ne sais pourquoi, aux éclats et aux menaces du Chant du Destin.

495

En haute mer, de si furieuses vagues assaillirent le navire que les garçons de cabine vinrent immédiatement fermer les hublots, cependant que l'on s'affairait sur le pont à ajuster les lourds panneaux qui l'isolent complètement contre l'extérieur. J'ai voyagé presque deux jours sur un navire pour ainsi dire aveuglé. Rien n'aurait sans doute pu me paraître plus sinistre si je n'avais déjà eu le coeur trop plein de sa propre peine pour en recevoir de l'extérieur. Etrangement, je fus moins malade de nausées que je ne l'avais été au passage de la Manche avec Ruby. Mais à l'âme, j'avais encore plus mal.

Quand on nous permit enfin, les panneaux enlevés, d'aller respirer sur le pont, je m'y trouvai presque seule longtemps, à contempler dans une sorte d'égarement cette étendue déconcertante d'eau clapoteuse et sans fin. Je ne pense pas avoir jamais aimé l'océan lorsque je fus en son milieu qui exclut toutes choses sinon sa terrible grandeur. Ce que j'aime ce sont les rivages, doux ou rocheux, la marée, les oiseaux de mer, les îles au loin, les battures, tout ce qui exprime le profond attrait des étendues marines à celui qui les contemple de la terre, mais sur l'océan lui-même, cette trop vaste et mouvante surface, je me sens perdue. J'y éprouve peut-être un peu de l'angoisse que ces «incommensurables espaces» inspiraient à Pascal.

Sans doute, avant déjà, j'avais dû souhaiter mourir — qui, même au cours d'une vie heureuse, ne l'a pas au moins une fois souhaité! Et encore plus celui qui vit aux prises avec l'adversité ou sur qui règne l'ennui sans fin. Mais cette fois sûrement je l'ai souhaité. Je regardais les vagues courtes s'entrechoquer, les nuages livides s'amonceler sur le pâle horizon et j'avais envie de m'en aller de cette vie à en avoir les yeux brouillés. Car où me menait-elle? Nulle part, j'en étais sûre maintenant. J'avais quitté mon poste, affligé le coeur de ma mère au-delà de ce qui est soutenable, j'avais tout abandonné, passé les mers, dépensé mon argent si péniblement économisé, tout essayé, et en quoi aujourd'hui étais-je plus avancée? Sur tous les plans je sentais que j'avais échoué: en amour, dans l'écriture, en art dramatique, en toutes choses vraiment. Qu'avais-je à lutter encore, et pourquoi? Il ne me restait qu'à retourner m'enfouir d'où j'étais partie et à m'y tenir tranquille en m'estimant heureuse de mon sort comme doivent finir par l'être la plupart des mortels. Ou bien me laisser couler dans les vagues et laisser emporter par elles chagrin, remords, regret — mais qui sait! — peut-être aussi bonheurs de l'avenir qui me resteraient éternellement inconnus. Je pense en avoir eu l'idée fixe pendant quelques jours. Mais en aurais-je eu le courage?

Un jeune Ecossais, charmant de traits et de caractère, tout humour, toute drôlerie, avait fini par m'approcher, moi toujours seule à la poupe du navire comme si je n'avais plus désormais qu'à regarder en arrière de moi. Il s'appelait Jock. Il avait les yeux les plus souriants du monde alors que moi, me reprocha-t-il affectueusement, j'avais les plus tristes.

— Et pourquoi cela déjà? me dit-il. A votre âge, vous n'êtes encore qu'au début de vos peines, comme de vos joies, d'ailleurs.

Je n'avais de coeur pour aucun flirt, aucune amitié nouvelle. Il parvint cependant, le lendemain, à m'arracher un sourire lorsqu'il me pria:

— Gabrielle — il avait dû apprendre mon nom du steward — hold my hand and talk to me about myself, for is this not what we all want most, each of our selfish self?

Il m'aida peut-être à reprendre pied en retrouvant le sens de l'humour qui est le premier pas hors de la persistante mélancolie. Je riais un peu avec lui à la longue, quoique sans entrain.

La mer était toujours très agitée. Nous devions rentrer au pays par la voie du Saint-Laurent, et je me faisais malgré tout une joie de le redécouvrir sur les pas de Cartier, Champlain, Maisonneuve. Je referais connaissance avec le pays, mais à rebours cette fois, par le fleuve d'où m'avait fascinée la vue des villages au long de la côte avec le feu si brillant de leur toit d'église presque toujours alors en fer-blanc. On aurait dit, au loin, des sémaphores nous envoyant des signes d'amitié.

Mais un peu avant l'estuaire, le navire entra dans des champs sans bornes de glaces flottantes, les «floes», et dut réduire sa vitesse à ne presque plus avancer. On était pourtant en avril, en son début du moins, mais le détroit de Belle-Isle restait encore bouché. Le capitaine reçut l'ordre de gagner Saint-Jean. Un train réquisitionné par le CPR devait nous emmener à Montréal. Je suis donc rentrée au pays par une de ses portes les plus désolées. Qu'est-ce qui pouvait en effet paraître plus abandonné, du train en marche, que ce Nouveau-Brunswick, étiré sous le ciel gris, en ce temps ingrat de l'année, à n'en plus finir dans son ennui et sa solitude? En arrière-plan, c'étaient les mêmes forêts toujours, figées et monotones, sur lesquelles se détachaient de loin en loin les mêmes villages avec leurs pauvres maisons de bois souvent sans couleur, coupés les uns des autres par des champs à l'infini où la vieille neige en se défaisant sous la pluie laissait apparaître des étangs boueux, des chicots d'arbres, une cabane parfois toute seule dans cette désolation. Qu'il me parut et me paraît encore mal aimé, notre cher pays, auprès de ces pays d'Europe que j'avais vus, de mémoire d'homme si tendrement soignés, si constamment embellis!

J'aboutis à la gare Windsor. Il avait neigé la veille une neige molle qui fondait sous les pieds en une sorte de bouillie sale que j'appris vite à appeler comme tout le monde de la «sloche». Ce pays, que je n'allais pas être longue à aimer de toute mon âme dans sa détresse, dans sa solitude, je m'y sentais, ce premier jour, étrangère come si je n'y avais jamais encore mis les pieds. Je me cherchai une chambre, au plus près, rue Stanley, en fait presque à la sortie de la vieille gare Windsor. Les gares, les chemins de fer, les rails, de longtemps encore allaient m'être un port d'attache, une sorte de patrie, le seul réconfort, si étrange que cela puisse paraître aujourd'hui, de ma vie alors si errante. Tant que j'entendrais partir, venir, souffler les grosses locomotives d'alors, je ne me sentirais pas désespérée. Je pense être entrée plusieurs fois dans cette chère vieille gare rien que pour entendre haleter sur les quais les puissants engins, et en être sortie moins esseulée. De même, la nuit, si je m'éveillais dans des transes et entendais les longs sifflets de train, je parvenais à me rendormir, presque rassurée: «Eh bien, le train n'est pas loin! Si la vie devient trop dure, je peux toujours y sauter et en moins de deux jours être de retour là-bas d'où je viens.» J'oubliais seulement que je n'en avais pas pour le moment les moyens.

J'avais une autre raison tout de même pour ne pas m'éloigner de la gare. C'était que, pouvant déménager d'un instant à l'autre, jamais sûre, le soir, d'être encore au même endroit le lendemain, j'avais laissé à la consigne ma malle — ma pauvre vieille compagne encombrante à laquelle je demeurais si bizarrement attachée. Mais peut-être aussi mon attachement me venait-il comme il nous vient si souvent de ce qu'on ne sait plus comment se départir de certaines gens, de certaines vieilles choses. J'allais trouver en tout cas commode, pour une fois, de l'avoir presque sous la main pour aller y chercher des vêtements plus légers au fur et à mesure que le temps se mettrait au beau. Mais du même coup, pour désengager ma chambre si petite, je devais y ramener autant de choses au moins que j'allais prendre et dont je n'avais d'ailleurs plus besoin. Ce fut donc un va-et-vient constant pendant quelques semaines de ma chambre à la consigne de la gare Windsor. Tout le temps j'eus affaire au même employé qui déjà, en me voyant venir, partait chercher ma malle pour me la rouler sur elle-même jusqu'à ma portée. La première fois, pour sa peine je lui avais tendu une pièce de vingt-cinq cents, mais à la suivante, comme il me voyait offrir l'argent avec une hésitation sans doute perceptible, il refusa net, disant que ce serait crime, lui qui n'avait rien à faire pendant des heures, que d'accepter un pourboire pour un si petit service qu'il ne valait même pas la peine d'en parler. Ce n'était pourtant pas qu'une petite affaire d'aller chercher ma malle au fond d'une grande salle remplie de bagages à pouvoir à peine y circuler. Il se disait déjà payé de toute façon par mes manèges qui l'amusaient fort, car dans toutes ses années au service du CPR il n'avait encore jamais vu quelqu'un venir le même jour sortir de sa malle une paire de souliers beiges pour mettre à leur place une paire de souliers bruns. Il finit par connaître presque aussi bien que moi le contenu de ma malle qui resta sous ses soins pendant un peu plus d'un mois. Il devint mon premier ami à Montréal. C'est lui qui me conseilla de déménager dans la maison voisine de la sienne, rue Dorchester, où je serais beaucoup mieux logée au même prix que je payais rue Stanley. Nous y aurions des fenêtres également voisines où, de la maison contiguë à la mienne, il pourrait me passer de main à main une portion de son stew irlandais dont il disait toujours avoir de trop. Plus tard encore, il devait m'inciter à prendre pension là où il avait trouvé quelqu'un faisant le stew encore mieux que lui-même. Ce serait chez Miss McLean, où je devais, grâce à mon bon ami Pat Cossak, et après ce que j'avais connu, me trouver au paradis.

Pour l'instant, je logeais dans la plus misérable petite chambre qui se puisse trouver en dehors des prisons. Elle était si étroite qu'entre le lit de fer et la commode de tôle grise, je ne parvenais à passer que de biais. La fenêtre donnait sur la cour arrière de la gare centrale d'autobus de Montréal alors située rue Dorchester. Des vingtaines d'autobus y étaient rangés, plusieurs ronronnant ensemble à l'étouffée et envoyant droit dans ma chambre des exhalaisons à m'étouffer. Le haut-parleur sans désemparer annonçait les départs, les arrivées. J'entendais: «Départ pour Rawdon... traque numéro sept... track number seven... départ pour Terrebonne... traque numéro onze... track number eleven...» Il m'arrivait en rêve de répéter: «Traque numéro douze... track number twelve...»

Cette atmosphère d'errance, de Babel et de tournoiement insensé ne me déplaisait pourtant pas. Elle convenait à mon état d'âme et m'était certainement plus proche, plus amie que ne l'aurait été une de ces tranquilles petites rues où habitent depuis des années les mêmes gens d'allure paisible. Il semble que j'ai toujours eu au bon moment l'endroit qu'il me fallait.

Deux lettres m'arrivèrent à la poste restante que je n'osai ouvrir en cours de route, préférant attendre d'avoir atteint le refuge de ma chambre, si fragile fût-il. L'une était de la Commission scolaire de Saint-Boniface, me rappelant qu'elle m'avait gardé mon poste sans solde pour une deuxième année d'absence mais ne pouvait me renouveler ce privilège. Je devrais donc réintégrer mon poste ou y renoncer. L'autre était de ma mère. Je me revois assise au bout du petit lit de fer, les feuilles sur mes genoux, lisant la pauvre lettre déchirante: «Mon enfant, te voilà donc de retour à Montréal, plus tellement loin maintenant de la maison. C'est-à-dire nous n'avons plus de maison. Mais avec les quelques sous que j'ai encore et ce que tu gagneras, nous nous ferons une assez bonne vie, tu verras, et je tâcherai, toi qui es indépendante et moi peut-être trop possessive, d'apprendre à te laisser vivre à ta guise... Je peux attendre ton retour pour bientôt, j'imagine...»

Je levai les yeux sur le miroir de la petite commode toute proche et m'y vis un visage défiguré. Par le mauvais tain de la glace? Par ma propre émotion? Ah, ce noeud dans la gorge revenu comme au temps de notre pire pauvreté, de nos perpétuelles craintes et de tout ce courage dépensé en vain!

Je me regardais et savais que l'heure était venue de prendre une décision irrévocable, bonne ou mauvaise, qu'il n'y avait plus à tergiverser.

Je laissai sur la commode les feuillets couverts de cette écriture un peu défaite qui en elle-même m'a toujours dit mieux que tout combien maman, sous ses dehors stoïques, était une femme aux nerfs blessés et torturés.

Je partis errer dans la ville. Hors le bon monsieur Cossak, je n'y connaissais pas une âme. Par quelles rues suis-je passée? Je ne sais plus. J'ai dû suivre assez longtemps la rue Sainte-Catherine, être montée rue Sherbrooke, car je me rappelle que le gong des trams accompagna ma pensée tracassée, puis que le bruissement des premiers feuillages y fit irruption et que je ne sus pas d'abord d'où il provenait, comme il m'était arrivé à Londres. Et ici, comme là-bas ou à Paris, je cherchais à capter, je suppose, dans la foule indifférente, un regard qui tout au moins s'arrêterait un moment sur moi. Je finis par descendre vers des rues moins éclairées, rue Saint-Antoine peut-être ou rue Craig. Il y avait ici, en bas, moins d'animation extérieure et de circulation mais comme une rumeur de vie plus intime, plus chaleureuse. D'où vient que je me suis toujours sentie moins solitaire parmi le peuple que dans les salons et les réceptions même lorsqu'y brillent à mon endroit des regards affectueux?

J'allais, me demandant à chaque pas: Que faire? Que faire? La pauvre interrogation me martelait l'esprit comme me l'avaient martelé le Chant du Destin et la lugubre cloche sur bouée de Liverpool. Que faire? Rester? M'en retourner?

Ici je n'avais ni soutien, ni certitude d'emploi même le plus modeste, ni même une main amie pour se tendre vers moi à l'occasion. Mais saurais-je, maintenant que je connaissais mieux, vivre dans cet air français raréfié du Manitoba, dans son air raréfié tout court? Car si c'était déjà une sorte de malheur d'être né au Québec, de souche française, combien plus ce l'était, je le voyais maintenant, en dehors du Québec, dans nos petites colonies de l'Ouest canadien! Ici du moins, en marchant, toute solitaire comme je l'étais, j'avais sans cesse à droite et à gauche recueilli le son de voix parlant français avec un accent qui m'avait peut-être paru un peu lourd après celui de Paris, mais c'étaient paroles, c'étaient expressions des miens, de ma mère, de ma grand-mère, et je m'en sentais réconfortée.

J'atteignis je ne sais comment, sans en connaître le chemin, les bords du vieux canal Lachine. Je m'y arrêtai subjuguée. Des péniches glissaient lentement, écorchant de leurs flancs les vieux revêtements de bois. Leur sirène demandant l'ouverture des écluses élevait des cris répétés, étranges, qui déchiraient l'air comme une plainte. Je rêvai ici des heures, je pense, sans savoir à quoi, comme abandonnée de mes propres pensées mais non pas pour autant désolée. La nuit était assez douce, je crois me le rappeler, loin du printemps miraculeux de Londres, mais contenant quelque bonté de notre printemps d'ici, avec un bruit d'eau qui courait le long des trottoirs et çà et là des flaques de neige molle dans les petites rues aux maisons de bois où j'allais marcher, toujours sans but, entre des réverbères espacés. Il n'y avait pas que la plainte des sirènes à me poursuivre. Sans cesse ce quartier de Saint-Henri que je parcourais, sans même en connaître encore le nom, était ébranlé par le passage des trains. On entendait d'abord la grêle sonnerie qui en signalait l'arrivée à chaque croisée de rues sur le parcours des rails. Alors s'abaissaient les barrières de sûreté aux longs bras striés de noir et de blanc et s'allumaient les sémaphores. Puis les grands trains en direction de l'est et de l'ouest dévalaient en faisant trembler le sol, les vitres des maisons, quelque chose peut-être de l'âme humaine qui restait suspendu à ce bruit, à ce tressaillement après que le vacarme eut cessé.

Tout de cette atmosphère de départ et de voyage que je trouvai dès ce soir-là à Montréal était bien de nature à me retenir, car longtemps elle constitua ma seule patrie, me consolant en quelque sorte de n'en avoir pas d'autre, me soufflant que nous ne sommes jamais que des errants et qu'il est mieux de ne rien posséder si l'on veut du moins bien voir le monde que nous traversons en passant.

Ce quartier où, à peine un an plus tard, j'allais délibérément revenir écouter, observer, en pressentant qu'il me devenait le décor et un peu la matière d'un roman, me retenait déjà, ce soir d'avril, d'une curieuse façon que je ne peux encore m'expliquer. Car ses cris, ses appels de voyage, ses odeurs n'étaient pas seuls à me fasciner. Sa pauvreté m'émouvait. Sa poésie m'atteignait avec ses airs de guitare ou de musiquette un peu plaintive s'échappant de sous les portes closes et le son du vent errant dans les couloirs d'entrepôts. Je me sentais moins seule ici que dans la foule et les brillantes rues de la ville.

Je montai la longue côte d'Atwater. Je pris par la rue Dorchester et me trouvai à passer sans le savoir devant la maison où je viendrais bientôt prendre une chambre. Je retrouvai, après m'être maintes fois égarée, ma petite rue Stanley. Installée sur mon lit, le dos au mur, mon papier sur mes genoux, j'écrivis d'abord à la Commission scolaire, disant ma gratitude pour le poste resté à ma disposition et auquel maintenant je renonçais. Ensuite j'écrivis à ma mère. Que lui ai-je dit? Sans doute d'être patiente, d'attendre mon retour encore un an ou deux, à elle qui allait avoir soixante-douze ans. Quand, après sa mort, je reviendrais à Saint-Boniface et chercherais parmi les pauvres effets qui lui restaient — presque rien — des cartes de ses enfants, de petites photos, je ne trouverais pas cette première lettre que je lui avais écrite de Montréal et dans laquelle j'ai tant espéré avoir du moins trouvé des mots pour atténuer le coup que je lui portais. Beaucoup de mes lettres manquaient — pourtant maman ne conservait pour ainsi dire plus que cela à la fin — toutes, en fait, sauf les plus récentes. Quelqu'un avait dû mettre la main dessus pour s'en servir un peu contre moi. Ou alors pour empêcher quelqu'un de s'en servir. Nous nous sommes découverts, après la mort de celle qui nous avait plus ou moins tenus ensemble à force d'amour, une famille déjà désunie.

Mes lettres écrites, je fis le compte de ce qui me restait d'argent: quinze dollars et quelques cents, le loyer de ma chambre acquitté pour une semaine. J'écrivis à deux de mes amies qui jadis m'avaient paru les plus sûres. Il m'en coûtait beaucoup d'emprunter. Je ne l'ai fait que très rarement et jamais sans les plus cruels scrupules. En réponse, je reçus de l'une une longue lettre toute pleine à mon endroit de louanges sur mon talent, mon courage, mon sens de l'initiative... et du regret de ne pouvoir me venir en aide, car, me précisait-elle, il lui avait fallu s'acheter un manteau de fourrure neuf, payer son abonnement au tennis, et vraiment il ne lui restait rien, rien!... Mon autre amie avait griffonné en hâte: «Hélas! je n'ai que cela à t'offrir mais c'est de bon coeur...» Sa lettre contenait trois billets de cinq dollars. Venue de la plus pauvre des deux, la somme me parut énorme. Je pensai pouvoir dès lors tenir quelques semaines et avoir le temps de voir venir. Mieux encore, j'étais remontée moralement par la confiance en moi de qui m'envoyait pour ainsi dire ses derniers sous.

Conseillée par un journaliste de la *Gazette* pour qui j'avais une lettre de recommandation d'un de ses collègues en poste à Londres, j'entrepris la tournée de quelques hebdos et revues. En tout et pour tout, je n'avais à montrer pour indiquer un peu de talent que mes pauvres articles publiés çà et là depuis quelques années. Au *Jour,* on me laissa entrevoir que l'on pourrait — quand il y aurait de la place — me prendre un court billet — sur le sujet qu'il me plairait de traiter — moyennant un cachet de trois dollars pièce. A la *Revue moderne,* on irait jusqu'à dix dollars pour une longue nouvelle si je pouvais l'écrire dans le ton qui plaisait à la clientèle.

Je rentrai dans mon cagibi. Je m'installai sur le lit, le dos au mur, ma petite machine à écrire sur les genoux, poursuivie dans mes pensées par les interminables appels: «Traque numéro huit... Track number eight...» J'étais saisie de terreur à la pensée qu'il n'y avait plus à reculer, que je devais désormais, pour gagner ma vie, plonger dans l'écriture, moi qui tout à coup percevais combien peu je savais encore m'y prendre.

Je commençai par la narration sur le ton de l'anecdote de mes aventures en Angleterre et en France. Hé quoi! marquée comme je l'étais déjà par la douleur, ayant connu aussi l'enivrement, je ne savais tirer de moi que des banalités. Il me faudrait encore à peu près un an avant qu'au *Bulletin des agriculteurs,* qui allait me fournir l'occasion de traiter de sujets me rapprochant des faits, de la réalité, de l'observation serrée des choses, je commence à donner des reportages qui auraient enfin une certaine consistance. Et plus longtemps avant que, des rêveries nées ce soir d'avril au bord du vieux canal, j'en vienne, par étapes, à la grande tâche dont en l'apercevant je prendrais une bien plus terrible peur encore que j'en eus rue Stanley, en ce soir du commencement. Mais du moins alors je serais happée entière par le sujet, aidée et soutenue par tout ce que j'aurais acquis de ressources, de connaissances de l'humain et par la solidarité avec mon peuple retrouvé, tel que ma mère, dans mon enfance, me l'avait donné à connaître et à aimer.

Pour aujourd'hui, je n'étais encore capable que de faibles récits où l'on aurait sans doute bien en vain cherché trace de la détresse et de l'enchantement qui m'habitent depuis que je suis au monde et ne me quitteront vraisemblablement qu'avec la vie.

L'oiseau pourtant, presque dès le nid, à ce que l'on dit, connaît déjà son chant.

L'auteur

Gabrielle Roy est née à Saint-Boniface (Manitoba) le 22 mars
1909. De 1928 à 1937, elle pratique le métier d'institutrice, qu'elle
quittera ensuite pour un séjour de deux ans en France et en
Angleterre à la veille de la Deuxième Guerre mondiale. De retour
au Canada en 1939, elle choisit de s'établir à Montréal et devient
journaliste-pigiste au Jour, au Canada, à la Revue moderne et au
Bulletin des agriculteurs, où elle publie des récits et plusieurs
séries de grands reportages. Son premier roman, Bonheur d'occasion, obtient en France le Prix Femina 1947 et est sélectionné, à
New York, par la Literary Guild of America. Séjournant de
nouveau en Europe entre 1947 et 1950 avec son mari, le docteur
Marcel Carbotte, elle y écrit son deuxième livre, La Petite Poule
d'Eau. Par la suite, elle revient vivre au Québec, où elle conti-
nuera d'écrire jusqu'à la fin de sa vie. Son œuvre comprend une
douzaine de romans, des essais, des contes pour enfants, et est
reconnue comme l'une des plus importantes de la littérature
québécoise et canadienne contemporaine, ainsi qu'en témoi-
gnent les nombreuses distinctions qui lui ont été attribuées (Prix
du Gouverneur général du Canada 1947, 1957, 1978; Prix Duver-
nay 1956; Prix David 1971; Prix de littérature de jeunesse du
Conseil des arts du Canada 1979, etc.). Gabrielle Roy est décédée à
Québec le 13 juillet 1983.

OEuvres de Gabrielle Roy

BONHEUR D'OCCASION

Montréal, 1945, 1947, 1965, 1970, 1977; Paris, 1947; Genève, 1968. Présentement disponible aux Éditions Stanké, collection «Québec 10/10» n° 6. Prix Femina 1947; «Book of the month» de la Literary Guild of America; Médaille de l'Académie canadienne-française; Prix du Gouverneur général du Canada; Médaille Lorne Pierce de la Société royale du Canada. Traductions anglaise (*The Tin Flute*), espagnole, danoise, slovaque, suédoise, norvégienne, roumaine, russe, tchèque.

LA PETITE POULE D'EAU

Montréal, 1950, 1957, 1970, 1980; Paris, 1951, 1967; Genève, 1953. Édition d'art avec vingt estampes de Jean-Paul Lemieux, Montréal, 1971. Présentement disponible aux Éditions Stanké, collection «Québec 10/10» n° 24. Traductions anglaise (*Where Nests the Water Hen*) et allemande.

ALEXANDRE CHENEVERT

Montréal, 1954, 1973, 1979; Paris, 1954. Présentement disponible aux Éditions Stanké, collection «Québec 10/10» n° 11. Traductions anglaise (*The Cashier*) et allemande.

RUE DESCHAMBAULT

Montréal, 1955, 1956, 1967, 1971, 1980; Paris, 1955. Présentement disponible aux Éditions Stanké, collection «Québec 10/10» n° 22. Prix du Gouverneur général du Canada. Traductions anglaise (*Street of Riches*) et italienne.

LA MONTAGNE SECRÈTE

Montréal, 1961, 1971, 1974, 1978; Paris, 1962. Édition de luxe illustrée par René Richard, Montréal, 1975. Présentement disponible aux Éditions Stanké, collection «Québec 10/10» n° 8. Traduction anglaise (*The Hidden Mountain*).

LA ROUTE D'ALTAMONT

Montréal, 1966, 1979; Paris, 1967. Présentement disponible aux Éditions Hurtubise H.M.H., collection «L'arbre». Traductions anglaise (*The Road Past Altamont*) et allemande.

LA RIVIÈRE SANS REPOS

Montréal, 1970, 1971, 1979; Paris, 1972. Présentement disponible aux Éditions Stanké, collection «Québec 10/10» n° 14. Traduction anglaise (*Windflower*).

CET ÉTÉ QUI CHANTAIT

Québec et Montréal, 1972, 1973; Montréal, 1979. Présentement disponible aux Éditions Stanké, collection «Québec 10/10» n° 10. Traduction anglaise (*Enchanted Summer*).

UN JARDIN AU BOUT DU MONDE

Montréal, 1975, 1981. Présentement disponible aux Éditions Beauchemin. Traduction anglaise (*Garden in the Wind*).

MA VACHE BOSSIE (conte)

Montréal, 1976, 1982. Illustrations de Louise Pominville. Présentement disponible aux Éditions Leméac.

CES ENFANTS DE MA VIE

Montréal, 1977, 1983. Présentement disponible aux Éditions Stanké, collection «Québec 10/10» n° 66. Prix du Gouverneur général du Canada. Traduction anglaise (*Children of my Heart*).

FRAGILES LUMIÈRES DE LA TERRE

Montréal, 1978, 1980, 1982. Présentement disponible aux Éditions Stanké, collection «Québec 10/10» n° 55. Traduction anglaise (*The Fragile Lights of Earth*).

COURTE-QUEUE (conte)

Montréal, 1979, 1980. Illustrations de François Olivier. Présentement disponible aux Éditions Stanké. Prix de littérature de jeunesse du Conseil des Arts du Canada. Traduction anglaise (*Cliptail*).

DE QUOI T'ENNUIES-TU, EVELINE? suivi de ELY! ELY! ELY!

Montréal, 1979, 1982, 1984. Illustration de Martin Dufour. Présentement disponible aux Éditions du Boréal Express.

Achevé d'imprimer
en octobre mil neuf cent quatre-vingt-quatre
sur les presses de l'Imprimerie Gagné Ltée
Louiseville - Montréal.
Imprimé au Canada